札幌学院大学選書

日本列島における
ナイフ形石器文化の
生成 ―現生人類の移住と定着―

大塚宜明［著］

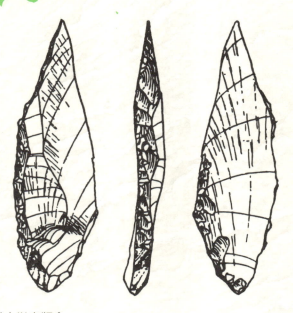

北海道大学出版会

目　次

はじめに　1

第Ⅰ章　ナイフ形石器をめぐる研究とその課題　3
　第1節　日本列島における旧石器文化の発見とナイフ形石器　5
　第2節　ナイフ形石器の編年と系譜の予察　9
　第3節　ナイフ形石器文化の拡張と位置づけ　12
　第4節　「前期旧石器」の発見とナイフ形石器列島内起源説　15
　第5節　ナイフ形石器研究の現状と課題　20
　第6節　研究課題の整理と解決方法　24

第Ⅱ章　研究対象と方法　39
　第1節　研究対象と分析方法　41
　第2節　用語の整理と定義　46

第Ⅲ章　関東地方のAT下位におけるナイフ形石器製作技術の変遷　51
　第1節　AT下位石器群の時間軸の設定　53
　第2節　Ⅸ層段階におけるナイフ形石器製作技術の検討　62
　第3節　Ⅶ層段階における石器製作技術の構造　81
　第4節　Ⅶ層段階における原料消費の特徴　100
　第5節　縦長剥片剥離技術と縦長剥片の利用形態　108
　第6節　関東地方におけるナイフ形石器製作技術の変遷　120

第Ⅳ章　東北地方から九州地方におけるAT下位のナイフ形石器製作技術の変遷　125

第1節　東北地方におけるナイフ形石器製作技術の変遷　127
第2節　東海・中部地方におけるナイフ形石器製作技術の変遷　149
第3節　近畿・中国地方におけるナイフ形石器製作技術の変遷　178
第4節　九州地方におけるナイフ形石器製作技術の変遷　200
第5節　ナイフ形石器製作技術による編年対比　211

第Ⅴ章　北海道地方における旧石器文化のはじまり　217

第1節　「前半期」石器群に関する諸問題　219
第2節　分析資料と分析方法　224
第3節　「不定形剝片石器群」の特徴　225
第4節　東北地方のAT下位石器群との比較　229
第5節　「不定形剝片石器群」以外のEn-a下位石器群の確認　232
第6節　「前半期」石器群の比較検討　236
第7節　「前半期」石器群の特徴とその歴史的位置づけ　238

第Ⅵ章　AT下位石器群における石器組成および遺跡立地の検討　243

第1節　AT下位石器群の石器組成　245
第2節　AT下位石器群における石器組成の時空間的変異　264
第3節　AT下位石器群における石器組成の変遷の背景　267

第Ⅶ章　日本列島におけるナイフ形石器文化の生成　283

第1節　ナイフ形石器の製作技術　285
第2節　ナイフ形石器の変遷と地域　287
第3節　日本列島におけるナイフ形石器文化の生成　294

お わ り に　303

巻 末 付 表　305
引用・参考文献　343
図 表 出 典　361

あとがき　367
本書に関する既出論文　369
用 語 索 引　371
人 名 索 引　374
遺 跡 索 引　375

挿図・表目次

第 II 章
　図 II-1　ナイフ形石器の分類（上：加工部位，下：刃部形状）　42
　図 II-2　立川ローム層層序と ^{14}C 年代　43
　図 II-3　日本列島および周辺地図　44
　図 II-4　分析対象の地理的単位　45

第 III 章
　図 III-1　小菅・麻生編年　58
　図 III-2　重層遺跡におけるナイフ形石器の出土例　59
　図 III-3　帰属層位が明確な石器群　60
　図 III-4　関東地方における AT 下位石器群の編年　63
　図 III-5　「台形様石器」の分類　64
　図 III-6　房総半島 IX 層の石刃生産技術の変遷　66
　図 III-7　IX 層中部から IX 層上部 VII 層下部にかけての石器製作技術構造の変容　67
　図 III-8　ナイフ形石器の分類　69
　図 III-9　ナイフ形石器の素材別点数（グラフ）　73
　図 III-10　縦長剝片製ナイフ形石器の製作　76
　図 III-11　横長・幅広剝片製ナイフ形石器の製作　78
　図 III-12　東林跡遺跡の層序と遺物分布概念図　83
　図 III-13　剝片剝離過程 I　84
　図 III-14　剝片剝離過程 II　85
　図 III-15　剝片剝離過程 III　87
　図 III-16　剝片剝離過程 IV　88
　図 III-17　剝片剝離過程 V(1)　88
　図 III-18　剝片剝離過程 V(2)　89
　図 III-19　剝片剝離過程 V(3)　90
　図 III-20　剝片剝離過程 VI(1)　92
　図 III-21　剝片剝離過程 VI(2)　93
　図 III-22　剝片剝離過程 VI(3)　94
　図 III-23　剝片剝離過程 VI(4)　95
　図 III-24　剝片剝離過程 VII　95
　図 III-25　東林跡遺跡 VII 層石器群における石器製作技術　97
　図 III-26　利根川中流部の石器群　98
　図 III-27　利根川上流部の石器群　99
　図 III-28　黒色頁岩製大・中形縦長剝片の石器製作工程　99
　図 III-29　VII 層段階における縦長剝片の製作と消費　100
　図 III-30　遺跡の位置　101
　図 III-31　西ノ原遺跡出土の石器　104
　図 III-32　下郷古墳群出土の石器　106
　図 III-33　大形縦長剝片の消費形態　107

図 III-34　VII 層段階における縦長剝片の製作と消費の強弱　108
図 III-35　剝離角の計測方法　109
図 III-36　X 層段階の縦長剝片と剝離軸　110
図 III-37　IX 層段階の縦長剝片と剝離軸　113
図 III-38　VII 層段階の縦長剝片と剝離軸　114
図 III-39　VI 層段階の縦長剝片と剝離軸　115
図 III-40　AT 下位における縦長剝片剝離・縦長剝片利用資料のサイズの比較　117
図 III-41　AT 下位石器群における縦長剝片利用の変遷　120

表 III-1　矢島・鈴木編年における AT 下位石器群の内容の変化　55
表 III-2　ナイフ形石器の分析結果（下総）　70
表 III-3　ナイフ形石器の分析結果（武蔵野）　72
表 III-4　ナイフ形石器の分析結果（北関東）　73
表 III-5　ナイフ形石器の素材別点数　73
表 III-6　ナイフ形石器の素材別遺跡数　74
表 III-7　ナイフ形石器の形態組成　74
表 III-8　ナイフ形石器の素材と刃部形状の関係　74
表 III-9　石　器　組　成　102
表 III-10　AT 下位石器群における縦長剝片の剝離軸　111
表 III-11　AT 下位石器群における縦長剝片の剝離軸と打面の特徴　112

第 IV 章
図 IV-1　ナイフ形石器の分類　132
図 IV-2　グループ 1 のナイフ形石器　133
図 IV-3　グループ 2 のナイフ形石器(1)　135
図 IV-4　グループ 2 のナイフ形石器(2)　136
図 IV-5　グループ 3 のナイフ形石器　137
図 IV-6　米ヶ森型台形石器の計測方法　141
図 IV-7　米ヶ森型台形石器の長幅比　142
図 IV-8　米ヶ森型台形石器の厚さ　142
図 IV-9　米ヶ森型台形石器の刃角　142
図 IV-10　細石刃の厚さ　143
図 IV-11　細石刃の刃角　143
図 IV-12　米ヶ森型台形石器接合例　145
図 IV-13　東北地方におけるナイフ形石器の変遷　148
図 IV-14　ナイフ形石器の分類　154
図 IV-15　愛鷹山麓の土層模式図　156
図 IV-16　グループ 1 のナイフ形石器　157
図 IV-17　グループ 2 のナイフ形石器　158
図 IV-18　グループ 3 のナイフ形石器(1)　159
図 IV-19　グループ 3 のナイフ形石器(2)　160
図 IV-20　グループ 4 のナイフ形石器　161
図 IV-21　中部高地 AT 下位石器群のナイフ形石器(1)　164
図 IV-22　中部高地 AT 下位石器群のナイフ形石器(2)　165
図 IV-23　関東地方 AT 下位石器群のナイフ形石器　167
図 IV-24　愛鷹・箱根山麓 AT 下位石器群の黒耀石原産地構成グラフ　173

図 IV-25　関東地方 AT 下位石器群の黒耀石原産地構成グラフ　173
図 IV-26　中部高地 AT 下位石器群の黒耀石原産地構成グラフ　174
図 IV-27　関東地方 VI 層段階の石器群　174
図 IV-28　日本列島中央部におけるナイフ形石器製作技術の地域化と石材利用の関係　177
図 IV-29　ナイフ形石器の分類　181
図 IV-30　グループ 1 のナイフ形石器　183
図 IV-31　グループ 2 のナイフ形石器　184
図 IV-32　グループ 3 のナイフ形石器　184
図 IV-33　有底横長剝片剝離石核の観察方法　187
図 IV-34　I 期の有底横長剝片剝離技術の関連資料　189
図 IV-35　II 期の有底横長剝片剝離技術の関連資料　191
図 IV-36　III 期の有底横長剝片剝離技術の関連資料　192
図 IV-37　近畿地方西部におけるナイフ形石器の変遷　195
図 IV-38　近畿地方東部のナイフ形石器　196
図 IV-39　中国地方のナイフ形石器　198
図 IV-40　ナイフ形石器の分類　203
図 IV-41　グループ 1 のナイフ形石器　204
図 IV-42　グループ 2 のナイフ形石器　205
図 IV-43　グループ 3 のナイフ形石器　206
図 IV-44　グループ 4 のナイフ形石器　207
図 IV-45　九州地方におけるナイフ形石器製作技術の変遷　210

表 IV-1　編年対比表　130
表 IV-2　ナイフ形石器の組み合わせ　137
表 IV-3　愛鷹・箱根山麓 AT 下位石器群の編年対比表　150
表 IV-4　愛鷹・箱根山麓 AT 下位石器群におけるナイフ形石器の組み合わせ　161
表 IV-5　日本列島中央部における AT 下位石器群の編年　170
表 IV-6　愛鷹・箱根山麓 AT 下位石器群の黒耀石原産地構成　171
表 IV-7　関東地方 AT 下位石器群の黒耀石原産地構成　172
表 IV-8　中部高地 AT 下位石器群の黒耀石原産地構成　172
表 IV-9　ナイフ形石器の組み合わせ　185
表 IV-10　有底横長剝片剝離石核の観察表　188
表 IV-11　編年対比表　201
表 IV-12　ナイフ形石器の組み合わせ　207
表 IV-13　九州地方から東北地方における AT 下位石器群の編年　212

第 V 章
図 V-1　「不定形剝片石器群」の石器組成(1)　226
図 V-2　「不定形剝片石器群」の石器組成(2)　227
図 V-3　「不定形剝片石器群」の「台形様石器」　228
図 V-4　東北地方における AT 下位石器群の石器組成　230
図 V-5　東北地方における AT 下位石器群のナイフ形石器　231
図 V-6　削器石器群　233
図 V-7　搔器石器群　234
図 V-8　川西石器群　235
図 V-9　「前半期」石器群の「台形様石器」　237

図 V-10　蘭越石器群　　239

表 V-1　編年対比表　　222
表 V-2　「前半期」石器群の石器組成　　236
表 V-3　「前半期」石器群と蘭越石器群の石器組成　　240
表 V-4　北海道および東北地方における編年対比　　241

第 VI 章
図 VI-1　東北地方の石器組成　　247
図 VI-2　関東地方の石器組成　　247
図 VI-3　東海地方の石器組成　　247
図 VI-4　中部地方の石器組成　　247
図 VI-5　近畿・中国地方の石器組成　　247
図 VI-6　九州地方の石器組成　　247
図 VI-7　東北地方の石器　　248
図 VI-8　関東地方の石器(X 層段階)　　250
図 VI-9　関東地方の石器(IX 層段階 1)　　251
図 VI-10　関東地方の石器(IX 層段階 2)　　252
図 VI-11　関東地方の石器(VII 層段階 1)　　254
図 VI-12　関東地方の石器(VII 層段階 2)　　255
図 VI-13　関東地方の石器(VI 層段階 1)　　256
図 VI-14　関東地方の石器(VI 層段階 2)　　257
図 VI-15　東海・中部地方の石器　　259
図 VI-16　近畿・中国地方の石器　　262
図 VI-17　九州地方の石器　　263
図 VI-18　立切遺跡出土の石器　　269
図 VI-19　山田遺跡出土の石器　　270
図 VI-20　武蔵野台地の概要　　272
図 VI-21　武蔵野台地の遺跡数(グラフ)　　273
図 VI-22　武蔵野台地の遺跡分布(X 層段階)　　274
図 VI-23　武蔵野台地の遺跡分布(IX 層段階)　　274
図 VI-24　武蔵野台地の遺跡分布(VII 層段階)　　275
図 VI-25　武蔵野台地の遺跡分布(VI 層段階)　　275
図 VI-26　武蔵野台地の遺跡規模(グラフ)　　276
図 VI-27　X 層段階の大規模遺跡　　277
図 VI-28　IX 層段階の大規模遺跡　　278
図 VI-29　VII 層段階の大規模遺跡　　278
図 VI-30　VI 層段階の中規模遺跡　　279
図 VI-31　関東地方南部における AT 下位石器群の黒耀石の利用　　280

表 VI-1　東北地方の石器組成　　246
表 VI-2　関東地方の石器組成　　246
表 VI-3　東海地方の石器組成　　246
表 VI-4　中部地方の石器組成　　246
表 VI-5　近畿・中国地方の石器組成　　246
表 VI-6　九州地方の石器組成　　246

表 VI-7　石器出現率分析表　265
表 VI-8　石器出現率　266
表 VI-9　武蔵野台地の遺跡数　273
表 VI-10　武蔵野面における野川流域の遺跡数と割合　273
表 VI-11　武蔵野台地の遺跡規模　276

第 VII 章
図 VII-1　ナイフ形石器のつながりと断絶　286
図 VII-2　ナイフ形石器の変遷と地域　290
図 VII-3　MIS3 における東アジアの植生図　292
図 VII-4　ナイフ形石器製作技術の地域差と石材環境　294
図 VII-5　最終氷期最寒冷期の海岸線に基づく中央ルートの渡航距離　296
図 VII-6　西太平洋における更新世の海洋渡航の距離と年代　297
図 VII-7　日本列島におけるナイフ形石器文化の生成　300

巻末付表
付表 1　剝離軸計測資料一覧表　307
付表 2　東北地方の石器組成一覧表　324
付表 3-1　関東地方の石器組成一覧表（下総台地）　325
付表 3-2　関東地方の石器組成一覧表（武蔵野台地）　331
付表 3-3　関東地方の石器組成一覧表（相模野台地）　335
付表 3-4　関東地方の石器組成一覧表（北関東）　336
付表 4　東海地方の石器組成一覧表　338
付表 5　中部地方の石器組成一覧表　340
付表 6　近畿・中国地方の石器組成一覧表　341
付表 7　九州地方の石器組成一覧表　342

は じ め に

　本書は，日本旧石器時代を代表する石器であるナイフ形石器の生成とその背景を捉えることを目的としている。

　日本列島は，ユーラシア大陸の東端に位置し，北海道・本州・四国・九州の主要な4つの島とそれに隣接する島々，本州中部から南方にのびる伊豆・小笠原諸島，九州から台湾にのびる南西諸島から構成される(米倉 2001)。これらの主要な島々の地理的な広がりは，北緯45度から北緯24度までに及び，南北に細長く弧状に連なっている。日本列島を構成する主要な島である北海道・本州・四国・九州のうち，最北部に位置する北海道は，宗谷海峡を隔てて最短距離45kmでロシア領サハリン島と接し，南部に位置する九州は対馬海峡を隔てて約200kmで朝鮮半島と近接する。このように，現在の日本列島は，北の北海道と南の九州で大陸と隣接する地理的特徴を有している。

　しかし，本書で対象とする旧石器時代(約1万6千年前より以前)の日本列島の姿は，現在とは大きく様相を異にしていた。寒冷な氷期と温暖な間氷期が繰り返される世界規模の気候変動の影響を受け，氷期には気温の低下により海水面の低下が生じ陸橋や氷橋が形成され，列島は大陸と陸続きとなった。対照的に，間氷期では海水面が上昇し，再び列島は大陸と切り離された。氷期と間氷期といった気候変動のサイクルに伴い，日本列島は大陸との接続と断絶を繰り返していたのである。

　このように時間の流れに従い大きく変貌を遂げた日本列島を舞台に，1949年の岩宿(いわじゅく)遺跡の発掘において日本ではじめて旧石器時代の存在があきらかにされ，日本旧石器時代の研究ははじまった。岩宿の発掘以来，70年近く経過するが，その間考古学のみならず，人類学ならびに周辺科学においても継続的に議論されつづけている課題がある。それは，「いつ，どこから，どのように，誰が日本列島に移住し定着したのか」という研究課題である。

　本来であれば，そのような研究課題に取り組むには，その荷担者を直接的に示す人骨や当時の人々が製作した道具などが，総合的に検討されるべきである。しかし，本書で対象とする日本列島では，そのような総合的な検討が困難な状況下にある。それは，日本列島において旧石器時代の資料が包含される地層のほとんどが酸性土壌であることに加え，その後の完新世における湿潤な気候の影響などによって，有機質資料は分解されてしまうことに起因する。

　そのため，旧石器時代を対象に「いつ，どこから，どのように，誰が日本列島に移住し定着したのか」という本来総合的な研究が求められる研究課題を議論する際に，対象となるのはわずかに確認されている化石人骨や骨角器を除くと，普遍的にみとめられる石器がほぼ唯一の資料となる。このように日本旧石器時代の研究は，研究資料において大きな困難を抱えながらも，

石器の研究が積み重ねられた結果，約4万年前の確実な最古の日本旧石器文化の起源や系譜について現在2つの仮説が提示されている。

一つ目は，列島の旧石器文化の起源や系譜を大陸に求める仮説であり，二つ目は列島における前期・中期旧石器時代からの内在的発展として理解する仮説である。1990年代以降は形質人類学の成果から人類の多地域進化説が有力だったこともあり，後者が支配的な仮説であった。そのような中，2000年に「前期・中期旧石器時代」の捏造が発覚した。後者の仮説が依拠していた資料の多くが捏造資料であったことが判明したため，現在，列島の旧石器文化の起源やその位置づけについては多種多様な見解があり一致をみていない。

ただ，いずれの説においても重要な役割を果たしてきたのがナイフ形石器であった。これまでナイフ形石器・ナイフ形石器文化の起源は，列島の旧石器文化の起源と同義あるいは接点(前期・中期旧石器時代の存在を主張する場合)として捉えられてきたのである。この点から，ナイフ形石器・ナイフ形石器文化についてあらためて検討しその位置づけを明確にすることが，列島の旧石器文化を考える上で必要不可欠であると考えた。ここに本書の問題意識と研究の定点がある。

ナイフ形石器は，日本旧石器文化のはじまる4万年前から約2万年もの長期間利用され，地理的にも東北地方から九州地方までの広範囲に展開した日本旧石器文化を特徴づける石器である。さらに，時空間上様々な製作技術とその組み合わせをもつことがあきらかになっている。

本書では，先行研究により地域性が明確化するとされる時期の直前(始良Tn火山灰(以下，ATと略記)降下以前：約4万年～2万9千年前の期間)までを扱い，ナイフ形石器のもつ技術的な多様性をよみ解くことで，日本列島におけるナイフ形石器文化の生成を捉えるとともに，その背景と歴史的意義を考察する。

本書の構成

本書は，第Ⅰ章から第Ⅶ章までの7つの章によって構成されている。第Ⅰ章では，研究史を整理し，当該研究の研究課題をあきらかにする。第Ⅱ章において，本書の研究方法と研究対象を示すとともに，用語の定義を行う。

第Ⅲ章から第Ⅴ章においては対象地域ごとに具体的な分析を行う。まず第Ⅲ章では，関東地方のナイフ形石器製作技術を検討し，編年の基準を設定する。当該地域は豊富な資料を有し，編年研究の目安となる土層が厚く堆積するため，編年基準の設定において好適であると考えた。次に第Ⅳ章において，東北地方から九州地方のナイフ形石器製作技術の変遷を対象地域ごとに把握し，それらの時間的な対比を行う。つづく第Ⅴ章では，北海道地方でAT下位石器群と対比されている，いわゆる「不定形剥片石器群」(「台形様石器」石器群)の検討を中心に行い，その年代的位置づけと九州地方から東北地方のAT下位石器群との関係について議論する。第Ⅵ章では，AT下位石器群の特徴をあきらかにするため，石器組成と遺跡の立地のあり方について検討を行う。

最終章の第Ⅶ章では，前章までの分析結果をとりまとめることにより，日本列島におけるナイフ形石器文化の生成を構造的に捉え歴史的に位置づける。

第Ⅰ章

ナイフ形石器をめぐる研究とその課題

日本旧石器文化を特徴づける石器として，ナイフ形石器がある。剝片の鋭利な縁辺を刃部とし整形加工された石器（ナイフ形石器）は，日本列島の広範囲に特徴的にみとめられ，槍先形尖頭器や細石器とともに日本旧石器文化の一階梯をなすことから，日本旧石器文化の位置づけを考える上で，大きな役割を果たしてきた。しかし，近年，ナイフ形石器の概念や名称を中心に国内外から多くの批判がなされている。定義の曖昧さの指摘にはじまり，様々な意見が提出されているのが現状である。

　ナイフ形石器という用語がどのような経緯と経過をもって誕生したのか。また，その含意する意味は用語の提唱当初から不変なのか。本章では，この2点を観点として研究史をふり返ることで，ナイフ形石器をめぐる研究の課題をあきらかにする。

第1節　日本列島における旧石器文化の発見とナイフ形石器

1.「Backed blade」の発見と日本最初の旧石器編年

　1949年，岩宿遺跡の発掘調査が行われ，更新世の地層である関東ローム層中から石器が掘り出され，縄文文化以前の文化があきらかにされた（杉原 1950）。そこでは，岩宿層から出土した「敲打器」を中心とする岩宿I，阿左美層出土の「先刃・横刃・尖頭形の小形の石器」からなる岩宿IIという特徴の違う石器文化が，異なる地層から確認されるなど重要な成果をあげた。

　岩宿発掘の2年後，現在ナイフ形石器の典型例として示される石器が，茂呂遺跡で発見された（杉原ほか 1952）。それは「Pointed Blade」とされ，「非常に特徴的なもので，その細部加工は刃を付けるためのものでなく，刃は剝離によってできた自然の鋭利な縁辺を利用し，細部加工は整形あるいは手に保つために都合よいように行われたものと考えられるのである。これは西欧のAurignacian及びそれ以后の石器にみられる強い特色であって，M. C. Burkittもこれを主張し，L. S. B. LeakeyはこれをとくにBacked Bladeと呼んでいる」と記載された[1]。

　翌年，杉原荘介は用語として「Backed blade」を採用し，岩宿文化→茂呂文化→上平文化→縄文文化という編年を示し，「Backed blade」を有する茂呂文化を日本旧石器文化の一階梯として位置づけた（杉原 1953）。これらの石器の特徴から「日本の遠古の石器文化が剝片石器の文化の系統を有する」ことを確認した。日本の石器文化を位置づけるにあたって，アジアとの比較の必要性を説いたが，当時はアジアの状況がまだ不鮮明であったため，ヨーロッパと比較し，「Scraperの文化からBacked bladeの文化へ，そして後に押圧剝離によるPointの文化に至ることは，ヨーロッパの上部旧石器時代文化の段階と極めてよく類似」することを指摘している。

2.「Knife blade」と切出形石器

このように，日本最初の旧石器時代編年が提示された『考古学雑誌』の同号で，芹沢長介と麻生優により「Knife blade」の分類が試みられる(芹沢・麻生 1953)。以下，芹沢の研究を中心に整理することで「Knife blade」から「ナイフ形石器」に至る過程と問題意識の変化を捉える。

まず，芹沢らによる「Knife blade」の記載をみる。用語は Burkitt の『The Old Stone Age』により，「縦長の flake の鋭利な刃部を一部分残して周辺の片面にあらい retouch を加え，先端を尖らせた形態」と素材・加工・形を観点に記載された。そこでは同時に，野尻湖底の「Knife blade」は，A 形，B 形(茂呂形)，C 形(杉久保形)の 3 つの形態に分類されている。A 形と B 形は素材となる剥片の形状，A 形・B 形と C 形は石器の形状で区分された。

翌 1954 年，芹沢(1954)は自身初の旧石器時代編年を提示する。ここではじめて登場する「切出形石器」は岩宿 II や殿ヶ谷戸を典型として以下のように記載されている。「Knife blade」と切出形石器の相違点を明確にするため，同論文中での両石器の定義を併記する。まず，「Knife blade」は「縦長の flake の左右いずれか一側の刃部をのこし，先端を尖らして周辺に chipping による trimming を加え，全体を knife blade の形に整えた石器」とされる。対して，切出形石器は「これを作るための flake の形は縦長ではなく，むしろ横長の貝殻状剥片であったと思われ，前記の knife blade の技術と大きな相違がみられる。Bulb の位置も従って基部や先端部になく，不規則な ring が長軸を斜めに」みられる。「第一次剥離の際に生じた鋭い縁辺を斜行させその両端から粗い chipping による trimming が施されている」もので，「切り出しの形態に似ているので，私は切出形石器と仮称している。基部にも，裏面にも trimming が認められず，所謂 trapeze に近い形」とされる。素材や形状の違いをあげ，「Knife blade」と切出形石器の違いが強調されている。

同時に芹沢は，重層遺跡，層位的関係，石器形態と製作技術を基準に編年を行った。石器形態と製作技術については，ともに縦長剥片を有し素材とすることから，「大形 Blade・縦長 Flake → Knife blade」の順序と考えた。また，「Point」を伴う石器群と切出形石器については，貝殻状剥片を素材として多く用いる点，さらに切出形石器が片面加工で押圧剥離が用いられていない点から，切出形石器を伴う石器群が「Point」を伴う石器群に先行するものとした。それらの検討の結果を統合することで，「Hand axe を伴うもの→大形 Blade・縦長 Flake を伴うもの→ Knife blade を伴うもの→切出形石器を伴うもの→ Point を伴うもの」という編年を示した。

つづく，1956 年の論考(芹沢 1956)では，切出形石器の範疇に大きな変更がみとめられることは注目される。米倉山遺跡の縦長剥片素材のものも切出形石器に含められたことから，「Knife Blade」との相違が薄れ，「backed blade」という製作法の共通性が注目され，切出形石器は「Kiridashi Knife blade」と表記されている。ただし，関東地方の事例から，両者には時間差があるとし示準石器としての評価は依然として変わっていない。そして，1954 年の論文の考え

を進め,「切出形石器は明らかに Point よりも下層にあり,しかも uniface point への近似性を多分に包蔵している」とし,その序列の中に切出形石器からの槍先形尖頭器発生仮説を提示し,切出形石器の編年的位置を確定した。また,「Point」につづき「microlith」[2] をおき,「Hand-axe・Flake-blade → Blade・Flake-blade → Knife blade,切出形石器(Knife-blade に後続)→ Point → Microlith」という編年が提示されることとなった。ここでは,切出形石器は示準石器として理解されていることがわかる。

3.「Knife blade」からナイフ形石器へ

一方,戸沢充則(1957)は,上述したように示準石器として理解されていた切出形石器に対して2つの問題点を指摘した。一点目は,「その編年的位置を決定づける層位,特にナイフブレイドとの関係は全く暗闇であり,ポイントとの関係も不明の域を出ない」ことから,「切出形石器を伴うもの」を一階梯とする位置づけについての問題である。二点目は,「瀬戸内地方で明らかにされた井島Ⅰの石器群と,切出形石器との関係」に示される細石器文化にも関連する問題である。

戸沢の指摘後,芹沢(1959)は,これまで「Knife blade」とした石器を「ナイフ形石器」[3] と称し,切出形石器については「石器の製法,あるいはその機能からいえば,ナイフ形石器(バックド・ブレード)にふくめられるだろう」とされ,より両者の共通性が強調されるようになった。

さらに,芹沢(1960)は,「横はぎの剥片からつくられた国府形ナイフ」を加えることで,1953年の「Knife blade」の用語使用以来,縦長剥片,石刃を素材とするとされたナイフ形石器の定義を以下のように変更した。「ナイフの身の形をし,その機能もだいたいおなじであったと考えられる。片側に第一次剥離のさいにできたするどい刃をのこし,他の側にはナイフの背のように片面から分厚く整形をほどこすのが特徴的である」とされ,素材である剥片の形状に関する記載は削除されている。また,ナイフ形石器の製作方法として,代表的な3種をあげ,「杉久保形」は東北地方から中部地方北部,「茂呂形」は関東・中部地方,「国府形」は近畿・中国・四国地方というように分布範囲が異なることをあきらかにした。さらに,それらが「杉久保形」が石刃技法,「国府形」と切出形石器が横はぎによっており大きく異なることから,形や製作方法において「ナイフ形石器のなかにいちじるしい地方差が表現されている事実は,無土器時代人の土地への定着化をしめす」と考え,列島内における地域差をナイフ形石器の中にみいだした。このような中,切出形石器は関東地方に分布する「ナイフ形石器のなかの特殊形態」と表現されるようになる。

つづく,翌1961年では,切出形石器について「その分布は,大体において茂呂型ナイフと重なるようである。ときには,茂呂型ナイフとともに,同じ層中から発見されることもある。したがって,切出形石器と茂呂形ナイフとは,どちらかが古く,どちらかが新しいという関係にあると思われる」とし,その編年的序列についてはトーンダウンした。その位置づけについては,「茂呂形ナイフは材料として縦長の剥片を用いているのに対して,切出形石器は比較的

小さな横長の剝片から作られている。良質の石器原料が容易にえられなかった地域——関東地方において，特殊な発達をしめした」と考え，石材による地域差を強調した(芹沢 1961)。

1963年，芹沢(1963)は，これまでの成果をとりまとめる形で，「無土器時代の地方色」を発表した。そこでは，まず関東地方の石器群を地層によって年代的に並べることで，中・下部ロームから後ロームまでの編年を提示した。上部ロームはナイフ形石器・楕円形石器・縦長剝片(磯山岩宿I)→ナイフ形石器(茂呂)→切出形石器(岩宿II)→尖頭器(武井・元宿)とされた。岩宿Iや磯山にみられる縦長剝片の特徴として，「半分に割った河原石の割れくちを上におき，その周辺を順次に打ちはがして作られる。全体の形は細長い二等辺三角形となり，尖端部と両側辺はきわめて鋭利である。いわゆる石刃(ブレイド)にちかい利器であるが，製作法がまだ幼稚」であるとし，「真正の石刃」と区別した。同時に，磯山のナイフ形石器は，「その縦長剝片の基部を打ち欠きによってわずかに整形したもので，ナイフとしては粗雑なつくり」であることを指摘した。そして，「単純から複雑へ，素朴から精巧へ，比較的大形から小形へ」という，ナイフ形石器の変遷観を示した。

また，岩宿I・磯山に後続するものとして，従前の茂呂型・国府型・杉久保型に，新しく東北地方から北海道に及ぶ東山型と，九州から中部地方までの広範囲に及ぶ小形ナイフ[4]を加え，その分布や石材との関係を，ナイフ形石器のもつ地方色として捉えた。そして，芹沢は最終的に，ナイフ形石器に示される時空間における変化について，「日本列島のなかで，石器の形態やその組合せに地方色がはつきりあらわれてきたのは，ナイフ形石器の形態が完成されてからであつた。日本の風土に後期旧石器人が定着し，それぞれの地方から産出する石器の原料にふさわしい技術を体得し，やがて独特の技術が地方色として反映しはじめたのであろう」と位置づけた。

4. 大陸の旧石器文化と日本旧石器文化の関係
——ナイフ形石器に関する記載を中心に——

このようなナイフ形石器に注目した，日本列島における後期旧石器時代人の定着過程としての理解はどのように形成されたのか。

芹沢の論考における周辺地域と日本旧石器文化との関係についての記述をみると，芹沢は1954年以来周辺地域の旧石器・中石器文化との比較以前に，日本における「無土器文化から縄文文化への移行状態」(芹沢 1954)や，「編年と地方差と，そしてローム層と各文化との関連」を解決すべきだという姿勢で一貫している。

1960年代になると，大陸との関係について言及をしはじめ，「東北地方から中部地方の一部にかけて分布する石刃技法は，今のところでは北方的な文化に属する」ことを指摘した(芹沢 1960)。つづいて，翌1961年においては，ナイフ形石器や彫器を含む日本の「神山文化」と中国の水洞溝遺跡の類似性を指摘(芹沢 1961)しているが，水洞溝やシャラオソゴール遺跡などの石刃やナイフ形石器を有する中国の河套文化との関係については未解決としている(芹沢

1962b)。また，同論文中では，「マルタ，アフォントヴァ山などの遺跡では石刃技法がその基調となっているものも，かなり精巧なナイフが出土している。北海道からナイフが発見されないということは，東部シベリアとの関連から考えても理解に苦しむところであり，北海道の石刃文化が北方大陸から流入したなどと簡単に言いきれない」とあり，やはり大陸との対比については慎重である。

　これらの記載からあきらかなように，芹沢は大陸の資料にもナイフ形石器という用語を用いていることから，用語自体は日本列島の固有性を含意するものではないことがわかる。また，その用語の使用法の推移を通して，芹沢の日本旧石器文化観の変遷過程をよみとることができる。そこには示準石器的なナイフ形石器から，地方色を示すナイフ形石器へ，さらにそれらを総合化した日本旧石器文化におけるナイフ形石器の位置づけへの変遷がみとめられるのである。それは，ナイフ形石器の地方色を通した，後期旧石器時代人の日本列島における定着としての理解への変遷であった。

第2節　ナイフ形石器の編年と系譜の予察

　ナイフ形石器の地域差に注目した芹沢の一連の研究に対して，1960年代後半を中心にナイフ形石器文化の編年の細分が行われる。その中で，系統関係についても積極的に意見が述べられる。以下，代表的な論考をみていく。

1．滝沢浩の研究

　滝沢浩(1963)は，ナイフ形石器，切出形石器，槍先形尖頭器の編年に対する疑問を出発点とし，関東・中部地方を対象に検討を行った。まず，ナイフ形石器の形態と製作手法に注目し，剝片素材のナイフ形石器を組み合わせとする剝片ナイフ(期)と，小形石刃素材のナイフ形石器を組み合わせとする石刃ナイフ(期)に区分した。その上で，剝片ナイフ・石刃ナイフをそれぞれ形態分類し，ナイフ形石器の形態，石刃・石刃状剝片の有無，槍先形尖頭器の有無とその比率の高低，細石核の有無を基準に各期を細分し，それに層位的関係を参照することで序列化した。

　その結果，①切出形石器は独立したインダストリーではなく，剝片ナイフ期の一形態に過ぎない点，②槍先形尖頭器はナイフ形石器の終末ではなく中葉に存在し，槍先形尖頭器とナイフ形石器は同一層中で共伴する点，③槍先形尖頭器の大小の比率が，ナイフ形石器の形態の組み合わせの変化や，石刃と石刃状剝片の比率と関連する点を指摘した。以上の点から，切出形石器と槍先形尖頭器，細石刃はナイフ形石器の組成の一部分を構成する石器で独立した編年上の位置づけは困難とし，立川ローム層中にみとめられる上部暗色帯(岩宿I)より上は連綿とつづ

くナイフ形石器文化の伝統と理解した。

1965年の論文では，剝片ナイフ期を「茂呂形ナイフ文化」前半期とし，石刃ナイフ期を後半期とした。そして，それらの特徴として，前者に「剝片技法の盛行」を，後者に石刃技法の隆盛と「ナイフ形石器の細石器化」という性格を指摘した。さらに，そこではナイフ形石器文化の起源にもふれている (滝沢 1965)。

起源に関する記載について，詳しくみていく。その位置づけにあたり3点を指摘している。まず第一に，ナイフ形石器文化に先行する石器群との関係から，「日本で最古の文化と考えられている大分県丹生遺跡，群馬県不二山，権現山遺跡から発見された握槌や礫器をもつ文化」は石器組成からもナイフ形石器文化の母体であるとは考えられない点を指摘した。第二に「武蔵野ローム層内にナイフ形石器文化の初源的な様相を備えている石器文化の片鱗さえも見当らない，そして見当りそうにもない」点を指摘。第三に，「茂呂形ナイフ文化」は，その初頭から局部磨製石斧，石刃状剝片，ナイフ形石器，彫器，搔器等の石器組成をもち，それにつながる先行石器群がみとめられない点を指摘した。以上の点から，「茂呂形ナイフ文化は局部磨製石斧やナイフ形石器をたずさえて，何の前ぶれもなく東日本の一隅に姿を現わした」可能性を指摘した。その上で，関東・中部に分布する茂呂形ナイフ文化の起源について，未知の文化を母体にした発生，日本列島内の他地域からの来入，大陸からの来入という3つの可能性を想定した。滝沢は，起源地を特定していないが，起源を考える上で局部磨製石斧の存在に注目している。

2. 大井晴男の研究

大井晴男 (1965) は，日本の石刃石器群を整理する中で，その系統性について検討した。まず，近畿・中国・四国・九州における「国府技法」による石器の分布と対照的に，石刃石器群が北海道を含めて関東・中部以北に分布することを確認した。そして，石刃石器群の編年を，楕円形石器の有無や，「杉久保型ナイフ」・「神山型彫刻刀」といった地域の特徴的な石器の有無に注目することで，白滝13地点・岩宿→樽岸・東山→白滝30地点・横道・神山・茂呂→訓子府緑丘B・荒屋・手長丘・矢出川→立川？・長者久保・神子柴とした。その上で，日本最古の石刃石器群の時間的位置については，シベリア最古の石刃石器群である「マルタ遺跡」のヴュルム氷期末期という位置づけから，「マルタ遺跡」よりおくれるヴュルム氷期の最末期とした。そこでは，細石刃文化にあたる訓子府緑丘Bの石器群，石刃鏃を伴う石器群，長者久保等の異なる特徴をもつ石刃石器群などについても大陸からの文化の流入として捉えている。

1968年，大井は前論文を発展させる形で，日本の「先土器時代石器群」の系統について検討を進めた (大井 1968)。まず，丹生・早水台・不二山・権現山といった岩宿に先行するものを第一グループ，岩宿Ⅰ以降を第二グループに区分した。その上で，第二グループにおいて，石刃技法を技術基盤とするA群と，「国府技法あるいは瀬戸内技法と呼ばれた特異な剝片剝離技術，およびその系統をひくと考えられる横打技法を技術的基盤」とするB群の分布差をあら

ためて指摘した。

　さらに，大井は，A群とB群の編年対比を試みた。まず，関東・中部地方南部に多く発見される切出形石器に類似する小形のナイフ形石器の一群と，瀬戸内沿岸地域の井島Iにみられる小形ナイフ形石器を型式的に対比した。次に，形態や素材ともに特徴的な「杉久保型」・「茂呂型」・「国府型」ナイフ形石器にみられる「完成された石器の全形およびその加工技術——いわゆる刃潰し加工 Back blunting——」の共通性から，「二次加工を加えられない鋭い縁辺と，これに鋭角に交わる刃潰し加工を加えられた側縁とによって尖頭部を利用する刺突具としての機能」をもつ，3種のナイフ形石器間の発生的つながりを想定し同時期の所産とした。そして，A群の茂呂型に先行する岩宿Iと白滝13地点においてナイフ形石器が欠如することから，ナイフ形石器を有するB群と本来もたないA群が本州内で文化的に接触したことで，A群の組成にナイフ形石器が加わったと考えた。加えて，A群の細石刃石器群や神子柴・長者久保の石器群に対比できるB群の存在を仮設し，「先土器時代」におけるA・B両群の全面的な共存関係を指摘した。

　この両群を全面的共存関係とする編年をもとに，石刃石器群に普遍的な「刻器」と「縦長の削器(＝End-scraper)」のB群における欠落および，A・B両群の剝片剝離技術の差を，文化的伝統の差と理解した。さらに，その系譜についても言及し，A群はアジア大陸北部から樺太を経由して日本列島に流入したもの，B群は大陸との直接的な関連を示す資料がないものの，「巨視的に東南アジアの文化的潮流のうちにあった」と考えた。B群の具体的な起源については，第一グループの文化を母体とするか，独自に出現した可能性を想定し，日本旧石器文化二系統説[5]を提示した。

3．佐藤達夫の研究

　佐藤達夫(1970)は，鎌木義昌らによる瀬戸内編年(鎌木・高橋 1965)を基準に型式学的な検討を行うことで，ナイフ形石器の編年と系統性を追求した。その編年に基づき，「関東・中部におけるナイフ形石器のはじまりは西日本からの波及による」とみなした。その波及を示す関東西部の切出形石器を出土する遺跡を，ナイフ形石器の有無で二分した。ナイフ形石器を伴わない遺跡では「遺物が少ない点において茂呂以前の諸遺跡に類似するばかりでなく，内容的にもそれらと共通するところがあり，等しく瀬戸内の文化に系統的な関係」をみいだせるとし，切出形石器の系の出現を瀬戸内方面からの影響によると考えた。ナイフ形石器の変遷は，百花台IIを別として，一連の系統的変化を示すものとしている[6]。

　一方で，佐藤はナイフ形石器の系統関係を日本列島外の資料も含めて検討している。ナイフ形石器文化は局部磨製・打製の石斧を伴う剝片・石刃文化であることと，局部磨製石斧を北方系とみるのは無理であることをあげ，全体として東南アジア方面との系統的関係を指摘した。そして，具体的なナイフ形石器の系統については，発達した石刃技法と石刃製ナイフ形石器，瀬戸内技法に近似するかなり特殊化した横打技法を有する点，小形であるがナイフ形石器の形

態が類似する点，安山岩を利用する点を共通点としてあげ，ナイフ形石器の最古段階にあたる瀬戸内技法と国府型ナイフ形石器の系統を完新世のトアラ文化に求めた。さらに，類似する石器が，東部ジャワの剥片・石刃文化やバンドゥンの黒耀石文化中にもあり，梯形石器あるいは細石器として，石刃製梯形石器と一括して取り扱われていることを指摘。その上で，国府型ナイフ形石器を，比較的幅広で刃部が直線的で背部が湾曲する形態と，幅が狭く背部が直線的な形態に分類し，前者が東南アジアの横打剥片製梯形石器をそのまま大形化したような特徴であることを理由に，国府型ナイフ形石器と横打剥片製梯形石器の系統関係を断じた(ナイフ形石器南方起源説)。

以上みてきたように，ナイフ形石器が日本列島独自ないし固有といった理解とは対照的に，大井と佐藤の系統観は大きく異なるものの，両者ともにナイフ形石器の起源を大陸に求めていることが理解できる。

第3節　ナイフ形石器文化の拡張と位置づけ

1. 層位的出土事例に基づく編年研究

1969年に調査された野川(のがわ)遺跡では，10枚もの重複した文化層が確認された。その層位的出土例に基づく「野川編年」では，ナイフ形石器の有無を観点に，以下の3段階に区分された(小林ほか 1971)。第Ⅰ期はナイフ形石器出現以前の段階，第Ⅱ期はナイフ形石器を特徴的に有する段階，第Ⅲ期はナイフ形石器消滅以後の段階という区分である。完新世とする年代観は別として，国府型ナイフ形石器を最古とする佐藤編年(佐藤 1970)は，「野川編年」によって裏付けられたかのようにみえた。

しかし，鈴木(すずき)遺跡(鈴木遺跡刊行会 1978)と高井戸東(たかいどひがし)遺跡(小田編 1977)の調査によって，ナイフ形石器が立川ローム下底部に存在することが確認されたことで，国府型ナイフ形石器の類似資料を最古のナイフ形石器とする「野川編年」から，ナイフ形石器文化は時間的に拡張された(小田 1980)。以後，1970年代の大規模開発に起因する多数の遺跡の発掘調査成果の蓄積により，安定した良好な地層の堆積と，それに基づく層位的出土事例を基準とする編年研究の方法が一般化する。

その代表例が，月見野(つきみの)・野川遺跡につづき，主に相模野台地の調査成果を盛り込む形でまとめられた「相模野編年」(矢島・鈴木 1976)と，武蔵野台地をとりまとめた「武蔵野編年」(小田 1980)である。「相模野編年」では，各地層に含まれる石器群を同一視点から比較するため，石器組成や剥片剥離技術と両者の結びつきが検討されている。また，1970年代以降のナイフ形石器の編年研究では，出土層位と形態の組み合わせに注目し，形態組成の推移を把握する方法が特徴的に用いられた(安蒜 1979，白石 1973，矢島・鈴木 1976)。

2. 列島内対比とナイフ形石器文化の位置づけ

　このような層位的事例の蓄積とあわせて，姶良 Tn 火山灰(以下，AT と略記)の発見(町田・新井 1976)により，汎列島的な石器群の比較が可能になった。そのため，列島内対比や広域編年(白石 1976・1978，松藤 1987 など)，そしてそれに基づくナイフ形石器の系統関係や出現過程が再度注目されることになる。

(1) 安蒜政雄の研究

　安蒜政雄(1984・1986)は，石器の型式学上の特徴やその組み合わせの違い，そうした特徴や差を生みだした石器製作の技術体系に注目し，編年を構築した。その上で，「先土器時代の地域性とその動態の理解」を試みた。
　まず，ナイフ形石器・槍先形尖頭器・細石器という示準的な石器の組成と製作技法の構成の段階的な変遷に基づき，南関東地方における層位的な序列との関係から，第 I 期(第 X 層～VII 層)・第 II 期(第 VI 層)・第 III 期(第 V・IV 層)・第 IV 期(第 IV・III 層)・第 V 期(第 III 層)という 5 つの時期に区分した。そして，南関東地方で設定した 5 期編年を時間軸とし，示準石器の組成と製作技法の構成を汎列島的に検討した結果，「先土器時代の日本列島は，第 I 期の拠点的な地域性にはじまり，第 II 期では並立的な地域性，そして第 III 期には分立的な地域性をもつにいたり，第 IV 期で双極的な地域性をおびながら縄文時代への移行期である第 V 期へとむかう」地域性の移りかわりを捉えた。
　上述したような，日本列島における地域性とその動態の指摘とともに，同論文中では文化の渡来経路と系譜についてもふれている。まず，渡来経路については，北海道・九州地方が大陸と近接し陸橋で結ばれていた点，九州地方と大陸とが日本海をはさみ相互に長い海岸線をのぞませている点を踏まえ，日本列島への文化の渡来経路として北海道(北方)・本州(中央)・九州(南方)の経路帯を想定した。その上で，「杉久保系」・「国府系」ナイフ形石器の分布が，ともに日本海沿岸地帯よりはじまる広がり方をしていることに注目し，中央の経路帯を経て日本列島を横断するような，ナイフ形石器の日本列島への渡来伝播を考えた。そして，東北・中央地区を，「日本列島に足跡を印した先土器時代人たちが最初に居住しはじめた地域」と位置づけた。
　一方，その系譜については，日本列島における先土器時代のほとんど全時期を通じて顕著な発達と変遷をもったナイフ形石器のうち，「杉久保系」ナイフ形石器と「茂呂系」ナイフ形石器の系譜を周辺大陸に求めることは難しいことを確認しつつも，以下の点で大陸とのつながりを指摘している。第一に，ヨーロッパ大陸の中部旧石器時代に開始される石核整形の度合いを高めて特定の剥片を剥離する技術から，上部旧石器時代前半の背潰し加工を多用する技術へと進展するあり方が，「杉久保系」ナイフ形石器から「茂呂系」ナイフ形石器への推移と対応す

ることをあげた。第二に，双方には多くの点で類似する石器型式が存在することをあげ，巨視的にみればヨーロッパ大陸に起源をたどれる可能性を示唆した。そして，日本列島を「旧大陸の石器製作技術が往き着き出合う，世界的にも稀有な人類文化の回廊地帯」と捉え，それが「旧石器時代にあって，日本列島自体がおびた先土器時代の地域性」であり，その中で自律的ないくつかの地域が組み立てられ，各地域で独自に石器製作技術を発達させながら伝統を築いている，と日本列島の「先土器時代」を歴史的に位置づけた(安蒜 1986)。

(2) 戸田正勝の研究

戸田正勝(1988)は，「茂呂系」ナイフ形石器[7]に注目し，AT下位を3段階に区分した。第Ⅰ段階は「茂呂系」ナイフ形石器の出現以前(Ia期：立川ローム第Xb層〜Xa層)，第Ⅱ段階は「茂呂系」ナイフ形石器の出現期(Ib・Ic期：立川ローム第Xa層上面〜Ⅶ層下半部)，第Ⅲ段階は卓越した石刃技法による「茂呂系」ナイフ形石器成立期(Id期：立川ローム第Ⅶ層上半部〜Ⅵ層)とされる。

さらに第Ⅰ段階は2時期に細分された。Ia期前半(Xb層)は基部加工の小形ナイフ形石器と台形状ナイフ形石器が出現する時期であり，同後半(Xa層)は石刃状の縦長剥片を保持する石器群があらわれ，縦長剥片を素材とする基部加工のナイフ形石器の製作が開始される時期とされた。そして，Ia期前半と同後半における縦長剥片の有無を縦長剥片の未発達な石器文化と縦長剥片の発達した石器文化という2系列の石器文化が，若干の時期差をもって，大陸から日本列島に流入してきたものと解釈した。また，第Ⅱ段階の急斜な刃潰し加工が施された二側縁加工の「茂呂系」ナイフ形石器についても，新しく日本に流入した石器文化であるとした。戸田は，AT下位において，第Ⅰ段階で2度，第Ⅱ段階で1度の計3回の大陸からの文化の流入を想定している。

以上みてきたように，1980年代末においても，ナイフ形石器を日本固有の石器とするのではなく，具体的な起源地はあきらかではないものの，その起源を大陸に求める見解が示されていることは注意される。

第4節 「前期旧石器」の発見とナイフ形石器列島内起源説

1.「前期旧石器時代」と後期旧石器文化の連続性の探究

(1) 芹沢長介による視点の設定

 芹沢長介(1971)は，1969年の旧石器時代研究の動向をまとめる中，嶋木遺跡第1次報告資料中に切出形石器をみいだし，関東地方に多出する本州のナイフ形石器の系列にあることを指摘した。また，本州の例として，向山遺跡をあげ，黒色帯と鹿沼軽石層にはさまれたローム層出土の切出形石器類似資料から，切出形石器の出現が黒色帯以下，場合によっては30,000 yBP～40,000 yBPにまで遡行することを想定した。それらの点を踏まえ，嶋木遺跡や向山遺跡につながる切出形石器の祖形を，まず日本の早水台遺跡(下部ローム)や星野遺跡(下部ローム・中部ローム)の「珪岩製旧石器」を代表とする「前期旧石器」[8]の中に求める視点を提示した。

(2) 岡村道雄による実践

 岡村道雄は，芹沢の示した視点に基づき，「前期旧石器文化」の歴史的発展と後期旧石器文化との文化的連続性の追求に焦点をあてた。
 まず，岡村(1976a)は，北関東の「前期旧石器時代」の石器群を，当時から自然破砕礫とする意見があった「珪岩製旧石器群」と，「斜軸尖頭器石器群」に二分して捉え，立地・出土状況・出土量・石材・石器組成・剝片生産・技法・形態を検討し，両者の差異を明確にした。
 「珪岩製旧石器群」の例として，岩宿ゼロ，星野V～XII，大久保などをあげた。その特徴として，第一に丘陵麓の斜面上に位置し，基盤とほぼ同質のほぼ1種類の石材であり，石器の出土量が多い上，垂直・平面分布ともにとぎれなく石器包含層が連続して重複している点をあげた。第二点として，中部ローム下半部から下部ロームにかけて長期間にわたるが，石器形態は基本的に同じで変化に乏しい点を指摘した。その系統関係については，鹿沼軽石層下から下部ロームまで確認され，さらに遡る可能性があるとし，「この石器群はきわめて固有で停滞的であり，日本独自なのかもしれない」と評価している。
 一方，「斜軸尖頭器石器群」として，不二山・権現山・桐原・星野IIをあげた。それらの第一の特徴として，多種の石材を用い，円盤形石核を基盤に生産された剝片を，「斜軸尖頭器」，スクレイパーの素材とする点が指摘された。また，第二点目としては，ハンドアックスやピック，チョッピングトゥールが組成され，それらの石器の剝離面は「珪岩製旧石器」とは異なり，

明瞭なバルブやリングがみとめられることを指摘した。そして，これらの資料を採集時の情報から中部ローム下半に位置づけた。また，その系統関係については，剝片剝離技術・石器組成から，「斜軸尖頭器石器群」の母体として，下末吉段丘に比定される段丘上から出土する早水台の石器群を考えた。一方，「斜軸尖頭器石器群」に後続する石器群については，第一黒色帯から鹿沼軽石層までの「祖型石刃技法」を基盤とし，「プティ・トランシェ」や「粗雑なナイフ形石器」[9]を主体とする石器群との系統関係を示唆している。年代的には「斜軸尖頭器石器群」と「珪岩製旧石器群」中の古い部分は同時期になるが，両者に類似点はあまりないこともあわせて指摘された。

さらに，岡村は同年の別の論文(1976c)において，中部ローム下半期の「斜軸尖頭器石器群」と後続する石器群との関係を中心に，「前期旧石器文化の歴史発展と後期旧石器文化との連続性の追求」を目的とし検討している。まず，岡村は黒色帯を含む中部ローム上半部(立川ローム基底部を含む)を３つのグループに細分した。

一つ目のグループとして，石子原・向山鹿沼直上・平林の石器群をあげた。その特徴は，第一に古くからのルヴァロワ型石核や円盤形石核を残し，「祖型石刃技法」が新しく加わった多様化した技術基盤とする。第二に，石器組成は剝片の一端にあらい基部加工を施した石器，「プティ・トランシェ」，切出形を呈する粗雑なナイフを特徴とする。二つ目のグループは，中山谷Ⅹ・西之台ＢⅩ・星野Ⅳ・向山黒色帯・三角山の石器群で，多様な剝片生産技術が整理されたことにより，「粗型石刃技法」に特色がみとめられ，「粗雑なナイフ形石器」を組成する。三つ目のグループの鈴木Ⅹ・高井戸東Ⅹは，ナイフ形石器，磨痕のある楕円形両面加工石器をもち，剝片生産の技術基盤は「祖型石刃技法」にとどまらず，石刃技法に近いものの存在がみとめられるとされた。そして，粗雑なナイフの存在と，「祖型石刃技法」から石刃技法へという変遷観から，この３グループは記述した順に新しく，「前期旧石器」から後期旧石器への過渡期として複雑な様相を示すと考えた。

さらにその上で，岡村は東アジアにおける位置づけについても言及している。まず，中部ローム下半期の円盤形石核を主体とする剝片生産技術を基盤とした「斜軸尖頭器石器群」と，東北アジア地域に広がっていたルヴァロワ・ムスチェ伝統との関連を予想した。そうすることで，中部ローム上半部前後までの「祖型石刃技法」を基盤とし，「プティ・トランシェ」または「粗雑なナイフ形石器」を主体とする石器群について，韓国石壮里遺跡第６文化層との関連性と系統性が窺えることから，少なくともこの段階までは，大局的にみて東アジア旧石器文化圏内にあったものと考えた。その後，立川ローム第二黒色帯および北関東黒色帯あたりに，石刃技法とナイフ形石器の完成によって安定した日本固有の後期旧石器文化が展開(石刃技法の定着，定形的な石器の出現，遺跡数の増加)するとした。

それらの要因として，約６万年〜２万年前の間において大陸と日本は陸橋，氷橋によって連続していたとする地質学・古生物学の成果を参照している。海峡成立前である中部ローム上半部前後は朝鮮半島南半と同一文化圏に属するのに対し，陸橋・氷橋消滅後は，北海道を除外した日本と近隣地域における文化的断絶から，日本固有の文化と生活が展開したと考えた。岡村は「祖型石刃技法」とナイフ形石器(粗雑なナイフ)を媒介とすることで，前期旧石器からの連続

性の中に，日本列島の後期旧石器文化を位置づけた[10]。

最終的に岡村は，「前・中期旧石器時代」の「資料」蓄積もあり，「今のところナイフ形石器，磨製などの石斧，「祖型石刃技法」については，隣接大陸に原型を求めなくともよい」(岡村1990)とし，日本列島内における技術革新と捉えるに至った。これは当時の形質人類学の成果に基づく多地域進化説とも整合的な解釈であった。

2. ナイフ形石器日本列島内起源説の確立

佐藤宏之(1988)は，「前・中期旧石器時代」から後期旧石器時代への移行について精力的に研究を進めた。

佐藤は，まず，ナイフ形石器を石刃ないし石刃の定義的特徴に準ずる縦長剥片を素材とし，急傾斜で一様な連続した背部加工を施すものと狭義に再定義した。そして，「平坦剥離による基部調整と，一次剥離面と主剥離面がつくる縁辺を刃部に設定した概ね略梯形，菱形，鱗形を呈する技術形態学上の定義的特徴」をもつ「台形様石器」と分離した。その上で，後期旧石器時代前半(立川ローム第二黒色帯およびそれ以下を中心とする時期)の石器製作技術構造は，「前期旧石器時代」後半の「斜軸尖頭器石器群」からの伝統的な横長・幅広剥片剥離技法による「台形様石器」と，後期旧石器時代に入って出現したナイフ形石器と石刃技法という新旧両伝統の二極構造をもつことを指摘した。

この佐藤による二極構造の提唱は，「前・中期旧石器時代」と後期旧石器時代の関係および，ナイフ形石器の位置づけについて大きな議論の転換点となった。それでは，その後の研究をリードした安斎正人と佐藤宏之両名の研究をみていく。

(1) 安斎正人の研究

安斎正人(1988・1991a・1991b)は日本列島内の「前・中期旧石器時代」から後期旧石器時代[11]の過渡期を理解することを目的とした。その方法として，「ナイフ形石器を特徴とする文化の誕生を，「斜軸尖頭器石器群」にさかのぼって考察し，「斜軸尖頭器」を特徴とする文化の終焉を，ナイフ形石器群まで下ってみとどけてみる」ことで，日本における中期旧石器時代から後期旧石器時代への移行を捉えた。

安斎はまず，中期旧石器時代にあたる「斜軸尖頭器石器群」が，小形石器・中形尖頭器・大形尖頭器の3種から成りたつことを指摘した[12]。中期旧石器時代から後期旧石器時代への移行を捉える上で，「安沢A遺跡」の以下の採取資料を重視している。まず，第一に12層上面採取の円盤状石核と打製石斧の存在に注目した。円盤状石核は，「打点がもはや周縁を巡るのではなく，両端に限定」され，「打撃方向と剥片の長軸が一致する縦長三角形剥片が剥離されたもの」であり，「この時期にすでに縦長剥片への指向が芽ばえていたこと」を示す資料としている。第二に注目したのが，安沢成層直上採取の基部加工縦長剥片の存在と，縦長剥片の連続

剝離が行われていたことを示す剝片である。第三に，9層上面採取の台形(様)石器の出現を示すと考えられる基部調整の「素刃石器」に注目している。

さらに，岡村のいわゆる「祖型石刃技法」を技術基盤としながらも石刃製ナイフ形石器をもたない石器群(山方(やまがた)遺跡・石子原遺跡・平林遺跡)の検討を加えることで，「安沢A遺跡」12層以降の採取資料においてみとめられた「斜軸尖頭器石器群」からナイフ形石器群への移行期の全体像の把握を試みた。これらを「安沢A遺跡」などで観察される剝片の縦長指向に注目し序列化し，円盤形石核から「祖型石刃石核」への技術的進化の過程として理解した。そして山方遺跡の石刃石核を経て，ナイフ形石器の素材生産を目的とするシステマティックな石刃技法に収斂していくと考えた(石子原→平林→山方)。加えて，武蔵台(むさしだい)遺跡の資料において，先行するXb文化層の「斜軸尖頭器石器群」を構成する「素刃石器類」から，Xa層にみとめられる石刃製ナイフ形石器の発生を指摘した。それにより，「素刃石器」から台形(様)石器・ナイフ形石器に連なる系列，「祖型石刃技法」から石刃技法へ収斂していく系列と，「盤状連続横打技法」のシステム化・「祖型石刃」の発生過程を視野におさめることで，前者を移行期に，後者をナイフ形石器群の草創期と位置づけた。

「斜軸尖頭器石器群」は，ナイフ形石器群形成の準備段階としての移行期を介し実質的な消滅が第二黒色帯上部であることから，中期旧石器時代から後期旧石器時代への移行，つまり「斜軸尖頭器石器群」からナイフ形石器群への移行が，列島内での適応的進化であったという日本旧石器時代観を示した。

(2) 佐藤宏之の研究

佐藤宏之(1990)は，後期旧石器時代の石器群構造である二極構造の発生と成立を中心課題に設定し，「縦長指向性」と「プレ2極構造説」を操作概念として中期旧石器時代後半にまで遡って通観した。以下に，佐藤の示した時期区分ごとにその特徴をみていく。

中期旧石器時代の石器群構造は，類ムスチェ系剝片剝離技術に基づくシステムから，新しい段階になると技術構造の変化をおこし，伝統的な「小型斜軸剝片系(類台形様石器に適応)」と新出的な「中・大型の斜軸剝片系(縦長指向性をもつ)」の二極分化を示す，「プレ2極構造」をもつ。「プレ2極構造」は，生産剝片類に二極構造の特徴が反映されている点で，後期旧石器時代の剝片剝離技術における二極構造と対照的である。中期旧石器時代から後期旧石器時代への移行期に入ると，「縦長指向性」は技術全体ではないが，全技術系のかなりの部分でみとめられるようになるとされた。

つづく，立川ロームX層は，「初期ナイフ形石器」[13]と「初期台形様石器」からなる。石器群の出土パターンにおいて，「初期ナイフ形石器」を保有する遺跡と「初期台形様石器」を保有する遺跡への分化傾向をみせると同時に，剝片剝離技術発現の遺跡間格差を顕著に示す初期二極構造を有する。初期二極構造における剝片剝離技術には，二極構造の萌芽がみられるものの，機能的に充足する任意の剝片を利用するなど，縦打・横打にとらわれず剝片選択過程により重点をおいた石器群構造を特徴とした。そして，「初期ナイフ形石器」発生後の関東地方の

立川ロームIX層からVII層において，ナイフ形石器とその素材を供給する石刃・縦長剥片剥離技術および，「台形様石器」と横長・幅広剥片剥離技術による二極構造の確立を指摘した。

以上のような中期旧石器時代から後期旧石器時代前半(IX層〜VII層)に至る石器群構造の変遷について，先適応概念により，ナイフ形石器の技術的・機能的相同関係は中期旧石器時代の基部加工縦長剥片に求めることが可能であるとし，ナイフ形石器の内在的な発生過程と解釈した。

さらに，佐藤(1994)は検討を進め，「大陸の周辺部と同一的な環境適応系を構築していた中期旧石器時代古段階の日本列島人は，新段階を通じてしだいに列島環境への適応進化を深めるとともに，独自の適応手段を獲得し始め，そうした行動がシステムとしての文化的・社会的・生活的・精神的各適応系に相互作用して，日本列島独自の文化たる後期旧石器段階のナイフ形石器文化を形成することになる」と位置づけた。ここに，芹沢(1971)により示されたナイフ形石器日本列島内起源説が確立した[14]。

3.「前期・中期旧石器時代遺跡」捏造発覚と起源論

このような中，2000年11月5日に「前期・中期旧石器時代遺跡」捏造が発覚した。1990年代に確立したナイフ形石器日本列島内起源説は，その牽引者であった佐藤(2001)も述べるように，「筆者も含めてこれらの資料に立脚していたこれまでの代表的な前期・中期旧石器時代の編年研究や文化論は留保せねばならなくなった」。

一方で，佐藤は同論文中で，捏造「資料」と無関係の資料から，列島の「前期・中期旧石器時代」について論じている。列島の中期旧石器時代の資料として，権現山・不二山・桐原に注目し，中期旧石器時代の年代編成を再度試みた。その結果，「斜軸尖頭器石器群」である桐原，権現山IからIIへの変化の特徴は，剥片製作技術における求心剥離技術から縦長指向性への変化(「斜軸尖頭器石器群」の消失)であり，後期旧石器時代の変化過程を示唆している可能性を指摘した。加えて，権現山IIの大形側削器と福井洞窟15層(31,900 yBPより前)[15]出土資料中の類例から，後期旧石器時代初頭段階へ連絡する可能性を指摘。さらに，不二山，権現山I・II出土の大形の鋸歯縁削器や各種削器に鋸歯縁加工や側縁の裏面加工が多用される特徴と，後牟田遺跡(28,900 yBP〜30,300 yBP)などの九州地方の後期旧石器時代初頭の石器群との共通性を指摘した。その上で，この種の調整加工を有する削器類は，中国大陸や朝鮮半島の中期旧石器時代の資料に特徴的にみとめられることから，大陸をも包摂する中期旧石器的な加工技術の連続性を考慮している。

同時に，九州の上下田遺跡，辻田遺跡，下横田遺跡，松尾遺跡などの資料をあげ，火山灰層序との関係や技術的特徴を勘案した年代的位置づけと考察(橘 2000)を参照し，中期旧石器時代後半に「斜軸尖頭器石器群」が盛行するという変遷と，群馬での変遷案とがよく一致する点を確認している。さらに，金取遺跡と型式学的に対比可能な上下田IIから発見された礫素材の尖頭状礫器が，中国大陸や朝鮮半島の前期・中期旧石器時代の一部と関係する可能性が高いこ

とから，中期旧石器時代の後半段階が西南日本に存在することはほぼ間違いないと断じた。

ただし，上に示した佐藤の見解には，以下の問題点がある。第一の問題は，佐藤が編年の軸とした，桐原・権現山・不二山については，佐藤もふれているように断面採集資料であり，正確な層位的情報が不明なことである。この点については，大工原豊(2004)が，不二山の資料採集地点付近の最近の調査成果(加部2002)と周辺遺跡資料を詳細に検討し，発見時期・発見場所・出土層位・石器の石材・石器の特徴から，「土層が攪乱を受けた黒褐色土層から出土した縄文時代前期の石器」と推定している。また，権現山・桐原についても現地が消滅しているため検証できない上，いずれの石器群も出土層位が明確ではなく，石器の特徴から縄文時代の資料と考えて違和感がないものであることから，確実な類例が発見されない限り慎重に扱う必要性が主張されている。

第二に，佐藤が編年の根拠とした九州の中期旧石器時代の編年(橘2000)に関する問題である。橘の編年は，そもそも東日本の捏造資料に基づく変遷を下敷きとして構築されたものであることから，時間的な位置づけの根拠とするのは不適切である。以上の点からみても，列島に将来的に中期旧石器が存在するかは別として，中期旧石器時代からの連続性に基づくナイフ形石器日本列島内起源説については再考の余地がある。

第5節　ナイフ形石器研究の現状と課題

以上みてきたが，現在，中期旧石器時代からの連続性に基づくナイフ形石器日本列島内起源説が依拠していた資料の多くが捏造資料であったため，列島の旧石器文化の起源やその位置づけについて多くの議論がなされている(岩宿博物館・岩宿フォーラム実行委員会 2006，日本旧石器学会 2003・2010，明治大学校地内遺跡調査団 2005a・2005b)。また，詳しくは後述するが，遺伝学・古人類学の研究の進展により現生人類の「アフリカ起源説」が主流となり，ナイフ形石器あるいは日本旧石器文化の起源問題など，考古学をとりまく状況にも変化が生じた。ここでは，近年の研究動向を，「現代人的行動」に関する研究，前期・中期旧石器時代存否に関する研究，ナイフ形石器という用語についての議論の3つに分けてみていく。

1.「現代人的行動」に関する研究

近年，現生人類が中期更新世末にアフリカで進化し，その後世界へ拡散したとする「アフリカ起源説」が遺伝学・古人類学・考古学的な証拠から支持され主流となる(海部2012)中で，現生人類の拡散の証拠として「現代人的行動」が世界的に注目されている(Kaifu et al. 2015，西秋編 2013)。このような世界的な研究動向を反映し，日本列島でも考古資料から積極的に現代人的行動をよみとることを目的とした研究が行われている(Izuho and Kaifu 2015，山岡2012など)。

具体的には，神津島から本州への黒耀石の搬入が示す舟を用いた渡海技術(Ikeya 2015)，遠隔地石材である黒耀石の広域流通が示す広域ネットワークの存在と人類の管理的側面(島田 2009)，計画的な狩猟行動を示す落とし穴の構築(Sato 2015)などが，日本列島における現代人的行動を示す証拠として再評価されている。関連して，ナイフ形石器についても，主に実験研究から，道具の着柄技術の存在(山岡 2010)や弓矢などの複合的投射技術が存在する可能性(佐野 2014, Sano 2016, 佐野・大場 2014, 佐野ほか 2012)が指摘されており，現代人的行動を示す証拠の一つとしてとりあげられている。

2. 前期・中期旧石器時代存否に関する研究

「前期・中期旧石器時代遺跡」捏造発覚から10年が経過し，多くの研究者により総括が試みられた(安蒜 2010b，岡村 2010，松藤 2010など)。日本旧石器学会ではシンポジウム「旧石器時代研究の諸問題——列島最古の旧石器を探る——」が開催され，日本列島における前期・中期旧石器時代に属する石器群の有無，または石器認定等の研究方法等も議論され，今後の前期・中期旧石器時代石器群を探究する上での課題が整理された(日本旧石器学会 2010)。

多岐にわたって課題が指摘されているが，ここでは，研究の方法と研究を進める上での前提条件についての課題をとりあげる。研究方法については，人工品か偽石器かの同定の問題がある(安蒜 2010b，島田 2010，山田 2008・2014など)。特に「珪岩製旧石器」については，芹沢の「前期旧石器時代」説を裏付ける学術資料であることから，その真偽の論争は，人工品であれば後期旧石器以前の石器文化の存在が証明されることになり，仮に人工品でなかったとしても，日本旧石器時代研究史が金木で論争の好機を逃した偽石器研究への重要な取り組みとなることが指摘されている(安蒜 2010b)。

研究を進める上での前提条件については，主に2点の検討項目が指摘されている。第一点目は，前期・中期旧石器時代以前の人類の日本列島への渡来を可能とする物理的条件の有無の検討である(山田 2014)。この指摘は，陸橋の有無を重視した杉原(1974)とも共通し，大陸から海で隔てられた地理的条件をもつ日本列島を対象とするとき，人類の移住時期を考える上で重要な項目といえる。第二点目は，仮に前期・中期旧石器に相当する時期に人類の渡来があったとしても，それらの人類が日本列島に定着できず生存できなかった可能性についての検討である(島田 2010，山田 2014)。島田(2010)は仮に中期旧石器時代以前に遡る石器群が存在した場合でも，「中期旧石器という時代の文化的連続性，および後期旧石器への文化的連続性を研究の前提とすること」の当否を問うことの重要性を指摘している。

上述したように前期・中期旧石器時代石器群を探究する上での課題が整理される中，長野県飯田市に所在する竹佐中原遺跡の調査報告書が刊行された(長野県埋蔵文化財センター 2010)。竹佐中原遺跡は「前期・中期旧石器時代遺跡」捏造事件後に発掘され，日本列島最古級の石器群である可能性が指摘されたため，発掘調査では遺跡の形成過程の検討や，テフラ層序・植物珪酸体・石材・年代測定(^{14}C年代測定法，光ルミネッセンス法)等の自然科学分析の実施など細心の注

意を払って調査が行われ，その成果は早期公開されるなど開かれた調査体制のもと調査が実施された。

　報告書では，竹佐中原遺跡で出土した旧石器時代の石器群は，石器群の特徴から，竹佐中原Ⅰ石器文化と竹佐中原Ⅱ石器文化に区分されている。それぞれの特徴についてみると，竹佐中原Ⅰ石器文化は，二次加工を有する厚手の幅広・横長剥片に特徴づけられ[16]，遺跡近傍で採取可能な在地のホルンフェルスを主要石材とする石器群とされる。一方，竹佐中原Ⅱ石器文化は，石斧や砥石や剥片類からなり，遠隔地産石材である黒耀石の利用がみとめられることから，ナイフ形石器文化初頭の石器群とされる。それらの先後関係については，①在地石材のホルンフェルスを主体とする点，②黒耀石などの遠隔地石材を用いない点，③形状整形を行う定形的な石器がみとめられない点，④周辺地域ではあまり用いられない石英が剥片石器の原料として利用され，石英製の石器は朝鮮半島などの中期旧石器時代以前に特徴的にみとめられる点から，竹佐中原Ⅰ石器文化がナイフ形石器文化以前の所産であるとされ，竹佐中原Ⅱ石器文化に先行すると位置づけられた（長野県埋蔵文化財センター 2010）。

　一方，自然科学的な年代については，報文中にもあるように，「自然科学的な手法で土層の堆積年代を明らかにし，石器群の年代を決定するには，竹佐中原遺跡は良好な遺跡とは言えない。できる限りの分析を行ったにもかかわらず，残念ながら，石器群の年代を決定する分析結果」は得られなかった（長野県埋蔵文化財センター 2010）。そのため，石器群の自然科学的年代は，遺物集中地点（生活面は4'層上面）の上面からATが検出されていることと，生活面より下層である6層の光ルミネッセンス測定法による年代が53±2kaである（ただし，4'層は19±1ka，5層は28±1kaと測定されている）ことから，約5万〜3万年前の範囲とされた。

　竹佐中原Ⅰ石器文化の位置づけについては，報告書内に所収されている論文でも議論されている。それらの意見を簡潔にまとめると，大竹憲昭(2010)はナイフ形石器文化に先行する文化とするが，「後期旧石器時代」に属するか「中期旧石器時代」に属するかの判断は保留した。佐川正敏(2010)は竹佐中原Ⅰ石器文化に含まれる石英岩製石器に，大陸（中国の華南地方，朝鮮半島南半）の後期更新世の前半・後半までみとめられる多面体・球形石器や石英岩利用の伝統との関係性が存在する可能性を想定した。佐藤宏之(2010)は，竹佐中原Ⅰ石器文化が「ナイフ形石器文化」以前の所産であることは確実であるとし，さらに微細で非連続・非規格的剥離という特徴や，錐状石器や削器を主体とすることから，竹佐中原Ⅰ石器文化を中期旧石器時代から後期旧石器時代の移行期の石器群として積極的に位置づけている。自然科学的な年代が不確定であることと各研究者の視点の違いにより，石器群の年代的な位置づけについては一致をみていないものの，竹佐中原Ⅰ石器文化にナイフ形石器がみとめられないことが石器群を位置づける際の重要な要素となっていることを指摘できる。

　以上みてきたように，前期・中期旧石器時代探究の課題の解決の必要性とともに，竹佐中原Ⅰ石器文化の位置づけからもあきらかなように，前期・中期旧石器時代の存否を考える上でも，今なおナイフ形石器が重要な指標となっていることをあらためて確認することができる。

3. ナイフ形石器という用語についての議論

　これまでみてきたように，日本旧石器時代研究史の当初に用語化されたナイフ形石器は，槍先形尖頭器や細石器とともに，日本列島の旧石器文化を特徴づける石器とされてきた。その「『ナイフ形石器・ナイフ形石器文化』という概念・用語についての学史的な総括と，最新の取り組みにもとづく再構築ないし脱構築」を目的とし，石器文化研究会設立25周年記念シンポジウム「ナイフ形石器・ナイフ形石器文化とは何か——概念・実態を問い直す——」が開催された(石器文化研究会 2011a・2011b)。研究史・石器形態研究・動作連鎖・石材開発領域・遺跡形成過程・立川ロームⅩ層石器群の成立をめぐる諸説・技術構造・石器群の広域編年からみた地域社会の形成過程といった様々な視点からナイフ形石器について議論された。ほかにも，国内外の研究者から，ナイフ形石器という用語についての批判がみとめられる(安斎 2007・2008, 張 2009 など)。

　上述したシンポジウムでも，近年のナイフ形石器の用語についての批判においても，その議論の中心となるのは，ナイフ形石器という用語概念が「インフレ化」している(安斎 2007)という点で共通する。野口淳(2011)は，その要因について，ナイフ形石器の初期の研究史(1950～1960年代)の整理を通して，ナイフ形石器・ナイフ形石器文化の概念が「石器の形態や技術分析を基礎としているというよりはむしろ，時代観，系統観をめぐる論争の中で結果的に現われたと評価せざるを得ない側面が強い」とし，ナイフ形石器の「インフレ化」などの今日に至る論点のいくつかは，ナイフ形石器を旧石器時代のものと考える芹沢と「無土器新石器文化」[17]の所産とする意見(Maringer 1957, 山内 1964)との時代観・系統観をめぐる論争が起源であると指摘する。つまり，「無土器新石器文化」説に対する反論として，当初区別されていた切出形石器や小形ナイフ形石器などを一系列のものとした，ナイフ形石器という用語が誕生したというのである。

　果たしてそうだろうか。繰り返しになるが，本章第1節で詳しくみたように，芹沢(1961・1962b)は大陸の資料にもナイフ形石器という用語を用いており，野口(2011)が指摘するような「日本列島の後期旧石器時代に特徴的な，固有の存在」として，ナイフ形石器を捉えていないことをあらためて確認しておきたい。むしろ本書による研究史の整理によれば，「切出形石器」の範疇の変更により「Knife blade」との形態的な相違が薄れたことに加え，「Knife blade」と「切出形石器」との共伴する可能性が高まり時間的限定性も薄れたことで，石器の製法や機能の共通性が注目され，それらがナイフ形石器として捉えられていく過程として把握することができた。確かに野口が指摘するように，芹沢による切出形石器や小形ナイフ形石器のナイフ形石器への統合は詳細な技術的検討を経たものではなかったが，その課題は第2節でふれたように滝沢(1963)や大井(1968)らの研究により果たされ，ナイフ形石器の一連の系統変化として位置づけられたのである[18]。

　このような研究経過をたどったナイフ形石器については，その後も各地で検討が積み重ねら

れ(白石 1973・1976・1978, 萩原 1979, 藤原 1979, 松藤 1980 など), それらの一連の成果により,「形態と機能が多様であっても本州から九州にかけての後期旧石器時代にはそれらナイフ形石器が, 石器群の中心となる器種という点については, 異論は少ないのではないか。ヨーロッパや西アジアで中石器時代に一般化するナイフ形石器が, 本州から九州の後期旧石器時代に卓越すること, そして少なくともその前半期から後半期の前葉にかけては, ナイフ形石器の製作が石器製作作業の中心にあったことにも, 異論は少ないのではないだろうか」(国武 2011) という評価に結びついていることも重要である。

　上述したように, ナイフ形石器の用語についての批判的な意見がある一方で, 国武が指摘するように日本列島の大部分(本州から九州)においてナイフ形石器として把握可能な石器が普遍的・中心的な存在であることに加えて, 本章の第1節から第3節で詳しくみてきたように, ナイフ形石器の製作技術の地域差やそのあり方から日本列島の旧石器文化の動態が把握されてきたことも同時に評価する必要があると考える。

　以上, ナイフ形石器という用語成立の経緯とその後の研究の経過をみてきた。研究史からもあきらかなように, 1960年代以降, ナイフ形石器は, 列島の旧石器文化の起源や系譜, 位置づけと結びつけて考えられてきた経緯があった。それは, 捏造資料に主に依拠することで確立したナイフ形石器日本列島内起源説についても同じであり, ナイフ形石器は日本列島の旧石器時代を考える上で重要な役割を果たしてきた。それに加え, 用語についての批判がありながらも, ナイフ形石器は, 現代人的行動の議論ではその荷担者を判断する基準としての, 前期・中期旧石器存否の研究ではその時期的な位置づけのための一つの指標としての役目を果たしている。つまり, ナイフ形石器・ナイフ形石器文化の起源は, 列島の旧石器文化の起源と同義あるいは接点(前期・中期旧石器時代の存在を主張する場合)として捉えられてきたのである。以上の点から, ナイフ形石器・ナイフ形石器文化についてあらためて検討し, その位置づけを明確にすることが, 日本旧石器文化の起源や位置づけを行う上で研究上必要不可欠であることがわかる。ここに本書の問題意識と研究の定点がある。

　本書では, 上述した問題意識のもと, ナイフ形石器を具体的に分析することで, ①日本列島における旧石器文化の系譜や人類の移住, ②地域差・地域性, ③遺跡のあり方, ④人類の定着という観点から, ナイフ形石器文化の生成についてアプローチする。次節では, それらの観点ごとに研究課題を整理し, 解決方法をあきらかにする。

第6節　研究課題の整理と解決方法

　本節では, ナイフ形石器や日本旧石器文化の起源に関する研究課題を, ①日本列島における旧石器文化の系譜や人類の移住, ②地域差・地域性, ③遺跡のあり方, ④人類の定着という観点から整理し, 解決方法をあきらかにする。

1. 日本旧石器文化の系譜および日本列島への移住についての研究

(1) 先 行 研 究

　日本旧石器文化の系譜および日本列島への人類の移住については，おおよそ３つの観点からの検討がある。
　一つ目は，石刃技法に着目したものである。代表的な研究例として，芹沢長介や大井晴男，佐藤達夫の研究がある。芹沢(1961)は石刃技法と石器組成(石刃，ナイフ形石器，「彫刻刀」)および，北海道より本州の石刃石器群が早く栄えたことを根拠に，中国東北部(水洞溝文化など)が日本旧石器文化の起源地である可能性を指摘した。対して，大井(1968)は石刃技法を技術基盤とする石器群と横打技法を技術基盤とする石器群の編年と分布を検討した。検討の結果，石刃技法を技術基盤とする石器群については，石刃と「刻器」の存在から，シベリアを起源とした。また，横打技法を技術基盤とする石器群については，その技術的特徴から東南アジアに起源を求めている[19]。最後に，佐藤(1970)は，ナイフ形石器(国府型)および横打技法，石刃技法，石斧に注目し，その系譜を東南アジアに求めた。これらの先行研究に対し，松藤和人(2009)は，近年の日本列島内外の調査研究を踏まえ，朝鮮半島ルートからの石刃技法の渡来を想定し，ホモ・サピエンスをその荷担者として推測している。
　一方で，石刃技法の成立の背景については，先行する中期旧石器文化を基礎とした，各地での自律的な技術発展の結果と考える見解もある。加藤真二(1997)は，東アジアにおける石刃技法の成立について，中国北部，朝鮮半島，日本列島を対象に検討した。その結果，中国北部の石刃技法は，北アジアのムスチェ文化の系統を引く文化の流入によるものと，在地の中期旧石器文化の自律的な発展によるものがあることを指摘した。さらに，中国北部，朝鮮半島，日本列島を比較し，東アジアの各地で約3.5万年～2.8万年前に石刃技法が成立したことを確認した。同時に，石刃技法の特徴や石器組成との結びつきが各地で様々であり，また先行する文化伝統と連続することから，「技術や伝統を異にするいくつかの地域的な中期旧石器文化を基礎とし，自律的な発展の結果，石刃技術が成立し，石器製作技術へ組み込まれた」と考えた。
　以上みてきたように，その年代観(芹沢・大井・加藤・松藤：更新世／佐藤：完新世)や解釈については大きく異なるが，いずれも石刃技法および，ナイフ形石器や彫器などが日本旧石器文化の系譜を推定する上で重要視されている。
　二つ目は，陸橋に着目したものである。杉原荘介(1974)は，大陸から海で隔てられた日本列島への人類移住を議論するにあたって陸橋の有無を重視した。陸橋の存在が推定されている年代と，当時年代が明確にされていた中で最も古い岩宿Ⅰ文化との関係を重ねあわせることで，日本列島への人類の移住時期を想定した。
　三つ目は，石器の製作技術と分布に注目した安蒜政雄の一連の研究である。安蒜(1984)は，

大陸からの渡来経路として，北海道(北方)，本州(中央)，九州(南方)を想定した。そして，ナイフ形石器の系譜を大陸に求めることが難しいことを確認しつつも，最古の段階にあたる第Ⅰ期が「関東・東北地区」にのみ分布することから，中央ルートによる人類の移住を想定した。同時に，矢出川系および湧別系細石器については，その分布から，それぞれ南方，北方ルートからの渡来を指摘し，日本列島を大陸からの石器製作技術が往きつき出合う人類文化の回廊地帯として位置づけた(安蒜 1986)。その後，資料が蓄積されていき，第Ⅰ期の石器群が東北地方から九州地方にまで広がることが確認されたことで，第Ⅰ期の人類の移住は九州を経由した南方ルートに改められた(安蒜 2005・2009)。また，第Ⅲ期以降については，朝鮮半島から剝片尖頭器，シベリアから湧別系細石器の日本列島への渡来を示す，環日本海をめぐる人類の移住経路を「環日本海旧石器文化回廊」と称した。さらに，環日本海に位置する黒耀石原産地である白頭山(韓半島)，白滝(北海道)，腰岳(九州)，霧ヶ峰(本州)産の黒耀石に注目することで，石器文化からは把握することができなかった日本列島から大陸へのヒトとモノのミチ(『オブシディアン・ロード』)を環日本海地域に指摘している。

(2) 課　　題

　上にみてきた先行研究は，石刃技法の系譜，移住経路，移住の時期と回数という3つの論点に整理できる。以下に，日本旧石器文化の系譜や日本列島への人類の移住についての課題をみていく。

　[1] 石刃技法の系譜
　石刃技法やナイフ形石器は，日本旧石器の系譜を考える上で重要視されてきた。その年代観から，佐藤達夫(1970)が提唱した完新世の東南アジア説は成立しがたいことはあきらかではある。しかし，大井(1968)のシベリア説や芹沢(1961)の中国東北部説に加え，近年韓半島で 38,500±1,000 yBP の ^{14}C 年代測定結果が得られている龍湖洞(ヨンホドン)遺跡での石刃素材の剝片尖頭器の存在(韓 2002)を加味するならば，石刃技法は日本旧石器文化の系譜と大陸との関係を考える上で，今なお重要な観点といえる。それに加え，加藤真二(1997)により提示された東アジア各地での石刃技法成立説は，第4節で指摘した「前期・中期旧石器時代遺跡」捏造資料に依拠したナイフ形石器日本列島内起源説(安斎 1988，岡村 1990，佐藤 1992)に基づいていることから，日本列島における石刃技法の成立については見直しが不可欠である。以上の点からも，日本旧石器文化の系譜と大陸の旧石器文化との関係性を検討するためには，まずは日本列島における石刃技法の時空間的位置を把握する必要がある。

　[2] 移住経路の問題
　日本旧石器文化の系譜を大陸に求める場合，日本列島は大陸との間に日本海をはさみ北と南で大陸と近接することから，その故地だけでなく，移住の経路も同時に問題となる。北海道を玄関口とする北方ルート，九州を玄関口とし朝鮮半島へとつながる南方ルートという，南北正

反対の移住経路が今なお想定されており，見解が一致していない。

[3] 移住の時期と回数

　杉原が陸橋の有無から指摘したように，大陸からの人類の移住を想定するのであれば，移住の時期や回数も重要な観点となる。移住の時期については，日本列島の確実な最古の石器群とされるX層段階の年代については，^{14}C年代の測定結果の集成の成果（工藤2012）を参照すれば，本州全域で30,000 yBP以降，石器群や測定年代数が増加し途切れることなく継続することがわかる。この点から考えれば，30,000 yBPが移住の時期として想定されることになる。しかし，^{14}C年代や石器群が継続的にみられることは，それらが同一の文化系譜に属し連綿と継続したことを必ずしも意味しない。実際，安蒜により，氏の第I期と第II期のナイフ形石器製作技術に継続性がないこと[20]や，第I期に特徴的であった局部磨製石斧と環状ブロックが第II期にはみとめられないことから，第I期と第II期の間に「大きな文化要素のヒアタス」が指摘されている（安蒜・勅使河原2011）。このことからも，AT下位石器群における日本列島への人類の移住は，戸田（1988）がかつて指摘したように，複数回あった可能性もありうる。

　以上，それぞれの論点の現状をみてきたが，日本旧石器文化の系譜や日本列島への人類の移住をあきらかにするためには，3つの解決すべき課題を指摘できる。第一に，石刃技法の系譜については，大陸との関係を論じるためにも，日本列島において石刃技法を有する石器群がどのような時空間的位置を占めるのかを検討する必要がある。第二に，移住の経路については，最古の石器群の特徴と分布をあきらかにすることが必要となる。第三に，移住の時期と回数については，石器群間にみとめられる要素の時間的継続性の検討が不可欠である。第三の課題については，局部磨製石斧と環状ブロックは特定の時期に限ってみとめられることから，AT下位石器群内での継続性を検討するのにはあまり適当ではない。そのため，AT下位石器群を通して製作されるナイフ形石器が，その継続性を検討する上で重要な対象となる。つまり，先行研究の検討からあきらかになった課題を解決するためには，石刃技法とナイフ形石器製作技術および，それらの時空間的位置が検討すべき対象であることがわかる。

2. 地域差・地域性

(1) 先行研究

　AT下位石器群の地域差・地域性は，列島全域を対象とした研究，特定の剥片剥離技術を対象とした研究という二者がある。以下に，順にみていく。

[1] 列島全域を対象とした研究

　まず，列島全域を対象とした研究として，芹沢長介や小野昭，安蒜政雄，佐藤宏之，森先一貴などの研究を代表例としてあげる。

　芹沢(1963)はナイフ形石器の型式(東山型，杉久保型，茂呂型，国府型)の分布，そして石材の関係を捉えることで，石材の特徴に対応した技術のあり方として旧石器時代における地域差を理解した。つづいて，小野(1969)は，ナイフ形石器の型式の広がり，石器群の組成，石器製作の基盤としての剝片剝離技術を通時的に検討した。その結果，石刃技法[21]を基盤とするナイフ形石器出現時の段階は，4つの地域(東北・中部北半，関東・中部南半，瀬戸内海，九州)であるのに対し，ナイフ形石器の小形化・分化する末期の段階では2地域(東北・中部北半，関東・中部南半〜九州)になることをあきらかにした[22]。そして，その「地域性」の動的なあり方を，特徴的石材産出地帯にほぼ一致していた「地域性」の崩壊・再編と位置づけた。

　安蒜(1986)は，石器組成(ナイフ形石器，槍先形尖頭器，細石器)とそれぞれの石器の単位的な技法[23]の構成に注目し，それらを層位的に検討した結果，日本列島の旧石器時代を5時期に区分した。さらに，その石器組成と技法の構成の分布を検討することで，第Ⅰ期(1地域：「東北・中央地区」)，第Ⅱ期(2地域：「東北地区」，「中央・西南・九州地区」)，第Ⅲ期(4地域：「東北地区」，「中央地区」，「西南地区」，「九州地区」)，第Ⅳ期(2地域：「北海道・東北地区」，「中央・西南・九州地区」)，第Ⅴ期(3地域：「北海道地区」，「東北地区」，「中央・西南・九州地区」)という動的な「地域性」をあきらかにした。と同時に，その地域のあり方から，第Ⅰ期を「拠点的な地域性」，第Ⅱ期を「並立的な地域性」，第Ⅲ期を「分立的な地域性」，第Ⅳ期を「双極的な地域性」，第Ⅴ期を「過渡的な地域性」とそれぞれ位置づけた。本書の対象であるAT下位石器群は安蒜の第Ⅰ期と第Ⅱ期に該当するため，両時期について以下に詳しくその内容をみる。第Ⅰ期(立川ロームⅩ層〜Ⅶ層相当)は，「杉久保系」ナイフ形石器を特徴とする石器群が「東北・中央地区」にのみみとめられるのに対し，第Ⅱ期(立川ロームⅥ層相当)は，「杉久保系」ナイフ形石器に特徴づけられる「東北地区」と「茂呂系」ナイフ形石器を特徴とする「中央・西南・九州地区」に分化することが指摘された。この1986年に提出された見解は以後も共通するが，第Ⅰ期については系譜についての研究でもふれたように，1990年代の資料の蓄積もあり，「東北・中央地区」から九州地方から東北地方までに拡張された(安蒜 2005)。それに伴い第Ⅰ期を特徴づける石器は「台形系」ナイフ形石器と局部磨製石斧に変更されている(安蒜・勅使河原 2011)。第Ⅰ期の内容に変更点はあるものの，いずれにせよ，第Ⅱ期のナイフ形石器製作技術に地域分化を指摘することに変更はない。

　1990年代以降の代表的な研究として，佐藤，森先の研究をとりあげる。両者の研究については本書と関連するAT下位石器群に限ってふれる。これまで上にみてきた研究はナイフ形石器を主な研究対象としたものであった。しかし，佐藤(1992)は後期旧石器時代前半期(ほぼAT下位石器群と同義)の石器製作技術構造を，横長・幅広剝片剝離技術による「台形様石器」と，ナイフ形石器と石刃技法という「二極構造」として捉え，その枠組みで汎列島的な検討を行った。その結果，まずⅨ層段階までは列島規模で共通する二極構造がみとめられ，それ以後次第に変容を遂げながらもⅦ層段階まで存続する構造性から，「台形様石器」が消滅したⅥ

層段階ではナイフ形石器内部の二極的構造に変換するという後期旧石器時代前半期の特徴が指摘された。同時に，佐藤は，東北日本と西南日本という巨視的な視点から地域差についても言及している。東北日本では一貫した基部加工ナイフ形石器やⅦ層段階における「台形様石器」Ⅱ類の発達を特徴とするのに対し，西南日本のⅥ層段階では，ナイフ形石器内部での二極構造（「中型長狭型」二側縁加工ナイフ形石器／「小型」剥片製ナイフ形石器）に変換することが指摘された。

最後に，森先（2010）は，前述した佐藤の意見を追認した上で，古本州島西南部（九州地方〜関東地方）の地域化についても言及している。森先は「Ⅸ層並行期」まで列島規模で共通する二極構造が，「Ⅶ層並行期」ではそれぞれ主体となる器種・型式において，九州地方，近畿・瀬戸内地方，関東・東海地方という地域的な差異をもつことを指摘した。さらに，つづく「Ⅵ層並行期」では「二極構造の一体的な解体と，ナイフ形石器内部での大小二項性の成立」を特徴とする点で共通するものの，「関東地方における大型刺突具の発達と，東海地方以西におけるその発達の弱さ」を指摘している。

上にみてきた研究では，ナイフ形石器の検討により，列島規模での地域差を論じていることを1980年代以前の共通点として指摘できる。芹沢によるナイフ形石器の地域差の指摘にはじまり，小野や安蒜によってナイフ形石器および日本列島における旧石器時代の「地域性」が動的なものであることがあきらかにされた。さらに，安蒜の研究以後は，AT下位石器群の資料の充実もあり，ナイフ形石器や「台形様石器」の製作技術に注目することで，Ⅹ層段階からⅨ層段階の汎列島的な共通性（安蒜は北海道を含まない）と，Ⅶ層段階以降の石器製作技術の地域化の進行が指摘されている。Ⅶ層段階以降の地域のくくりについては，安蒜と佐藤が大きく東北日本と西南日本の2つの地域として捉えるのに対し，森先はナイフ形石器の形態的特徴に注目し西南日本内での地域差を指摘している。

[2] 特定の剥片剥離技術を対象とした研究
以下に，特定の剥片剥離技術を扱った研究例をとりあげる。
瀬戸内技法
近畿地方では，1970年代以後，瀬戸内技法についての研究が中心に進められた。それらの研究を牽引した研究者により，AT下位石器群を対象に瀬戸内技法の成立が議論された（松藤1987，山口1987，山口ほか1991）。その議論の詳細については，第Ⅳ章第3節で詳述するが，松藤和人（1991）は板井寺ケ谷遺跡下層の石器群を，瀬戸内地域のサヌカイト地帯における国府石器群の母体となる「原（プロト）国府石器群」と位置づけた。このような松藤の指摘は，AT上位の近畿・瀬戸内地方に特徴的な瀬戸内技法の祖形が，AT下位に遡ることを示すことから，AT下位石器群における地域的な剥片剥離技術の存在を示唆している。
米ヶ森技法
麻柄一志（2005）は，後期旧石器時代前半期に汎列島的にみとめられる，素材剥片のポジ面をとりこんだ「小型矩形・台形・扇形・貝殻状の目的剥片（以下台形剥片とする）」を剥離する技術の検討を行った。詳細については，本書の第Ⅳ章第1節でふれるが，このような剥片剥離技

術は，東北地方では長期間みとめられるものの，他地域では限定的，かつ剝片剝離技術としての規格性や量産性をもたないことをあきらかにした。その上で，麻柄は，打点を一方向に移動させ素材剝片のポジ面を背面にとりこむ規格的な台形剝片を量産する「米ヶ森技法」を，東北地方日本海側を中心に特殊化した剝片剝離技術として位置づけた。

以上みてきたように，当該期の地域差・地域性については，列島全域を対象とした地域性がナイフ形石器や「台形様石器」により指摘され，特定の剝片剝離技術を対象とした研究により地域的な剝片剝離技術の存在があきらかにされている。

(2) 課　題

当該期の地域差・地域性については，列島全域を対象とする研究と，特定の剝片剝離技術を対象とする研究があった。前者の研究では，ナイフ形石器および「台形様石器」の製作技術の検討から，IX層以前は共通性が高く，VII層段階以降に地域化が進行することが指摘された。特に，森先は，西南日本においてナイフ形石器の形態的特徴に地域差が生じていることを指摘している。それとは別に，後者の研究によって，近畿地方，東北地方日本海側に地域的な剝片剝離技術の存在があきらかにされた。

ここで両研究の関係を対象資料に注目してみると，特定の剝片剝離技術を対象とする研究についても，その剝片剝離技術はナイフ形石器の素材製作と強く結びついていることから，当該期の地域差・地域性についてはナイフ形石器製作技術の検討から導きだされていたことがわかる。つまり，当該期の地域差・地域性をあきらかにするためには，素材を製作する技術と，ナイフ形石器の素材・加工・形との関係を一体的に捉え，まず各地のナイフ形石器製作技術を復元することが必要になる。その上で，各地のナイフ形石器がどのような特徴をもち，どのように空間的に広がり時間的に変化していくかを検討することで地域差を把握し，さらにそのような地域差・地域性が生じた要因についてあきらかにする必要がある。

3. 遺跡のあり方に関する研究

(1) 先行研究

AT下位石器群を特徴づける遺跡のあり方として，環状に配列されたブロックが有機的な集合体を構成する環状ブロックがある。事例が追加されていく中で，旧石器時代の初頭に限って広範囲にみとめられることがあきらかにされた(橋本1989など)。以下に，環状ブロックを含めた遺跡のあり方に関する先行研究を，安蒜政雄と佐藤宏之の研究を代表例としてみていく。

安蒜(1990)は，旧石器時代における遺跡のあり方を検討することで，3万年前以降の「環状

のムラ」と 2 万年前以降の「川辺のムラ」という 2 つの集落景観をあきらかにした。「環状のムラ」は，先に示した環状ブロックに基づいているもので，単位共同体のもとにある小集団が一団となって同じ場所に居住したムラとされる。もう一方の「川辺のムラ」は，野川流域遺跡群のように，小集団が河川の流域一帯に分散して別々の場所に構えたムラとされている。そして，2 万年前後を境に，「集合して居住する環状のムラをかまえる様式から，分散して居住し川辺のムラをかまえる様式へ」の移動生活の枠組みの変化を指摘した。同時に，利用される原料に注目することで，環状のムラ形成期における遠隔地産石材を利用した山地部と平野を結ぶ広大な領域の「対原料産出地間往復移動」から，川辺のムラ形成期の平野部にある近在地産石材を用いたより狭い領域への「地区周回移動」への移行をあきらかにした。さらに，安蒜は，本書の対象時期である AT 下位石器群内においても，環状ブロックがみとめられる第 I 期とそれに後続する第 II 期では，原料の搬入形態や遺跡の規模に違いがあることを指摘している(安蒜 1992・1996 など)。第 I 期は，大規模遺跡と小規模遺跡で構成され，石器と素材剝片の搬入地とされるのに対し，第 II 期は中規模遺跡と小規模遺跡からなる原料の搬入地とされた。第 I 期・第 II 期における遺跡の規模と原料の搬入形態の特徴と，つづく川辺のムラ形成期である第 III 期にみとめられる原料の在地化を踏まえ，製品と原料を平野部(狩場)内で自給自足する方向性が指摘された。

　一方，佐藤(2002)は，環状ブロック消滅後に，静岡県から神奈川県南部に特徴的にみとめられる「陥し穴」に注目した。佐藤は民族誌および民族考古学的知見から，「大規模な陥し穴猟の実行のために社会的条件として，猟場を形成するために一定の空間の占有または優先使用と，隣接集団によるその承認が必要である」ことや，「陥し穴猟をはじめとする罠猟の本格化は，資源開発に対する定着的な戦略の組み込み(＝空間利用の計画的占有化)を意味する場合が多い」ことを指摘した。そして，環状ブロック形成の終了と「陥し穴」の出現および地域の単位化が時間的に一致することから，VII 層段階に「地域間での地域単位化(＝領域性の形成と地域集団の分節化)」が生じたことを指摘している。

(2) 課　　題

　以上みてきたが，安蒜と佐藤では観点は異なるものの，両者ともに環状ブロック消滅後に遺跡のあり方の変化を指摘している。特に，安蒜は，環状のムラ(第 I 期)から川辺のムラ(第 III 期)への移行という形で，AT 下位石器群(安蒜の第 I 期と第 II 期)の遺跡のあり方を位置づけている。ただし，環状のムラ(第 I 期)と川辺のムラ(第 III 期)の間に位置する第 II 期については，川辺のムラへの移行が見通されてはいるものの，第 III 期のように「川筋ごとに区画されたより小さな空間領域をもつ，いくつもの小生業区から成り立っていた」かどうかは具体的な検討がなされていない。よって，AT 下位石器群における遺跡のあり方の変遷をあきらかにするためには，遺跡の規模や立地を通時的に検討し，各時期の特徴を捉えることが必要不可欠な課題となる。

4. 日本列島への人類の定着に関する研究

(1) 先 行 研 究

　日本列島への人類の定着について，芹沢長介，安蒜政雄，島田和高の研究をとりあげる。
　芹沢(1963)は，日本列島への人類の定着を論じる上で，ナイフ形石器にみとめられる地域差に注目した。そして，ナイフ形石器の地域差と石材環境を関連づけることで，「日本の風土に後期旧石器時代人が定着し，それぞれの地方から産出する石器の原料にふさわしい技術を体得し，やがて独特の技術」をもつに至る，人類の日本列島への定着過程として位置づけた。
　一方，安蒜(1990・1992など)は，石器にみとめられる地域差に，遺跡のあり方，原料のあり方を観点に加え，総合的に検討している。遺跡のあり方の研究で詳しくふれたように，環状のムラ形成期における遠隔地産石材を利用した広大な領域の「対原料産出地間往復移動」から，川辺のムラ形成期の近在地産石材を用いたより狭い領域への「地区周回移動」への移行を，現生人類が日本列島に住みつき，そして住み分けていく定着の過程として位置づけた。
　最後に，島田(2009)は，原料と遺跡のあり方を観点とした。特に，原料の中でも，黒耀石の利用のあり方の変化に注目することで，黒耀石利用のはじまり(X層段階)から，黒耀石の分配や広域流通を可能にする管理的側面を示す環状ブロックの登場(IX層段階)への変容過程をまとめて「黒耀石利用のパイオニア期」と称した。そして，環状ブロックの形成の背景に石材資源などの情報共有という生存環境の探索，その消滅に生存環境探索の完了および「人類のより小さな地域により小さな集団が分かれ住む」現生人類の定着を想定した。

(2) 課　　題

　以上みてきたように，日本列島への人類の定着は，石器製作技術の地域差，遺跡のあり方，原料を観点に論じられてきた。芹沢によるナイフ形石器の地域差の評価を起点とし，遺跡のあり方および原料の利用方法が観点に加わり，多角的な視点からの研究成果を総合することで議論されている。
　このように，日本列島への人類定着についての研究は，多角的な視点で進められているがゆえに，個々のテーマの課題を同時に抱えているともいえる。地域差・地域性や遺跡のあり方については既に課題を整理したので，ここでは安蒜と島田が共通の観点としている原料のあり方についての課題を指摘することにする。安蒜が遠隔地石材の搬入形態と在地石材の利用への切り替えに注目するのに対し，島田は遠隔地石材の中でも黒耀石の利用のあり方(特に原産地構成)を重視している。つまり，両者は重視する点は異なるが，いずれも原料の利用と遺跡のあり方の変化から人類の定着を考察する点で共通する。しかし，既に遺跡のあり方についての研究課

題でもみたように，環状ブロック(環状のムラ)消滅後から河川流域遺跡群(川辺のムラ)形成まで(VII層段階〜VI層段階)の遺跡のあり方が不明であることは指摘したとおりである。加えて，島田の分析は，黒耀石利用のはじまるX層段階から環状ブロックの存在するIX層段階までを対象としており，定着が指摘されたVII層段階以降の検討はなされていない。そのため，VII層段階以降の石材利用と遺跡のあり方の具体的な分析が課題として残されていることになる。また，黒耀石はナイフ形石器の主な原料であることから，ナイフ形石器製作技術との関係性が予想される。黒耀石原産地の構成だけでなく，それを原料とするナイフ形石器製作技術のあり方にも注目する必要がある。

　先述したように，日本列島への人類の定着については，地域差・地域性，遺跡のあり方，原料の利用方法という多角的な視点からアプローチする必要があるため，個々の研究課題を解決し，その上で総合的に捉える必要があるのである。

5. 研究課題の解決方法と研究対象の設定

　これまで日本旧石器文化の系譜，地域差・地域性，遺跡のあり方，日本列島への人類の定着を視点に，先行研究を整理し，それぞれの課題を指摘した。ここで，それらの課題の解決方法を列記し，その上で本書の対象を定める。

　第一の視点である日本旧石器文化の系譜については，石刃技法の系譜，移住の経路，移住の時期と回数という3つの観点があった。それらの課題をあきらかにするためには，石刃技法とナイフ形石器製作技術および，それらの時空間的位置の検討が必要であった。

　第二の視点である地域差・地域性については，各地のナイフ形石器製作技術を復元し，その上でナイフ形石器製作技術の時空間的変化を検討することが必要であった。

　第三の視点である遺跡のあり方については，遺跡の規模や立地の通時的な検討が必要であった。

　第四の視点である日本列島への人類定着についての研究は，地域差・地域性，遺跡のあり方，原料の利用方法という多角的な視点から進められているがゆえに，個々のテーマの課題を同時に抱えていた。上に示した課題の解決方法とともに，原料(特に黒耀石)の利用の通時的な検討が必要であった。

　以上，4つの視点のもと，研究課題の具体的な解決方法を記した。それらの課題を解決するための具体的な対象として，石刃技法，ナイフ形石器製作技術，遺跡のあり方，原料の利用があげられる。これらの対象資料の関係をみると，石刃技法はナイフ形石器の素材製作方法として，原料(特に黒耀石)の利用はナイフ形石器の主な原料として，そして遺跡のあり方については狩猟生活を成りたたせる狩猟具(ナイフ形石器)というように，いずれもナイフ形石器とかかわりをもつことがわかる。よって，本書の主要な対象をナイフ形石器とその製作技術に定め，その中で素材生産(石刃技法や地域に特徴的な剝片剝離技術)や，運用(原料の利用，遺跡のあり方)を観点に検討することとする。

1) 当時は日本における旧石器時代の研究のはじまりの時期であり，使用される用語は欧米の用語に基づいていた。よって，研究史を確認するにあたり，用語として英語が頻出することから，引用文中の用語の日本語訳とその意味を以下に記載する。なお，論文発表当時の用語の認識を反映させるため，Aurignacian は杉原(1953)，uniface point は芹沢(1956)，trapeze は芹沢(1957)，そのほかは杉原(1956)に掲載されている術語対照表によった。なお，芹沢(1956)の「Kiridashi Knife blade」という用語は，芹沢による切出形石器の訳語である。

 Aurignacian：上部旧石器時代最初期の文化の一つ。Backed Blade の時代であり，ヴュルムⅡ氷期直前とされる。

 blade：ブレイド，刃器形石器。剥片石器の中心をなすもので刃物の役割をする。

 chipping, retouching：細部加工。剥片の周囲に，小さな剥離を加えて石器を作り上げること。

 hand axe：握槌形石器・手斧形石器。本来は石核石器の文化の所産。両面調整が特徴。

 bulb：打瘤。剥離面には，撃打によって力の伝わっていた跡を示す波状の同心弧がみられるが，その中心点となる隆起部。

 flake：剥片。剥片剥離により石核から剥離されたもの。それより充分に石器ができる材料。また，そのままで利用しうるもの。

 geometric microlith：ジオメトリック（マイクロリス）。台形・半月形・三角形の細石器で組み合わされて一つの器具を構成する。

 knife blade：ナイフブレイド。剥片の両側縁は平行せず，先が尖り，湾曲の度の強いものほど古形態であるといわれる。一般に打面が大きい。湾曲する外側の自然の縁辺に刃潰しが行われて，Backed Blade として仕上げられる。

 microlith：細石器。小形の石器。この石器によって組成される文化は，中石器時代の主要な文化となる。

 point：ポイント，尖頭形石器。槍先として用いられる石器。

 ring：貝殻状裂痕。打瘤を中心に波紋の如く広がる剥離面上の模様。撃打の力の伝播を示す。

 scraper：搔器形石器。実際には，サイドスクレイパーかエンドスクレイパーかのどちらかであるから，あまり用いられない。

 small blade：スモールブレイド。極めて小さいブレイドで，小形調整石核より剥離される。やはり組み合わせにより一つの器具が作られるのだろう。

 trapeze：梯形石器。洪積世の終末から沖積世の初頭にかけて盛行し，アフリカ・ヨーロッパ・インドまでも広く分布した幾何形細石器の一種。

 trimming：調整。剥離された剥片に，石器となすための細部加工を施すこと。

 uniface point：片面加工のポイントのこと。

2)「矢出川と同じ micro-core や small blade」と，井島(いじま)遺跡下層の「小形の geometric microlith に近いような，特殊な石器の一群」の存在から，「日本列島にのこされた microlithic industry も，予想以上に複雑である可能性」を示唆した。後述するが，後者の位置づけをめぐって様々な意見が提示される。

3) 論文中でのナイフ形石器の記載は以下のとおりである。「ナイフの身の形をした石器である。バックト・ブレード backed blade あるいはナイフ・ブレード knife blade という名前がいっぱんてきにもちいられている。縦長の剥片，あるいは石刃を材料にして，第一次剥離のさいにできた左右いずれかのいっぺんを，そのまま刃部として残す。こまかい整形打によって，背中を厚くつくり，先端部をとがらせる」とされており，石器の定義に関する変更点はない。

4) 小形ナイフと位置づけられるまでの経過を以下に記載する。芹沢(1960)は，1956 年に「microlith」と捉えた，井島遺跡における 2 つの異なる石器の組み合わせ（「細石刃と半円錐形の細石核を特徴とする井島Ⅱ」と，「幾何形にちかい三角形石器や特殊のバックドブレイド（井島Ⅰ）」）を層位的にみて，井島Ⅰは井島Ⅱよりも古いと考えた。ただし，同論文中では井島Ⅰと井島Ⅱを細石器文化とするが，井島Ⅰについてはインドネシア方面の完新世のトアラ文化との関連を示唆しており，細石器文化の年代的位置と大きく矛盾する。その後，芹沢(1962a)は，「九州から発見される梯形石器が，インドから西方大陸に分布する幾何形

細石器と関連をもつものかどうか。今後の重要な課題となろう。あるいはただ形が似ているだけで，両者は全く関係のない別々の時期と文化とに属する石器であるのかもしれない」とし，その位置づけについて疑問を示している。そして，1963年，「はじめ，私たちはこれらの小形ナイフの形が幾何形にちかいことから，ヨーロッパ・アフリカからインド，インドネシア方面にまでひろがるジオメトリック・マイクロリスとの関連を考えてみたことがある。しかし，今では日本においてナイフが小形化した結果として，たまたまヨーロッパの細石器とよく似た形が生じたのにすぎないだろうと思っている」とし，小形ナイフをナイフ形石器として捉えるに至った。

5) 九州北西部の石刃石器群の位置づけについては，日本列島内において地理的にも時間的にも断絶することから，その系統を「アジア大陸部に盛行した一連の石刃石器群を持つ文化を出発点とし，一群はシベリア極東地域から樺太を経由して北海道・本州北半に達したものであり，他は中国東北地方から朝鮮半島を経て九州北西部に現れたもの」と考え，間接的に同一系統のものとしている。

6) 百花台Ⅱにみられる梯形石器については，「土着のナイフ形石器から自由に変化しうるとは思われないから」，インド・東南アジア方面からの新たな波及と考えている。

7) 戸田の「茂呂系」の定義は，二側縁加工のナイフ形石器であり，二側縁加工は茂呂型・切出形・台形状・ペン先形からなる。

8) 芹沢(1969)は，日本の旧石器時代を，「前期旧石器時代」(大陸の中部・下部旧石器時代に相当)と後期旧石器時代(大陸の上部旧石器時代)に区分する。「日本ではまだ中部・下部というような区分が不可能であり，将来それが可能であるという推定もいまのところくだせない」ことを理由に，大陸の中部・下部旧石器時代を「前期旧石器時代」に一括して捉えている。

9)「祖型石刃技法」，「粗雑なナイフ形石器」，「プティ・トランシェ」の定義(岡村 1974)は以下のとおりである。

「祖型石刃技法」は「礫もしくは粗割礫の一部に打撃を加え，平坦な打面を作出する。この打面の周辺に沿って打面から垂直に連続的に縦長もしくは台形剥片を剥離する技法である。縦長で稜線の平行したより整った剥片が量産されることをもってより進歩した段階のものとみなしうる。ただし主要剥離は数回で，打面の周辺を1回以上まわることはない」。

「粗雑なナイフ形石器」は「台形もしくはやや縦長の剥片の一部を折断し側辺を作出する。その後若干の調整剥離を加え，切出形ナイフに形態的に類似したものとする。また武井Ⅰで注意された縦長の剥片の側片と基部に整形剥離を施したものも含まれる」。

「プティ・トランシェ」は「礫核を素材とし，多くは両側折断によって側面を整形する。つぎに横または斜め横の加撃によって横幅のひろい刃部を作出した石器である。刃部に2次加工の施されたものや入念な基部調整の施されたものもある。粗雑なナイフと密接な関係をもつと考えられる」。

10) ただし，ナイフ形石器という用語は1974・1976年の論文ともに，大陸の資料についても使用されている。ナイフ形石器自体を日本列島の独自ないし固有のものとして捉えていないことは注意しておきたい。

11) 安斎(1988)は中期旧石器段階を，「打面を数カ所に転移しながら固定し，比較的整った台形や三角形の剥片を生産して，剥片の長軸と打撃の方向のずれるこれら斜軸尖頭形剥片素材から，特徴のある尖頭器や削器を生産する…中略…斜軸尖頭器石器群」と定義している。その上で，列島内での特殊進化を含意する場合には，小形剥片石器群(文化)・斜軸尖頭器石器群(文化)・ナイフ形石器群(文化)を，大陸との対比を念頭においた一般進化を含意する場合には，前期旧石器時代(段階)・中期旧石器時代(段階)・後期旧石器時代(段階)を用いている。ただし，同論文中で，列島における中期旧石器時代とした資料全て(馬場壇A，座散乱木，安沢A，多摩ニュータウンNo. 471)と移行期とした一部が，後に捏造資料であることが発覚している。また，1991年の論文(安斎 1991a)において，中期旧石器時代と移行期の代表例とした不二山，権現山Ⅰ・Ⅱの資料は，正確な出土層準が不明である。

12) それぞれの用語の定義は以下のとおりである。小形石器は，貝殻状や台形の小剥片を素材として，その遠端か側縁を未加工のまま鋭利な刃部となし，他の縁辺に切断・平坦剥離の整形加工を施して台形様に仕上げる「素刃石器」を代表例に，掻器・削器用の刃を付けた石器，両面・半両面加工の尖頭器，楔形石器，錐状・彫刻刀形石器からなる。中形石器は，斜軸尖頭形剥片の中形剥片を素材とし，その形態を活かしながら機能部を二次的に加工して尖頭器や削器に仕上げられたものに代表される。大形石器には，前期旧石

器時代の両面石器の系譜を引きながらも，平面形態を楕円形や短冊形に整えた打製石斧に，両面加工で基部を作り出した平刃の「ヘラ状石器」という新しい器種が加わるとされる。

13）「初期ナイフ形石器」の特徴について以下にまとめる。「初期ナイフ形石器」は，「多様な縦打系剝片剝離技術によって生産される各々の縦長剝片の中から機能的適合度に合わせて選択された任意の剝片の基部に調整を加えて使われた極めて機能的な石器」で，「初期台形様石器」の調整技法と素材選択が類同であることから，「初期台形様石器」からの技術借用によって成立したとされる（佐藤 1988）。

14）大井晴男（1989）は，岡村（1976c）と安斎（1988）の研究にふれ，日本列島における「後期旧石器文化」が，「同じ日本列島にあった『前期旧石器文化』の自律的な『発展』・『進化』の結果として『誕生』し，『展開』したもの」とする見解に対し，以下の異見を述べている。「日本列島における『先土器時代』には，いくつかの人間集団のその地域への進入の繰返しと，それを契機としておこった・あるいは他の理由によってもたらされた，列島内での複雑な人間集団の動きの結果としてあったものと考えなければならない」という意見も提示されていたが，ナイフ形石器日本列島内起源説が1990年代の主軸となっていく。

15）福井洞窟15層の年代については，最近の調査成果（工藤 2016，佐世保市教育委員会 2013）から，砂岩の岩盤中に含まれる亜炭に由来し15層の石器群とは本来関係のない試料であった可能性が指摘されている。

16）竹佐中原I石器文化でみとめられる石器については，「意図的な二次加工が施されず，刃こぼれ状の剝離が散見される使用痕のある大形剝片が主」であり，「これらは，「先端を有する」「厚手の刃部を有する」「錐状の」スクレイパーなどとされているが，石器名称は，二次加工によって意図的に整形された石器形状ではなく素材剝片の形状からイメージされており，技術形態論的な石器分類の方法上，問題がある」という指摘もある（島田 2010）。

17）山内清男（1964）は，夏島貝塚（縄文時代早期）についてB.C.7281±500年とする^{14}C年代測定結果（杉原 1959）を否定し，大陸からの渡来石器に注目し，縄文時代草創期の年代をB.C.3000年前後と見積もった。その上で，立川ローム層中の石器群には，土器はみとめられないものの，磨製石器が含まれることから，新石器時代に属すると考え，「新石器時代無土器文化」と位置づけた。山内と共通した視点からの研究例としては，本章第2節でみた佐藤達夫の研究がある。先述したように，佐藤はナイフ形石器南方起源説を提唱している。

18）佐藤達夫（1970）は，切出形石器とナイフ形石器を区別する点で異なるものの，小形化と定型化というナイフ形石器の一連の流れの中で小形ナイフ形石器を位置づけている。

19）小田静夫（2000）も同様に，北方ルート・南方ルートの両方の存在を指摘している。小田は，武蔵野台地の立川ロームX層中の2つの異なった旧石器群に注目する。一つは西之台遺跡，中山谷遺跡の最下層文化で，礫器・錐状石器・不定形剝片・敲石などをもち，石材にチャート・砂岩を多用した石器群であり，もう一つは栗原遺跡・高井戸東遺跡の最下層文化で，「刃部磨製石斧」・「ナイフ状石器」・縦長剝片などをもち，石材に凝灰岩・頁岩系岩石を多用した石器群である。前者は列島西南部を中心に分布することから琉球列島・朝鮮半島を含めた南方から，後者は列島東北部に分布の中心がみとめられることからシベリア・沿海州を含めた北方から，更新世後期終末頃に列島内に流入してきた現生人類の系統の違いを示すとされる。

20）安蒜は，第II期に「第VII層中で杉久保系から茂呂系へ型式が移行する段階をふみ，第VI層で茂呂系ナイフ形石器作りが発達する経緯」を指摘している（安蒜・勅使河原 2011）。一方で，先行する第I期には「杉久保系（基部加工）や茂呂系（二側縁加工）のナイフ形石器と似た作りの石器もあるが，いずれも調整と加工の状態が不安定」であり，茂呂系移行前に存在するはずの安定した杉久保系ナイフ形石器作りがないことから，第I期と第II期のナイフ形石器製作技術の継続性を否定している。

また，当該期におけるナイフ形石器の断絶については，白石浩之（1996）も二側縁加工ナイフ形石器に注目し同様な指摘をしている。白石は二側縁加工ナイフ形石器の登場を，定形的な素材剝片の量産化・「折（切）断や刃潰し加工によって基部装着の際の打面除去や裏面調整技術」・「剝片剝離技術の石核構成のシステム化」により，ナイフ形石器群として技術的に開花した段階と考え，VII層（B3層）をナイフ形石器文化（後期旧石器文化）のはじまりとした。そして，それ以前のX層からIX層（B5層～B4層）を「台形様石器群」とし，中期旧石器時代から後期旧石器時代への移行期として位置づけている。

21) 小野は，大井(1965)の石刃技法の定義(「石刃技法とは連続的に多数の同形の剥片——石刃——を剥離するものであり石核の一端または相対する両端に打撃面を限りその周縁に連続的に一定方向からの打撃を加えて剥片を作ってゆく手法」)を引用した上で，以下のように石刃技法の概念を拡大して捉えた。小野は，石刃技法を「縦剥のみに限定せず，瀬戸内技法を石刃技法の特殊形態，すなわち横剥石刃技法として積極的に評価」している。

22) 小野は，「現在の日本の「地域」ではなく，当時の社会の内在的分析から地域を定めなければならない」とし，「地域」とは社会的な「諸現象の複合が場所的な特性をもっているような場所のこと」で，「地域の形成が歴史性を持っている」ことを指摘する。また，同論文中では「地域」と「地域性」とを特別に異なった概念とは理解しないことが記載されている。

23) ナイフ形石器については，「規則的な石核整形＝縦長剥片剥離＝素材形状保持的な細部加工(基部加工)」を「杉久保系」，「規則的な石核整形＝横長剥片剥離＝素材形状保持的な細部加工(背部加工)」を「国府系」，「原則的な石核整形＝縦長剥片剥離＝素材形状修正的な細部加工(二側縁加工)」を「茂呂系」，「原則的な石核整形＝横長剥片剥離＝素材形状修正的な細部加工(両側縁加工)」を「切出系」ナイフ形石器の製作技法としている。

第 II 章

研究対象と方法

本章では，本書の研究対象および分析方法を示すとともに，本書の結論部分において重要な意味をもつ用語の整理と定義を行う。

第1節　研究対象と分析方法

1. 資料の定義と呼称法

　本書の主な研究対象であるナイフ形石器の定義を確認する。第Ⅰ章で確認したように，ナイフ形石器は「ナイフ形石器」と「台形様石器」とに分離(佐藤 1988)されて以来，二分して捉えられることが多い(安斎 1988，吉川 2007 など)。しかし，両者は，剥片の未加工の鋭利な縁辺を刃部として利用し，他の部分に調整加工を施し整形するという点で共通するだけでなく，形の上でも両者を明確に分別することは難しい。そのため，本書では，研究史上分離された「ナイフ形石器」と「台形様石器」を同一の基準で再び捉えなおす。分析対象資料の定義を「剥片の未加工の鋭利な縁辺を刃部として利用し，他の縁辺を調整加工によって整形した石器」とし，名称としてはナイフ形石器を用いる。

　上のように定義されるナイフ形石器は，大きく2つの素材生産技術を有する。縦長の剥片を連続的に打ちはがす縦長剥片剥離技術と，横長・幅広剥片が連続して打ちはがされる横長・幅広剥片剥離技術である。そして，それらの剥片を素材として，未加工の鋭利な縁辺を刃部に設定し，他の部分を整形することで，製品であるナイフ形石器に仕上げられる。

　上述した手順で製作されたナイフ形石器は，その形態的特徴からいくつかに分類可能である。本書では，ナイフ形石器の分類方法として，加工・形の関係性を捉えることができる安蒜の分類(安蒜 1979)を参考にする。ナイフ形石器は加工部位から，石器の基部と先端を加工する基部加工，石器の片方の側縁を加工する一側縁加工，石器の片側ともう一方の基部を加工する二側縁加工の3つに分類される(図Ⅱ-1 上)。さらに，刃部の形状から，刃部が尖る尖刃と，水平な刃部をもつ平刃，弧状の刃部をもつ曲刃，斜めの刃部の斜刃に区分できる(図Ⅱ-1 下)。形状の上で区分される平刃，曲刃，斜刃のナイフ形石器は，主に横長・幅広剥片を素材とし共通点が多いことから，三者をまとめて非尖刃のナイフ形石器と呼称する[1]。

2. 本書で研究対象とする時空間的範囲

　まず，時間的範囲を確認する。旧石器時代の資料が豊富で安定した良好な地層の堆積をもつ関東地方西部の武蔵野台地を例に，旧石器時代遺物の包含される地層をみる。武蔵野台地では，古い方から多摩・下末吉・武蔵野・立川ローム層の順に堆積している。上部に位置する立川

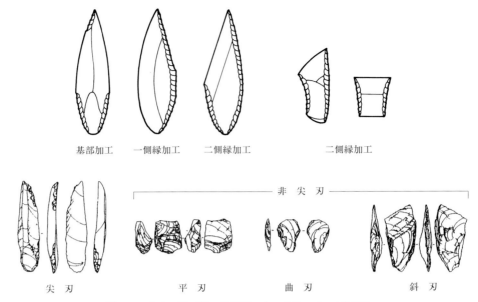

図 II-1　ナイフ形石器の分類(上：加工部位，下：刃部形状)

ロームは，X 層〜III 層という 7 層の異なる地層からなり，ナイフ形石器が連綿と出土する。本書では，先行研究により地域性が明確化する以前(安蒜 1986)とされ，現状で確実な最古の石器群が包含される立川ローム下部(立川ローム X 層〜VI 層)を扱う。その下限である立川ローム VI 層には，広域火山灰である AT が包含されており，広域編年の基準となる。一方，詳細については第 V 章にて記載するが，北海道では AT との層位的関連をもつ石器群の検出がないため，石器の特徴から立川ローム X 層〜VI 層に対比されている「前半期石器群」(細石刃石器群前)を対象とする(寺崎・山原 1999)。それらは層序的に恵庭 a テフラ(19,000 yBP〜21,000 yBP)よりも下位から出土する石器群である。本書の検討対象の大まかな年代は，^{14}C 年代測定結果と層序の関係より(図 II-2)，未較正で 30,380 ± 400 yBP〜24,840 ± 300 yBP であり(Otsuka and Ambiru 2010)，その較正年代は約 37,000 cal BP〜29,000 cal BP であることから，およそ 7,000 年の時間幅をもつ(工藤 2012)。

　本書の分析対象とする空間的な範囲を述べる前に，日本列島の地理について確認する。日本列島は，ユーラシア大陸の東端に位置し，北海道・本州・四国・九州の主要な 4 つの島とそれに隣接する島々，本州中部から南方にのびる伊豆・小笠原諸島，九州から台湾にのびる南西諸島から構成される(米倉 2001)(図 II-3)。これらの主要な島々の地理的な広がりは，北緯 45 度から北緯 24 度までに及び，南北に細長く弧状に連なっている。日本列島を構成する主要な島である北海道・本州・四国・九州のうち，最北部に位置する北海道は，宗谷海峡を隔てて最短距離 45 km でロシア領サハリン島と接し，南部に位置する九州は対馬海峡を隔てて約 200 km で朝鮮半島と近接する。このように，現在の日本列島は，北の北海道と南の九州で大陸と隣接する地理的特徴を有する。

　上述した地理的特徴を有する日本列島の中でも，本書では琉球諸島などの離島を除く，北海

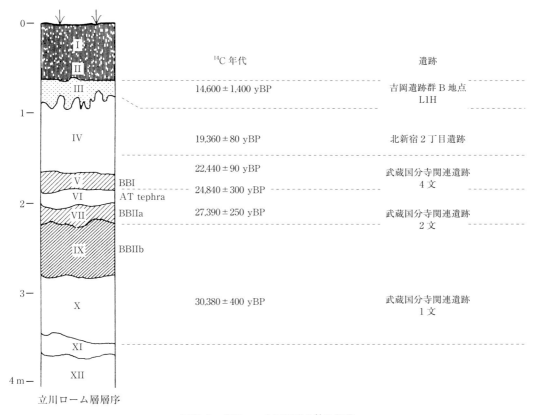

図 II-2　立川ローム層層序と ^{14}C 年代

註）年代は未較正。III 層を出土層準とする細石刃石器群の測定年代が，武蔵野台地では欠如しているため，隣接する相模野台地の分析例を用いた。

道から九州までの日本列島の主要な 4 島を対象とする。分析にあたり，日本列島内を便宜的に，北海道地方，東北地方，関東地方，東海・中部地方，近畿・中国地方，四国地方，九州地方に区分し（図 II-4），検討を行う。

3．分析方法と研究の枠組み

(1) 分 析 方 法

　分析方法を記載するにあたって，ここで先行研究にふれた後，本書のとる方法を示す。
　石器から歴史の動態を復元する方法として，戸沢充則(1965)によるインダストリー・カルチャー論がある。それは，「一遺跡あるいは一つの文化層から発見された石器群（および他のすべての遺物・遺構）を型式論的方法と形態論的方法で処理して得られる先土器時代文化研究の最小

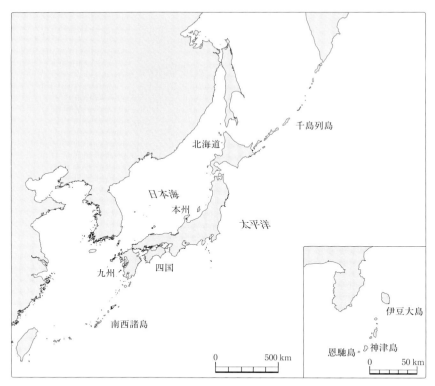

図 II-3 日本列島および周辺地図

の単位」として概念規定されるインダストリーを起点とする。そして，空間的な一定の広がりと，時間的なある一連のつながりをもった一群のインダストリーとしての culture（文化）を捉えることで，旧石器時代における歴史の動態を復元する方法論である。

このように戸沢により提示された理論に対し，安蒜政雄(1986)は旧石器時代における歴史の動態を石器製作技術から復元する基準を具体的に示した。安蒜は，剝片石器の製作における原石から石器の完成に至るまでの3つの工程(石核整形・剝片剝離・細部加工)の結びつきに注目し，その結びつきからナイフ形石器・槍先形尖頭器・細石器の技術的特徴を捉え，旧石器時代の技術体系を位置づけた。本書の対象となるナイフ形石器については，素材を製作する剝片剝離技術，素材と調整加工技術との結びつきからなるナイフ形石器の形態，そしてその形態の組み合わせを生みだす一体的な技術の構造を，ナイフ形石器製作技術の構造と捉え，歴史動態を復元する上での基準として示したのである。

以上，石器から歴史動態を復元する方法論(理論)と，石器製作技術から歴史動態を復元する基準と方法を確認した。このような先行研究の成果を踏まえ，本書の研究方法を定める。本書では，各地のナイフ形石器を具体的に分析することで，ナイフ形石器製作技術の復元を試みる。その上で，ナイフ形石器製作技術にみとめられる時間的な推移と空間的な広がりの変化を捉え，さらに原料の利用や遺跡のあり方の検討結果を加えることで，ナイフ形石器文化の生成を構造的にあきらかにする。

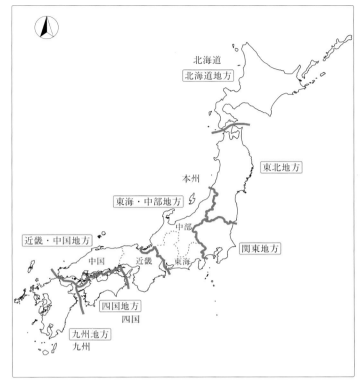

図 II-4　分析対象の地理的単位

(2) 研究の枠組み

　具体的な検討を行う前に，ここで本書の研究の枠組みについて記す。本書では，旧石器時代の歴史動態を捉えるための単位としての〝地域〟の把握を目指す。そのためには，現在の行政区分や自然的な場（地理的地域）ではなく，当時の人類活動を反映した人為的な場としての〝地域〟を捉える必要がある。もちろん，行政区分や地理的地域を先験的に地域として設定し，そうして設定された地域内での変化を捉えることで，対象地域の特徴をよみとることも可能ではある。しかし，先験的に設定された地域が当時の人類活動の範囲と一致するか，またはそれらの人類活動の範囲が不変であったかは不明であるし，本書が目的とする人為的な場としての地域を捉える立場にあっては，それ自体検討すべき課題でもある。本書のとる人為的な場としての地域の検討を通じ，仮に時間の経過とともに，地域の動的なあり方を捉えることができるとすれば，地域を通して歴史の動態を構造的に把握することが可能になる。ただし，人為的な場である地域は資料から直接よみとることはできないため，資料の分析が必要となる。
　それでは，人為的な場としての地域とその動態についてどのように捉えるべきだろうか。その出発点となるのが，先にもふれたように，戸沢のいう「一遺跡あるいは一つの文化層から発

見された石器群(および他のすべての遺物・遺構)を型式論的方法と形態論的方法で処理して得られる先土器時代文化研究の最小の単位」として概念規定されるインダストリーである。その空間的な広がりと時間的なつながりを捉えることで、ある時期(技術的特徴・層位・年代により規定される)の中での空間的な広がりとして、人為的な地域をはじめて認識することができる。さらに、その先後する時期を対象に同様な手法により把握された地域の範囲やあり方と、時間的なつながりや変遷を検討することで、人為的な場としての地域の動きをみとめることができることになる。つまり、以上の分析的な手続きを踏むことで、地域を通して、歴史の動態を構造的に捉えることが可能になるのである。

　先述したように、本書では、日本列島内を北海道地方、東北地方、関東地方、東海・中部地方、近畿・中国地方、九州地方に区分し検討を行うが、それはあくまで検討上の便宜的な区分である。それらの対象地域で得られた結果を時間的に対比し、汎列島的に比較検討することで、歴史動態を捉えるための単位となる地域の抽出を試みる。まずは、対象地域を分析の単位として、資料の特徴を確認し、地域を抽出する上での基準となる時間軸の設定が必要となる。

第2節　用語の整理と定義

1. 用語の整理

　ここでは、本書の結論部分において重要な意味をもつ「移住」・「定着」という用語について以下に整理する。「地域性」については、次項で「移住」・「定着」を定義する際にふれる。

　まず、「移住」・「定着」について先行研究における用語の定義を確認する。先行研究では、加藤博文(2000)が北アジアの最終氷期における人類の適応行動について議論する中で、Gamble (1993)に基づき、人類の新たな生活環境への移動行動の分類と定義について整理している。そこでは、人類の移動行動を、migration (移動)、dispersal (拡散)、colonization (移住)の3つに区分して定義している。それぞれの定義は以下のように説明される[2]。

　　migration (移動)：方向性をもつものまたは計画性をもつものを含む非連続的イベント。あるタイプの場から別の場への移動が計算されている必要はない。地域間の移動は環境的、地理的、季節的に異なるものの間の移動。短い時間幅、一回きりのイベントであるが、地理的距離が短い必然性はない。

　　dispersal (拡散)：より一般的なプロセスであるが、時空間的に小規模なもの(ここでは生態学的な時間の意味で見なしている)。これは可能な生活環境の密度が高まることによる個人ないしは同じ種の集団の拡散であり、さらに移動先は彼らが以前生活していなかった場所という意味を持つ。広がったり移住したりするプロセスの基礎となる。拡散であるか否かは、異所的種形成(allopatric speciation)が生じたかどうかによって判断される。

colonization（移住）：時間的にも地理的にもより大きな規模で生じたプロセス。以前生活していなかった領域への種の生活領域や分布域を広げたり新たな生態学的位置の利用すること。これは一時的に環境的境界を移動させることかもしれないが，より行動学的，生物学的変化である。さらに適応，先適応的解釈の研究が必要である。

　ほかにも，後藤明(2004)は，migrationに「移民」という訳語をあて，「人間集団が，意図的に，ある程度の規模(集団)で，比較的短期間に，恒常的には接触のない異境に移動して住み着くこと」と定義し，そのあり方には「(1)人類未居住の地域に行われた場合，および(2)すでに居住が行われている地域に，異民族が流入するといった形態で行われた場合」があり，「意図的にということは，偶然の漂流のような形で移動したことは，移民とはいわないことを意味する」と説明する。ここでは，移動者側の意図の有無が重要視されている。

　また，Mignon (1993)は，migrationを①新しい場所への全人口の永久的な再配置(移転)や定着を伴う，人間集団の新しい土地への比較的急速で目的的な動き(行動)，②季節的な資源を利用するための遊動的狩猟採集民の季節的な動き(行動)，③新しい地理的領域への最初の人類の住みつきに至るような，あきらかに占拠されていない土地への長期間に及ぶ一連のランダムな人口の動きと説明する。

　以上のような用語の整理があるものの，Mignonの定義②のように季節的移動をその内容に含む場合もあり，migrationという一つの用語をとっても様々な移動行動を含んでいることがわかる。

　ここで，本書で使用する用語を定義する前に，本書の研究対象である日本列島を含む島嶼環境と人類の移動行動について考えてみたい。高宮広人(2011)は，島嶼環境への人類の移動行動について，海外の島嶼環境での人類活動の事例を確認する中で，更新世に人類が島嶼環境に居住した例が数少ないことを指摘し，人類が島嶼環境に住みつく上での課題を整理している。

　高宮は，島嶼環境への人類の移動・住みつきの課題として，「航海」，「食糧」，「小集団の問題」，「人口維持」をあげる。「航海」については，水域を越え島嶼に渡るための高度な航海技術の必要性と，航海時の危険性が指摘されている。また，「食糧」については，沖縄諸島のような小さい島々では，動植物種(自然資源)の種類が少ないことから，人類が利用できる食糧資源の少なさが指摘されている。ほかに，移住元と移住先での食糧資源が異なる可能性があることも，人類が移住し住みつく上での課題とされている。「小集団の問題」とは，先史時代の遺跡から検出された舟の大きさから，島へ渡った人々は小集団であると想定されるため，その少ない母数では自然災害や感染症により集団自体が消滅の危機にさらされる可能性があることを指摘している。これは，「人口維持」の問題とも関連し，集団を維持するためには，出生率と死亡率が等しいか，出生率が死亡率を上回る程度の繁殖可能な人口が必要となる。

　以上の点を本書の研究対象となる日本列島(なかでも，北海道・本州・四国・九州の主要な4島)とつきあわせて考えると，「航海」については，神津島産黒耀石の利用から当該期にも航海技術を有していることは明白ではあるが，航海自体の危険性は否定できない。「食糧」の種類については，本書で対象とする北海道・本州・四国・九州のうち，北海道は大陸と陸続きの半島の一部であり，本州・四国・九州で構成される古本州島も規模が大きい島であり，かつて大陸と

陸続きであったことから，陸上動植物種(自然資源)の種類が多いため，本書の研究対象地域においてはあまり大きな問題とはならないと考えられる。しかし，移住元と移住先での食糧資源が異なる可能性については，人類は未知の環境に移り住むことになるので，食糧資源ならびに，食糧資源を得るための利器の材料となる石材資源などの探索と，それらの利用方法の構築が必要となる。これらの「食糧」およびそれに関連する問題は，人類がどれくらいの規模で島嶼への移住を試みるかにもよるが，「小集団の問題」と「人口維持」とあわせて，本書の研究対象である日本列島に人類が移動し住みつく上でも重要な問題となる。

上述した諸点を念頭に，更新世における島嶼環境への居住例が世界的にも数少ないことを考慮するならば，島嶼への移動時だけでなく，島嶼への移動後においても人類が克服すべき課題があったことと，その克服の難しさがわかる。生物一般の島嶼への移住(松本 2003)と同様に，仮に移入(移動)できたとしても，自然環境あるいは生物同士の競争や捕食などにより消滅(絶滅)してしまう場合もあるのである。以上の点を踏まえて，本書で使用する用語について以下に定義する。

2. 用語の定義

本書における人類の移動行動に関する用語は，「移動」については Gamble (1993)の定義を採用し，「移住」・「定着」については先にふれた島嶼環境への人類の移動・住みつきの事例を踏まえ定義する。その中で，「地域性」という用語についても定義する。

「移動」：方向性をもつものまたは計画性をもつものを含む非連続的イベント。あるタイプの場から別の場への移動が計算されている必要はない。地域間の移動は環境的，地理的，季節的に異なるものの間の移動。短い時間幅，一回きりのイベントであるが，地理的距離が短い必然性はない。

「移動」には，髙倉純(1999)が紹介している北西ヨーロッパの中石器時代の事例や，羽生淳子(2009)が紹介する北米の民族誌事例にみられるような，季節的移動も含まれる。

「移住」：人類集団が以前生活していなかった領域へ移動し，住みつくこと。移動し住みつくまでの間には，移住先の食糧資源ならびに，食糧資源を得るための利器の材料となる石材資源などの探索と，それらの利用方法の構築が試みられる。相対的なものではあるが，より大規模のものを「移住」，より小規模のものを「拡散」と区別する。たとえば，日本列島への人類の移動行動を考えた場合，日本列島内へのその後の移動拠点を形成するような大規模な移動行動を「移住」とし，移動拠点を形成後，列島内の各地に広がっていく小規模な移動行動を「拡散」とする。

「定着」：人類が以前生活していなかった領域への「移住」後に継続して生存し，移住先での食糧資源や利器の材料となる石材資源などの探索を完了し，それらの獲得方法や利用方法の構築が果たされた状態。その過程で，生物学的な異所的種形成のように，生活地である地域ごとの食糧資源や石材資源に応じて，地域独自の資源利用法がみとめられることも

ある。そのような地域独自の資源利用法などを反映した事象の広がりが，限定された同一時間帯(たとえば，時期)に，ただ単に地理的・空間的な差異を示す場合を「地域差」，それらが通時的にみとめられ地域の歴史の特質と結びついている場合を「地域性」とする[3]。

次に，上に定義された用語が，どのように考古学的に峻別可能かを議論する。特に，本書の結論とかかわる移住，拡散，定着，地域差，地域性についてみていく。

まず，移住についてみる。移住を考古学的に捉えるにあたっては，考古学的に把握される同一の物質文化(以下，同一の物質文化と表記)の特徴を有するものを一つの移住の単位とする。同一の文化的特徴を有するものを一つの移住の単位とした場合，微視的な視点からは，厳密には同一の文化的特徴をもつ集団の複数回の移住があった可能性も想定される。しかし，同一の文化的特徴を有している以上，考古学的にはそれらの移住の新旧を区分することは不可能なので，仮に同一の文化的特徴をもつ集団の複数回の移住があったとしても，本書では巨視的な視点から一つの移住として理解する。一方，ある集団の移住先に先住集団が既に存在する(した)場合は，両集団が有する物質的・文化的特徴の相違とそれらの先後関係によって新旧の移住として区分される。その区分の際には，先住集団の物質文化的特徴との異同が重要な指標となる。仮に，考古学的に把握された物質文化の特徴が，先住集団の物質文化的特徴と異なるものであったとしても，それらが先住集団の物質文化が時間的・地域的に変異を遂げたものでないかを検討する必要がある。

次に，拡散についてみる。同一の物質文化の特徴もしくは，それらと共通する物質文化的特徴を有するものが，移動拠点とは地理的に離れた場所でみとめられた場合に考古学的に把握できる。地理的に離れている場合でも，生物の進化にみられるような，系統的に異なる種が同一の物理的環境に対して類似した特徴をもつようになる収斂進化と同様なことが，物質文化にも生じる可能性を考慮する必要がある。上述した点を考慮し，考古学的事象について拡散として捉えることができるかどうかは，同一もしくは共通する物質文化的特徴を有するものが，地理的にある程度連続的に分布しているかという点と，移動拠点と拡散先との年代に大きな齟齬がないかが一つの判断基準となる。

最後に，定着についてみる。同一の物質文化の特徴もしくは，それらと共通する物質文化的特徴を有するものが，移住先・拡散先にて継続してみとめられた場合に考古学的に把握できる。食糧資源や食糧資源を得るための利器の材料となる石材資源を含む，人類をとりまく自然環境の差異に応じて，地域独自の資源利用法がみとめられることもある。そのような地域独自の資源利用法などを反映した考古学的事象の広がりが，限定された同一時間帯(たとえば，時期)に，ただ単に地理的・空間的な差異を示す場合を「地域差」とする。対して，それらが通時的にみとめられ，地域の歴史の特質と結びついている場合を「地域性」とする。

以上の用語の定義に基づき，第III章から第VI章で得られた分析結果を最終的に解釈することとする。

1) ナイフ形石器の呼称法についてであるが，上述した加工と形に加えて，素材を冠する。たとえば，図II-1下段の左の資料は，縦長剝片素材の基部加工尖刃ナイフ形石器と記載される。

2) Gamble (1993)の用語と定義の訳は，加藤(2000)による。
3)「地域差」・「地域性」については，戸沢(1986)，福田(2014)を参照。

――――第 III 章――――

関東地方の AT 下位における
ナイフ形石器製作技術の変遷

関東地方は良好な層位的条件と豊富な資料の存在から，AT下位石器群研究の主な対象とされ，その編年は広域編年の基準として用いられてきた。本章では，編年研究についての研究史をふり返り，当該期の編年研究の課題を踏まえた上で，本書の研究の軸となる関東地方のAT下位石器群の編年案を提示する。その上で，各時期のナイフ形石器の素材製作技術や運用方法を検討し，当地のAT下位石器群の特徴をあきらかにする。

第1節　AT下位石器群の時間軸の設定

　本節では，AT下位石器群の編年研究をふり返り，当該期編年の課題を整理する。その課題を踏まえた上で，個々の石器群を検討し，関東地方におけるAT下位石器群の編年案を提示する。

1．AT下位石器群の編年研究略史

(1) ナイフ形石器の形態組成に注目した編年研究

　第Ⅰ章でも詳しくみたように，鈴木遺跡(鈴木遺跡刊行会 1978)と高井戸東遺跡(小田編 1977)の調査結果によって，ナイフ形石器が立川ローム下底部に存在することが示され，国府型ナイフ形石器を最古の型式とする「野川編年」から，ナイフ形石器文化は時間的に拡張された(小田 1980)。以後，1970年代の大規模開発に起因する多数の遺跡の発掘調査成果の蓄積により，安定した良好な地層の堆積と，それに基づく層位的出土事例を基準とする編年研究の方法が一般化する。各地層に含まれる石器群を同一視点から比較するため，ナイフ形石器の形態組成や，石器組成や剥片剥離技術と両者の結びつきが検討された(安蒜 1979，白石 1973，矢島・鈴木 1976)。
　ここで，AT下位石器群におけるナイフ形石器を対象とした編年研究の実践例として，安蒜政雄の研究をとりあげる。安蒜(1979)は，ナイフ形石器の体系的な形態分類を行った上で，資料が豊富で編年の示準的な地域であった南関東地方を対象に，ナイフ形石器の形態組成を検討した。ナイフ形石器を有する石器群を5段階(段階Ⅰ～Ⅴ)に整理し，段階ごとの形態組成の推移から，段階Ⅰ・Ⅲ(二側縁加工[切出形]・基部加工)，段階Ⅱ・Ⅳ・Ⅴ(二側縁加工[茂呂系]・部分加工)という2つの異なる形態組成の移りかわりとして理解した[1]。さらに，安蒜(1986)は，第Ⅰ期(X層～Ⅶ層)を形状保持的な「杉久保系」(基部加工)ナイフ形石器の時期，第Ⅱ期(Ⅵ層)を形状修正的な「茂呂系」(二側縁加工)ナイフ形石器の時期に区分した。そして，第Ⅰ期の中でも，より古い高井戸東X層石器群からより新しい打越ⓘⅦ層石器群へという細部加工度の高まりや石核整形度の弱まりといった技術的な変異を捉え，第Ⅱ期の形状修正的な「茂呂系」ナイフ形

石器への移りかわりを示す時期としてⅦ層の石器群を位置づけた。

つづいて，須藤隆司(1986)や小菅将夫(1991)は，AT下位のナイフ形石器を型式学的に詳細に検討し編年案を提示する中で，Ⅶ層段階が「茂呂系」ナイフ形石器への移りかわりを示すとした安蒜仮説を追認した[2]。

このように良好な層位的条件と豊富な資料をもつ南関東(特に武蔵野台地)における研究成果をとりまとめる形で，主に出土層位とナイフ形石器の技術的特徴や形態組成を指標とする，Ⅹ層段階・Ⅸ層段階・Ⅶ層段階・Ⅵ層段階という4時期区分が石器文化研究会のシンポジウムにおいて示された(石器文化研究会 1991)。そこでは，この4時期区分をもとに，ナイフ形石器のみならず，剝片剝離，石器組成，石材組成の検討がなされ，時期ごとの異同があきらかにされた。

(2) 最古の石器群についての位置づけ——Ⅹ層石器群の細分——

野川遺跡の重層的な文化層の重なりをもとに構築された「野川編年」では，示準石器の消長から，ナイフ形石器以前の段階(Ⅰ期)・ナイフ形石器文化の段階(Ⅱ期)・槍先形尖頭器の段階(Ⅲ期)という3つの段階が設定された(小林ほか 1971)。その後，野川遺跡での編年をもとに，鈴木遺跡や高井戸東遺跡などの調査事例を加えた「武蔵野編年」が示された(Oda and Keally 1975・1979)。そこでは，PhaseⅠの特徴として礫器類や石斧とナイフ形石器が伴うことが指摘され，Ⅰ期の内容に修正が加えられた。1979年の論文で発表されたPhaseⅠの概要は以下のとおりである。

PhaseⅠ：礫核石器・不定形剝片石器文化
日本の旧石器時代最古の文化期である。豊富な礫核石器および不定形剝片石器を特徴としている。定形的な石器は少ないが，剝片の種類と一部の定形的石器の形態には，明瞭な時期差がみとめられる。そして，本文化期は特定の器種の存否により，a, b, cの3亜文化期に細分できる。

第Ⅰa亜文化期
粗雑な礫核石器(チョッパー)と大形の剝片石器(スクレブラ)，不定形小形石器類を特徴とする。特に小形石器には，チャート製の不定形小剝片が大量に伴い，その一部には微小な先端部を有する「錐状石器」「ベック」などと呼称される石器が存在している。

第Ⅰb亜文化期
礫核石器，大形剝片，扁平礫を用いた斧状石器，スクレイパーおよび大形剝片ないし石刃を特徴とする。この時期には少量であるが，ナイフ状石器も出現している。これは石刃状剝片を素材とし，先端と基部にわずかな調整を加えただけのものである。しかし，最も重要な石器は，両面加工された楕円形の「斧形石器」でその多くは刃部を研磨した磨製石斧である。

第Ⅰc亜文化期
最近まで知られていなかった第Ⅰ文化期から第Ⅱ文化期への移行期に相当する。礫核石器

第 III 章　関東地方の AT 下位におけるナイフ形石器製作技術の変遷　55

表 III-1　矢島・鈴木編年における AT 下位石器群の内容の変化

矢島・鈴木編年(1978)

I 期：X 層	II 期：X 層上部～V 層	
	前半：X・IX 層	後半：VII～V 層
小形剝片石器(チャート)	石斧：○	石斧：×
礫器類(砂岩,粘板岩,安山岩)	ナイフ形石器：量的に貧弱 粗雑な加工	ナイフ形石器：量的に増加 精緻な加工
	石刃技法あり・ナイフ形石器が定着	

矢島・鈴木編年(1988)

I 期：X 層	II 期：X 層上部～V 層	
	前半：X・IX 層	後半：VII～V 層
石斧：○	石斧：○	石斧：×
小形剝片石器(チャート)	ナイフ形石器：量的に貧弱 粗雑な加工	ナイフ形石器：量的に増加 精緻な加工
礫器類(砂岩,粘板岩,安山岩)	石刃技法あり・ナイフ形石器が定着	

は減少するが，不定形剝片と剝片石器は残存している。一方，一側縁全体に上下からの刃潰し加工を施した小形ナイフ形石器(背つき石器)が出現している。この石刃にブランティングを施した背つき石器は，この後の第 II 文化期で爆発的に発達していくが，その他の諸条件から過渡期的様相として捉えることが妥当であろう。

　第 Ia 亜文化期の代表的な遺跡として，西之台 B X 中・西之台 B X 上・中山谷 X が，第 Ib 亜文化期では高井戸東 X・鈴木 X・高井戸東 IX 上・鈴木 IX 上が，第 Ic 亜文化期では鈴木 VII・野川 VII 等があげられている。この第 Ia 亜文化期と第 Ib 亜文化期にまたがる X 層の石器群をどのように捉えるかが，X 層石器群細分の問題である。

　小田の見解が提示されたのと同じ頃，矢島國雄と鈴木次郎(1978・1988)も AT 下位石器群について見解を示している。ここで，両氏の 1978 年と 1988 年の論考にふれることで，X 層石器群の位置づけに関する内容の変化をみていきたい。まず，1978 年の論文をみる。

　矢島・鈴木(1978)は，AT 下位石器群を大別 2 期に区分している(表 III-1-上)。第 I 期は，X 層を出土層準とし，チャート製の小形剝片石器と砂岩などを素材とした礫器類の時期とした。第 II 期は石刃技法がみとめられ，ナイフ形石器が定着した時期とされる。石斧を伴いナイフ形石器が量的に貧弱で調整が粗雑な前半期(X・IX 層)と，石斧を伴わずナイフ形石器が量的に豊富で調整が精緻な後半期(VII～V 層)に細分される。ここでは，石斧やナイフ形石器の有無および，ナイフ形石器の特徴が時期区分の指標とされている。しかし，同論文中では，第 I 期と第 II 期前半は，それぞれが不完全な組成として，本来共存する可能性も指摘されている。

　その 10 年後，掲載書が版を重ねる中で，矢島・鈴木(1988)は第 I 期と第 II 期前半の位置づけについて修正している。第 I 期の内容としては X 層を出土層準とし小形剝片石器(チャート)や礫器類に，石斧が伴うことが修正された(表 III-1-下)。また，第 I 期と第 II 期前半の位置づけについては，武蔵台遺跡(都立府中病院内遺跡調査会 1984)において，第 I 期の特徴をもつ武蔵台

Xb層石器群と第II期前半の特徴をもつ武蔵台Xa・IX層石器群が層位的な上下差をもって検出されたことから，時期差と位置づけている。しかし，その位置づけについては1978年の論文と同様に，第I期と第II期前半が本来共存する可能性も指摘されている。その理由として，第一に武蔵台Xb層石器群には，中山谷Xや西之台BXではみとめられない第II期前半に特徴的な石斧が存在する点をあげた。第二に，相模野台地の立川ローム下部の鍵層とされる相模野下位スコリア前後から出土した山梨県一杯窪(いっぱいくぼ)遺跡において，石刃技法を基盤として石斧を伴う石器群が確認され，その ^{14}C 年代が 31,780 yBP と非常に古く測定されている点があげられている。

このようにX層石器群については時期差か，同時期の組成差か明確な決着がつかない状況であった。このような状況下で，第I期は立川ローム層から出土した最古の石器群であることから，先行する「前期旧石器」との関連性が重視され，1990年代以降は「前期・中期旧石器時代」と当該期との関係およびその解釈が議論の中心となっていった(安斎 1988・1991a・1991b，佐藤 1990・1994)。

(3) AT下位石器群における編年研究の現状と課題

2000年に「前期・中期旧石器時代遺跡」捏造が発覚したことによって，「前期・中期旧石器時代」との関係が論じられてきたX層段階についての見直しや，その位置づけについて議論がなされている。また，その中でAT下位石器群自体にも見直しがなされ，新たな編年案が示されている。ここではまず，X層段階の石器群に関する議論にふれ，その後新たに提示された編年案についてみていく中で，当該期編年の課題を整理する。

[1] X層石器群細分の問題

現在，佐藤宏之のように従来どおりX層石器群を細分して捉える見解が示されてはいるものの(明治大学校地内遺跡調査団 2005b)，その細分については中村真理，諏訪間順，伊藤健によって問題点が指摘されている。以下にそれぞれの見解をみていく。

中村はナイフ形石器の有無を時期差の基準とすることに問題点を指摘した(中村 2003)。多摩蘭坂(たまらんざか)遺跡(8次調査)ではXb層からナイフ形石器が出土しているため，層位やナイフ形石器の有無からではX層を細分することはできないことが指摘された。

次に，諏訪間(2003・2006)は主に石材の利用(特に黒耀石)を観点として問題点を指摘した。従来の研究では，武蔵台遺跡の成果から，Xb層石器群(チャート，小形剝片石器，石斧)とXa層石器群(黒耀石，ナイフ形石器)が時期差として理解され，Xb層の特徴としては黒耀石を用いないことがあげられてきた。しかし，諏訪間は，チャート製と黒耀石製の遺物は垂直分布や平面分布が重なることを指摘し，Xb文化層とXa文化層は同一の石器群であるという見解を示した。また，研究進展の著しい愛鷹山麓の調査事例(廣瀬ほか 2006)にふれ，静岡県の追平(おうだいら)B遺跡や富士石(ふじいし)遺跡のBBVII層(X層段階に相当するとされる)から，在地石材のホルンフェルスに伴い，信州系や神津島系などの黒耀石が出土していることを指摘した。以上の点から，仮にX層が細

分されたとしても，黒耀石の利用からでは，Xa，Xb を編年的に細分する基準がなくなったことを指摘した。

最後に，伊藤(2006)は出土層位を観点に2つの問題点を指摘した。①石器集中は 50 cm～100 cm の垂直幅をもつことから，Xa 層の層厚 10 cm～15 cm，Xb 層の層厚 20 cm～40 cm の厚さからではその出土面の指定が難しいこと，② Xb 層は暗色帯，Xa 層はロームに相当し，その成因が異なり堆積速度が極端に異なる可能性があるため，Xb 層と Xa 層の区分が時間差に関して有意であるか不明であることを問題点としてあげた。その上で，仮に時間差が設定されたとして，石器群の変動に有意な差があるか検討しなければならないことを指摘した。

以上の中村・諏訪間・伊藤の指摘や X 層段階細分当初の状況を踏まえると，石器組成・層位・石材といった観点では，X 層段階の細分が難しいことを示している。

[2] 小菅将夫・麻生敏隆による細分編年

次に，新たに提示された細分編年として，小菅・麻生編年(小菅・麻生 2006)をとりあげる。小菅将夫と麻生敏隆は「より古い時代の詳細が不明である以上，この I 期の細分とその内容を検討することによって，岩宿時代最初期の時期的な内容」を浮き彫りにすることを目的とした。方法としては出土層位を考慮しながら，ナイフ形石器の形状・加工度・形態組成と，石斧の特徴を検討し，X 層から IX 層相当を5期に細分した[3]（図 III-1）。その時期ごとの内容は以下のとおりである。

Ia 期
ナイフ形石器は杉久保系ナイフ形石器，藪塚系ナイフ形石器，米ヶ森系台形石器が組成する。長楕円形を呈する「わらじ形」の大形の石斧が特徴的に伴う。

Ib 期
ナイフ形石器は杉久保系ナイフ形石器，藪塚系ナイフ形石器，米ヶ森系台形石器が組成する。杉久保系ナイフ形石器は安定してみとめられるものの，素材およびナイフ形石器の形状が一定しない特徴がある。それらの素材の多くが，「小口面型」石刃技法により製作されている。石斧は Ia 期と同様の特徴をもつ。

Ic 期
ナイフ形石器は杉久保系ナイフ形石器，藪塚系ナイフ形石器が安定して組成する。杉久保系ナイフ形石器は調整加工度も高くなり，整った形状のものが多い。その素材は，「周縁型」石刃技法により製作される。藪塚系ナイフ形石器は，基部の表裏面に平坦で丁寧な調整加工を施す「精製品」が多い。石斧は長楕円形以外に，短冊形や撥形が増加する。

Id 期
ナイフ形石器は杉久保系ナイフ形石器と藪塚系ナイフ形石器に，茂呂系ナイフ形石器が組成に加わる。杉久保系ナイフ形石器は，Ic 期と同様，調整加工度が高く，整った形状のものが多い。茂呂系ナイフ形石器は背部の調整加工は必ずしも連続的でなく，初源的な特徴をもつ。藪塚系ナイフ形石器は Ic 期同様，面的な調整加工が発達する。石斧は，短冊形や撥形が多くなる。

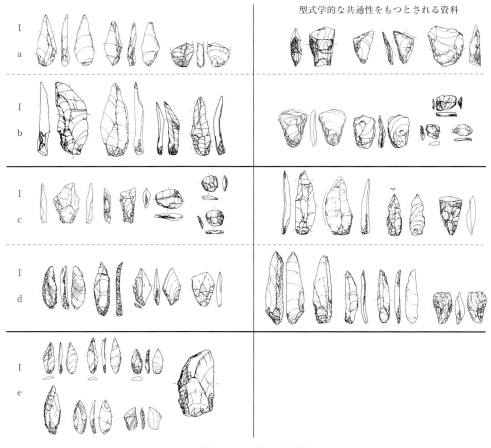

図 III-1　小菅・麻生編年

註 1) 図の左側は時期区分の指標とされている資料。
　 2) 破線で区分される区間に共通性が指摘されている。

Ie 期
　ナイフ形石器は，杉久保系ナイフ形石器と藪塚系ナイフ形石器の構造的な均衡が崩れ，茂呂系ナイフ形石器の比重が高まる。幅広の石刃等に弧状になるように一側縁加工を施した石器が発達する。石斧は小形で，出土数は少ない。

　上に示した細分編年から，Ia 期から杉久保系・藪塚系・米ヶ森系ナイフ形石器があり，Ib・Ic 期に石刃技法の展開とともに杉久保系が増加し，Id 期では茂呂系ナイフ形石器が加わり Ie 期で中心的な存在になるという，ナイフ形石器の変遷を示した。しかし，同論文中では，Ia 期と Ib 期，Ic 期と Id 期の間に，ナイフ形石器の共通性も指摘されている(図 III-1-右)ことから，時期細分の有効性は検討すべき課題として残されている。
　以上，AT 下位石器群における編年研究をふり返ることで，編年の細分について課題がみとめられた。また，石器群の内容だけでなく，遺跡ごとに層厚が異なる点や，遺物の上下移動を

第 III 章　関東地方の AT 下位におけるナイフ形石器製作技術の変遷　59

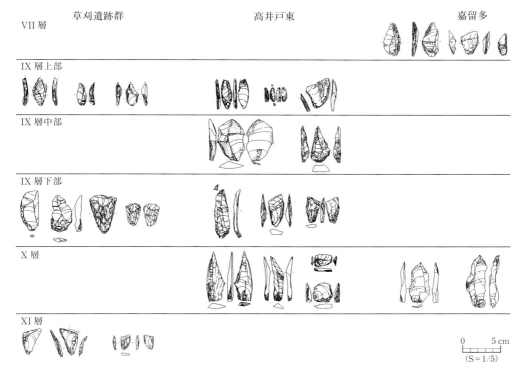

図 III-2　重層遺跡におけるナイフ形石器の出土例

考慮に入れた際，このような非常にスケールの細かい細分編年が層位的に裏付けられるかどうかについても検討する必要がある。

　具体的な方法として，まず重層遺跡における層位的出土例を，次に帰属層位が明確な石器群を検討し，ナイフ形石器の特徴と形態組成を確認することで，細分編年の有効性を検討するとともに，本書のとる編年案を示す。

5．AT 下位石器群におけるナイフ形石器の検討

(1) 重層遺跡の検討

　草刈遺跡群[4]（島立 2000）と，高井戸東遺跡（高井戸東遺跡調査会 1977），嘉留多遺跡（世田谷区遺跡調査会 1982a）を検討する。それぞれの文化層出土のナイフ形石器を配置した（図 III-2）。この図を参照すると，層位とナイフ形石器の関係性から 3 点を指摘できる。第一に基部加工ナイフ形石器は X 層〜IX 層中部までみられる点，第二に一側縁加工・二側縁加工尖刃ナイフ形石器が IX 層上部以降から存在する点，第三に非尖刃の二側縁加工ナイフ形石器が全時期にみとめられる点である。

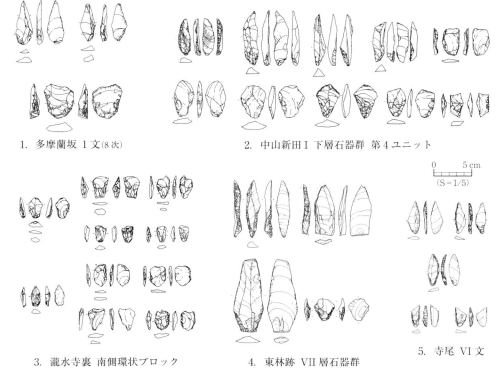

1. 多摩蘭坂 1 文(8次)　　2. 中山新田 I 下層石器群 第4ユニット

3. 瀧水寺裏 南側環状ブロック　　4. 東林跡 VII 層石器群　　5. 寺尾 VI 文

図 III-3　帰属層位が明確な石器群

　重層遺跡を検討した結果，大まかに XI 層(二側縁加工非尖刃のみ)，X 層〜IX 層中部(基部加工ナイフ形石器と二側縁加工非尖刃ナイフ形石器)，IX 層上部〜VII 層(二側縁加工・一側縁加工尖刃ナイフ形石器，二側縁加工非尖刃ナイフ形石器)の3つのグループにまとめることができた。

(2) 帰属層位が明確な石器群の検討

　重層遺跡の検討結果が他の遺跡にも当てはまるのか，帰属層位が明確な石器群と比較する。
X 層中部を中心とする石器群(図 III-3-1)

　多摩蘭坂遺跡第1文化層(8次調査)(国分寺市遺跡調査会 2003a)は，Xb 層を中心に A 区〜C 区の3地点が確認された。ここでは A 区と B 区を検討する。A 区は二側縁加工非尖刃ナイフ形石器が出土，B 区では縦長剥片製の基部加工尖刃ナイフ形石器がみられる。地点を異にするものの，出土層位にも違いがみとめられないことから，X 層の石器群には基部加工尖刃と二側縁加工非尖刃ナイフ形石器が組成すると考えられる[5]。いずれも微細調整により素材形状が保持されている。

IX 層下部を中心とする石器群(図 III-3-2)

　中山新田 I 遺跡下層石器群(田村 1989，千葉県文化財センター 1986)は IX 層下部にピークをもつ。中山新田 I 遺跡第4ユニットのナイフ形石器の形態組成をみると，縦長剥片製の尖刃ナイフ形

石器と，横長・幅広剥片製の尖刃・非尖刃二側縁加工ナイフ形石器からなる。縦長剥片製のものは，基部加工を主体に，側縁加工(二側縁加工・一側縁加工)がみとめられる。整形は，縦長剥片素材では急斜度調整を専らとするが，横長・幅広剥片素材のものは器体のほぼ全面に平坦調整が施される器面調整(安蒜 2004)，急斜度調整，錯交調整，微細調整と多種の調整が特徴的に用いられる。

IX層下部において，素材形状修正的な二側縁加工尖刃ナイフ形石器が組成に加わる点と，横長・幅広剥片製ナイフ形石器に器面調整が施される点は特に注意される。

IX層上部を中心とする石器群(図III-3-3)

瀧水寺裏遺跡南側環状ブロックはIX層中部〜IX層上部を中心とする(印旛郡市文化財センター 2004b)。基部加工ナイフ形石器，二側縁加工非尖刃ナイフ形石器が出土している。二側縁加工非尖刃ナイフ形石器は，器体のほぼ全面に平坦調整が施される器面調整，急斜度調整，錯交調整，微細調整というように多種の調整により整形されている。

VII層を中心とする石器群(図III-3-4)

東林跡遺跡VII層石器群(織笠 2010)をVII層出土資料としてあげる。縦長剥片製の尖刃ナイフ形石器と，横長・幅広剥片素材の非尖刃ナイフ形石器がみられる。縦長剥片を素材とするものは，側縁加工(二側縁加工・一側縁加工)を主体に，基部加工がある。特に二側縁加工例では，基部側に抉りを入れることで，基部を明瞭に作出するものが特徴的にみとめられる。急斜度調整により整形が行われ，ごくわずかではあるが，基部裏面調整が施されるものも確認される。

VI層を中心とする石器群(図III-3-5)

ATとの関係から，VI層に対比される寺尾遺跡(神奈川県教育委員会 1980)をあげる。縦長剥片を素材とした尖刃の二側縁加工ナイフ形石器と，横長・幅広剥片を素材とする非尖刃のナイフ形石器からなる。いずれも整形方法として急斜度調整を用い，なかには基部裏面調整が施される資料もみとめられる。

(3) 分析のための時間軸の設定

以上，重層遺跡と帰属層位が明確な石器群について，ナイフ形石器の形態組成と調整方法を検討した。それにより，以下の特徴が把握された。①X層には，微細調整による基部加工尖刃ナイフ形石器と二側縁加工非尖刃ナイフ形石器がみられる。②IX層下部から，二側縁加工尖刃ナイフ形石器が組成に加わる。③IX層下部〜上部では，横長・幅広剥片を素材とするナイフ形石器の調整方法として，器体のほぼ全面に平坦調整が施される器面調整，急斜度調整，錯交調整，微細調整というように多種の調整が用いられている。④VII層においては，縦長剥片素材の基部加工と，基部に抉りのある二側縁加工尖刃ナイフ形石器を主体に，二側縁加工非尖刃ナイフ形石器がみられる。それらの調整加工は急斜度調整に限定される。⑤VI層では，急斜度調整による縦長剥片製の二側縁加工ナイフ形石器を主体に，二側縁加工非尖刃ナイフ形石器がみとめられる。

ここで上に示したナイフ形石器の技術的特徴を層位を観点に整理すると，②と③は出土層準

が重複することから，X層①，IX層②・③，VII層④，VI層⑤という4つのまとまりとして捉えることができる[6]。先行研究では，X層石器群や小菅・麻生編年のように細分が試みられていたが，本章では関東地方のAT下位石器群におけるナイフ形石器製作技術の変遷を捉えることを目的としている。そのため，石器組成や石材利用などの様々な要素で細分するのではなく，ナイフ形石器製作技術にみとめられる変化を重視する。よって，ここで，ナイフ形石器の形態と調整技術により区分された4つのまとまりを時間軸(X層段階，IX層段階，VII層段階，VI層段階)に設定する(図III-4)。

　上に示した編年に基づき関東地方のAT下位石器群におけるナイフ形石器の変遷を追うと，素材形状保持的なナイフ形石器(X層段階)から，素材形状修正的なナイフ形石器(IX層段階以降)への移りかわりがみとめられる。つづいて，素材形状修正的なナイフ形石器においても，平坦調整を含む多種の調整(IX層段階)から急斜度調整による単一の調整方法(VII・VI層段階)への移りかわりが指摘できる。そして，急斜度調整によるナイフ形石器製作技術が確立したVII・VI層段階では，VI層段階において二側縁加工ナイフ形石器が大多数を占めるようになる。

　次節以降では，ここで把握された個々の段階のナイフ形石器製作技術の詳細な検討と，ナイフ形石器の素材供給を観点に具体的に検討を進めることで，関東地方におけるナイフ形石器製作技術の変遷とそのあり方をあきらかにする。

第2節　IX層段階におけるナイフ形石器製作技術の検討

　IX層段階は，X層段階の素材形状保持的なナイフ形石器作りから，素材形状修正的なナイフ形石器作りへ移りかわる時期であった。本節では，IX層段階におけるナイフ形石器製作技術を検討することで，素材形状修正的なナイフ形石器出現の背景を捉えることを目的とする。

1. 研究史と課題

(1) 立川ローム下部におけるナイフ形石器の発見と形態組成の研究

　前節での研究史でもふれたように，鈴木遺跡(鈴木遺跡刊行会 1978)と高井戸東遺跡(小田編 1977)の調査によって，ナイフ形石器が立川ローム下底部に存在することがあきらかにされた(小田 1980)。

　これらの成果に基づき，安蒜政雄は当該期のナイフ形石器について論を展開した。安蒜(1979)は，まずナイフ形石器の形態分類を行い，形態組成を検討した。その結果，ナイフ形石器を有する時期を5段階(段階I〜V)に整理し，段階I・IIIが二側縁加工(切出形)・基部加工，段

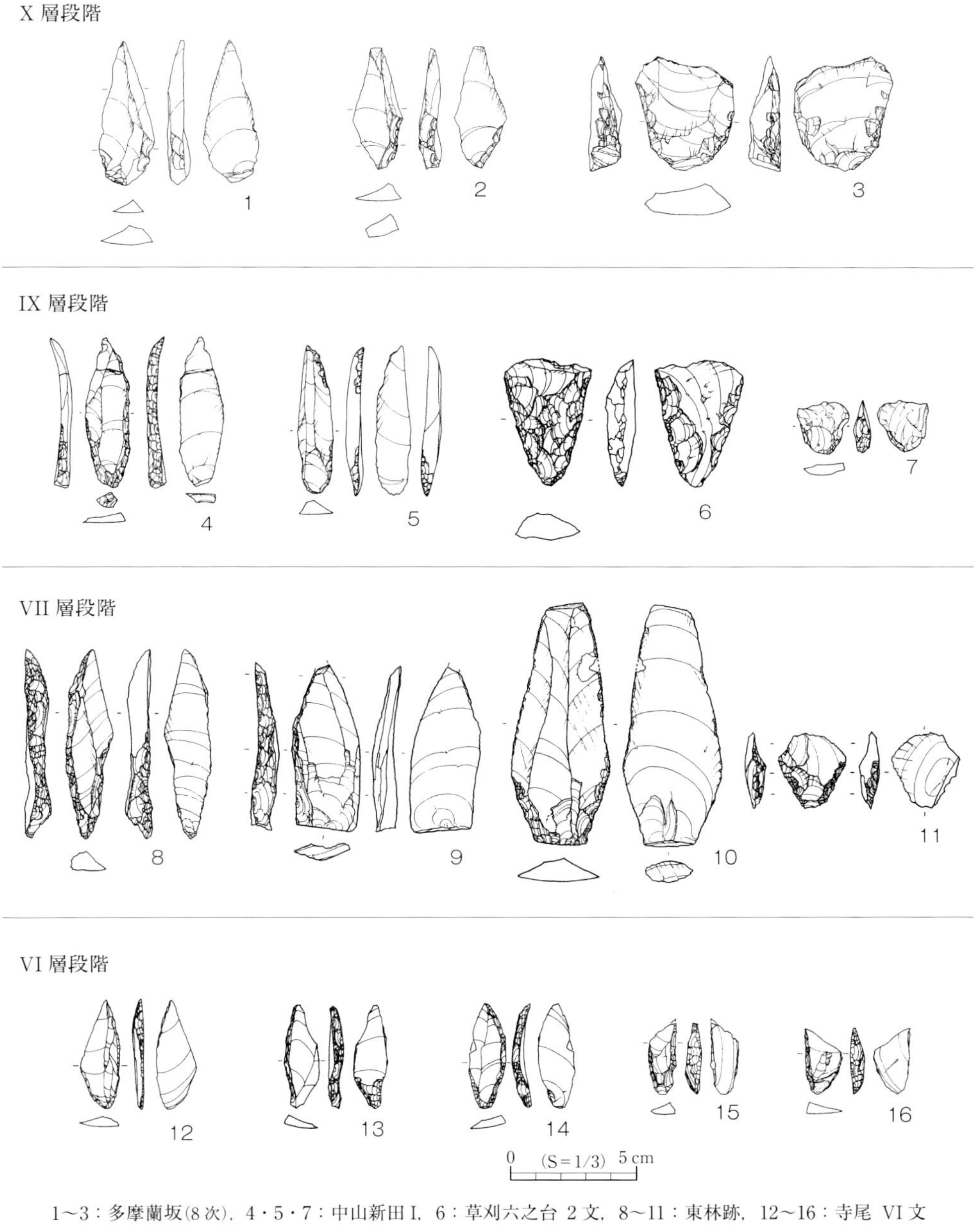

第 III 章　関東地方の AT 下位におけるナイフ形石器製作技術の変遷　63

X 層段階

IX 層段階

VII 層段階

VI 層段階

1〜3：多摩蘭坂(8次)，4・5・7：中山新田 I，6：草刈六之台 2 文，8〜11：東林跡，12〜16：寺尾 VI 文

図 III-4　関東地方における AT 下位石器群の編年

階 II・IV・V が二側縁加工(茂呂系)・部分加工という 2 つの異なる形態組成の移りかわりを確認した。さらに，二側縁加工(切出形)と基部加工が中核となる時期では，同一段階内においても，いずれかの形態が遺跡ごとに顕在化するという形態組成の偏りについて指摘した。当該期(安蒜の段階 I：X 層段階〜VII 層段階)の例として，基部加工ナイフ形石器が顕著な高井戸東遺跡第 X 層と，二側縁加工(切出形)が顕著な高井戸東遺跡第 IX 下層をあげた。

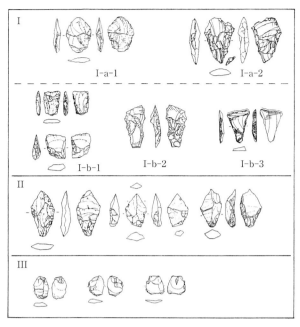

図III-5 「台形様石器」の分類

(2) 二極構造論の提唱とその実践

　佐藤宏之(1988)は，まず，従来ナイフ形石器と一括されてきた資料から「台形様石器」(図III-5)を区分した。その上で，石刃技法とナイフ形石器，横長・幅広剝片剝離技術と「台形様石器」の結びつきを指摘。さらに両者を「後期旧石器時代前半期」の同一社会に共有された選択性をもつ汎列島的な石器製作技術構造(二極構造)として位置づけた。また，同論文中において，佐藤は「台形様石器」の変遷を議論する中で，関東地方内部での地域差についても指摘している。

　「台形様石器」の変遷と地域差について関連箇所をまとめると，I期(X層)の「台形様石器」は，「総じて各資料間の変異が大きく，調整も一定せず，形態への規格性に欠ける」特徴をもつ。つづいて，「台形様石器」の確立・盛行期とされるII期(X層～IX層)では，「側縁加工タイプのナイフ形石器の出現・普及と並行した技術的親和関係による主にIb類の調整技術の進展」と，「錯交剝離・腹面調整・折り面打面からの調整等の技術」の確立が「台形様石器」にみられる。さらに，II期は時期的に二分され，時期ごとの特徴としてII期前半では北関東と下総のII類について共通性が指摘された。それに対して，II期後半では，Ia・Ib類の顕著な武蔵野，II類に表象される北関東，両者の中間的様相を示しながらも武蔵野に近似する下総というように，関東地方内での地域差が指摘された。最後のIII期(IX層～VII層)[7]については，武蔵野ではI類を基本とする石器群が次第に姿を消しはじめ，下総では明瞭な「台形様石器」は既にみとめにくい状況であるのに対して，北関東では尖状部のより発達したII類を中心とする

石器群がみとめられることを指摘した．上にまとめたように，「台形様石器」の検討を通して，佐藤のII期後半からIII期において関東地方内での地域差が示されている点は重要である．

（3）縦長剝片製の二側縁加工ナイフ形石器出現過程の研究

2000 年代になると，当該期では狭義のナイフ形石器を主な対象に，縦長剝片製の二側縁加工ナイフ形石器の出現過程について議論がなされた．

安斎正人(2003)は，当該期に出現する「背部加工尖頭形石刃石器」(本書の縦長剝片製の二側縁加工ナイフ形石器)の出現過程について議論した．安斎は，石刃技法を「小口面型」と「周縁型」に二分し，製作される石刃の形状とナイフ形石器の形態との関係に注目した[8]．それにより，「小口面型」から剝離される先端が先細りになる石刃では「基部加工尖頭形石刃石器」(本書の基部加工ナイフ形石器)が製作されるのに対し，「周縁型」から剝離される先端部が平らな石刃では尖頭部作出のため斜めに加工することで「背部加工尖頭形石刃石器」が製作されるという適応論的仮説を提示した．

つづいて，国武貞克(2004)は，安斎の示した「背部加工尖頭形石刃石器」の出現に関する適応論的仮説について，下総台地の資料を主な対象に石材消費戦略を観点に検討した．まず，石刃技法とナイフ形石器の形態の関係性から，「小口面型」から「周縁型」へ移行し(IX層下部)，「周縁型」の剝離技術を洗練させ(IX層中部)，石刃製刺突具の素材と形態を変更(IX層上部VII層下部)するという変遷を提示した(図III-6)．それに，石材消費の分析を加えることで，二側縁加工ナイフ形石器の出現の背景を，石刃の石材産地を生業領域外の関東地方外縁部の山地帯に求めたことによる石材産地と生業領域の不一致と，石刃製刺突具の需要増への対応と位置づけた．

さらに，国武(2005)は，「石刃生産技術」の変遷の原動力と想定した石刃製刺突具の需要増の背景を検討する中で，二側縁加工ナイフ形石器の出現が与えた影響についても議論している．国武は，まず，二側縁加工ナイフ形石器が増加したIX層上部VII層下部の時期に，「台形様石器」が小形の尖頭形態の剝片製ナイフ形石器に変化したとする意見(田村1989)を支持した．その上で，「剝片製ナイフ形石器」(「台形様石器」II類)の先端部も尖頭形であることと，石刃石材の産地から下総に向かう途中経路にあたる北関東南部で採取された石材を利用することから，「剝片製ナイフ形石器」に「石刃製刺突具」を機能的に補完する役割を想定した(図III-7)．そして，その背景を，「石刃製刺突具」の増大が「台形様石器」の形態変化を引き起こした(ナイフ形石器の収斂現象と二項性の曖昧化)と理解した．

（4）現状と課題

以上みてきたように，当該期のナイフ形石器には時期差と地域差が指摘されているだけでなく，特に二側縁加工ナイフ形石器については出現の背景という踏み込んだ議論に進行している．

しかし，上述したような研究の進展がみとめられる一方で，当該期のナイフ形石器研究のあり方については，いくつかの課題も指摘できる．第一に，「ナイフ形石器」と「台形様石器」

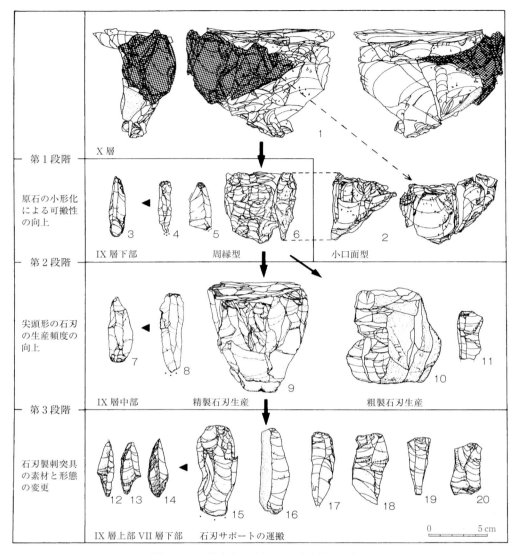

図III-6 房総半島 IX 層の石刃生産技術の変遷

が分析時に同様な比重で扱われていない点である。佐藤(1988)の指摘にあるように，二側縁加工ナイフ形石器が出現するIX層段階は，「台形様石器」の最盛期であり，「台形様石器」と「ナイフ形石器」はただ単に同時に存在するのではなく，両者には技術的な結びつきがみとめられていた。この点を踏まえれば，「ナイフ形石器」と「台形様石器」の影響関係や，二側縁加工ナイフ形石器の発生過程を論じるにあたっては，「ナイフ形石器」と「台形様石器」を同等の比重で検討することが必要不可欠である。ただし，先行研究では，佐藤(1988)は「台形様石器」に重きをおき，国武(2005)は石刃製ナイフ形石器を重視していた。そのため，佐藤では石刃製ナイフ形石器の検討が充分ではなく，国武では「台形様石器」の検討が充分なされていない。よって，両者を同等な比重で検討する必要がある。

第 III 章　関東地方の AT 下位におけるナイフ形石器製作技術の変遷　67

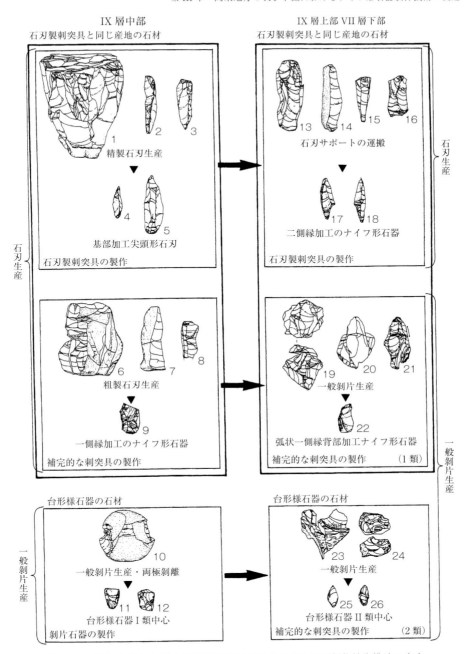

図 III-7　IX 層中部から IX 層上部 VII 層下部にかけての石器製作技術構造の変容

　また，第二の課題は，当該期にみとめられるナイフ形石器の地域差についてである。既に佐藤(1988)の「台形様石器」の研究により地域差があきらかにされているものの，「ナイフ形石器」については地域差という観点から検討されたことはない。そのため，国武(2005)は，IX 層上部 VII 層下部における「台形様石器」とナイフ形石器の補完関係を時系列での変化としてのみ理解している。しかし，国武が指摘したように，IX 層上部 VII 層下部において「台形様石

器」から変化した尖頭形の「小形ナイフ形石器」(「台形様石器」II類)が縦長剝片製ナイフ形石器を補完するのであれば，佐藤が指摘するII期後半からIII期の「台形様石器」の地域差に対応して，縦長剝片製ナイフ形石器も地域差をもつ可能性が予測される[9]。この点から，当該期のナイフ形石器製作技術の地域差を具体的に論じるためには，「ナイフ形石器」についても「台形様石器」と同様に関東地方一帯での検討が必要不可欠といえる。

上に指摘した課題を解決するためには，関東地方一帯を対象に，縦長剝片素材，横長・幅広剝片素材の両方のナイフ形石器を定量的に分析することで，各地の特徴(変異)を確認しIX層段階のナイフ形石器製作技術を復元する必要がある。そのような検討を踏まえた上で，ナイフ形石器製作技術全体の中で「ナイフ形石器」(本書の縦長剝片製ナイフ形石器)と「台形様石器」(本書の横長・幅広剝片製ナイフ形石器)のそれぞれの位置づけを行うことを通して，素材形状修正型のナイフ形石器の出現および，ナイフ形石器に地域差が生じた背景を考察する。

2. 方法と対象

(1) 対象資料

対象地域は，資料が僅少な相模野台地を除く，下総台地(以下，下総と略記)・武蔵野台地(以下，武蔵野と略記)・北関東(茨城，栃木，群馬)とする。図III-4の時間軸に基づき，当該期に属する資料が包含される南関東地域の第二黒色帯下部(武蔵野・下総)と暗色帯下部(北関東)の資料を集成した。ただし，発掘件数の多い下総では，扱う遺跡数が膨大になるため，単独出土例や出土資料が零細な遺跡については検討対象から除いた。分析対象は下総66遺跡566点，武蔵野28遺跡102点，北関東27遺跡292点である[10]。

(2) 分析方法

ナイフ形石器の形態組成に注目する。形態組成を検討するにあたり，当該期のナイフ形石器の分類を以下に示す。

ナイフ形石器の分類にあたり，石器形態を決定づける素材・加工・形の関係に注目する(図III-8)。当該期のナイフ形石器は，研究史でもふれたように，縦長剝片剝離技術と横長・幅広剝片剝離技術の2種を基盤としていた。そのため，素材により，縦長剝片素材と横長・幅広剝片素材に二分して捉えることができる。

まず，縦長剝片を素材とするものは，調整加工の位置により，石器の基部と先端にのみ調整が施される基部加工と，調整加工が側縁にまで及ぶ側縁加工に分けられる。側縁加工には，調整が一側縁のもの(一側縁加工)と，二側縁に及ぶもの(二側縁加工)がある。縦長剝片製ナイフ形石器の刃部形状はいずれも尖刃を呈する。対して，横長・幅広剝片素材のナイフ形石器は，刃

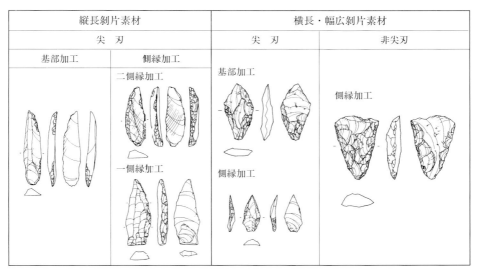

図 III-8　ナイフ形石器の分類

部形状により大きく二分され，尖刃のものと非尖刃のものからなる。前者は，基部加工と側縁加工により，後者は側縁加工により製作される。

3. ナイフ形石器の素材の検討

各地のナイフ形石器の検討結果を遺跡ごとにまとめ，表 III-2～4 に掲載した。

ここでは，まずはじめにナイフ形石器の素材をみていく。ナイフ形石器の素材は，剥片剥離技術を反映することから，それぞれの地域の技術基盤を考える上で重要な要素となる。地域ごとの特徴を確認するため，各地域で出土したナイフ形石器の点数を合算した(表 III-5)。対象地域により遺跡数と出土点数に差が大きいことから，それらの割合をグラフ化した(図 III-9)。

まず，縦長剥片，横長・幅広剥片の素材の有無に注目する。図 III-9 からもあきらかなように，下総，武蔵野，北関東の全ての地域において，ナイフ形石器の素材として縦長剥片と横長・幅広剥片の両方が用いられている点を共通点として指摘できる。一方で，それらの割合に注目すると，縦長剥片の割合が 30％程度の下総と北関東，縦長剥片の割合が 50％を占める武蔵野というように，2つのグループをみとめることができる。裏を返せば，下総と北関東では横長・幅広剥片の占める割合が高く，武蔵野では低いことになる。また，縦長剥片，横長・幅広剥片素材のナイフ形石器を保有する遺跡数(表 III-6)をみても，武蔵野では縦長剥片を素材とするのは 21 遺跡，横長・幅広剥片を素材とするのは 19 遺跡であるのに対し，北関東では縦長剥片素材は 12 遺跡，横長・幅広剥片素材は 27 遺跡であり，下総では縦長剥片素材は 40 遺跡，横長・幅広剥片素材は 60 遺跡となる。つまり，これらの点から，素材剥片の割合とそれぞれの素材のナイフ形石器をもつ遺跡数に着目することで，縦長剥片を主体とする地域(武蔵野)と，

表III-2 ナイフ形石器の分析結果(下総)

遺跡名	縦長剝片素材 尖刃 基部	縦長剝片素材 尖刃 一側縁	縦長剝片素材 尖刃 二側縁	縦長剝片素材 点数	横長・幅広剝片素材 尖刃 基部	横長・幅広剝片素材 尖刃 一側縁	横長・幅広剝片素材 尖刃 二側縁	横長・幅広剝片素材 点数	非尖刃	点数	総数
押沼大六天 1文	12	2	6	20			3	3	3	6	26
坊山 5文	13		3	16					3	3	19
中山新田 I	7		7	14	16			16	9	25	39
大松 1文	2	4	6	12	2		2	4		4	16
東峰御幸畑西 エリア1	4	1	2	7	1	2		4	8	12	19
原山 IIb文	2	3	2	7	1			1		1	8
出口・鐘塚 1文	4		2	6	6			5	6	11	17
台山 I文	1	3	2	6	1	1		3		3	9
泉北側31文	3	2		5	6	3		9	16	25	30
四ツ塚	4		1	5			1	1	7	8	13
ヤジ山 2文	2		3	5			1	1	2	3	8
葭山	4		1	5	1			1		1	6
赤羽根	4			4	2	2	1	5	5	10	14
草刈六之台 3文	2	1	1	4		1	2	3	3	6	10
五本松 No.3 IIa文	2		2	4	3			3	2	5	9
草刈C区 4文	1		2	3	1	4	2	7		7	10
荒久(1)			3	3			1	1	1	2	5
草刈D区 4文	1		2	3			1	1		1	4
聖人塚	1		2	3	1			1		1	4
細山(2) 1文	2		1	3							3
大割 2文	1		1	2	1	2		3		3	5
大林 VI文	1		1	2			1	1		1	3
小屋ノ内 1文	1	1		2					7	7	9
草刈六之台 2文	1	1		2					6	6	8
武士 1文	2			2					1	1	3
坊山 4文			2	2							2
南三里塚宮原1	1			1	13	1	1	15	11	26	27
池花南	1			1	2	1	4	7	15	22	23
鎌取 1文	1			1	3			3	8	11	12
ヤジ山 1文	1			1				1	2	3	4
権現後 6文	1			1	1			1		1	2
関畑 Ib文			1	1		1		1		1	2
仲ノ台	1			1	1			1		1	2
白幡前 5文	1			1					4	4	5
木の根拓美	1			1					1	1	2
五本松 No.3 IIb文			1	1					1	1	2
新山東	1			1							1
御山 4文			1	1							1
松崎I 2文		1		1							1
大網山田台 No.8地点 文化層V	1			1							1
墨古沢南 II文					6	1		7	19	26	26
東峰御幸畑西 エリア2					7			7	14	21	21
草刈P区					1	3	2	6	2	8	8
天神峰奥之台 1文					4		1	5	19	24	24
桜井平 1文					1	3	1	5		5	5
関畑 Ia文					3			3	15	18	18
農協前 1文					3			3	7	10	10
松崎V					1	1	1	3	1	4	4
権現後 5文					1	1	1	3		3	3
東峰御幸畑東 I文					2			2	3	5	5

(表III-2 つづき)

遺跡名	ナイフ形石器										総数
	縦長剥片素材				横長・幅広剥片素材						
	尖刃			点数	尖刃			点数	非尖刃	点数	
	基部	一側縁	二側縁		基部	一側縁	二側縁				
瀧水寺裏 南側環状ブロック					1			1	15	16	16
芝山					1			1	6	7	7
小金沢貝塚					1			1	3	4	4
原山 I 文					1			1	2	3	3
餅ヶ崎							1	1	1	2	2
瀧水寺裏 北側環状ブロック					1			1	1	2	2
椎名崎古墳群 B支群 2文					1			1	1	2	2
原山 IIa 文					1			1	1	2	2
御山 3 文					1			1	1	2	2
大堀					1			1		1	1
馬ノ口 K地点					1			1		1	1
取香和田戸					1			1		1	1
東峰御幸畑西 エリア3									8	8	8
草刈 C区 3文									4	4	4
松崎 IV 2文									2	2	2
天神峰最上 1文									1	1	1
総計	87	19	55	161	42	27	30	158	247	405	566

横長・幅広剥片を主体とする地域(北関東・下総)という2つのまとまりに整理することができる。

　以上，ナイフ形石器の素材の検討から，縦長剥片と横長・幅広剥片の両方の素材を各地で共通して用いる一方で，縦長剥片を主体とする地域(武蔵野)と，横長・幅広剥片を主体とする地域(北関東・下総)という異なる素材構成をもつことがあきらかになった。

4. ナイフ形石器の形態組成の検討

(1) ナイフ形石器製作のあり方

　ここでは，ナイフ形石器の形態組成を検討し，各地でどのようなナイフ形石器が製作されているかを確認する(表III-7)。
　まず，武蔵野をみると，縦長剥片素材では基部加工が主体を占め，それに側縁加工(一側縁加工・二側縁加工)が伴う。また，横長・幅広剥片を素材とするものでは，非尖刃を主体に尖刃が伴っている。横長・幅広剥片素材の尖刃ナイフ形石器製作にあたっては，基部加工が最も多く用いられている。このようなナイフ形石器製作のあり方は北関東でも共通する。
　一方，下総では，ナイフ形石器のあり方において武蔵野・北関東との共通点とは別に，相違点もみとめられる。共通点は，下総においても縦長剥片が主に基部加工ナイフ形石器の素材として利用され，横長・幅広剥片が非尖刃を主体に，基部加工を中心とした尖刃ナイフ形石器の

表 III-3　ナイフ形石器の分析結果(武蔵野)

遺　跡　名	縦長剝片素材				横長・幅広剝片素材							総数
	尖　刃			点数	尖　刃			点数	非尖刃	点数	
	基部	一側縁	二側縁		基部	一側縁	二側縁				
野水 4文	8			8	3			3	1	4	12
中東 第2地点	5		3	8							8
もみじ山	5			5					3	3	8
鈴木 II	3		1	4	1		1	2	3	5	9
尾崎	4			4							4
お伊勢山 3文	2		1	3					1	1	4
武蔵国分寺 V文	1	1	1	3							3
成増との山 4文		1	1	2	1	1		2	4	6	8
大門 6文		1	1	2		1		1		1	3
高井戸東 IX 上層文化		1	1	2					1	1	3
島屋敷(都埋文) 第3遺物群	2			2					1	1	3
高井戸東 IX 中層文化	1			1	2			2	1	3	4
東早淵 3文			1	1	1			1	1	2	2
高井戸東 IX 下層文化	1			1					2	2	3
三芳唐沢	1			1					1	1	2
愛宕下 4文			1	1							1
鈴木 III A・B	1			1							1
鈴木 III D			1	1							1
西之台 B地点	1			1							1
東早淵 4文	1			1							1
天祖神社東 3文			1	1							1
瀬田 7文					1	1		2	1	3	3
鈴木 IV							1	1	3	4	4
多聞寺前					1			1	2	3	3
比丘尼橋 B地点 IX層中部					1			1	1	2	2
根ノ上							1	1	1	2	2
下里本邑									5	5	5
高井戸東 駐車場西地点									1	1	1
総　計	36	4	13	53	11	3	3	17	32	49	102

素材を兼ねる点である。しかし，相違点として，縦長剝片素材の側縁加工(一側縁加工・二側縁加工)が基部加工に数的に劣らないほどまとまってみられる点を指摘することができる。

　以上，各地におけるナイフ形石器製作のあり方をみてきた。それにより，各地で，①縦長剝片は基部加工を主体に尖刃ナイフ形石器の素材となる，②横長・幅広剝片では非尖刃を主体に，尖刃ナイフ形石器(主に基部加工)を製作する，という共通したナイフ形石器製作技術上の特徴をもつ一方，下総では縦長剝片製の側縁加工ナイフ形石器が多くみとめられる点で相違することがわかった。

(2) ナイフ形石器製作における素材と刃部形状の関係

　先にみてきたように，縦長剝片は尖刃ナイフ形石器専用の素材として利用されるものの，横長・幅広剝片は非尖刃を主にしながらも尖刃の素材としても兼用されるという異なる特徴を有

表 III-4　ナイフ形石器の分析結果（北関東）

遺　跡　名	縦長剥片素材 尖刃 基部	一側縁	二側縁	点数	横長・幅広剥片素材 尖刃 基部	一側縁	二側縁	点数	非尖刃	点数	総数
上林 2 文	23	2	3	28	4	2	3	9	6	15	43
武田西塙	6	1	1	8	5	1		6	36	42	50
三和工業団地 I	6		2	8	2			2	11	13	21
磯山	6			6	6	1		7	4	11	17
下触牛伏	5			5	2			2	7	9	14
半田原	4	1		5	1			1	1	2	7
白倉下原 B 区	3		1	4	5			5	1	6	10
藤岡北山	3			3	2			2	10	12	15
天引狐崎			2	2	4			4	8	12	14
白倉下原 A 区	2			2	1	1		2	3	5	7
武井 I 文	2			2					2	2	4
岩宿 駐車場地点 1 文	1			1	1			1	2	3	4
大上 4 文					7		1	8	10	18	18
分郷八崎					6			6	3	9	9
折茂 III					5			5	10	15	15
山内出 B					5			5	4	9	9
山上城跡 IX					3	1		4	2	6	6
和田					2			2	4	6	6
藪塚					2			2	1	3	3
古城 1C 地区					1			1	7	8	8
武田原前 A 地区					1			1	3	4	4
北町					1			1	1	2	2
天ヶ堤 III 区 3 文					1			1	1	2	2
二之宮千足									1	1	1
白川傘松					1			1		1	1
山川古墳群									1	1	1
古城 1A 地区					1			1		1	1
総　計	61	4	9	74	69	6	4	79	139	218	292

表 III-5　ナイフ形石器の素材別点数

対　象	縦長剥片素材 点数	比率	横長・幅広剥片素材 点数	比率	総数
武蔵野	53	52%	49	48%	102
北関東	74	25%	218	75%	292
下　総	161	28%	405	72%	566

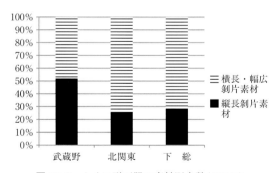

図 III-9　ナイフ形石器の素材別点数（グラフ）

していた。それでは，なぜ素材により製作されるナイフ形石器の刃部形状に違いが生じるのだろうか。ここで刃部形状に注目して検討する（表 III-8）。

　まず，縦長剥片素材をみる。縦長剥片は尖刃専用の素材であるため，縦長剥片を多く有する

表 III-6 ナイフ形石器の素材別遺跡数

対象	ナイフ形石器 縦長剝片素材 遺跡数	比率	横長・幅広剝片素材 遺跡数	比率	遺跡総数
武蔵野	21	75%	19	68%	28
北関東	12	44%	27	100%	27
下総	40	61%	60	91%	66

表 III-7 ナイフ形石器の形態組成

対象	縦長剝片素材 尖刃 基部	一側縁	二側縁	点数	横長・幅広剝片素材 尖刃 基部	一側縁	二側縁	点数	非尖刃	点数	総数
武蔵野	36	4	13	53	11	3	3	17	32	49	102
北関東	61	4	9	74	69	6	4	79	139	218	292
下総	87	19	55	161	101	27	30	158	247	405	566

表 III-8 ナイフ形石器の素材と刃部形状の関係

対象	尖刃 縦長剝片素材 点数	比率	横長・幅広剝片素材 点数	比率	小計 点数	比率	非尖刃 横長・幅広剝片素材 点数	比率
武蔵野	53	52%	17	17%	70	69%	32	31%
北関東	74	25%	79	27%	153	52%	139	48%
下総	161	28%	158	28%	319	56%	247	44%

地域では当然のことながら尖刃が多くなることが予想される。縦長剝片の割合を確認すると，武蔵野が52%であるのに対し，北関東が25%，下総が28%となり，下総・北関東は武蔵野の半数程度に過ぎない。結果として，縦長剝片素材に限ってみれば，武蔵野と北関東・下総では尖刃の割合に25%もの大きな差が生じている。

次に，横長・幅広剝片についてみていく。横長・幅広剝片は非尖刃を主体に尖刃の素材としても利用されていた。まず，横長・幅広剝片の主体となる非尖刃に注目する。非尖刃の割合は，縦長剝片の多い武蔵野では31%であり，横長・幅広剝片の多い北関東では48%，下総では44%という割合を示す。つづいて，尖刃の割合に注目すると，武蔵野の17%に対し，北関東では27%，下総では28%となり，非尖刃と同様に武蔵野に比して割合が高くなる。一方で，各地における横長・幅広剝片素材全体における尖刃の点数と割合をみると，武蔵野では49点中17点(35%)，北関東では218点中79点(36%)，下総では405点中158点(39%)となり，その割合は各地でほぼ共通する。これらの点から，ナイフ形石器全体における横長・幅広剝片素材のナイフ形石器の割合に応じ，非尖刃ナイフ形石器と尖刃ナイフ形石器がともに一定の割合で増加することがわかる。結果として，横長・幅広剝片を主体とする北関東と下総では，武蔵

野に比べ横長・幅広剝片製の尖刃ナイフ形石器が数量的に多く製作されていることは重要である。

上に，縦長剝片と横長・幅広剝片を素材とするナイフ形石器について，それぞれ別個に検討した。ここで，これらの結果を総合的に検討するため，縦長剝片素材の尖刃に横長・幅広剝片素材の尖刃を加え，各地のナイフ形石器全体における尖刃の割合を確認する。すると，武蔵野は 69% となり依然高いものの，北関東は 52%，下総は 56% となる。先に確認したように，縦長剝片素材の尖刃の割合は，武蔵野 52%，北関東 25%，下総 28% であった。それらの割合を比較すると，北関東では，武蔵野に対して縦長剝片のみでは 27% あった尖刃の割合の差が，17% の差に縮まっている。さらに，下総では，武蔵野に対して縦長剝片のみでは 24% あった尖刃の割合の差が，13% に縮まっていることがわかる。このように，横長・幅広剝片を主体とする北関東や下総では，縦長剝片の少なさに起因する尖刃の不足分を，横長・幅広剝片素材の尖刃ナイフ形石器で補っていることを指摘できる。

以上の検討結果から，尖刃ナイフ形石器の製作において，縦長剝片と横長・幅広剝片による数的な補完関係があきらかになった。

5. 尖刃ナイフ形石器製作の検討

前項での検討により，尖刃ナイフ形石器の製作を軸とした，縦長剝片と横長・幅広剝片による数的な補完関係があきらかになった。それでは，縦長剝片と横長・幅広剝片を素材とした尖刃ナイフ形石器は，どのように製作されているのだろうか。ここで，縦長剝片，横長・幅広剝片を素材とした，それぞれの尖刃ナイフ形石器製作のあり方を確認する。

(1) 縦長剝片を素材とした尖刃ナイフ形石器の製作

縦長剝片製ナイフ形石器の形態には基部加工と側縁加工（一側縁・二側縁加工）があるが，各地域共通して，基部加工が主体であった（表 III-7）。ただし，武蔵野や北関東では，基部加工が縦長剝片製ナイフ形石器の大多数を占めているのに対して，下総では側縁加工ナイフ形石器が基部加工と同数近くみとめられ，他の地域と比較して目立つ。縦長剝片素材のナイフ形石器の製作のあり方を，以下に具体的にみていく。

下総に位置する押沼大六天遺跡第 1 文化層 C3-A ブロックをあげる（図 III-10-上）。押沼大六天遺跡では，北関東産硬質頁岩と凝灰岩を主要な石材とする縦長剝片製のナイフ形石器 20 点と，横長・幅広剝片製の非尖刃ナイフ形石器 3 点が確認されている。縦長剝片製のナイフ形石器の内訳は，基部加工 12 点，二側縁加工 6 点，一側縁加工 2 点である。ほかに打面再生剝片（8）等の石核調整剝片や，縦長剝片剝離が連続的に行われた接合例（6・7）も多く確認されていることから，縦長剝片が集中的に製作されていたことがわかる。例示した縦長剝片剝離を示す接合例の作業面長は，本遺跡で出土した縦長剝片剝離石核の中で中間的な長さであるが，6.5 cm

76

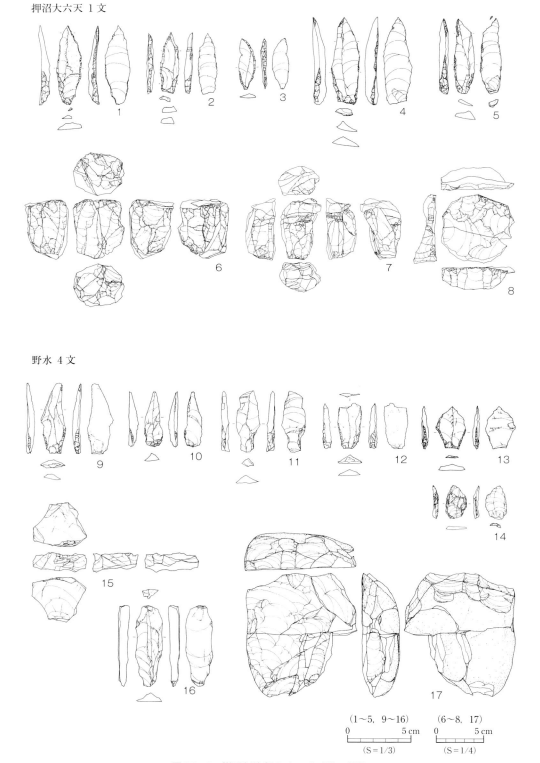

図 III-10　縦長剝片製ナイフ形石器の製作

ほどの長さである。縦長剝片剝離を示す接合例の作業面長は，本遺跡から出土する縦長剝片および縦長剝片製ナイフ形石器の長さを超えるか，それと同程度の長さをもつ。このように縦長剝片剝離を示す接合例の豊富さに加え，遺跡内で剝離された縦長剝片とナイフ形石器のサイズも対応することから，本遺跡で製作された縦長剝片がナイフ形石器の素材として利用された可能性が高い。尖刃ナイフ形石器の製作にあたっては，基部加工(4・5)では先細りした縦長剝片を利用し，側縁加工(1～3)については調整により素材形状を修正することで尖刃に仕上げている。

図示した遺跡以外にも，中山新田Ⅰ遺跡や大松(おおまつ)遺跡などの側縁加工尖刃ナイフ形石器が4点以上まとまって出土する遺跡では，縦長剝片の製作がみとめられる。いずれも石核作業面長と縦長剝片および縦長剝片製ナイフ形石器のサイズが対応する点に加え，大松遺跡では縦長剝片剝離を示す接合例中に縦長剝片製の側縁加工ナイフ形石器が含まれる。以上のことから，遺跡内で剝離した縦長剝片に素材形状修正度の高い側縁加工を施すことで，尖刃のナイフ形石器が製作されたことがわかる。また，このような技術的特徴だけでなく，縦長剝片の製作には良質な遠隔地石材を用いていることもあわせて注目される[11]。

ただし，上述したように縦長剝片の製作と側縁加工ナイフ形石器との間に結びつきがみとめられるものの，当該期のナイフ形石器の主体はあくまでも基部加工であったこともここで強調しておきたい。たとえば，野水(のみず)遺跡(図Ⅲ-10-下)や磯山遺跡のような縦長剝片製作地点においても，先端が尖る素材が剝離できた場合は基部加工ナイフ形石器が製作されている。また，下触牛伏(しもふれうしぶせ)遺跡や上林(かみばやし)遺跡などのように縦長剝片の製作を伴わない遺跡においても，縦長剝片製ナイフ形石器の形態は基部加工が多数を占めている状況がある。いずれの資料も，基部加工による尖刃ナイフ形石器の製作を基本としていたことを示唆する。

これらの点を踏まえれば，遠隔地石材を原料とした地域内での縦長剝片製作と側縁加工ナイフ形石器の結びつきは各地で共通するものの，特にそれが優良石材産出地より遠方に位置する下総台地で顕著にみとめられることは，注目すべき地域的特徴といえる。

(2) 横長・幅広剝片を素材とした尖刃ナイフ形石器の製作

次に横長・幅広剝片を素材としたナイフ形石器の製作をみていく。前項で，横長・幅広剝片は，非尖刃のナイフ形石器を主体としながらも尖刃ナイフ形石器の素材も兼ねていることを確認した。そのような状況下で横長・幅広剝片を素材とした尖刃のナイフ形石器はどのように製作されているのだろうか。具体的な資料をあげ確認する。

北関東に位置する大上(おおがみ)遺跡第4文化層を例としてあげる(図Ⅲ-11)。大上遺跡ではガラス質黒色安山岩と高原山産黒耀石を主要石材とし，横長・幅広剝片剝離が行われ，それを素材としたナイフ形石器が製作されている。接合資料1は黒耀石，接合資料2はガラス質黒色安山岩を石材とする。接合資料2では同一母岩の中で，非尖刃のナイフ形石器とともに，横長・幅広剝片の基部を加工することで尖刃ナイフ形石器が製作されている。また，接合資料1では1点のみであるが，横長・幅広剝片を素材とした尖刃ナイフ形石器が製作されている。尖刃ナイフ形

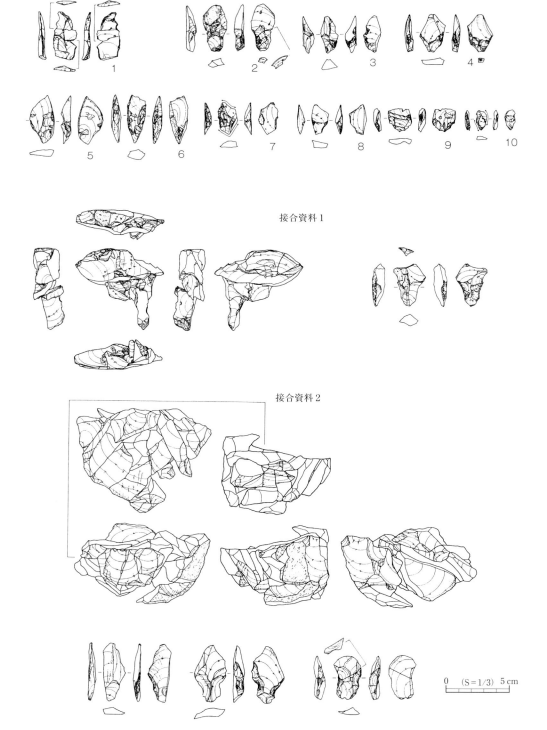

図 III-11 横長・幅広剝片製ナイフ形石器の製作

石器には素材のバルブを除去するため，非尖刃のナイフ形石器に特徴的な器面調整が用いられている。

また，図示はしていないが，同様な例は下総の天神峰奥之台遺跡においてもみとめられ，横長・幅広剝片の剝離を示す接合資料中に，非尖刃ナイフ形石器と尖刃ナイフ形石器が含まれている。両遺跡ともに，縦長剝片製の尖刃ナイフ形石器を含まず，専ら尖刃ナイフ形石器の製作は横長・幅広剝片を素材としている。以上みてきたように，同一個体内での尖刃・非尖刃両方のナイフ形石器の製作を示す接合例や調整技術の共通性から，横長・幅広剝片を素材とした尖刃ナイフ形石器は，非尖刃ナイフ形石器と同一の技術基盤内で製作されていることを指摘できる。また，その原料としては，良質な遠隔地石材を利用する縦長剝片剝離技術とは対照的に，近在地産石材が主体となって用いられていることも特徴としてあげられる。

6. 側縁加工形態と横長・幅広剝片製尖刃ナイフ形石器の並存の背景

(1) IX層段階のナイフ形石器製作技術

前項でみたとおり，縦長剝片剝離技術による尖刃ナイフ形石器の製作は，素材形状を保持した基部加工を主体に，素材形状修正的な側縁加工により構成されていた。特に側縁加工ナイフ形石器は遺跡内での縦長剝片の製作と関連する特徴をもっていた。一方，横長・幅広剝片剝離技術による尖刃ナイフ形石器は，非尖刃ナイフ形石器と同一の技術基盤内で製作されていた。当該期のナイフ形石器製作技術は，このような縦長剝片剝離技術と横長・幅広剝片剝離技術という2つの技術基盤が，尖刃ナイフ形石器を軸として相互に補完することで成りたっていたのである。

それでは，当該期にみられた様々な形態の尖刃ナイフ形石器は，それぞれどのような役割を担っていたのだろうか。先行するX層段階の尖刃ナイフ形石器の製作技術と比較することで，尖刃ナイフ形石器製作におけるそれらの役割を考察する。IX層段階では，尖刃ナイフ形石器を製作するにあたって，縦長剝片を素材とするものと，横長・幅広剝片を素材とするものの二者があり，さらに両者ともに基部加工と側縁加工という多種の製作方法がとられていた。これに対し，先行するX層段階では，縦長剝片を素材とした基部加工が，唯一の尖刃ナイフ形石器の製作方法であった。つまり，このことは，IX層段階において，縦長剝片素材の側縁加工と横長・幅広剝片素材の尖刃全般が，尖刃ナイフ形石器の製作方法に加わったことを示す。

この点を踏まえて，IX層段階の尖刃ナイフ形石器の全点数と，X層段階からみとめられる技術で製作された縦長剝片製の基部加工ナイフ形石器の点数を比較する（表III-7・8）。すると，武蔵野では尖刃全体の点数70点に対し縦長剝片製の基部加工は36点であり，同様に北関東では153点に対し61点，下総では319点に対し87点となる。このように，IX層段階の尖刃ナイフ形石器全体における縦長剝片製の基部加工ナイフ形石器の割合は，武蔵野では51％，北

関東では40％，さらに下総では27％にしか満たない。つまり，残りの大部分が，IX層段階に新しく加わった縦長剝片製の側縁加工と横長・幅広剝片製の尖刃ナイフ形石器によっていることを示す。これらのことから，IX層段階に新しく加わった形態が，尖刃ナイフ形石器製作において大きな役割を担っていたことがわかる。

しかも，それは単に点数上の補完をしているだけではなく，優良石材を利用するため製作機会が限られる縦長剝片剝離技術による尖刃ナイフ形石器の製作を，在地石材を用い普遍的にみられる尖刃・非尖刃兼用の横長・幅広剝片剝離技術で補完することで，尖刃ナイフ形石器の製作を成りたたせているのである。そして，各地での素材構成の差にあらわれる縦長剝片製作の多寡と，横長・幅広剝片技術による尖刃ナイフ形石器の補完のあり方が，結果的に地域ごとに異なる尖刃ナイフ形石器の組み合わせ(地域差)を生みだす要因となったのである。

(2) 側縁加工形態と横長・幅広剝片製尖刃ナイフ形石器の並存の背景

それでは，このようなナイフ形石器における新形態の出現および尖刃ナイフ形石器の構成の地域差は，ナイフ形石器製作技術上どのような意味をもつのだろうか。ここでIX層段階に前後する段階のナイフ形石器作りを確認することで，その位置づけを試みる。

まず，先行するX層段階のナイフ形石器をみると，先にふれたように，縦長剝片素材と尖刃ナイフ形石器，横長・幅広剝片素材と非尖刃ナイフ形石器という明確な結びつきがみとめられていた(大塚 2011c)。もう一方の後続するVII層段階においても，尖刃ナイフ形石器の製作は，縦長剝片を素材としたものにほぼ限定される。そして，横長・幅広剝片素材によるナイフ形石器の製作は，非尖刃のナイフ形石器に限られる。このようにIX層段階をはさむ前後の時期には，縦長剝片と尖刃ナイフ形石器，横長・幅広剝片と非尖刃ナイフ形石器という素材と刃部形状に強固な結びつきがみとめられるのである。

一方で，X層段階とVII層段階は素材とナイフ形石器の形状に強固な結びつきをもつ点で共通するものの，尖刃ナイフ形石器の主な形態はX層段階では基部加工であり，VII層段階の二側縁加工と異なっていた。両者には素材形状保持的なナイフ形石器(X層段階)と素材形状修正的なナイフ形石器(VII層段階)という，ナイフ形石器作りの性格に大きな違いがみとめられるのである。そして，このVII層段階に主体となる素材形状修正的な縦長剝片製の側縁加工ナイフ形石器が出現するのが，IX層段階であった。

しかし，IX層段階で素材形状修正的な縦長剝片製の側縁加工ナイフ形石器が加わったものの，尖刃ナイフ形石器の主体は依然として縦長剝片製の基部加工ナイフ形石器であった。その縦長剝片を素材とする尖刃ナイフ形石器の不足分を補ったのが，横長・幅広剝片素材の尖刃ナイフ形石器であったのである。このように，IX層段階における縦長剝片剝離技術と横長・幅広剝片剝離技術による補完的な尖刃ナイフ形石器製作のあり方を，VII層段階で確立する素材形状修正的な縦長剝片製の尖刃ナイフ形石器作りへの移行過程として歴史的に位置づけることができる。そして，IX層段階の関東地方におけるナイフ形石器の形態組成の地域差は，各地での尖刃ナイフ形石器の調達方法の相違を示しているのである。

第3節　VII層段階における石器製作技術の構造

　本節では，二側縁加工ナイフ形石器が主体となるVII層段階の石器製作技術構造を把握するため，鎌ヶ谷市に所在する東林跡遺跡VII層石器群の剥片剥離技術について検討する。東林跡遺跡VII層石器群(麻生ほか 1984)は南関東地方ではじめてまとまって出土したVII層段階の石器群であったことから，南関東地方VII層段階の標識的な遺跡として評価されてきたが(安蒜 1986，小菅 1991)，概要報告にとどまっており詳細は不明であった。本節では資料の具体的な記載を中心に行い，東林跡遺跡VII層石器群における剥片剥離技術を通して，VII層段階における石器製作技術の構造をあきらかにする。

1. VII層段階石器群研究略史

　具体的な検討を行う前に，VII層段階石器群の研究史をふり返ることで当該期の研究課題を明確にする。

(1) ナイフ形石器の分析に基づく編年研究

　1980年代の初頭を中心に，当該期の標識的な石器群である打越遺跡，後田遺跡，東林跡遺跡を含むAT下位の石器群が次々と調査され事例が増加したことから，それらの遺跡で出土したナイフ形石器の具体的な分析に基づく編年案が提出された(安蒜 1986，小菅 1991，須藤 1986など)。
　安蒜政雄(1986)は，AT下位石器群を第I期(X層〜VII層)の形状保持的な「杉久保系」(基部加工)ナイフ形石器の時期と，第II期(VI層)の形状修正的な「茂呂系」(二側縁加工)ナイフ形石器の時期に区分した。そして，第I期の中でも，より古い高井戸東X層石器群からより新しい打越VII層石器群へという細部加工度の高まりや石核整形度の弱まりといった技術的な変異を捉え，第II期の形状修正的な「茂呂系」ナイフ形石器への移りかわりを示す時期としてVII層段階を位置づけた。つづいて，須藤隆司(1986)や小菅将夫(1991)は，AT下位のナイフ形石器を型式学的に詳細に検討し編年案を提示する中で，VII層段階が「茂呂系」ナイフ形石器への移りかわりを示すとした安蒜仮説を追認した。

(2) VII層段階石器群の研究

　上述したようにナイフ形石器の型式学的な検討によりVII層段階の編年的な位置づけがなさ

れた後，VII層段階石器群自体を対象とした研究が下総台地を中心にみられるようになる（田村1990，新田 1991・1995 など）。

田村隆(1990)は，当該期の下総台地の石器群と群馬県内の石器石材原産地の石器群を検討することで，原産地における縦長剥片の製作と，下総台地における縦長剥片の搬入という利根川水系における遺跡間のつながりを指摘した。

これに対し，新田浩三(1991)はAT下位の石器組成をまとめる中で，VII層段階について小円礫や大形の縦長剥片を素材とし小形縦長剥片を剥離する資料に注目した。さらに，当該期の石器製作技術の検討を進め，「下総台地のVII層からVI層段階の石器群のうち，大型・中型石刃を石器素材として搬入し，石刃の縁辺を頻繁に再生し，新鮮な縁辺あるいは刃部の作り出しを行」い，「石刃の再生が主体であるが，再生の際に剥離された剥片・小型石刃も再利用するものも副次的にみとめられる。このような石刃の究極までの再利用」を「下総型石刃再生技法」と命名した(新田 1995)。新田の指摘は技術的特徴だけでなく，石器製作工程にも注意したものであり，論文中に具体的な遺跡名は提示されていないが，「原産地近傍で量産した大型・中型石刃をそのまままとめて，下総台地まで搬入」されたことを想定したものであった。

以上のように，VII層段階石器群の研究史をふり返ることで，ナイフ形石器の分析に基づく編年研究を経て，編年研究に基づいて設定されたVII層段階石器群自体の具体的な中身の議論へという研究の推移がみとめられた。ただし，両研究の統合は必要不可欠で，本節で試みる石器製作技術構造の把握は両研究をつなぐ役割を担うと考えられる。それでは，東林跡遺跡について具体的にみていく。

2. 東林跡遺跡の概要とVII層石器群

(1) 東林跡遺跡の概要

東林跡遺跡は，下総台地上に位置し，手賀沼に流入する河川の谷頭(「金山落とし」)に面した標高 27.5 m の台地上に立地する。台地はゆるやかに傾斜し谷津につづき，その比高差は約 5 m である。土層堆積は，I層黒色土層，II層黒褐色土層，III層ソフトローム層であり，IV層以下はハードローム層がつづく。IV・VI・X層以下が黄褐色ローム層，V層とVII・IX層がそれぞれ第一，第二暗色帯となる。VII層は立川ローム第二暗色帯の上半部に，より黒色味が強いIX層は第二暗色帯下半部に相当する。VI層からはATの小ブロックが肉眼で確認されるなど，良好な土層堆積状態を示す(図III-12-左)。

遺物の集中はATをはさんで，III層〜IV層とVII層中にみとめられ，それぞれ 7 か所(III層〜IV層出土石器群)，17 か所(VII層出土石器群)の遺物集中地点が確認されている。図III-12-右の遺物集中地点分布概念図からもわかるように，III層〜IV層出土石器群とVII層出土石器群は遺物の平面分布上での重なりが全くないことから，VII層石器群は異なる時期に所属する石

第 III 章　関東地方の AT 下位におけるナイフ形石器製作技術の変遷　83

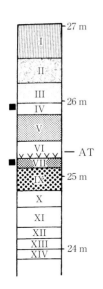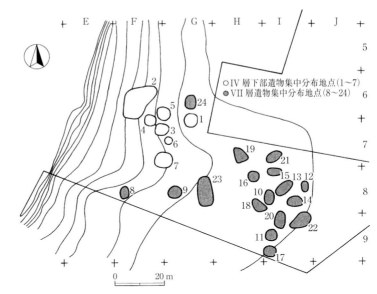

図 III-12　東林跡遺跡の層序と遺物分布概念図

器群との重複がない良好な資料体であるといえる。

(2) VII 層石器群の組成

　17 か所の遺物集中地点から，合計 1,402 点の遺物が出土した。その内訳は，ナイフ形石器 65，ドリル 4，彫器 8，スクレイパー 31，剥片・砕片類 1,012，残核 78，礫石器類 66，礫 128 点，その他 10 点からなる。ナイフ形石器は 65 点（接合して 58 個体）と製品の中で最も多く，石器組成の中心を占める。ナイフ形石器の形態には，基部加工，一側縁加工，二側縁加工がある。尖刃のナイフ形石器が主体であるが，横長・幅広剥片製の非尖刃ナイフ形石器も存在する。尖刃ナイフ形石器の素材には縦長剥片が用いられている。長さ 7 cm ほどの大形の縦長剥片素材のナイフ形石器と，黒色頁岩製を主とする大形の縦長剥片が多くみとめられるが，対応する残核はみとめられない。
　このように残核が 78 点と多数出土しているのにもかかわらず，石器組成の中心を占めるナイフ形石器と大形の縦長剥片を剥離した痕跡がない点が，東林跡 VII 層石器群の石器組成の特徴である。それでは，VII 層石器群ではどのような剥片剥離技術がみられるのだろうか。

3. 東林跡 VII 層石器群の剥片剥離過程

　接合資料，残核，剥片を検討することにより，剥片剥離過程を 7 つに整理した。剥片剥離過程 I は大形の縦長剥片を連続的に剥離するもの。剥片剥離過程 II は中形の縦長剥片を連続的

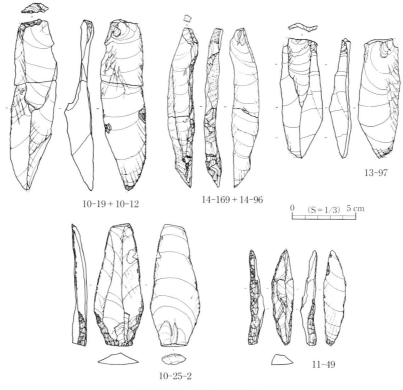

図 III-13　剥片剥離過程 I

に剥離するもの。剥片剥離過程 III は小形の縦長剥片を連続的に剥離するもの。剥片剥離過程 IV は大形の横長・幅広剥片を剥離するもの。剥片剥離過程 V は中形の横長・幅広剥片を剥離するもの。剥片剥離過程 VI は小形の横長・幅広剥片を剥離するもの。剥片剥離過程 VII は両極剥離が施されるものである。なお，縦長剥片と横長・幅広剥片との区別は，長幅比が 2：1 以上のものを縦長剥片とし，長幅比が 2：1 以下のものを横長・幅広剥片としている。また，剥片の大きさについては，石器打面を上に置いたときの長軸方向の長さが 2 cm～3 cm 程度のものを小形，4 cm～6 cm 程度のものを中形，7 cm 以上のものを大形の剥片と便宜的に区分した。以下，具体的な資料を提示しながら，剥片剥離過程ごとにみていく。以後，とりあげる資料については本報告 (織笠 2010) の資料番号，接合番号を用いて表記する。

(1) 剥片剥離過程 I：大形の縦長剥片を連続的に剥離するもの

　接合資料，対応する残核ともに出土しておらず，大形の縦長剥片とそれを素材とする製品 (ナイフ形石器等) のみがみられる (図 III-13)。また，後述するが，剥片剥離過程 II，III，VI の一部にも大形の縦長剥片を石核素材としているものがみとめられる。前者は薄手[12]の剥片であるのに対し，後者は厚手の剥片が特徴的に用いられている。大形の縦長剥片の技術上の共通点として，打面が確認できるものについては，平坦な単剥離打面のものがほとんどであることを

第 III 章　関東地方の AT 下位におけるナイフ形石器製作技術の変遷　85

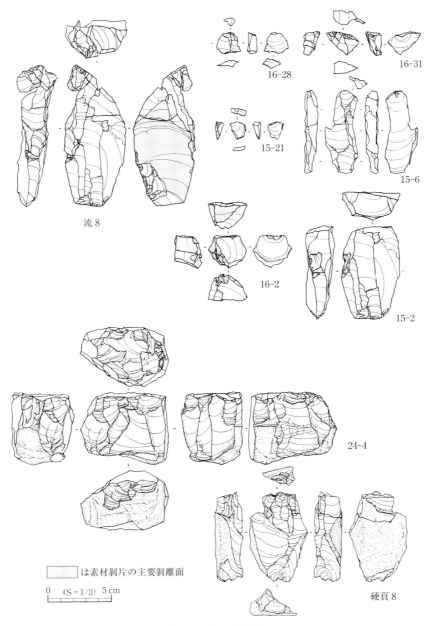

図 III-14　剥片剥離過程 II

指摘できる。剥片剥離過程 I の資料は，残核や，剥片同士の接合例もみとめられないことから，剥片剥離の詳細については不明である。

　　(2) 剥片剥離過程 II：中形の縦長剥片を連続的に剥離するもの

中形縦長剥片の連続的剥離を示す資料は，3 例ある (図 III-14)。

流8は，10cm以上の長さをもつ厚手の縦長剝片を石核素材とした両設打面の縦長剝片剝離石核である。剝離の手順をみると，まず素材打面を除去し平坦な打面を作出し（図III-14-流8の下側），素材背面を作業面に設定，縦長剝片を5枚程度連続的に剝離する。次に，180度打面転位し打面作出後，素材剝片側縁の長軸方向に作業面を設定し，縦長剝片を剝離する（15-6等）。この図III-14-流8の上面からの剝片剝離中に作業面にステップが生じたことから，ステップの生じた作業面除去のため打面再生がなされたが，その後は剝片剝離されず廃棄されている。流8の接合例からは，打面調整が施されず，中形薄手の縦長剝片が連続的に剝離されていることがわかる。

　硬頁8は，扁平な河床礫を素材としている。上下両方の打面から，中形薄手の縦長剝片が打面を入れかえながら剝離されている。最終的には上面からの剝片剝離時に，石核が折損し廃棄される。打面調整は顕著ではない。礫面の残存状態から原石の形状が想定可能であり，少量の縦長剝片剝離にとどまっていることがわかる。

　24-4は黒色頁岩を石材とした亜円礫素材の縦長剝片剝離石核である。打面調整が入念に施されながら，中形薄手の縦長剝片が連続的に剝離されている。作業面は礫表面を全周しているが，残存した礫面の状態から原石の形状が大きく変形されていないことがわかる。礫面を背面に有する少数の縦長剝片が剝離されたと考えられる。

　以上，剝片剝離過程IIの特徴を整理すると，共通した石核調整技術はみとめられず，むしろ石核素材の大きさや形状により，打面や作業面の設定・打面調整の有無などが選択されていると考えられる。

（3）剝片剝離過程III：小形の縦長剝片を連続的に剝離するもの

　剝片剝離過程IIIの典型例として，2例の接合資料をあげる（図III-15）。

　硬頁11は，剝片を素材とした縦長剝片剝離石核である。作業面を素材剝片の側縁部に設定し，素材剝片末端側にある背面の平坦面を打面に，小形薄手の縦長剝片を数回剝離する。18-40の剝離時に作業面にステップが生じ，180度打面転位される。その際，素材剝片の打面部を折断して，平坦な打面を作出し，小形の縦長剝片が3回程度連続的に剝離される。打面調整・頭部調整等の石核調整はみとめられない。剝片剝離が進行しているため不明確ではあるが，石核素材剝片の背面構成から判断すれば横長・幅広剝片が石核素材に用いられていると考えられる。

　流6は，主要剝離面と対向する剝離痕を背面に有する大形厚手の縦長剝片を石核素材とした縦長剝片剝離石核である。素材剝片を3分割（個体1・個体2・個体3）し，石核原形を製作する。個体1では剝片背面と石核（16-9）の観察から，16-14，16-40を含む先細りの小形縦長剝片が5回程度剝離されたことがわかる。個体2は，個体1との分割面を打面に小形縦長剝片（16-13，16-36等）を剝離後，作業面を右側縁に移し16-41を剝離している。16-41の剝離は石核の内側に入り込む剝離であったため，作業面の状態から連続的な剝離ができず，再び打面転位し16-36を剝離した作業面を打面とし16-27を剝離して剝片剝離が終了する。個体3は，個体2

第 III 章　関東地方の AT 下位におけるナイフ形石器製作技術の変遷　　87

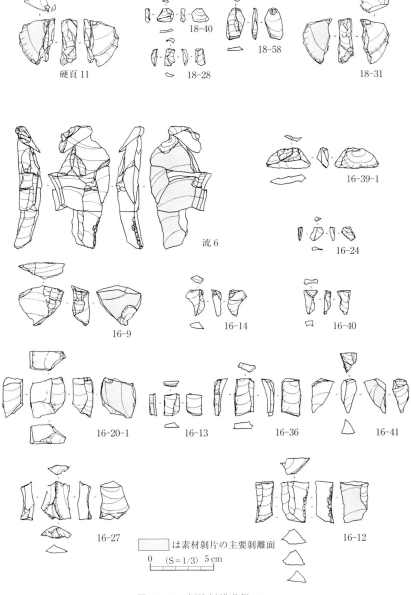

図 III-15　剝片剝離過程 III

の分割面を打面とし，素材剝片の側縁部から小形縦長剝片が連続的に剝離された。剝離された剝片の接合は確認されていないが，石核作業面の観察から少なくとも 2 回以上剝片剝離が行われている。個体 1～個体 3 は，残核形状や打面転位の有無などで異なる点があるものの，作業面の長さ（3 cm 程度）・打面調整が施されないという共通点をもつ。また，流 6 の下端部にはスクレイパーエッジのような連続した加工が施されていることを付記しておく。

　以上まとめると，剝片剝離過程 III は，いずれも剝片を素材として用い，長さ 3 cm 程度の作業面を素材剝片の側縁に設定し，折断面を打面とし打面調整を行わない点を特徴として指摘

図 III-16　剝片剝離過程 IV

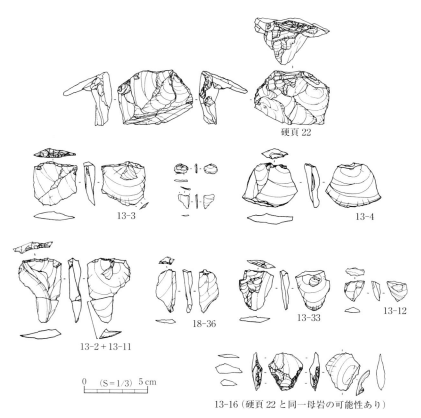

図 III-17　剝片剝離過程 V(1)

できる。なお，剝離された剝片を素材とした製品はみとめられない。

(4) 剝片剝離過程 IV：大形の横長・幅広剝片を剝離するもの

　剝片と，接合例がみとめられる。ガ黒安 39 は安山岩製の大形厚手横長剝片である（図 III-16）。背面に礫面を大きく残す。接合例には，剝片剝離過程 VI の石核素材となるガ黒安 9（写真 19[13]）があり，背面に礫面を残す点で共通する。

　剝片剝離過程 IV は，剝片の背面に礫面を大きく残すことからも剝片剝離の初期工程にあたる可能性もある。なお，これらの剝片は剝片剝離過程 VI の石核素材に用いられることが多い。

第 III 章　関東地方の AT 下位におけるナイフ形石器製作技術の変遷　　89

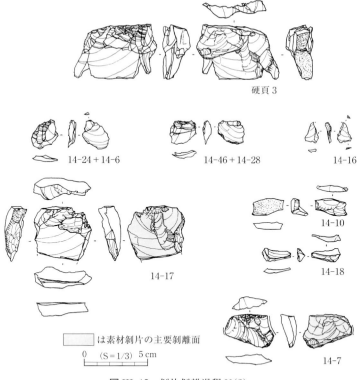

図 III-18　剝片剝離過程 V(2)

(5) 剝片剝離過程 V：中形の横長・幅広剝片を剝離するもの

　本過程に属する接合例は多数確認されている。ここでは代表的なものをとりあげる。
　硬頁 22 は，剝片のみの接合例である(図 III-17)。剝片剝離が進行しており，石核の素材は不明である。まず，同一の調整打面から，左右に打点を移動させながら，中形薄手の幅広剝片が連続的に剝離される (13-3, 13-4, 13-2 + 13-11)。その後，作業面を打面とし，13-33, 13-12 が剝離されている。18-36 や 13-2 + 13-11 といった縦長剝片も剝離されているが，それらはいずれも稜線に沿って割れたものであり，縦長剝片剝離を意図したものではないと考えられる。なお接合はしないものの，13-16 の二側縁加工平刃ナイフ形石器は同一母岩の可能性が高い。
　硬頁 3 は，平坦な複剝離打面から，横長・幅広剝片が剝離されている(図 III-18)。剝離された幅広剝片の 14-17 は剝片剝離過程 VI の石核素材として用いられ，14-7 は両極剝離が施されている。
　ガ黒安 24 は節理が発達したガラス質黒色安山岩の角礫を素材とする(図 III-19)。作業面を図 III-19 の正面に主に設定し，横長・幅広剝片を剝離する (21-70 + 21-67, 21-117 + 21-72 + 21-118 + 21-56：個体 1)。個体 1 の厚手横長剝片は剝片剝離過程 VI の石核素材として用いられる。21-60 の剝離時に，節理により破砕している。

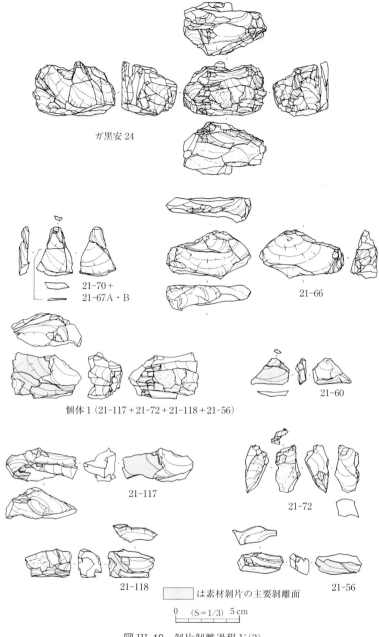

図 III-19 剥片剥離過程 V(3)

　ガ黒安 5・37(写真 18[14])は，剥片の接合例である。打点を大きく移動させながら求心状に剥離することで，中形の薄手横長・幅広剥片を剥離している。
　剥片剥離過程 V はバラエティーに富み，90 度打面転位をするもの(硬頁 22)，作業面を固定して同一打面から連続的に剥離するもの(ガ黒安 24)，求心状に剥離するもの(ガ黒安 5・37)がみられる。剥離された剥片は，薄手のものは非尖刃ナイフ形石器・スクレイパーの素材や，厚手

のものは剝片剝離過程 VI・VII の素材として用いられる。

(6) 剝片剝離過程 VI：小形の横長・幅広剝片を剝離するもの

礫を素材としたものと厚手剝片を素材としたものがある。

硬頁 21, 12-11 は打面転位を繰り返し，小形剝片を剝離する。その結果，残核の形状はサイコロ状になる（図Ⅲ-20）。礫を石核素材としていると考えられる。

黒頁 15, ガ黒安 38 は打点の移動が石核の全周に及ぶもので，求心状に剝片剝離が行われている（図Ⅲ-20）。前者は片面のみを作業面とする一方，後者は表裏両面から剝片剝離を行っている。

赤玉 2 は小形の円礫を素材とする（図Ⅲ-20）。打面作出のために，10-23 を含む横長・幅広剝片が数回剝離される。その打面から，3 回程度礫面付きの小形幅広剝片が剝離されている。なお，打面作出時に剝離された 10-23 は同じ剝片剝離過程 VI の石核素材として用いられ，ポジポジの横長・幅広剝片が 1 枚剝離されている。

硬頁 4[15] は主要剝離面と対向する剝離痕を背面にもつ大形厚手縦長剝片を素材としている（図Ⅲ-21・22）。背面の剝離痕から大形の縦長剝片が同一打面から連続的に剝離されていたことがわかる。素材剝片の打面は平坦な単剝離打面であり，打面調整等はみられない。剝片剝離の手順は，まず素材剝片主要剝離面の打面側を主要剝離面と水平方向に剝離し，ポジポジの剝片が剝離される。3 回目の剝離の際コントロールが効かず，やや大きめの剝片が剝離される（個体 2）。個体 1 では，個体 2 の剝離で生じた大きな剝離面を打面に主要剝離面から背面方向に打面を左右に移動させながら小形の横長・幅広剝片を剝離（14-60＋14-94・14-56・14-95）。その後，作業面を素材主要剝離面側に戻し，ポジポジの小形剝片を剝離する（14-122-1・14-134＋14-201・14-11・14-122）。再び打面転位し，素材剝片主要剝離面側から背面方向に剝離（14-95 と 14-166 までを剝離）。再度作業面を主要剝離面側に戻し 14-127 を剝離している。14-127 の剝離に伴い，14-42 と 14-163 に分割される。14-42 はさらに剝片剝離過程 III の石核として用いられ，小形縦長剝片が剝離され，剝片剝離が終了する。また，個体 2 は剝片素材の石核として用いられ，ポジポジの小形台形状の剝片（14-124）と三角形状の幅広剝片（14-175）が剝離される。

図Ⅲ-23 は，厚手の横長・幅広剝片素材の石核である。12-8 は素材の主要剝離面側，20-45 は素材の側縁，11-30 とガ黒安 3 は素材の主要剝離面・背面両方を作業面に設定し小形薄手の横長・幅広剝片を剝離する。14-49 は剝片素材の石核をスクレイパーに加工している。

本過程は，打面転位を頻繁に繰り返しサイコロ状の残核形状を呈するもの（硬頁 21, 12-11），求心状に剝離するもの（黒頁 15, ガ黒安 38）があり，剝片剝離過程 V と作業面の設定方法においては類似する点も多い。一方，本過程で特徴的な点は，剝片を石核素材とする一群にある。図Ⅲ-23 のように数回の剝離にとどまるものが多い。これらの素材の共通点として，素材剝片が厚みをもつ点があげられ，素材が最も厚くなる場所に作業面を設定する傾向が強い。赤玉 2 のように，小形の剝片においても，最も厚くなる素材打面側に作業面を設定している点は示唆的である。また，硬頁 4 のように，ポジポジの剝片と三角形状剝片を一つの石核から剝離するも

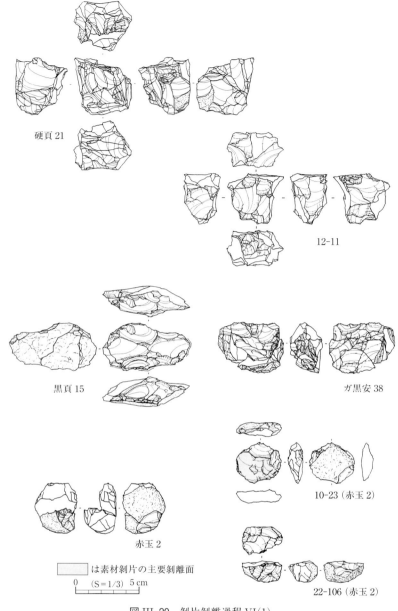

図 III-20　剥片剥離過程 VI(1)

のもある。大形で均一な厚さの剥片を素材とするものには，ポジポジの剥片を剥離しながらも，素材を使い切るような様子もうかがえる。

　様々な石核素材を用いて剥離されているのにもかかわらず，本過程で剥離された剥片を素材とする製品はみとめられない。

第 III 章　関東地方の AT 下位におけるナイフ形石器製作技術の変遷　　93

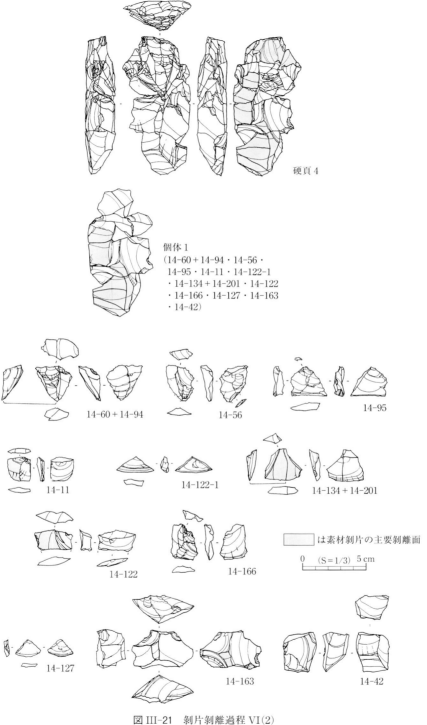

図 III-21　剥片剥離過程 VI(2)

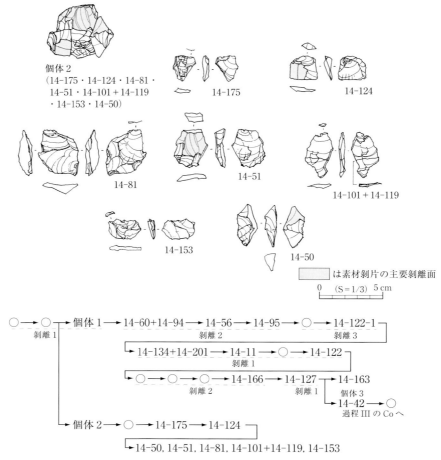

図III-22 剥片剥離過程VI(3)

(7) 剥片剥離過程VII：両極剥離が施されるもの

　剥片剥離過程VIIも出土資料が多いため，代表的なものをあげる(図III-24)。いずれの資料も剥片を素材とし，縦長剥片と横長・幅広剥片を素材とするものがある。用いられる石材は黒色頁岩，黒耀石，ガラス質黒色安山岩，ホルンフェルス，流紋岩，硬質頁岩と多様である。
　縦長剥片素材の資料は，黒頁14，流4，14-111である。黒頁14は素材の末端側，流4は素材剥片打面側を折断し，平坦面を作出後，両極剥離が施される。14-111は，折断面等は観察できない。上下両端とも両極剥離による縁辺の潰れが顕著である。流4，14-111の表裏面には両極剥離により生じた縦長の剥離痕が顕著にみられる。いずれも素材剥片の長軸方向に両極剥離が施されている。ホルン2は横長・幅広剥片を素材とし，素材剥片の平坦な打面を利用し，

第 III 章　関東地方の AT 下位におけるナイフ形石器製作技術の変遷　95

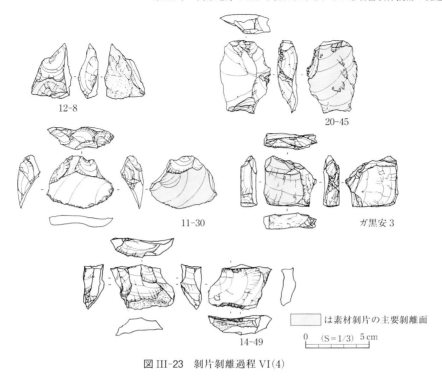

図 III-23　剝片剝離過程 VI(4)

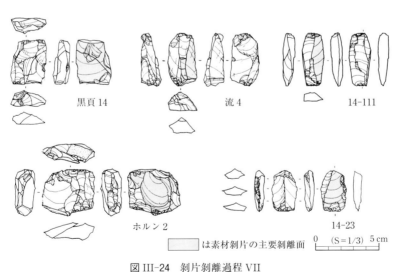

図 III-24　剝片剝離過程 VII

素材剝片打面と末端をはさむように両極剝離が施されている。14-23 は横長・幅広剝片を素材に両極剝離が施されている。両極剝離が施された後，左側縁に背面から主要剝離面方向にやや緩斜度な加工を連続的に加え，スクレイパーとしている。

　剝片剝離過程 VII は剝片を素材として用いる点が特徴である。これらの資料の一部が 14-23 のように両極剝離後，加工が施され製品の素材に用いられていることは注意される。

4. 東林跡 VII 層石器群における石器製作技術

上で設定した剝片剝離過程と製品の結びつき，および剝片剝離過程間の関係性を捉える。

(1) 剝片剝離過程と製品の結びつき

東林跡 VII 層石器群では，ナイフ形石器65点，彫器8点，スクレイパー31点の製品がみとめられていた。これらの製品類と剝片剝離過程(以下，過程と略記)の関係を簡潔に示すと，縦長剝片を剝離する過程 I では主に尖刃ナイフ形石器・スクレイパーの素材として，過程 II は尖刃ナイフ形石器・スクレイパーに加えて彫器の素材として用いられる。これに対し，横長・幅広剝片剝離については，主に非尖刃ナイフ形石器やスクレイパーの素材を製作する。以上のような，剝片を素材としたもの以外にも，両極剝離が施された過程 VII の残核や，剝片素材の過程 VI の残核は，わずかではあるが，スクレイパーの素材として用いられている。

剝片剝離過程と製品の結びつきは，スクレイパーを共通した製品としてもちながらも，縦長剝片剝離と尖刃ナイフ形石器・彫器，横長・幅広剝片剝離と非尖刃ナイフ形石器というように異なる結びつきがあることがわかる。それでは，縦長剝片剝離(過程 I〜III)，横長・幅広剝片剝離(過程 IV〜VI)，両極剝離(過程 VII)の各剝片剝離過程は独立して存在しているのだろうか。

(2) 剝片剝離過程の連鎖

東林跡 VII 層石器群では，I〜VII の剝片剝離過程が確認できたが，それらの関係性を検討する。各過程についての記載でもふれてきたように，過程 I・II・IV・V・VI によって剝離された剝片が，過程 II・III・VI・VII の石核素材として用いられていることは既に指摘した。これらの記載に基づき，各過程間の関係を図式化したものが図 III-25 である。図 III-25 からもあきらかなように，本石器群の重要な点は，各過程で得られた剝片がそのまま石器の素材として用いられるだけではなく，他の過程の石核素材としても用いられていることにある。加えて，小形の横長・幅広剝片を目的とした過程 VI においても，単に剝片を剝離するのではなく，さらに過程 VI の石核素材剝片を製作する工程を踏む特殊な補給方法もみとめられる(図 III-20-赤玉2)。つまり，これらの剝片剝離過程は独立して存在するのではなく，他の過程を含めた石核素材の製作を担うことで連鎖しているのである。

(3) 東林跡 VII 層石器群における石器製作工程

東林跡 VII 層石器群で確認された剝片剝離過程間の結びつきは，縦長剝片剝離(過程 I〜III)，横長・幅広剝片剝離(過程 IV〜VI)，両極剝離(過程 VII)という目的的剝片の形状や大きさに基づ

第III章　関東地方のAT下位におけるナイフ形石器製作技術の変遷　　97

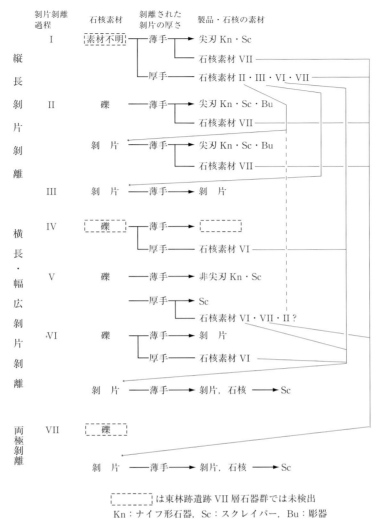

図III-25　東林跡遺跡VII層石器群における石器製作技術

いて捉えられた剥離過程の区分をこえ，各過程で得られる剥片を石核素材とすることで連鎖していた。このような剥片剥離過程の連鎖は，東林跡VII層石器群で完結するのか。

　大形縦長剥片を逅続的に剥離する過程Iに注目したい。東林跡VII層石器群では，過程Iに関連する資料は大形縦長剥片やそれを素材としたナイフ形石器が特徴的にみられるものの，残核や剥片同士の接合例もなく，遺跡内での製作を示す痕跡はみとめられない。遺跡内では，専ら大形縦長剥片が多様な剥片剥離過程の石核素材として消費されていた（図III-25）。つまり，このことは過程Iが東林跡VII層石器群で完結しないことを示し，素材の製作と消費という石器製作工程上，東林跡VII層石器群につながりをもつ大形縦長剥片の製作遺跡の存在が想定されるのである。

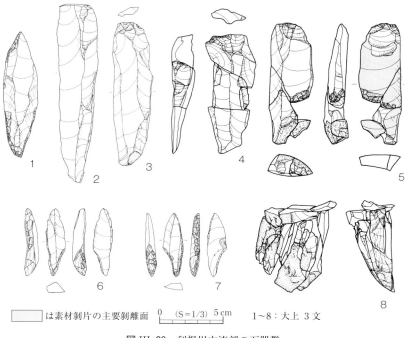

図 III-26 利根川中流部の石器群

5. VII層段階における石器製作技術の構造

　視野を広げ，東林跡遺跡の立地する下総台地の石器群をみていきたい。新田(1995)の成果を参照すると，下総台地では「下総型石刃再生技法」(本書の過程VIIとIIIの一部を含む)という大・中形縦長剝片を樋状剝離や両極剝離により器体長軸方向に剝離する一群が特徴的にみられる点，素材となる大・中形縦長剝片を製作した痕跡が乏しい点が指摘されている。新田により指摘された点は，東林跡VII層石器群と共通する。それでは，大・中形縦長剝片の製作地はどこにあるのか。東林跡VII層石器群の主要石材である黒色頁岩が採取できる利根川流域の遺跡をみてみよう。

　利根川中流部[16]の大間々扇状地桐原面に位置する大上遺跡第3文化層では，中形縦長剝片剝離を示す接合例(過程II)が特徴的にみとめられる(図III-26-8)。ナイフ形石器は5cm程度のものが多いため，接合は確認できないものの，遺跡内で製作された中形縦長剝片を素材とした可能性がある。このような中形縦長剝片剝離の関連資料がある一方，剝離痕跡のない大形縦長剝片や大形縦長剝片素材のナイフ形石器の存在は注目される。大形縦長剝片は過程III，VIIの石核素材としても用いられており(図III-26-4・5)，中形縦長剝片の製作という点では東林跡VII層石器群と異なるが，大形縦長剝片の搬入と石核素材としての利用という点で共通する。利根川中流部においても確認できない大形縦長剝片の製作地はどこか。さらに利根川を遡り，上流

第 III 章　関東地方の AT 下位におけるナイフ形石器製作技術の変遷　　99

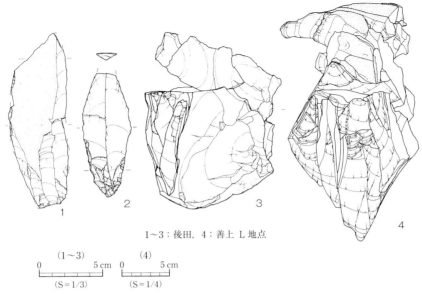

1～3：後田，4：善上 L 地点

図 III-27　利根川上流部の石器群

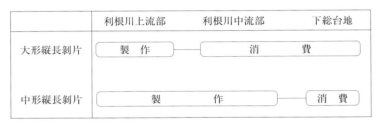

図 III-28　黒色頁岩製大・中形縦長剝片の石器製作工程

部の遺跡をみていく。

　利根川上流部の当該期の遺跡として，後田遺跡，善上遺跡 L 地点があげられる。麻生敏隆(1992)によれば，現状ではあるが，付近では当該期の石器群で多く用いられる黒色頁岩(約 5,000 g～3,000 g)・黒色安山岩(約 4,000 g～3,000 g)の大形原石を採取できることが指摘されている。後田遺跡，善上遺跡 L 地点では，付近で採取可能な大形原石を素材とした縦長剝片剝離が特徴的にみられる(図 III-27)。特に善上遺跡 L 地点では，黒色頁岩製の原石から大形縦長剝片剝離(過程 I)を示す資料がみとめられることから，大形縦長剝片の製作遺跡と考えられるのである。

　ここで，下総台地・利根川中流部・利根川上流部で行われていた石器製作の内容を，大形縦長剝片製作の有無を観点として整理する。これまでの検討結果を踏まえると，大形縦長剝片の製作は石材原産地に位置する利根川上流部のみでみとめられ，利根川中流部や下総台地では大形縦長剝片の消費が行われていた。つまり，東林跡 VII 層石器群で想定された，大形縦長剝片の製作と消費という石器製作工程上の連鎖として，利根川上流部・中流部・下総台地の遺跡の関係を理解することができるのである(図 III-28)。利根川上流部を大形縦長剝片の製作地，下

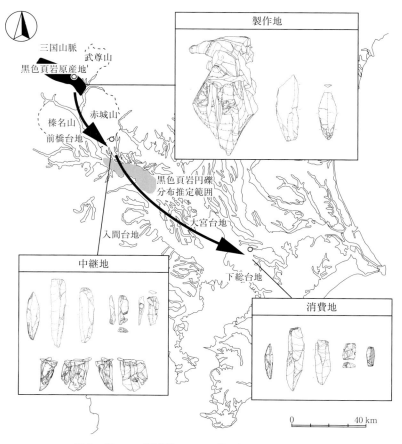

図 III-29　VII 層段階における縦長剥片の製作と消費

総台地を消費地として，利根川中流部は消費地としての特徴が強いが中形縦長剥片の製作を行っていることから中継地としての性格を与えることができる(図III-29)。

　以上みてきたような，石核素材の消費と補給という石核素材剥片を介した剥片剥離過程の複合化したあり方と，石器製作工程の連鎖の結びつきこそが，VII 層段階における石器製作技術の構造なのである。

第 4 節　VII 層段階における原料消費の特徴

　前節であきらかにしたように，立川ロームVII 層段階では群馬県北西部に位置する黒色頁岩・黒色安山岩の原産地から，大間々扇状地南部を通り，下総台地へと至る古利根川に沿った旧石器時代人の移動経路があった。それらの地域は原料の入手と消費の違いにより，大形の原石が採取可能な古利根川上流部では主に大形縦長剥片の製作，大形で良質な原石の採取が困難

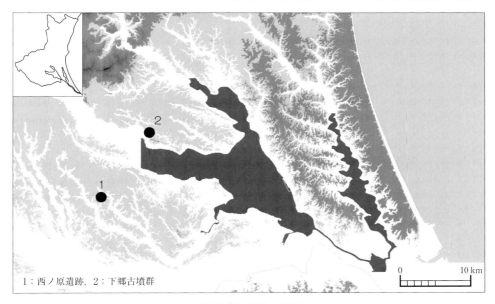

1：西ノ原遺跡，2：下郷古墳群

図 III-30　遺跡の位置

註）本図面はカシミール 3 D ©Tomohiko Sugimoto を用いて作成した。

な古利根川下流部では搬入した大形縦長剝片の消費という異なる性格がみとめられている。

　当該期の原料消費や居住形態を理解するためには，視野を広げ周辺地域を含めた検討が必要不可欠である。本節では，VII 層段階に特徴的にみられる縦長剝片の消費に注目し，利根川左岸に位置する常総台地の資料を検討することで，黒色頁岩製縦長剝片の消費がみとめられる領域を確認し，縦長剝片の消費と領域の関係を論じる。

1. 遺跡の概要

　常総台地南部に位置する西ノ原遺跡と下郷古墳群を検討する（図 III-30）。以下に遺跡の概要をそれぞれ記載する。

（1）牛久市西ノ原遺跡

　西ノ原遺跡は，茨城県牛久市下根町字西原 1504 番地の 29 ほかに所在する。遺跡は，牛久市の北北東部，小野川支流の乙戸川右岸から南西に入り込む谷津頭に面し，標高 24 m～26 m の台地上に立地する旧石器時代から古墳時代にわたる複合遺跡である。旧石器時代の石器集中部は，発掘調査により 5 か所確認されている（茨城県教育委員会 1996）。

　西ノ原遺跡の基本層序は，表土層より下位が第 1 層～第 5 層の 5 枚の層に区分されており，第 2 層以下がローム層にあたる。報文によると，土壌鉱物分析の結果，バブル型火山ガラスの

表 III-9 石器組成

西ノ原遺跡

	Kn	E.Sc	Pi	R.Fl	下総型	Fl	Cp	Co	計
Ob		1	2	1		26	14	1	45
Ho	1					2			3
H.Sh	1								1
B.Sh					2				2
GBA						1			1
Ch						1			1
Rh				1					1
計	2	1	2	2	2	30	14	1	54

下郷古墳群

	Kn	E.Sc	Pi	R.Fl	下総型	Fl	Cp	Co	計
B.Sh			14	7	3	58	16		98
GBA			14	2		89	14		119
Sh						1			1
トロトロ石			1			1			2
計			29	9	3	149	30		220

Kn：ナイフ形石器，E.Sc：掻器，Pi：楔形石器，R.Fl：二次加工のある剥片，下総型：「下総型石刃再生技法」関連資料，Fl：剥片，Cp：砕片，Co：残核．
Ob：黒耀石，Ho：ホルンフェルス，H.Sh：硬質頁岩，B.Sh：黒色頁岩，GBA：ガラス質黒色安山岩，Ch：チャート，Rh：流紋岩，Sh：頁岩，トロトロ石：トロトロ石

含有量が第2層中位で極大値を示し，その上位である第1層でも含有量は減少しながらもみとめられていることから，第2層中位〜第1層がATの降灰層準に相当することが指摘されている。5つの石器集中部の遺物は，第2層〜第3層にかけて包含されているが，遺物分布の最下面が第3層下面にまで及ぶ一群（第1・4号石器集中地点）と第2層にとどまる一群（第2・3・5号石器集中地点）に大きく分けられる。本書では，AT下位に石器集中部が確認され，かつ製作痕跡のない黒色頁岩製の大形縦長剥片とその消費に特徴づけられる第3号石器集中地点を検討する。

報文中に既に器種・石材組成が記載されているが，観察時に器種分類と石材分類を再度行った（表III-9-上段）。石器組成の内訳は，ナイフ形石器2，掻器1，楔形石器2，二次加工のある剥片2，「下総型石刃再生技法」関連資料2，剥片・砕片44，残核1点の計54点である。剥片のうち縦長のものは2点のみであり，「下総型石刃再生技法」関連資料やナイフ形石器の素材剥片のサイズに対応する残核はみとめられない。石材は，透明度の高い黒耀石，ホルンフェルス，硬質頁岩，ガラス質黒色安山岩，チャート，流紋岩と多様であるが，黒耀石が全体の80％以上を占める。

(2) 土浦市下郷古墳群

下郷古墳群は，同県土浦市田村町中内後930番地ほかに所在する。霞ヶ浦を南にのぞむ土浦市北側の標高約25m〜27mの台地上に立地する旧石器時代から古墳時代にかけての複合遺跡

である(茨城県教育委員会 2000)。旧石器時代に帰属する1か所の石器集中地点が確認されている。

基本層序は第1層～第10層に区分されており，第2・3層がソフトローム層，第4層～第6層がハードローム層，第7層がハードローム層から粘土層への漸移層，第8・9層が粘土層，第10層が砂層という堆積順序を示す。石器は主に第3層から出土している。テフラの分析等は行われていないため，石器群の編年的位置づけは困難であるが，製作痕跡のない黒色頁岩製の大形縦長剥片とその消費に特徴づけられることから，VII層段階の石器群に相当すると判断した。

当遺跡についても観察時に，器種・石材分類を再度行った(表III-9-下段)。石器組成の内訳は，楔形石器29，二次加工のある剥片9，「下総型石刃再生技法」関連資料3，剥片・砕片179の計220点である。楔形石器や二次加工のある剥片の素材の一部となる縦長剥片は13点出土するが，対応するサイズの残核はなく製作痕跡はみとめられない。石材は，黒色頁岩，ガラス質黒色安山岩，頁岩，トロトロ石によって構成され，黒色頁岩とガラス質黒色安山岩が主体となる。

以上，本節で扱う遺跡の概要を記載した。次項では資料の具体的な観察を行う。

2. 遺物の検討

(1) 西ノ原遺跡[17](図III-31)

1はホルンフェルス製の二側縁加工の尖刃ナイフ形石器である。主要剥離面と同方向からの剥離面を背面に2面もつ縦長剥片を素材とし，素材打面を基部側に設定している。急斜度調整により整形するが，特に素材剥片の左側縁側が厚みをもつことから，尖頭部と基部側では対向調整を用い，尖刃の形状とすぼまるような基部を作り出している。素材打面は除去されている。

2は硬質頁岩製の二側縁加工の尖刃ナイフ形石器である。素材は縦長剥片で，主要剥離面と同方向の剥離面を背面に有し，素材打面を尖頭部側に設定する。基本的には主要剥離面から背面方向に急斜度調整が施されているが，厚みをもつ基部側では対向調整もみられる。尖頭部には折断面がみとめられ，折断面を切る調整も観察される。折断面付近から突如平面形が屈曲することから，折損したナイフ形石器を再加工した可能性もある。素材打面は調整により除去されている。最終的には器体上部3分の1ほどのところで主要剥離面側から折損している。

3は黒色頁岩製の10 cmを超す大形の縦長剥片を素材とした石核の接合資料である。断面が三角形を呈し厚さ2 cmにも及ぶ厚手の縦長剥片を3分割し，その中央部にあたる折断剥片を石核素材として用いている(3A)。長軸3 cm程度の作業面を素材背面側に設定し，まず下方から剥離後，打面を180度転位し3 cmほどの小形縦長剥片を剥離する。接合例の側面から判断すると，素材の当初の高さよりも1 cmほど厚さが減じられていることから，現在確認できる以上の小形縦長剥片が剥離された可能性が高い。

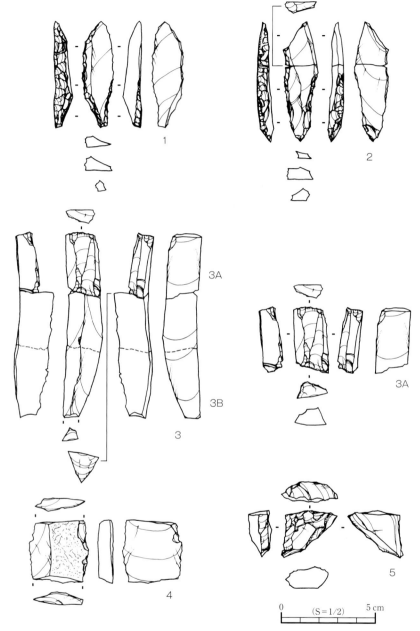

図 III-31　西ノ原遺跡出土の石器

　4は流紋岩製の二次加工のある剥片で，背面の半分ほどに礫面を残す。打面側と末端側を折損している。

　5は黒耀石製の石核である。厚手の横長・幅広剥片を素材とし，素材剥片の左側縁に打面を作出し，3cm弱の小形横長・幅広剥片を数枚剥離する。その後，打面を転位し，主要剥離面から背面方向に剥離し，剥片剥離が終了している。

(2) 下郷古墳群[18]（図 III-32）

　1は黒色頁岩製の二次加工のある剝片である。末端部を折損するが，現状で7cmほどの長さであることから，10cmを超える大形の縦長剝片であったと考えられる。打面は単剝離打面で大きく，頭部調整が施された1cmの厚みをもつ厚手の剝片である。左側縁に連続的な調整，右側縁には非連続的な調整がみられる。

　2は黒色頁岩製の石核である。1cm以上の厚みをもつ縦長剝片を素材とし，厚みのある素材右側縁に作業面を設定。素材剝片の単剝離打面を打面として用い，小形縦長剝片を2枚以上剝離している。

　3は黒色頁岩製の石核である。1cm以上の厚みのある縦長剝片を素材に，上下両端の両側縁から小形縦長剝片を剝離している。上下両端の打面の特徴から，最終的には両極剝離により，剝片剝離が行われた可能性が高い。

　4は黒色頁岩製の楔形石器である。わずかに残る素材背面と主要剝離面から，1cm以上の厚みをもつ縦長剝片を素材としていたことがわかる。表裏ともに幅広く薄い剝離痕に覆われている。

　5～8は黒色頁岩製の小形縦長剝片で，石核素材剝片の主要剝離面を側縁にとりこんでいる。いずれも線打面である。6は末端から主要剝離面の剝離方向と対向する微細剝離痕と潰れが観察されることから，両極剝離によるものと考えられる。

　9はガラス質黒色安山岩製の二次加工のある剝片である。単剝離打面で頭部調整が施されている。末端を折断後，素材背面側に平坦な二次加工を施している。剝離面の特徴から，両極剝離による可能性がある。

　以上，事実記載を行ったが，石器組成の記載においてもふれたように，図III-31-3，図III-32-1～4という製作痕跡のない黒色頁岩製大形縦長剝片の存在は注目される。また，図III-32-9はガラス質黒色安山岩製の大形縦長剝片であるが，やはり製作痕跡はみとめられない。武子川・姿川産か，赤城山産または大洗産かは不明であり，今後，検討の余地がある。

3. VII層段階における原料消費の特徴と常総台地南部石器群の関係性

(1) 常総台地南部石器群の特徴

　常総台地南部に位置する西ノ原遺跡，下郷古墳群では，黒色頁岩製大形縦長剝片とその消費が特徴的にみとめられた。両遺跡で出土した資料を図III-33のように整理できる。

　両遺跡では縦長剝片の製作痕跡がないことから，縦長剝片の搬入からはじまる。まず，縦長

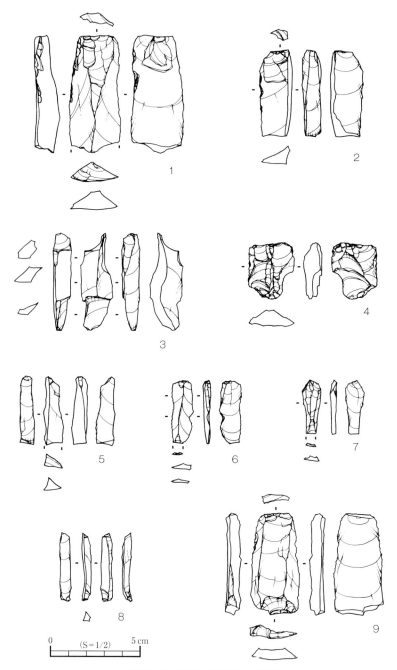

図III-32　下郷古墳群出土の石器

剝片は分割される。その分割のあり方を消費された資料から判断すると，素材は1cmほどの厚さをもち3cm程度の長さになるよう折断されている。次に，その折断面を打面に，小形の縦長剝片が剝離される。作業面は側縁部に設定する場合と，背面側に広く設定する場合がある。その後，剝離が進行すると，打面が小さくなり打撃が困難になるため，両極剝離が施される場合もある。これらとは別に，ただちに両極剝離が施されることもあり，全ての資料が同じ工程

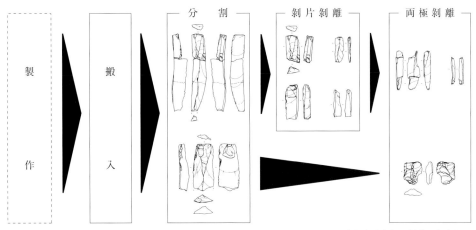

図 III-33　大形縦長剝片の消費形態

を踏むわけではないが，以上の点を大まかな縦長剝片の消費形態として指摘できる．また，これらの資料からは必ずしも同形の小形縦長剝片が剝離されているわけではないので，それぞれの資料が異なる作業目的と関連する可能性もある．具体的な作業の進行については，遺跡の性格や作業内容と関連する可能性が高いので，今後，遺跡の立地を含めた詳細な検討が必要である．

遺跡で出土する縦長剝片の消費に関連する具体的な作業の目的は不明であるものの，以上のような縦長剝片の消費を示す常総台地南部石器群はどのような性格をもつのだろうか．

(2) VII 層段階における原料消費と常総台地南部石器群

最後に，常総台地南部石器群で観察された特徴を，原料の入手と消費の関係上に位置づけたい．前節でも既に指摘したように，古利根川下流部に位置する下総台地では大形縦長剝片の製作痕跡はなく，遡った中流部に位置する大間々扇状地においても大形縦長剝片の製作はみられないことから，大形原石の採取可能な古利根川上流部の遺跡（後田遺跡，善上遺跡 L 地点）が製作地として位置づけられた．

常総台地南部石器群は，大形縦長剝片が専ら消費されている点で下総台地（古利根川下流部）の石器群と同様な特徴を示すことがわかる．それでは，下総台地と常総台地南部石器群では，ほかにどのような共通点があるのか．

両台地の共通点をみていくにあたって，黒色頁岩原産地からの距離に注目する．黒色頁岩の原産地直下では，中形と大形の縦長剝片の製作が中心に行われていた．大形黒色頁岩原産地から離れた中流部（原産地からの距離 20 km～60 km）では，黒色頁岩円礫が採取可能とされているが，そこでは中形の縦長剝片の製作のみがみとめられ，大形の縦長剝片は搬入品で既に消費がみとめられる．そして，本節でとりあげた常総台地南部や下総台地の黒色頁岩原産地からの距離は，

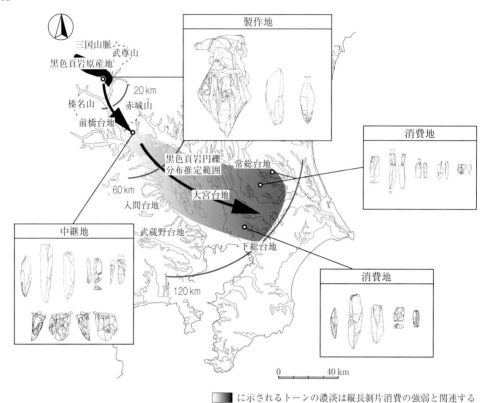

図 III-34　VII 層段階における縦長剝片の製作と消費の強弱

直線距離で 120 km ほどに達し，専ら縦長剝片の消費が行われている。これらの点を整理すると，中流部，下流部(原産地からの距離 60 km＜)と原産地からの距離が離れるほど，縦長剝片の消費の度合いが強まるという点を指摘することができる。

本節で検討した常総台地南部石器群は，以上のような原料の入手と消費，そして原産地からの距離を反映した縦長剝片の消費の強弱に関連して残された遺跡であったと位置づけられるのである(図 III-34)。

第 5 節　縦長剝片剝離技術と縦長剝片の利用形態

本節では第 1 節で設定した時間軸に基づき，関東地方におけるナイフ形石器の主要な素材である縦長剝片の剝離技術と利用形態について通時的に検討し，各段階ごとの特徴を明確にする。

第 III 章　関東地方の AT 下位におけるナイフ形石器製作技術の変遷　109

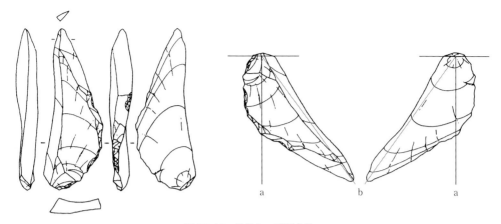

図 III-35　剝離角の計測方法

1. 研究の視点

　従来の研究では，「石刃技法」(連続的な縦長剝片剝離技術)の変遷ないし発展は，剝片剝離方法の相違や石核調整の有無により直接的に論じられてきた(藤原 1983 など)。ただし，剝片剝離方法や石核調整の有無自体は，石器製作上の単なる結果に過ぎないことから，剝片剝離方法や石核調整といった諸技術から「石刃技法」の変遷，発展を捉えるためには，原料の入手と消費という石器製作の一連の流れの中で，それらの諸技術の結びつきとそれが選択された要因をあきらかにする必要がある。

　本節では，上述した点を踏まえ，まず①縦長剝片の特徴を確認し，その上で②台地内での縦長剝片製作の有無に注目し，縦長剝片剝離と縦長剝片の利用の関係について検討することで，ナイフ形石器の主要な素材の製作を担う「石刃技法」の変遷を捉えることを目的とする。①では武蔵野台地・下総台地の資料を中心に相模野台地・群馬県下の資料を対象とし，②では当該期の資料が豊富かつ層位的にも通時的な比較が容易な武蔵野台地・下総台地を対象地域とし検討資料を選択した。

2. 縦長剝片の剝離軸および打面状態の検討

(1) 分析方法

　縦長剝片の分析にあたっては，剝離軸と打面の特徴を観点に検討を行った。剝離軸の計測は，図 III-35 のように，打面の左右両端を直線で結び，その線上から主要剝離面の打点を通るよ

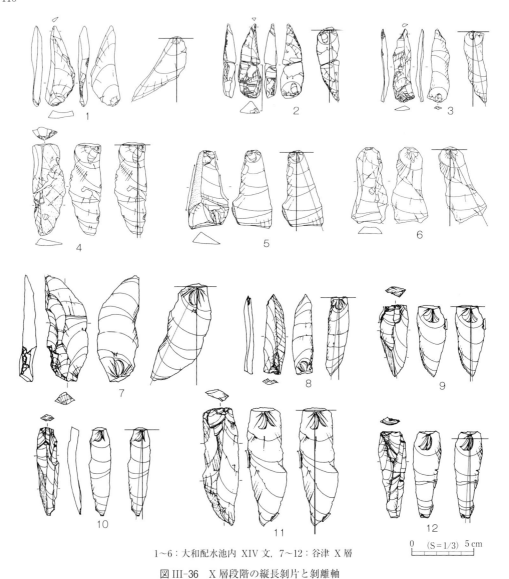

1〜6：大和配水池内 XIV 文，7〜12：谷津 X 層

図III-36　X層段階の縦長剝片と剝離軸

うにおろした垂線を基準(0度)とし(a)，その基準線(a)と主要剝離面の打点から最長となる剝片の末端を結んだ長軸線(b)との角度を計測した。計測は1度刻みで行ったが，資料分析時の煩雑さを避けるため，0度・1度〜5度・6度〜10度・11度〜15度・16度〜20度・21度〜25度・26度〜30度・31度〜35度・36度というように，0度と36度以外は5度を単位にまとめて検討する。なお，分析資料選択にあたっては，折断等により剝片の元の形状が大きく改変されている資料については剝離軸の計測が困難であるため除外し，完形ないし形状が復元可能なもののみを対象とした。

　打面の特徴については，打面の状態と頭部調整の有無に注目し検討する。打面の状態は，単剝離打面・複剝離打面・調整打面・線打面・礫打面・不明[19]の6つで，それらと頭部調整の有無を組み合わせることで12種類に区分し観察を行った。

第 III 章　関東地方の AT 下位におけるナイフ形石器製作技術の変遷　111

表 III-10　AT 下位石器群における縦長剥片の剥離軸

	0°	1°〜5°	6°〜10°	11°〜15°	16°〜20°	21°〜25°	26°〜30°	31°〜35°	36°	合　計
X 層段階		18(3) 53.00%	7(3) 20.50%	2(2) 5.90%	3 8.80%	1 2.95%	2(1) 5.90%		1(1) 2.95%	34
IX 層段階	19(1) 8.00%	100(4) 42.20%	70(4) 29.50%	26(3) 11.00%	14(1) 6.00%	6 2.50%	2 0.80%			237
VII 層段階	21(3) 9.00%	86(5) 36.90%	59(8) 25.30%	37(3) 15.90%	15(1) 6.45%	10(1) 4.30%	5(1) 2.15%			233
VI 層段階		26 45.60%	16(3) 28.10%	7(1) 12.30%	4 7.00%	2 3.50%	1 1.75%	1 1.75%		57

括弧内はナイフ形石器の数。

それぞれの観察結果は一覧表として本書巻末に掲載した(付表1)。

(2) 資料の分析

[1] X 層段階の縦長剥片(図 III-36, 表 III-10・11)

分析資料は 5 遺跡 34 点である。藤久保東遺跡第 X 層(三芳町教育員会 2009), 大和配水池内遺跡第 XIV 文化層(大和市 No.199 遺跡発掘調査団 2008), 谷津遺跡 X 層(富士見市遺跡調査会 1990), 聖人塚遺跡第 20 ブロック(千葉県文化財センター 1986), 多摩蘭坂遺跡第 1 文化層(8 次調査)(国分寺市遺跡調査会 2003a)を対象とした。

剥離軸の最小値は 1 度で, 最大値は 36 度である。分析単位ごとに内容を確認すると, 1 度〜5 度が 18 点, 6 度〜10 度が 7 点, 11 度〜15 度が 2 点, 16 度〜20 度が 3 点, 21 度〜25 度が 1 点, 26 度〜30 度が 2 点, 36 度が 1 点である。1 度〜5 度と 6 度〜10 度に集中する。

打面の状態は, 6 種類みとめられる。その内訳は, 単剥離打面 8 点, 単剥離打面・頭部調整あり 22 点, 複剥離打面 1 点, 複剥離打面・頭部調整あり 1 点, 調整打面 1 点, 調整打面・頭部調整あり 1 点で, 単剥離打面が主体を占める。

[2] IX 層段階の縦長剥片(図 III-37, 表 III-10・11)

分析資料は 3 遺跡 237 点である。対象遺跡は仲ノ台遺跡(千葉県文化財センター 1990), 中山新田 I 遺跡下層(千葉県文化財センター 1986), 押沼大六天遺跡第 1 文化層 C3-A ブロック(千葉県教育振興財団 2006a)である。

剥離軸の最小値は 0 度で, 最大値は 27 度である。分析単位ごとに確認すると, 0 度 19 点, 1 度〜5 度が 100 点, 6 度〜10 度が 70 点, 11 度〜15 度が 26 点, 16 度〜20 度が 14 点, 21 度〜25 度が 6 点, 26 度〜30 度が 2 点である。1 度〜5 度・6 度〜10 度・11 度〜15 度に集中する。

打面の状態は, 11 種類みとめられる。その内訳は, 単剥離打面 35 点, 単剥離打面・頭部調整あり 103 点, 複剥離打面 17 点, 複剥離打面・頭部調整あり 32 点, 調整打面 16 点, 調整打面・頭部調整あり 9 点, 線打面 1 点, 線打面・頭部調整あり 7 点, 礫打面 5 点, 礫打面・頭部調整あり 7 点, 不明・頭部調整あり 5 点である。単剥離打面が主体を占めるものの, 複剥離打

表 III-11 AT下位石器群における縦長剥片の剥離軸と打面の特徴

X層段階	0°	1°〜5°	6°〜10°	11°〜15°	16°〜20°	21°〜25°	26°〜30°	31°〜35°	36°	合計	
単剥離		4	1		1		2			8	23.50%
単剥離・頭部		11	5	2	2	1			1	22	64.70%
複剥離		1								1	2.95%
複剥離・頭部		1								1	2.95%
調整		1								1	2.95%
調整・頭部			1							1	2.95%
線											
線・頭部											
礫											
礫・頭部											
不明											
不明・頭部											
合　計		18	7	2	3	1	2		1	34	100%

IX層段階	0°	1°〜5°	6°〜10°	11°〜15°	16°〜20°	21°〜25°	26°〜30°	31°〜35°	36°	合計	
単剥離	6	7	9	5	5	2	1			35	14.80%
単剥離・頭部	6	51	27	10	6	3				103	43.40%
複剥離	2	5	6	3			1			17	7.10%
複剥離・頭部		16	11	5						32	13.50%
調整	1	6	6	1	1	1				16	6.80%
調整・頭部		5	4							9	3.80%
線	1									1	0.40%
線・頭部		5	2							7	3.00%
礫		1	2	2						5	2.10%
礫・頭部	3	2	2							7	3%
不明											
不明・頭部		2	1		2					5	2.10%
合　計	19	100	70	26	14	6	2			237	100%

VII層段階	0°	1°〜5°	6°〜10°	11°〜15°	16°〜20°	21°〜25°	26°〜30°	31°〜35°	36°	合計	
単剥離	9	38	19	18		4	3			91	39.20%
単剥離・頭部	9	42	28	15	5	4				103	44.30%
複剥離		2	3	1	8		1			15	6.40%
複剥離・頭部	2	2	4	2			1			11	4.70%
調整			1							1	0.40%
調整・頭部	1	1	4		1	2				9	3.80%
線											
線・頭部											
礫		1		1						2	0.80%
礫・頭部											
不明											
不明・頭部				1						1	0.40%
合　計	21	86	59	37	15	10	5			233	100%

VI層段階	0°	1°〜5°	6°〜10°	11°〜15°	16°〜20°	21°〜25°	26°〜30°	31°〜35°	36°	合計	
単剥離		1			2					3	5.30%
単剥離・頭部		4	2	1		2	1			10	17.50%
複剥離		2	2					1		5	8.80%
複剥離・頭部											
調整		8	8	6	1					23	40.35%
調整・頭部		6	3		1					10	17.50%
線		1								1	1.75%
線・頭部		1								1	1.75%
礫		2	1							3	5.30%
礫・頭部		1								1	1.75%
不明											
不明・頭部											
合　計		26	16	7	4	2	1	1		57	100%

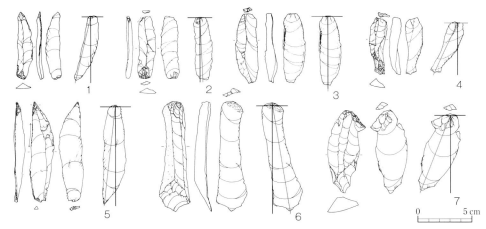

1～4：中山新田 I 下層，5～7：押沼大六天 1 文 C3-A ブロック

図 III-37　IX 層段階の縦長剥片と剥離軸

面や調整打面も一定数確認できる。

[3] VII 層段階の縦長剥片（図 III-38, 表 III-10・11）

分析資料は 4 遺跡 233 点である。対象遺跡は，打越遺跡 KA 地点 VII 層（富士見市教育委員会 1978），東林跡 VII 層石器群（織笠 2010），後田遺跡（群馬県埋蔵文化財調査事業団 1987），大上遺跡第 3 文化層（群馬県埋蔵文化財調査事業団 2008b）である。

剥離軸の最小値は 0 度で，最大値は 29 度である。分析単位ごとに内容を確認すると，0 度 21 点，1 度～5 度が 86 点，6 度～10 度が 59 点，11 度～15 度が 37 点，16 度～20 度が 15 点，21 度～25 度が 10 点，26 度～30 度が 5 点である。1 度～5 度・6 度～10 度・11 度～15 度に集中する。

打面の状態は，8 種類みとめられる。その内訳は，単剥離打面 91 点，単剥離打面・頭部調整あり 103 点，複剥離打面 15 点，複剥離打面・頭部調整あり 11 点，調整打面 1 点，調整打面・頭部調整あり 9 点，礫打面 2 点，不明・頭部調整あり 1 点である。単剥離打面が主体を占めるものの，複剥離打面が一定数みとめられ，調整打面もわずかながら確認できる。

[4] VI 層段階の縦長剥片（図 III-39, 表 III-10・11）

分析資料は 3 遺跡 57 点である。鈴木遺跡 VI 層文化（鈴木遺跡刊行会 1978），堂ヶ谷戸遺跡第 4 文化層（世田谷区教育委員会 2001），橋本遺跡第 V 文化層（相模原市橋本遺跡調査会 1984）を対象とした。

剥離軸の最小値は 1 度で，最大値は 32 度である。分析単位ごとに確認すると，1 度～5 度が 26 点，6 度～10 度が 16 点，11 度～15 度が 7 点，16 度～20 度が 4 点，21 度～25 度が 2 点，26 度～30 度が 1 点，31 度～35 度が 1 点である。1 度～5 度・6 度～10 度・11 度～15 度に集中する。

打面の状態は，9 種類みとめられる。その内訳は，単剥離打面 3 点，単剥離打面・頭部調整

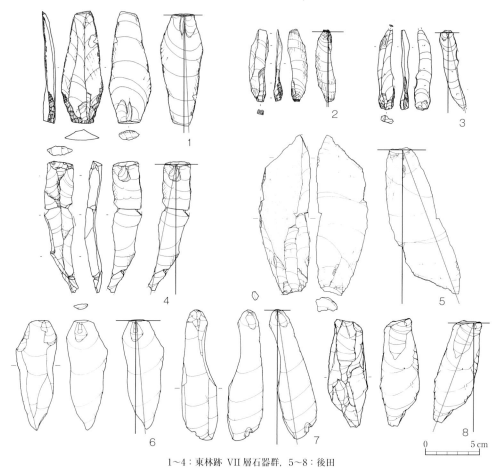

1～4：東林跡 VII層石器群，5～8：後田
図III-38　VII層段階の縦長剝片と剝離軸

あり10点，複剝離打面5点，調整打面23点，調整打面・頭部調整あり10点，線打面1点，線打面・頭部調整あり1点，礫打面3点，礫打面・頭部調整あり1点である。調整打面を主体とし，単剝離打面が一定数みとめられ，複剝離打面も確認できる。

（3）小　結

　ここで，これまで時期ごとにみてきた縦長剝片の観察結果を通時的に比較し，その変遷をあきらかにする。

　まず剝離軸についてみる。剝離軸のぶれが少ない0度〜15度に注目し検討すると，X層段階では79.4％，IX層段階は90.7％，VII層段階は87.1％，VI層段階は86.0％というように，X層段階に比べ，IX層段階以降では剝離軸のぶれが少ない資料の割合が増加していることがわかる。一方，剝離軸のぶれが大きい21度以上をみると，X層段階11.8％，IX層段階3.3％，VII層段階6.45％，VI層段階7.0％となり，剝離軸のぶれが大きい資料はIX層段階以降に減少する傾向がみとめられる。特にX層段階では剝離軸の角度が36度と大きく傾くものもみと

第 III 章　関東地方の AT 下位におけるナイフ形石器製作技術の変遷　115

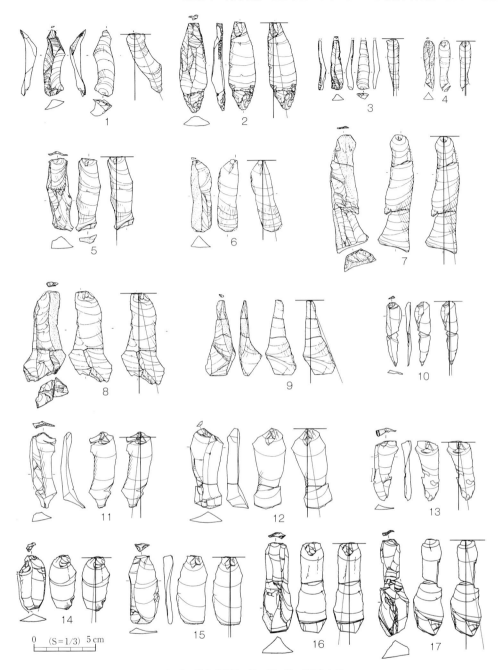

1〜9：鈴木 VI層, 10〜17：堂ヶ谷戸 4 文
図 III-39　VI 層段階の縦長剝片と剝離軸

められることから，資料全体を通じて剝離軸のぶれが大きいことに加え，剝離軸の最大値についても他時期に比して大きいことを指摘できる。
　つづいて，縦長剝片の打面についてみる。最古の X 層段階で大多数を占める単剝離打面の割合に注目すると，X 層段階 88.2%，IX 層段階 58.2%，VII 層段階 83.5%，VI 層段階 22.8%

となる。対して，剥片剥離前に打面調整が施された調整打面は，X層段階5.9％，IX層段階10.6％，VII層段階4.2％，VI層段階57.85％となる。以上みてきたように，打面の状態は，単剥離打面・調整打面の割合の変化からもあきらかなように，それぞれの増減が時期ごとに交互にみられ一直線状の変化を示さないことがわかる。

以上の観察結果をまとめると，打面の状態については一直線状の変化をみとめることはできないものの，剥離軸を観点とした場合，X層段階では剥離軸が大きくぶれるものが多くみとめられるのに対し，IX層段階以降では剥離軸のぶれが少ない規格的な縦長剥片が製作されていることがあきらかになった。つまり，X層段階からIX層段階にかけて，縦長剥片の規格性の向上を指摘することができるとともに，石核調整が入念に施されず剥離軸のぶれが大きく形が一定しないX層段階の縦長剥片に縦長剥片剥離技術の初源的な様相をみいだすことができるのである。

3. 縦長剥片剥離と縦長剥片利用の検討

次に，台地内での縦長剥片製作の有無に注目し，縦長剥片剥離と縦長剥片の利用との関係について検討する。

[1] X層段階の縦長剥片剥離と縦長剥片の利用(図III-40-1段目)

武蔵台遺跡 Xb 文化層[20](都立府中病院内遺跡調査会 1984)，下山(しもやま)遺跡 X 層(2次調査)(世田谷区遺跡調査会 1982b)，藤久保東遺跡第 X 層(三芳町教育委員会 2009)，谷津遺跡 X 層(富士見市遺跡調査会 1990)，聖人塚遺跡第 20 ブロック(千葉県文化財センター 1986)があげられる。

縦長剥片剥離

縦長剥片剥離の痕跡を示す接合資料や残核に乏しく，残核を伴う連続的な縦長剥片剥離を示す接合資料は武蔵台 Xb 文化層と下山 X 層(2次調査)にわずかにみとめられる。武蔵台 Xb 文化層例は礫面付きの剥片を素材とし作業面を一面に固定する剥片剥離，下山例は亜円礫を用い作業面がほぼ全周にまわる剥片剥離を示す。両者は石核調整が施されない点，打ちはがされた剥片の大きさが5cm未満である点，それらが石器の素材とならない点で共通する。

縦長剥片の利用

縦長剥片は主にナイフ形石器の素材として用いられている。それらのサイズは，大略 6 cm〜9 cm 程度であり，基部や先端にわずかに調整加工が施され，基部加工ナイフ形石器に仕上げられている。

縦長剥片剥離と縦長剥片利用の関係性

縦長剥片剥離の痕跡を示す資料が少ない上，打ちはがされた縦長剥片の大きさは藤久保東遺跡等で出土したナイフ形石器とも対応しない(図III-40-1段目)。これらの点から，両台地外で製作された形状が整った縦長剥片を搬入した可能性が高いと考えられる。剥片剥離については，原石を保持せず，縦長剥片の搬入が主体であるため，石核調整は施されない。

第 III 章 関東地方の AT 下位におけるナイフ形石器製作技術の変遷　117

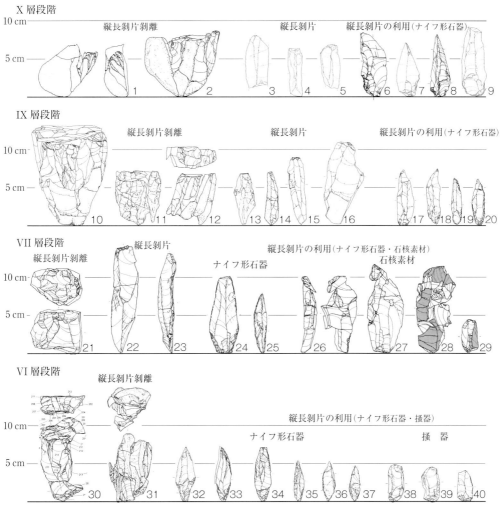

1：武蔵台 Xb 文化層，2：下山 X 層(2次)，3～5・7・9：藤久保東 X 層，6・8：谷津 X 層，10・15～17：仲ノ台，11～14・18～20：中山新田 I 下層，21～29：東林跡 VII 層石器群，30・33：堂ヶ谷戸 4 文，31・34・35・37：鈴木 VI 層，32・36・38～40：下野洞

図 III-40　AT 下位における縦長剥片剥離・縦長剥片利用資料のサイズの比較

[2] IX 層段階の縦長剥片剥離と縦長剥片の利用(図III-40-2段目)

仲ノ台遺跡(千葉県文化財センター 1990)，中山新田 I 遺跡下層(千葉県文化財センター 1986)，大松遺跡第 1 文化層(千葉県教育振興財団 2008)，押沼大六天遺跡第 1 文化層 C3-A ブロック(千葉県教育振興財団 2006a)，武蔵野台地では中東(なかひがし)遺跡第 2 地点第 IX 層(三芳町教育委員会 2011)等がある。

縦長剥片剥離

多数の接合資料をみとめることができる。それらは，原石の段階から剥片剥離が行われている。剥片剥離方法は作業面を一面に固定するものと，作業面が全周するものがみとめられる。石核調整としては打面調整が顕著に施され，打面再生，稜調整を示す資料も確認できる。打ちはがされた剥片の大きさは 7.5 cm～10 cm 程度である。

縦長剝片の利用

縦長剝片は主にナイフ形石器の素材として用いられている。それらのサイズは大略 4.5 cm～9 cm 程度であり，基部加工・一側縁加工・二側縁加工ナイフ形石器と多様な形態に仕上げられる。

縦長剝片剝離と縦長剝片利用の関係性

台地内での原石からの縦長剝片剝離を示す接合例が豊富にみとめられ，打ちはがされた剝片とナイフ形石器のサイズも対応する(図III-40-2段目)。両台地内で製作された縦長剝片をナイフ形石器の素材としていることが考えられる。両台地内において，原石段階からの縦長剝片剝離が行われたこともあり，剝離進行に伴い石核形状を整える必要性から，打面調整・打面再生・稜調整等の石核調整が顕著にみとめられる。

[3] VII 層段階の縦長剝片剝離と縦長剝片の利用(図III-40-3段目)

打越遺跡 KA 地点 VII 層(富士見市教育委員会 1978)，大門遺跡第 4 文化層(板橋区大門遺跡調査会 1990)，藤久保東遺跡第 VII 層(三芳町教育委員会 2009)，東林跡遺跡 VII 層石器群(織笠 2010)がある。

縦長剝片剝離

縦長剝片剝離痕跡を示す資料はほとんどみあたらないが，東林跡遺跡 VII 層石器群において数例みられる。礫素材のものと剝片素材のものがある。打ちはがされた縦長剝片のサイズは 3 cm 程度，6 cm 程度のものである。石核調整は一部打面調整が念入りに施されているものがあるものの，あまりみられない。10 cm 程度の大形縦長剝片が特徴的にみられるが，対応する残核はみとめられない。打面調整・稜調整は顕著ではない。

縦長剝片の利用

縦長剝片は，製品としてはナイフ形石器の素材として用いられている。ナイフ形石器の形態は基部・一側縁・二側縁加工があり，6 cm 程度の中形と 7.5 cm～10 cm 程度の大形のものがある。また，本段階に特徴的な縦長剝片の利用として，石核素材としての利用がある。「下総型石刃再生技法」(新田 1995)のほか，縦長剝片剝離石核，ポジポジの剝片を連続的に剝離する接合資料がみとめられる。

縦長剝片剝離と縦長剝片利用の関係性

縦長剝片剝離の痕跡に乏しく，大形縦長剝片の剝離痕跡は全くみとめられない(図III-40-3段目)。両台地外で製作されたものを搬入するため，石核調整は打面調整，稜調整ともにあまりみられない。このような状況に加え，本段階を特徴づける事象として大形縦長剝片の石核素材としての利用がみとめられることは注意される。

[4] VI 層段階の縦長剝片剝離と縦長剝片の利用(図III-40-4段目)

鈴木遺跡 VI 層文化(鈴木遺跡刊行会 1978)，堂ヶ谷戸遺跡第 4 文化層(世田谷区教育委員会 2001)，菅原神社台地上遺跡(東京都埋蔵文化財センター 1997b)，下野洞遺跡第 2 集中部～第 4 集中部(君津郡市文化財センター 2005)等がある。

縦長剝片剝離

多数の接合資料がみとめられる。それらは、原石の段階から剝片剝離が行われており、剝片剝離方法は作業面を一面に固定するものと、作業面が全周するものがある。石核調整としては打面調整が顕著に施され、打面再生、稜調整を示す資料も確認できる。打ちはがされた剝片の大きさは5cm～6cm程度である。

縦長剝片の利用

縦長剝片は主にナイフ形石器の素材として用いられている。それらのサイズは大略5cm～6cm程度で、基部加工・一側縁加工・二側縁加工ナイフ形石器と多様な形態に仕上げられる。なかでも、二側縁加工ナイフ形石器が主体である。多くはないが、ナイフ形石器以外にも縦長剝片は削器、搔器、彫器等の素材としても利用されている。

縦長剝片剝離と縦長剝片利用の関係性

台地内での原石からの縦長剝片剝離を示す接合例が豊富にみとめられ、打ちはがされた剝片とナイフ形石器のサイズも対応する(図III-40-4段目)。両台地内で製作された縦長剝片をナイフ形石器、または他器種の素材としていることが考えられる。両台地内において、原石段階からの縦長剝片剝離が行われたこともあり、剝離進行に伴い石核形状を整える必要性から、打面調整・打面再生・稜調整等の石核調整が顕著にみとめられる。

4. 立川ローム層下部における縦長剝片の剝離と利用方法の変遷

これまで検討してきたように、当該期には縦長剝片の規格性の向上がみとめられるものの、先行研究のように石核調整の頻度の増加を「石刃技法」の発展と仮に捉えるならば、X層段階からVI層段階において「石刃技法」の直線的な発展はみられない。石核調整の有無は、時間的な推移ではなく、むしろ武蔵野・下総台地内での縦長剝片製作の有無と強く関連しているのである。つまり、石核調整は原料の入手と消費のあり方を反映しているため、石核調整の有無自体を「石刃技法」の発展として直接的に理解することは適当ではない。

それでは、X層段階からVI層段階の縦長剝片剝離技術はどこがつながり、どこが違うのか。縦長剝片の利用からみていきたい。X層段階からVI層段階での縦長剝片利用の共通点としては、製作される形態の違いはあるものの、終始ナイフ形石器の素材として利用されていた。これに対し、第3・4節にて詳述したが、VII層段階では縦長剝片がナイフ形石器の素材に加え、石核素材としても用いられるという特徴がある。それは、無作為に石核とナイフ形石器に使い分けているのではなく、厚手のものは石核素材、薄手のものはナイフ形石器の素材という縦長剝片の作り分けといった石器製作上の大きな変革を示している。つまり、X・IX層段階をナイフ形石器専用の利用とするならば、VII層段階をナイフ形石器と石核素材併用の利用と位置づけることができる。立川ローム層下部において縦長剝片の利用形態を観点として、「石刃技法」の画期をX・IX層段階とVII層段階の間にみとめることができるのである。そして、つづくVI層段階では、縦長剝片は石核素材となることはなく、再び製品の素材として回帰する。

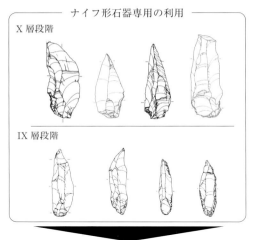
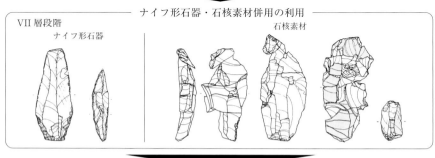
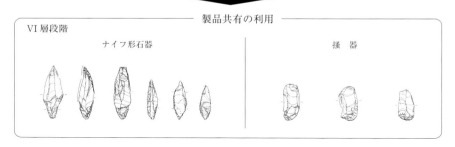

図 III-41　AT 下位石器群における縦長剝片利用の変遷

しかし，それはX・IX層段階と同じナイフ形石器専用の利用ではなく，縦長剝片製のナイフ形石器や削器，搔器，彫器に示されるように，製品共有の素材利用という変化を遂げていたのである（図III-41）。

第6節　関東地方におけるナイフ形石器製作技術の変遷

　これまでナイフ形石器製作技術，剝片剝離技術，縦長剝片の利用形態を詳しく検討してきた。

最後に，それらの結果を総合することで，関東地方のAT下位石器群におけるナイフ形石器製作技術の変遷をあきらかにする。

　ナイフ形石器は，尖刃と非尖刃という2種の刃部形状が各時期に共通してみられるだけではなく，その製作技術において段階ごとの特徴をもっていた。ここで，ナイフ形石器にみられる段階ごとの特徴に注目し，関東地方のAT下位石器群におけるナイフ形石器製作技術の変遷をみていく。
　第1節でもふれたように，ナイフ形石器の変遷を追うと，X層段階は刃部形状の相違をこえ，微細調整により整形する素材形状保持的なナイフ形石器作りという特徴をもつ。対して，IX層段階のナイフ形石器は，縦長剥片製の側縁加工ナイフ形石器や非尖刃ナイフ形石器の整形に器面調整がみとめられるなど，素材形状修正的なナイフ形石器作りであるという特徴をもっていた。つまり，X層段階とIX層段階の間には，素材形状保持的なナイフ形石器から素材形状修正的なナイフ形石器への移りかわりがみとめられることになる。つづいて素材形状修正的なナイフ形石器においても，平坦調整を含む多種の調整(IX層段階)から急斜度調整による単一の調整方法(VII・VI層段階)への移りかわりが指摘できる。そして，急斜度調整によるナイフ形石器製作技術が確立したVII・VI層段階では，VI層段階において二側縁加工ナイフ形石器が大多数を占めるようになる。以上みてきたように，関東地方におけるナイフ形石器製作技術の変遷から，素材形状修正的な尖刃ナイフ形石器作りへと順次傾斜していく様子がみてとれる。
　次に，当該期において終始ナイフ形石器の素材として用いられた縦長剥片の利用形態に注目する。AT下位石器群を縦長剥片の利用という観点から捉えなおすと，前節で指摘したように，ナイフ形石器作りの性格の違いにより区分されるX層段階とIX層段階を，縦長剥片がナイフ形石器の素材としてのみ用いられる点で共通することから，一つのまとまりとして捉えることができる。これに対し，VII層段階では縦長剥片がナイフ形石器の素材に加え，石核素材としても用いられるという特徴があった。それは，厚手のものは石核素材，薄手のものはナイフ形石器の素材という縦長剥片の作り分けといった石器製作上の大きな変革を意味し，X・IX層段階とVII層段階の間を区分することもできた。つづく，VI層段階では遠隔地石材を原石の状態で持ち込み，縦長剥片製の二側縁加工尖刃ナイフ形石器とその他の製品の素材を共有する縦長剥片の利用形態へと推移する。
　以上みてきたように，関東地方のAT下位石器群では，ナイフ形石器自体の製作技術の変化だけでなく，ナイフ形石器の主たる素材であった縦長剥片の利用形態の変化という重層的な変化がみとめられた。しかし，前節で詳しく述べたように，縦長剥片の製作のあり方は，縦長剥片を搬入に依存する時期(X層段階・VII層段階)と縦長剥片を台地内で製作する時期(IX層段階・VI層段階)が交互に繰り返すことから，縦長剥片製作のあり方やその利用形態には一定の変化の方向性をみいだすことは難しい。
　一方で，先にふれたように，関東地方では，X層段階における微細調整による素材形状保持的なナイフ形石器作りにはじまり，IX層段階での素材形状修正的な尖刃ナイフ形石器の

製作を経て，VII層段階とVI層段階で縦長剝片製の二側縁加工尖刃ナイフ形石器(素材形状修正的なナイフ形石器作り)が主体となる変化の方向性をよみとることができた。この点と上に示した縦長剝片製作および利用形態の結果を総合的に判断するならば，当該期の関東地方のナイフ形石器製作技術のはじまりと展開を，原料消費の方法や縦長剝片の利用形態を転じながら，素材形状修正的なナイフ形石器作りへと収斂していく過程として位置づけることができるのである。

1) 安蒜(1979)では，石器出土層位による記載ではなく，各段階において代表的な石器群をあげている。各段階の石器群については，以下のとおりである。段階Iは高井戸東遺跡X層・同IX下層，段階IIは鈴木遺跡VI層・寺尾遺跡VI層，段階IIIは上土棚(かみつちだな)遺跡・月見野(つきみの)第IIIC遺跡，段階IVは茂呂遺跡・砂川(すながわ)遺跡，段階Vは月見野第I遺跡・第II遺跡があたる。

2) 須藤(1986)は，AT降灰以前の石器文化をナイフ形石器製作技術に注目し，岩宿段階(X・IX層)，後田段階(VII層)，寺尾段階(VI層)の3つに区分している。小菅(1991)は武蔵野台地の資料を基準に，ナイフ形石器の形態分類から，X層段階→IX層段階→VIIa段階→VIIb段階→VI層段階という編年案を提示している。

3) 小菅・麻生編年はX層とIX層を対象としているため，VII層とVI層についての記載はない。小菅(2004)を参照すると，AT下位の石器群はI期(X層〜IX層)と，II期(VII層〜VI層)と2時期に大別されている。さらに，II期はナイフ形石器の違いから，前半期と後半期に細分される。つまり，小菅・麻生編年案と小菅(2004)を組み合わせて考えると，X層〜VI層の石器群を7時期に細分していることになる。

4) 草刈遺跡群の例は，草刈六之台(くさかりろくのだい)遺跡第2・3文化層に，草刈遺跡C区第1文化層の調査成果を加えたものである。層位と文化層の関係については，最新の調整成果を受けて整理された『千葉県の歴史』の草刈遺跡(島立 2000)の記載による。

5) 諏訪間(2003)，中村(2003)も参照。

6) 草刈遺跡C区第1文化層の出土層位はIX層下部〜XI層にかけてであり，X層下部とXI層の境界付近に石器が集中している(千葉県文化財センター 2004b)。石器をみる限り，X層の二側縁加工平刃ナイフ形石器と共通することから，X層段階に含めた。

7) III期の対比は以下の検討による。下里本邑(しもざとほんむら)遺跡の層位的事例から，IX層では「台形様石器」I類が比較的まとまって出土，上層のVII層ではIa類1点と基部裏面加工のナイフ形石器が出土した事例を基軸とする。それにより，下里本邑遺跡VII層出土の基部裏面加工のナイフ形石器と分郷八崎(ぶんごうはっさき)遺跡を対比した(対比①)。加えて，下里本邑遺跡のVII層で出土した，円礫分割後「端部亀甲高背型石核」に利用し中央部で「両設石刃」を生産した接合資料と，磯山遺跡を対比している(対比②)。一方で，磯山遺跡をIX層に位置づける意見に対しては，基部加工ナイフ形石器の基部付近に最大厚があり，やや急傾斜の調整が施されていることから，IX層下部からX層の基部加工ナイフ形石器と異なる点を指摘している(指摘①)。また，磯山遺跡の石刃類が，無調整打面で頭部調整・稜上調整がそれほど明確ではなく，打面部付近に最大幅を有する例が多いこと，両設石核が比較的多く含まれること等から，第II期(X層〜IX層)の中山新田I遺跡等の剝離技術と比してやや後出的と考えた(指摘②)。佐藤は，対比①・②，指摘①・②をあわせることで，下里本邑遺跡VII層，分郷八崎遺跡，磯山遺跡，藪塚(やぶつか)遺跡，武井遺跡第I文化層を同段階と位置づけている。

8) 「小口面型石刃技法」は「小口面を作業面として打点をジグザグに後退させながら縦長の尖頭形剝片を目的に連続的に剝離するもの」とされる。一方，「周縁型石刃技法」は「いわゆる"真正の"石刃技法で，打面調整・打面再生，トサカ状稜付き石刃の整形・剝離，側縁・底縁調整，頭部調整など各種の石核調整を頻繁に行い，打面の周縁に沿って打点を移動させながら規格性の強い石刃を目的に連続的に剝離するもの」とされる(安斎 2003)。

9) 第1節で指摘したとおり，本書ではナイフ形石器の製作技術上明確に区分可能なX層段階・IX層段階・VII層段階・VI層段階という，国武とは異なる時期区分をとる。そのため，国武の第1段階(X層IX層下部)の一部・第2段階(IX層中部)・第3段階(IX層上部VII層下部)の一部は，筆者のIX層段階

にあたり統合されることになり，田村隆(1989)や国武(2005)による「台形石器から剝片製小型ナイフへの変化」を時期差とする意見をそのまま受け入れることはできない。加えて，「剝片製ナイフ形石器」に「石刃製刺突具」を機能的に補完する役割を想定したIX層上部VII層下部以前にあたる，IX層下部とされた中山新田I遺跡にまとまってみとめられる「台形様石器」II類の位置づけについて，国武が全くふれていない点も大きな問題といえる。

　さらに，国武編年(2004・2005)には，層位と石器群の関係に問題点を指摘できる(大塚 2009)。同論文中で，第1段階(X層IX層下部)のX層石器群における「小口面型石刃生産技術」の典型として，新山東遺跡(千葉県文化財センター 2001a)・古込V遺跡(阿部ほか 2004)があげられている。しかし，新山東遺跡の出土層位は，調査報告書において，垂直分布の中心はIX層とされており，X層の資料として取り扱うことには問題がある。また，古込V遺跡については，時期判定の層位的基準となる第二黒色帯が判別できない上，遺物包含層である「VII層」(以下，古込V遺跡の層位は「　」で表現)より下位の「VIII層」以下では水の影響を受けており，層位対比に問題を抱えていることから，立川ロームX層に位置づけることには問題がある。両遺跡をX層と位置づける根拠には，「小口面型石刃生産技術」であることが考えられるが，「小口面型は時期を問わず後の時期(筆者注：X層より新しい時期)にも継続している」(国武 2004)のであれば，X層の資料とする判断には大きな問題がある。また，国武は第2段階(IX層中部)の遺跡として，仲ノ台遺跡(千葉県文化財センター 1990)や武蔵国分寺跡遺跡広場前地区(国分寺市遺跡調査会 2003b)をあげている。いずれも報文中では，IX層下部出土とされており，第1段階とされた中山新田I遺跡(千葉県文化財センター 1986)と出土層位に違いはみられない。このことを考えると，「石刃生産技術」の内容をもって時期差として判断していることになる。しかし，「石刃技法の変化が属性群の個体発生的要因による」(田村 1989)可能性があるとすれば，「石刃生産技術」に基づく区分をとる限り，共通して「周縁型」をもつ第1段階の一部と第2段階は一時期として検討される余地がある。以上のように，そもそも前提となる細分編年自体に問題点を指摘できる。

10) 対象遺跡の文献については以下のとおりである。
・下総台地
荒久(1)(千葉県文化財センター 1989b)，赤羽根(千葉県文化財センター 2003b)，池花南(千葉県文化財センター 1991b)，泉北側第3第1文化層(千葉県教育振興財団 2011a)，馬ノ口K地点(千葉県文化財センター 1984)，大網山田台No.8地点文化層V(山武郡市文化財センター 1994)，大林第VI文化層(千葉県文化財センター 1989a)，大堀(千葉県文化財センター 1989a)，大松第1文化層(千葉県教育振興財団 2008)，大割第2文化層(千葉県文化財センター 1991b)，押沼大六天第1文化層(千葉県教育振興財団 2006a)，御山第3文化層・同第4文化層(千葉県文化財センター 1994c)，鎌取第1文化層(千葉県文化財センター 1993b)，木の根拓美(千葉県文化財センター 1993a)，草刈C区第3文化層・同C区第4文化層・同D区第4文化層・同P区(千葉県文化財センター 2004b)，草刈六之台第2文化層・同第3文化層(千葉県文化財センター 1994b)，小金沢貝塚(千葉県文化財センター 1982)，五本松No.3第IIa文化層(千葉県文化財センター 2003a)，五本松No.3第IIb文化層(千葉県文化財センター 2005a)，小屋ノ内第1文化層(千葉県文化財センター 2005c)，権現後第5文化層・同第6文化層(千葉県文化財センター 1993c)，桜井平第1文化層(千葉県文化財センター 1998)，椎名崎古墳群B支群第2文化層(千葉県教育振興財団 2006c)，芝山(千葉県文化財センター 1990)，聖人塚(千葉県文化財センター 1986)，白幡前第5文化層(千葉県文化財センター 1991a)，新山東(千葉県文化財センター 2001a)，墨古沢南第II文化層(千葉県文化財センター 2005b)，関畑第Ia文化層・同第Ib文化層(千葉県文化財センター 2004c)，台山第I文化層(千葉県文化財センター 2002a)，武士第1文化層(千葉県文化財センター 1996a)，出口・鐘塚第1文化層(千葉県文化財センター 1999)，天神峰奥之台第1文化層(千葉県文化財センター 1997)，天神峰最上第1文化層(千葉県文化財センター 2001b)，取香和田戸(千葉県文化財センター 1994a)，東峰御幸畑西エリア1・同エリア2・同エリア3(千葉県文化財センター 2000a)，東峰御幸畑東第I文化層(千葉県文化財センター 2004a)，仲ノ台(千葉県文化財センター 1990)，中山新田I(千葉県文化財センター 1986)，農協前第1文化層(千葉県教育振興財団 2011b)，原山第I文化層・同第IIa文化層・同第IIb文化層(千葉県教育振興財団 2009)，坊山第4文化層・同第5文化層(千葉県文化財センター 1993d)，細山(2)第1文化層(千葉県文化財センター 2000c)，松崎I第2文化層(千葉県文化財センター 2004d)，松崎

IV 第 2 文化層(千葉県文化財センター 2006)，松崎 V(千葉県文化財センター 2006)，南三里塚宮原第 1 (印旛郡市文化財センター 2004a)，餅ヶ崎(千葉市文化財調査協会 1988)，ヤジ山第 1 文化層・同第 2 文化層(千葉県文化財センター 2000c)，四ツ塚(千葉県文化財センター 2000b)，霞山(千葉市文化財調査協会 1996)，瀧水寺裏北側環状ブロック・同南側環状ブロック(印旛郡市文化財センター 2004b)．

・武蔵野台地

愛宕下第 4 文化層(練馬区遺跡調査会 1992)，お伊勢山第 3 文化層(早稲田大学所沢校地文化財調査室 1991)，尾崎(練馬区遺跡調査会 1982)，島屋敷第 3 遺物群(東京都埋蔵文化財センター 1997a)，下里本邑(下里本邑遺跡調査会 1982)，鈴木 II(小平市遺跡調査会 1980a)，鈴木 III A・B，同 D(小平市教育委員会 1980b)，鈴木 IV(鈴木遺跡刊行会 1981)，瀬田第 7 文化層(世田谷区教育委員会 1997)，大門第 6 文化層(板橋区大門遺跡調査団 1990)，高井戸東 IX 上層文化・同 IX 中層文化・同 IX 下層文化(高井戸東遺跡調査会 1977)，高井戸東駐車場西地点(高井戸東(駐車場西)遺跡調査会 1977)，多聞寺前(多聞寺前遺跡調査会 1983)，天祖神社東第 3 文化層(練馬区遺跡調査会 1986)，中東第 2 地点(三芳町教育委員会 2011)，成増との山第 4 文化層(板橋区成増との山遺跡調査団 1992)，西之台 B 地点(東京都教育委員会 1980)，根ノ上(根ノ上遺跡発掘調査団 1988)，野水第 4 文化層(調布市遺跡調査会 2006)，東早淵第 3 文化層・同第 4 文化層(練馬区遺跡調査会・練馬区教育委員会 1986)，比丘尼橋 B 地点 IX 層中部(練馬区比丘尼橋遺跡調査団 1993)，三芳唐沢(富士見市遺跡調査会 1979)，武蔵国分寺第 V 文化層(国分寺市遺跡調査会 2006)，もみじ山(東京外かく環状道路練馬地区遺跡調査会 1995)．

・北関東

天ヶ堤(III 区)第 3 文化層(群馬県埋蔵文化財調査事業団 2008a)，天引狐崎(群馬県埋蔵文化財調査事業団 1994a)，磯山(芹沢 1977)，岩宿駐車場地点第 1 文化層(みどり市教育委員会 2010)，大上第 4 文化層(群馬県埋蔵文化財調査事業団 2008b)，折茂 III(吉井町教育委員会 2005)，上林第 2 文化層(佐野市教育委員会 2004)，北町(北橘村教育委員会 1996)，古城 1A 地区・同 1C 地区(安中市教育委員会 1988)，三和工業団地 I(群馬県教育委員会 1999)，下触牛伏(群馬県埋蔵文化財調査事業団 1986)，白川傘松(群馬県教育委員会 1997)，白倉下原 A 区・同 B 区(群馬県埋蔵文化財調査事業団 1994b)，武井第 I 文化層(杉原 1977)，武田西塙(ひたちなか市教育委員会 2001)，武田原前(A 地区)(ひたちなか市教育委員会 2006)，二之宮千足(群馬県教育委員会 1992)，半田原(茨城県教育財団 1997，ひたちなか市教育委員会・茨城県考古学協会 2002)，藤岡北山(藤岡市教育委員会 1987)，分郷八崎(群馬県教育委員会 1986)，藪塚(須藤 1986)，山内出 B(加部・阿久澤 2009)，山上城跡 IX(新里村教育委員会 2005)，山川古墳群(山川古墳群第二次調査会 2004)，和田(笠懸村誌刊行委員会 1983)．

11) 縦長剥片の製作と側縁加工の関係は，武蔵野の中東遺跡や武蔵国分寺遺跡第 V 文化層でもみとめられる．中東遺跡では箱根産黒耀石，武蔵国分寺遺跡第 V 文化層では信州産黒耀石が原料として用いられており，遠隔地石材を利用する点でも共通する．

12) 剥片の厚さが 1cm 未満のものを薄手，1cm 以上のものを厚手の剥片とする．

13) 本報告(織笠 2010)の写真図版 19 を参照されたい．

14) 本報告(織笠 2010)の写真図版 18 を参照されたい．

15) 本資料の実測図については，本報告(織笠 2010)における実測図に誤りがあったため，一部再実測を行った．

16) 利根川中流部とする範囲は，山岡・田村(2009)における黒色頁岩円礫分布推定範囲とほぼ同じである．

17) 本書で掲載した実測図は筆者が再実測を行ったものである．

18) 本書で掲載した実測図は筆者が再実測を行ったものである．

19) 分析資料については基本的に実見しているが，一部報告書に掲載された実測図から判断したものがある．実測図からは打面の状態がわからないものを不明とした．

20) 武蔵台 Xb・Xa 文化層については，諏訪間(2003)が指摘するように，一つの石器群の可能性が高いと考える．

第 IV 章

東北地方から九州地方における
AT 下位のナイフ形石器製作技術の変遷

本章では，東北地方から九州地方のナイフ形石器製作技術の変遷を対象地域(東北地方，東海・中部地方，近畿・中国地方，九州地方)ごとに把握する。その上で，ナイフ形石器製作技術を観点に，第Ⅲ章で構築した関東地方編年とそれらの時間的な対比を行う。

第1節　東北地方におけるナイフ形石器製作技術の変遷

1．旧石器時代編年研究の問題点

(1) 旧石器時代編年研究のはじまりと推移

[1] ナイフ形石器の型式学的研究

1949年に岩宿遺跡が発掘調査されたすぐ後，日本列島における旧石器時代最初の編年(杉原1953，芹沢1954)が提示され，1950年代の半ばをむかえる頃にはナイフ形石器文化・槍先形尖頭器文化・細石器文化という日本旧石器文化の階梯とその変遷が提示された(芹沢1956)。1960年代以降，東北地方の旧石器時代編年研究は，加藤稔によって山形県下の資料を中心に精力的に進められた。加藤(1965a)は東北地方においてもナイフ形石器文化・槍先形尖頭器文化・細石器文化への変遷を確認する[1]とともに，各文化内の細分に力を注いだ。特にナイフ形石器文化については，ナイフ形石器の型式学的検討を主な分析方法とし，いくつかの編年案(加藤1965a・1965b・1969など)を提示した。しかし，加藤自身が後にふり返るように，「東山型ナイフの位置づけは，筆者自身一転二転している」状況であった(加藤1975)。

[2] 石刃技法による編年研究

このような動向の中で，藤原妃敏(1979)は東北地方の編年研究をふり返り，「ナイフ形石器の『型』の前後関係をとらえようとする編年案は，あらゆる組み合わせが提示されているといっても過言ではない」とし，東北地方の編年研究に3つの問題点を指摘した。一点目は，層位的事例がほとんどないこと。二点目は，資料の限界が認識されていないこと。三点目として，ナイフ形石器の型の規定とその普遍化の問題をあげた。そこで，藤原はナイフ形石器の型式設定の問題点を指摘した上で，「ナイフ形石器の微細な差異を論じるばかりでなく，技術基盤に光をあてる事が重要である」とし，東北地方のような石刃石器群の技術基盤を考える上で，石刃技法のあり方を具体的な検討対象とすることの有効性を指摘した。その実践として，石刃技法の石核調整技術に注目し，「調整技術が未発達なもの」と「調整技術が一応でそろっているもの」に分け，前者から後者への変遷を示すことに成功した(藤原1983)。

(2) 資料の蓄積とAT下位石器群研究のはじまり

[1] 資料の蓄積

　東北地方における旧石器時代編年研究が山形県下の資料を中心に進められ，1960年代のナイフ形石器の型式学的検討から石刃技法の技術分析へと移りかわる中，汎列島的にAT下位石器群が検出されるのにもれず，他地域のAT下位石器群と共通する石器群が秋田県域でも次々に確認された。同時に，AT下位石器群の特徴が整理される(北陸旧石器文化交流会 1986)ことにより，当初杉久保型ナイフ形石器と東山型ナイフ形石器の中間的な特徴をもつナイフ形石器が出土する遺跡として注目された、米ヶ森遺跡(富樫 1975)にて設定された米ヶ森技法(秋田考古学協会 1977，藤原 1984)も当該期に含められて考えられるようになった。

　資料の蓄積に伴い，石器群の編年も行われ，大野憲司(1986)は秋田県域の当該期石器群が石刃技法と「不定形剥片技法」という2つの系統により成りたち，それが変遷していくことを指摘した[2]。奥村吉信(1986)も同様のことを指摘し，不定形剥片剥離技術による「ペン先形ナイフを主体とする石器群は初源的様相を持つ石刃石器群と共伴する遺跡が多く，これより両者は全く別個の旧石器集団によって遺されたものと解するよりも，ひとつの集団の二側面として把握できる」と評価した。しかし，同論文中で両者が各々独立して出土する遺跡もあることから，別系統の石器群としての理解も可能とし，解釈については含みをもたせている。

[2] 二極構造論・二項モード論の提唱

　奥村(1986)が指摘した，当該期の石器群が石刃技法(縦長剥片剥離技術)と不定形剥片剥離技術(横長・幅広剥片剥離技術)により成りたち，両者が同じ集団により残されたという意見を，佐藤宏之(1988)は資料の豊富な関東地方を主な対象に推し進めた。まず，佐藤はナイフ形石器を「基本的に，石刃ないし石刃の定義的特徴に準ずる縦長剥片を素材とし，その出現期を除いては，原則として急傾斜で一様な連続した背部加工を施すもの」と狭義に再定義し，「平坦剥離による基部調整と，一次剥離面と主剥離面がつくる縁辺を刃部に設定した概ね略梯形，菱形，鱗形を呈する技術形態学上の定義的特徴」をもつ「台形様石器」と分離した。その上で，佐藤のいう後期旧石器時代前半(立川ローム第二黒色帯およびそれ以下を中心とする時期)の石器製作技術構造は，「前期旧石器時代」後半，特に「斜軸尖頭器石器群」からの伝統的な横長・幅広剥片剥離技法による「台形様石器」と，後期旧石器時代に入って出現したナイフ形石器と石刃技法という新旧両伝統の二極構造をもつことを指摘した。さらにそれらをシステム論的な観点から「単一の特定技術と特定社会集団が1：1に対応するのではなく，社会は複数の技術を所持し，経済的・機能的・集団的要請によって技術を選択的に行使・発現する」ものと位置づけた。

　田村隆(1989)は，佐藤(1988)の示したシステム論的な視点から，対象地域を広げ東北日本のAT下位石器群の存立基盤を考察した。田村は東北日本の石器群を検討することで，石器群の構造が剥片モードと石刃モードという二項的モードからなることを指摘し，その構造変換過程(変遷)を示した。田村の指摘は多岐にわたるため，ここでは本節に関連する東北地方の部分の

み扱う。東北地方の石器群の変遷過程は，剥片モードと石刃モードに還元可能な「推移構造」から，剥片モードへの還元性をもたない「巡回的構造」への構造転換であることを指摘した。詳述すると，推移群については，台形石器を製作し石刃を全く含まない風無台II・松木台II遺跡と，石刃と石刃素材の石器製作に特徴づけられる風無台I・松木台III遺跡によって成りたつ推移群I[3]，此掛沢II遺跡にみられる石刃や石刃素材の石器と遺跡内で製作された米ヶ森型台形石器により構成される推移群II[4]に区分した。そして，推移群Iから推移群IIを経て，石刃モードの金谷原遺跡に特徴づけられる巡回群への変遷を示した。編年自体は大野(1986)とほぼ同じであるが，システム論的な観点から，関東を含む東北日本という広域な枠組みの中に，東北地方(秋田県域)の石器群を位置づけたことは高く評価される。

(3) 研究の現状と問題点

[1] 1990年代以降の編年研究の視点と方法

1990年代以降も石器製作技術について多くの研究がなされているが，大きく個別の石器形態に注目するものと，ナイフ形石器製作技術全体を対象とするものがある。それぞれの検討対象と研究の観点を中心に整理する。

まず，個別の石器形態に注目した代表的な研究として，石川論文(2005)と吉川論文(2010)がある。石川恵美子は米ヶ森技法により製作された米ヶ森型台形石器を研究対象とし，その形態的特徴と変遷を予察した。対して，吉川耕太郎は「ナイフ形石器」[5]に対象をしぼり，その機能と運用方法を検討し，「ナイフ形石器」の狩猟具としての特化と運用方法の変化を予測している。

次にナイフ形石器製作技術全体を対象としたものをみていく。藤原(1992)や渋谷孝雄(1992)は，ナイフ形石器製作技術全体を対象としているが，特に「台形様石器」と剥片剥離技術に注目することで，多様な剥片剥離技術と「台形様石器」から画一的な米ヶ森技法と米ヶ森型台形石器への集約化という仮説を提示した。田村(2001)は観点を異にして，中期旧石器時代から後期旧石器時代をつなぐ石器として「端部整形石器」[6]を抽出し検討対象とし，中期旧石器時代から後期旧石器時代への構造変換を指摘した。一方，吉川(2006・2007)は「ナイフ形石器」と「台形石器」の結びつきを検討することで，両者の石器調整加工技術の関係から，「製作労力の低減」と「量産化」の過程とする解釈[7]を示している。

これらの様々な観点による石器の分析とは別に，柳田俊雄(2004・2006)により層位の検討が行われ，周辺地域との大まかな対比が石器製作技術上の特徴だけでなく，層位的にもあきらかになってきた点は重要である。

[2] 研究上の問題点

以上の研究経過をみてきたが，研究史でとりあげた1980年代以降の論文にいくつかの編年を加えてまとめたのが表IV-1の編年対比表である。周辺地域との比較を行わず，各石器群の新旧関係のみを示しているものについては表の右に区別して配置した。

表 IV-1 編年対比表

関東地方との対比なし

	佐藤 1989	佐藤 1992	田村 1989	田村 2001[2]	石川 1991a+b	吉川 2006	吉川 2007[2]	吉川 2010[1]	森先 2007	渋谷・石川 2010		大野 1986	藤原・柳田 1991	渋谷 1992	藤原 1992	石川 2005	柳田 2006
X層以前 屋敷												風無台 II	平林	風無台 II	風無台 II	小出 I	平林
X				小出 I			地蔵田	松木台 III		松木台 III		松木台 II	↓	松木台 II	松木台 II	↓	↓
							風無台 II	縄手下		小出 I		地蔵田 B	風無台 II	地蔵田 B	地蔵田 B	家の下	風無台 II
							松木台 III	小出 I				松木台 III	松木台 II	↓	↓	此掛沢 II	松木台 II
下		風無台 I	風無台 I	風無台 II	風無台 II	風無台 II	風無台 I	此掛沢 II	風無台 I	風無台 I		風無台 I	地蔵田 B	上萩森	上萩森		地蔵田 B
	松木台 II	松木台 II	松木台 II	松木台 II	松木台 II	松木台 II	縄手下	松木台 III	風無台 II	風無台 II		↓	↓	↓	↓	米ヶ森	上萩森 IIb
			松木台 III	松木台 III	地蔵田 B	松木台 III	小出 I	縄手下	松木台 III	松木台 II		此掛沢 II	風無台 I	小出 I	風無台 I	下堤 G	↓
						地蔵田	此掛沢 II	小出 I		地蔵田		下堤 G	松木台 III	↓	松木台 III		風無台 I
IX		風無台 II				縄手下	家の下	此掛沢 II		縄手下		↓	↓	↓	↓		小出 I
						小出 I				此掛沢 II		米ヶ森	此掛沢 II	風無台 II	風無台 II		↓
上						此掛沢 II				家の下			下堤 G	↓	↓		此掛沢 II
	風無台 I	此掛沢 II			小出 I				上萩森	下堤 G				此掛沢 II	此掛沢 II		家の下
下	此掛沢	上萩森		上萩森	下堤 G				此掛沢 II	米ヶ森				下堤 G	下堤 G		下堤 G
	上萩森								家の下	狸崎 B							
VII	地蔵田 B				風無台 I	風無台 I	下堤 G	風無台 I	下堤 G								
			上萩森		此掛沢 II	此掛沢 II	大渡 II	下堤 G	縄手下	小出 IV							
上			地蔵田 B	松木台 III	風無台 I	家の下	家の下	家の下	小出 I	二重鳥 A							
			地蔵田 B	此掛沢 II	下堤 G?	家の下			松木台 III								
			小出 I	家の下					狸崎 B								
VI	松木台 III		金谷原	金谷原	金谷原												
	金谷原																

1) 結論の図では，風無台 I は VII 層上部。
2) 金谷原については同論文中の図 32 から照合。
3) 吉川 2010 も参照。
4) 同論文中で，2 つの編年案を提示。

この表から，同じ研究者においても論文によっては石器群の位置づけが大きく異なっていることが指摘できる。例をあげると，佐藤編年(1989・1992)では，風無台Ⅰ遺跡がⅦ層段階からⅨ層下部段階に，松木台Ⅲ遺跡はⅥ層段階からⅦ層上部段階へ変更されている。田村編年(1989・2001)では，松木台Ⅲ遺跡がⅨ層段階からⅦ層上部段階に変更された。吉川論文(2006・2007・2010)でも，風無台Ⅰ遺跡の位置づけはⅦ層上部段階からⅨ層～Ⅶ層下部段階を経て再びⅦ層段階に，松木台Ⅲ遺跡についてもⅨ層下部段階からⅩ層段階そしてⅦ層下部段階へと変更され定まらない。これらの編年は，1998年に報告された家の下遺跡と2006年に報告された縄手下遺跡の追加を除いては，1980年代に発見された遺跡を扱っているのにもかかわらず，同じ研究者においても前項でみてきたように視点の違いにより石器群の位置づけが大きく異なっているのが現状である。これにも増して，研究者間での編年の相違は大きく[8]，石器群の新旧関係が大きく異なる編年案が並立している状態である。

　これらの編年ではAT下位石器群という石器群の位置づけは共通するが，AT下位石器群の細分については，重層遺跡がないことも加わって重視する内容により多種多様な編年が提示されていることが各編年案の比較によりあきらかになった。さらに先行研究では，個別の石器形態や石器製作技術に基づく編年は多く提示されているものの，その背景を追究しているものはわずかである(佐藤1988，田村1989・2001，吉川2006・2007・2010など)。最も重要な点として，編年研究の目的は年代順の配列自体ではなく，序列化された段階間の関係，つまり，その変化の背景(過程)を考察することであることを確認しておきたい。

　本節では，東北地方におけるAT下位のナイフ形石器石器群の構造とその変遷をあきらかにした上で，技術上区分される各段階が何を意味するのかを考える。当該期資料が豊富で東北地方の編年研究の中心となっている秋田県域の資料を検討し，東北地方におけるAT下位石器群の編年を構築する。

2. 資料の検討

(1) 分析資料と方法

[1] 分 析 資 料
　分析資料については，先行研究で当該期の石器群とされ議論されてきたもので，かつ筆者が実見しえた石器群を扱うことにする。遺跡は，家の下遺跡，風無台Ⅰ遺跡，風無台Ⅱ遺跡，小出Ⅰ遺跡，此掛沢Ⅱ遺跡，地蔵田遺跡，下堤G遺跡，縄手下遺跡，松木台Ⅱ遺跡，松木台Ⅲ遺跡の10遺跡を対象とする[9]。

[2] 分 析 方 法
　石器群の新旧関係が大きく異なる編年案の並立は，重層的な層位的出土例がないことに加え，

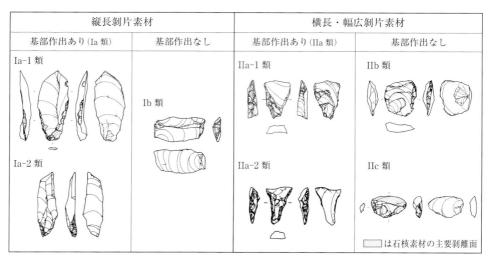

図 IV-1 ナイフ形石器の分類

個別の石器形態に注目し配列するという編年方法にも起因することが研究史をふり返る中で確認された。石器群は様々な要素で成りたっていることから，編年を行う上で個別の石器形態のみではなく，形態の組み合わせや形態間の関係性を捉え，その上で石器群全体を分析の単位とする必要がある。ここではまず，ナイフ形石器の分類を提示し，次項で具体的な検討を行うことにする。

当該期のナイフ形石器にはいくつかの特徴的な形態がみとめられる（図IV-1）。まず，縦長剝片素材のナイフ形石器では，縦長剝片の素材打面を基部に設定し，基部や先端を加工する基部加工のナイフ形石器（Ia類）が特徴的である。その中でも基部の形状や状態に注目すると，基部に打面が残り逆台形状になるもの（Ia-1類）と，基部に設定された素材打面が調整加工により取り除かれV字状を呈し先鋭になるもの（Ia-2類）がある。前者よりも後者の方が素材形状の修正度が高い。加えて，素材を截ち切るように加工し先鋭な先端部をもたず基部が作出されない部分加工ナイフ形石器と表現できるものも存在する（Ib類）。

次に，横長・幅広剝片素材のナイフ形石器では，形状に加えて用いられる調整技術の種類に違いもみられる。一つ目は，主に素材の二側縁に調整加工を施し，基部を作出するものである（IIa類）。IIa類は施される調整技術の違いにより，平坦調整によるもの（IIa-1類）と急斜度調整によるもの（IIa-2類）に細分される。二つ目は急斜度調整により加工されるが，明瞭な基部の作出がみとめられないものである（IIb類）。また，当地域に特徴的な剝片素材石核の素材主要剝離面を背面にとりこむ米ヶ森型台形石器[10]（IIc類）があげられる。

(2) 石器群のグループ分け

先に示した，ナイフ形石器の類型とその組み合わせに注目すると，3つのグループに分けることができる。以下にグループごとに資料を確認しながらみていきたい。

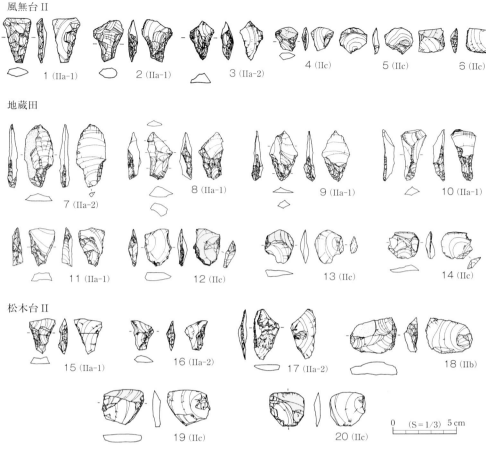

図IV-2　グループ1のナイフ形石器

グループ1

　グループ1は横長・幅広剝片製ナイフ形石器に特徴づけられ，二側縁に加工を施し基部を作出するナイフ形石器(IIa類)を中心に，基部を作出しないIIb類やIIc類を伴う一群である。IIa類の中でも平坦調整を用いるもの(IIa-1類)がまとまってみられる。風無台II遺跡，松木台II遺跡，地蔵田遺跡の資料が該当する(図IV-2)。

　それぞれの遺跡の資料の一部を図示したが，風無台II遺跡，松木台II遺跡，地蔵田遺跡ともにIIa類と分類した平坦調整(IIa-1類)や急斜度調整(IIa-2類)により基部を作出したナイフ形石器(図IV-2-1～3・7～11・15～17)に，IIb類の明瞭な基部が作出されないもの(図IV-2-18)やIIc類の米ヶ森型台形石器(図IV-2-4～6・12～14・19・20)が伴っている。

グループ2

　グループ2では，縦長剝片を素材としたナイフ形石器が豊富にみとめられる。それらの資料の多くは基部や先端に加工が施された基部加工ナイフ形石器で，例外なく素材打面を基部に設定する。加えて，素材形状の修正をあまり行わず，素材打面を基部に大きく残すことから，基部の形状が逆台形状を呈するIa-1類のナイフ形石器をもつ。また，同様に縦長剝片を素材と

するが，素材を截ち切るように加工した尖鋭な先端部をもたない部分加工ナイフ形石器(Ib類)を特徴的に伴う。対して，横長・幅広剝片素材のナイフ形石器は，明瞭な基部が作出されないIIb類や米ヶ森型台形石器(IIc類)がみとめられる。横長・幅広剝片製ナイフ形石器が一定量みとめられるものの，グループ1に特徴的であった平坦調整により二側縁を加工し基部を作出するIIa-1類のナイフ形石器はみとめられない。

　家の下遺跡，小出I遺跡，此掛沢II遺跡，縄手下遺跡，松木台III遺跡が該当する(図IV-3・4)。松木台III遺跡がIIb類を含まない点を除けば，いずれの遺跡もIa-1類，Ib類，IIb類，IIc類を組成する。なお，松木台III遺跡については，加工度の微弱な大形品(図IV-4-14)が古相のナイフ形石器の特徴として注目されているが，図IV-4-13や16のように広範囲に加工が施され基部が逆台形状を呈する資料がみられることや，Ib類の共伴に注意する必要がある。また，縄手下遺跡ではIIa-2類(図IV-4-7・8)の存在や，家の下遺跡でわずかながらIa-2類(図IV-3-4)が出土している点で，他と若干異なる要素をもつが，大部分が共通することからグループ2に含めた。

　　グループ3

　グループ3も縦長剝片を素材とするナイフ形石器と横長・幅広剝片素材のナイフ形石器を有する。まず，縦長剝片素材のナイフ形石器をみると，素材打面を基部に設定する基部加工ナイフ形石器で，素材打面を完全に取り除くものや，または素材形状を大きく修正することで素材打面が一部にのみ残置することから，基部が尖りV字状になるIa-2類が特徴的にみられる。グループ2に特徴的であった縦長剝片素材を截ち切るように加工する，尖鋭な先端をもたない部分加工ナイフ形石器(Ib類)は全くみとめられない。一方，横長・幅広剝片を素材とするナイフ形石器では，米ヶ森型台形石器(IIc類)が特徴的にみられる。

　風無台I遺跡，下堤G遺跡が該当し，ともにIa-2類とIIc類が伴う(図IV-5)。風無台I遺跡については，IIc類が図化されていないため，IIc類を剝離した石核を図示した(図IV-5-15)。なお，風無台I遺跡では，Ia-1類が1例(図IV-5-12)，IIb類が2例(図IV-5-13・14)のみであるがみとめられている。

3. 東北地方におけるAT下位石器群の編年

(1) 各グループ間の共通点と相違点

　前項で検討した結果をまとめたのが表IV-2である。まず，ナイフ形石器の素材に注目すると，グループ1はいずれも横長・幅広剝片のみであるのに対して，グループ2とグループ3では縦長剝片と横長・幅広剝片を素材としていることがわかる。次に各類型の有無に注目して表をみると，IIc類(米ヶ森型台形石器)が全グループにみられ，IIb類についてもグループ3の風無台I遺跡で2例確認されていることから，全グループにみとめられる可能性もある。対して，

第 IV 章　東北地方から九州地方における AT 下位のナイフ形石器製作技術の変遷　135

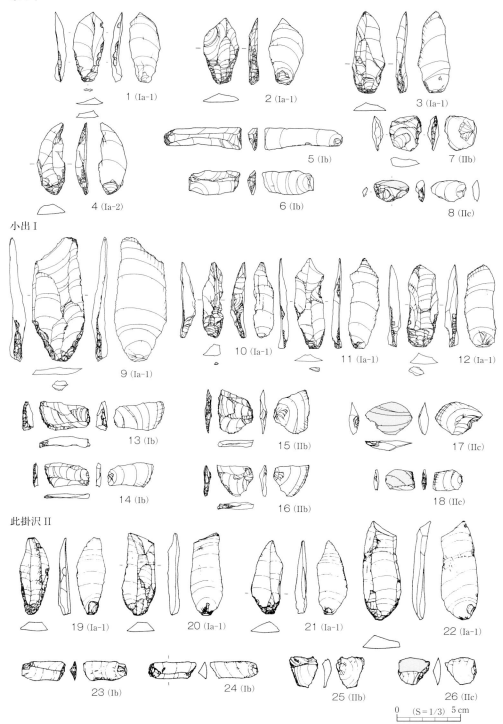

図 IV-3　グループ 2 のナイフ形石器(1)

136

縄手下

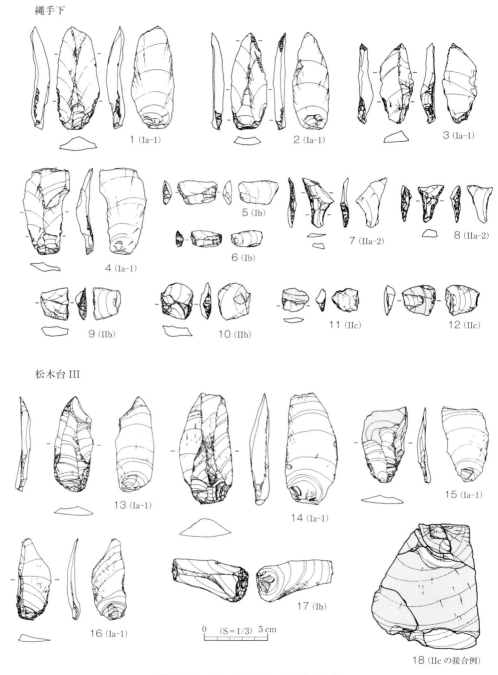

図Ⅳ-4　グループ2のナイフ形石器(2)

特定のグループにのみみられる類型も存在する。Ⅱa-1類(横長・幅広剝片素材で平坦調整により基部が作出されるもの)はグループ1のみ，Ⅰb類(縦長剝片を裁ち切るように加工した部分加工のもの)がグループ2にのみみとめられる。加えて，一部例外はあるものの，グループ2とⅠa-1類(縦長剝

第 IV 章　東北地方から九州地方における AT 下位のナイフ形石器製作技術の変遷　137

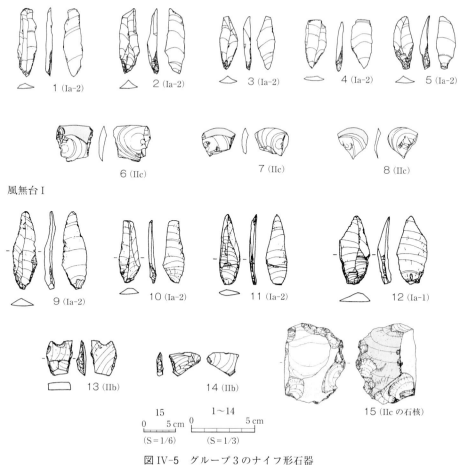

図 IV-5　グループ 3 のナイフ形石器

表 IV-2　ナイフ形石器の組み合わせ

	縦長剝片素材			横長・幅広剝片素材			
	Ia-1 類	Ia-2 類	Ib 類	IIa-1 類	IIa-2 類	IIb 類	IIc 類
グループ 1　風無台 II				○	○	○	○
地蔵田				○	○	○	○
松木台 II				○	○	○	○
グループ 2　家の下	○	△	○			○	○
小出 I	○		○			○	○
此掛沢 II	○		○			○	○
縄手下	○		○		○	○	○
松木台 III	○		○				○
グループ 3　風無台 I	△	○				△	○
下堤 G		○					○

○はまとまって出土，△はわずかに出土

片素材の基部を逆台形状に整形したもの），グループ3とIa-2類(縦長剥片素材で基部がV字形に整形されたもの)の結びつきもあわせて指摘できる。以上の点から，各グループにみられるナイフ形石器の類型の違いを確認できた。そして，それらの類型が組み合わさって，表IV-2のようにグループ1，グループ2，グループ3というナイフ形石器の類型の異なる組み合わせが形成されていることがわかる。

　上で確認したように，ナイフ形石器の類型の組み合わせについてはグループごとに異なるものの，より詳細にみると，それらは基部が作出されるものと基部が作出されないものの二者により構成されていることがわかる。以下に記すと，グループ1では，基部作出類型(IIa類)と明確な基部をもたない類型(IIb類・IIc類)，グループ2では，基部作出類型(Ia-1類)と明確な基部をもたない類型(Ib類・IIb類・IIc類)，グループ3では，基部作出類型(Ia-2類)と明確な基部をもたない類型(IIc類)という組み合わせである。グループごとに基部作出類型は異なるが，基部をもたない類型については共通する部分が多い。さらにこれらの刃部形状に注目すると，基部作出類型ではIa類は基本的に尖刃(図IV-3~5)であり，IIa類についても非尖刃のもの(図IV-2-1・2・8・10・11・15~17)が多いが，尖刃の資料(図IV-2-3・7・9)も特徴的に存在することを指摘できる。一方，基部をもたない類型の刃部形状は非尖刃(Ib類・IIb類・IIc類)であることが確認される(図IV-2~5)。これらの諸点を整理すると，各グループが保有するナイフ形石器の類型は異なるものの，尖刃と非尖刃のナイフ形石器を基本的な構成としていることがわかる。

(2) 編年案の提示

　各グループ間の共通点と相違点を上で確認したが，それらの新旧関係をみていく。

　各グループの新旧関係については，全グループにみられる横長・幅広剥片素材のナイフ形石器の類型の組み合わせから，グループ1(IIa-1類・IIa-2類・IIb類・IIc類)→グループ2(IIa-2類・IIb類・IIc類)→グループ3(IIb類・IIc類)の順([仮説1])か，その逆の順序([仮説2])が想定される。[仮説1]では類型が徐々に減少していく状況を，[仮説2]では類型が加わっていく様子を示すと考えられる。一方，縦長剥片素材のナイフ形石器について横長・幅広剥片製ナイフ形石器で想定された順序で考えると，[仮説1]ではグループ1(なし)→グループ2(Ia-1類・Ia-2類〈わずか〉・Ib類)→グループ3(Ia-1類〈わずか〉・Ia-2類)，[仮説2]の場合，グループ3(Ia-1類〈わずか〉・Ia-2類)→グループ2(Ia-1類・Ia-2類〈わずか〉・Ib類)→グループ1(なし)となる。

　これらの関係については，[仮説1]は縦長剥片製ナイフ形石器をもたない段階から保有する段階，保有する段階内での素材形状修正度の高まりとして理解可能である。また，[仮説2]については，縦長剥片製ナイフ形石器の素材形状修正度が高いものから低いものへ，そして縦長剥片製ナイフ形石器が消滅して横長・幅広剥片製ナイフ形石器に収斂するという解釈も成りたちうる。それでは新旧関係は[仮説1]と[仮説2]のどちらが正しいのであろうか。

　まず，周辺地域の当該期の事例を，次に東北地方における当該期に後続する石器群を検討することで，当該期の編年を試みる。はじめに当該期の編年が確立している列島中央部に位置する関東地方のナイフ形石器製作技術の特徴を確認する。

関東地方のナイフ形石器製作技術の検討(第 III 章：大塚 2009)を参照すると，時期区分の指標として器面調整と二側縁加工尖刃ナイフ形石器(いわゆる茂呂系ナイフ形石器)があげられた。東北地方でもみられる器面調整のナイフ形石器(本節の IIa-1 類)は IX 層段階にのみみとめられることがわかっている。さらに IX 層段階の前後については，X 層段階では素材形状をほとんど変えない微細調整，後続する VII 層段階では急斜度調整による整形方法の変化や，尖刃ナイフ形石器については時期が下るごとに加工度が高まることが確認されている。このような周辺地域の状況に加え，東北地方の当該期に後続する石器群には「東山系石器群」や「杉久保系石器群」といった石刃石器群が考えられている(渋谷・石川 2010)。

上述した点を考慮し，関東地方と東北地方のナイフ形石器製作技術に共通点があると仮定すると，器面調整のナイフ形石器の存在からグループ 1 が IX 層段階と対比され，縦長剥片製尖刃ナイフ形石器の素材形状修正度の高まりを根拠として，グループ 2 →グループ 3 の順序が想定される。グループ 1 →グループ 2 への変遷についても，調整技術が器面調整から急斜度調整へ移りかわる点で整合する。これらの点から，グループ 1 →グループ 2 →グループ 3 の順が予測され，[仮説 1]が支持される。後続する石刃石器群の継続からも妥当性が高いと考える。

これに対し，仮にグループ 1 を新しくする[仮説 2]をとると，グループ 1 が IX 層段階に相当することからグループ 2・3 は全て X 層段階以前になり，X 層段階以前の最初期に素材打面を除去する素材形状修正度の高い縦長剥片製の基部加工ナイフ形石器が存在することになる。さらに，後続する VII・VI 層段階に位置づけられる資料がなくなり，空白期をはさみ AT 上位に石刃石器群が再び出現するという石器群の断絶を含む複雑な変遷過程が想定されることになる。この点からも，[仮説 2]は成立しがたく，[仮説 1]をとることが妥当であるといえる。

また，このようなナイフ形石器の類型の対比に加え，分析例は少ないが ^{14}C 年代測定結果についてもふれておく。グループ 1 に属する地蔵田遺跡(秋田市教育委員会 2011)において行われた ^{14}C の測定年代 29,750±130 yBP，30,130±140 yBP，28,080±120 yBP(いずれも未較正)の値が，関東地方のおよそ同時期の年代 30,380±400 yBP と近似する(Otsuka and Ambiru 2010)ことも，グループ 1 と関東地方で設定された IX 層段階とのナイフ形石器による対比結果と矛盾しない点をつけ加えておきたい。

(3) ナイフ形石器の時間的変化と共通性

本項の検討の結果，グループの時期的な変遷と，各グループ間におけるナイフ形石器の類型の共通点と相違点があきらかになった。ここに各グループの新旧関係が確定したことから，各グループを時間的な段階として捉えなおし，グループ 1 を I 期，グループ 2 を II 期，グループ 3 を III 期とする。これら I 期から III 期の東北地方における AT 下位石器群のナイフ形石器は尖刃と非尖刃という異なる刃部形状のナイフ形石器の組み合わせを基本的な構成とするが，時期ごとに異なる類型の組み合わせをもっていた(表 IV-2)。

ここで，それらの特徴を整理してみると，時期ごとに組み合わせが異なるだけでなく，時期的に限定して製作される類型(Ia-1 類，Ia-2 類，Ib 類，IIa-1 類，IIa-2 類，IIb 類)と，終始製作され

つづける類型(IIc類)という違いをもつことがわかる。このことから，時間的な変化をもつものと，時間的な変化をもたないものによって当該期のナイフ形石器製作技術が成りたっていることがよみとれる。それではなぜ変化するものと変化しないものを当該期の石器群はあわせもつのだろうか。その要因をあきらかにするため，時間的な変化を示さないIIc類(米ヶ森型台形石器)を次項で検討する。

4. 米ヶ森型台形石器の分析

(1) 米ヶ森技法の研究略史

1項でもふれたように，米ヶ森技法は秋田県に位置する米ヶ森遺跡の資料を通して提唱された(秋田考古学協会 1977，藤原 1984)。米ヶ森技法は以下の特徴をもつ小形剥片の連続剥離技術とされる(藤原 1988)。

① 石核は剥片を素材として石核素材の背面側を打面，腹面側(主要剥離面)を作業面とする。
② 打面部を新たに作出する場合と石核素材の背面側をそのまま用いる場合もある。
③ 打点を少しずつ一定方向に移動させ，台形，もしくは扇形の小形剥片を連続剥離する。
④ 石核素材の主要剥離面(ポジ面)を小形剥片の側辺部に残し，この底面と小形剥片の主要剥離面が鋭い縁辺部を形成する。
⑤ 石核素材面(底面)を例外なく付すため小形剥片の剥離は1回の打点の移動で終了し，逆戻りしたり，重複したりすることはない。
⑥ 得られる小形剥片は米ヶ森型台形石器の素材にのみ用いられる。

また，報告書中では，米ヶ森型台形石器の機能についても言及されており，3点の理由から組み合わせ具が想定されている。一点目は，非常に小形で規格性が強いこと。二点目として，使用痕(刃こぼれ)の残されている部位が，剥片の主要剥離面と石核素材の主要剥離面のなす刃部に限定されていること。三点目は，米ヶ森型台形石器は例外なく石器(tool)としての機能をもつ点である。以上の特徴から，組み合わせ具であることと，使用痕の位置や状態から「切削る」という機能をもつ可能性が予測された。また，組み合わせ具として代表的な細石刃と比べ，米ヶ森型台形石器を組み合わせ具とした場合，「溝を深く掘る必要があり，又，断面が湾曲しており，直線的に連続して着柄する場合には都合が悪い」と考えられることから，細石刃とは別の着柄方法が示唆された。

その後，米ヶ森型台形石器の形態学的特徴については，梅川知江(1998)が形態的な共通点として背稜角[11]，厚さ，長幅指数，長厚指数を，相違点として長さと刃角[12]を指摘した。さらに先行研究を参照した上で，重量の検討から，鏃としての機能の可能性も同時に示している。

また近年，田村隆(2001)は，佐藤宏之(1988)により設定された「台形様石器」の中から，「端部整形石器」(「端部整形尖頭器」と「端部整形刃器」よりなる)を分離し，米ヶ森型台形石器を「端部

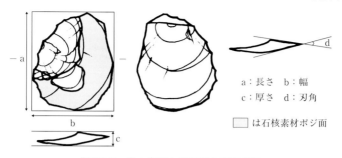

図 IV-6　米ヶ森型台形石器の計測方法

整形刃器の変異体」として位置づけた。そして，それらが刃部の長さ 30 mm 未満の軽量小形石器であることから細石器と捉え，「端部整形石器」を植刃槍のモジュール(道具の部品)とする見解を示した(田村 2001・2011)。

以上のように米ヶ森技法については，技法や製作される米ヶ森型台形石器の定義とともに，石器の機能についても当初から注意が払われていたことがわかる。時間的位置づけについては麻柄一志の詳細な検討(麻柄 1985・2005)により AT 下位石器群に特徴的であることで意見が一致する一方，その機能については鏃や植刃槍のモジュールなど様々な用途が提示され一致をみていないのが現状である。

(2) 分析の目的と方法

本項では様々な機能が想定されている米ヶ森型台形石器の機能を捉えることを目的とする。分析方法としては，形態学的な検討を行う。米ヶ森型台形石器を特徴づける剝片の主要剝離面と素材主要剝離面が形成する刃部の角度(刃角)に注目するとともに，石器の長さ・幅・厚さを検討する[13](図 IV-6)。刃角の計測については梅川(1998)の方法を用いた。刃角は分析資料から直接計測し，長さ・幅・厚さについては家の下遺跡の資料以外は実測図を等倍にし計測したことを断っておく。なお，刃角については測定誤差を考慮し，5 度単位で計測を行った。グラフで示される数値の前後 2 度ずつを含め，たとえば 25 度と示される資料は 23 度～27 度と計測された資料にあたる。

分析対象は，I 期(グループ 1)に属する風無台 II 遺跡 3 点・地蔵田遺跡 8 点・松木台 II 遺跡 2 点，II 期(グループ 2)の小出 I 遺跡 6 点・此掛沢 II 遺跡 38 点・縄手下遺跡 8 点・家の下遺跡 268 点，III 期(グループ 3)では下堤 G 遺跡 55 点，合計 388 点である。

(3) 米ヶ森型台形石器の形態的特徴

遺跡ごとに検討を行ったが，特に I 期(グループ 1)の分析資料数が少ないことと，分析結果が全遺跡でおおよそ共通することから一つのグラフにまとめて提示する。まずは，長さ・幅・厚さの計測結果を検討する。

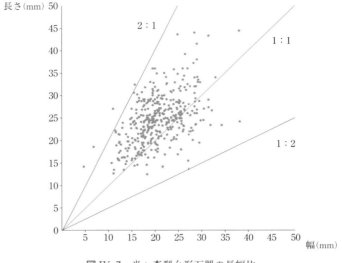

図 IV-7　米ヶ森型台形石器の長幅比

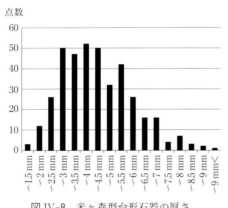

図 IV-8　米ヶ森型台形石器の厚さ

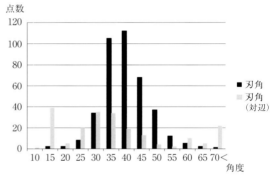

図 IV-9　米ヶ森型台形石器の刃角

　長さと幅の散布図(図IV-7)をみると，長幅比は2：1〜1：2の間に分布する傾向があり，幅広であることがわかる。大きさについては15mm〜35mmの範囲にややまとまるものの，漸移的で長径10mm〜40mm程度まで連続してみられる。

　厚さは最小値1.3mmから最大値16.9mmとかなり広範囲にわたる。〜3mmから〜4.5mmと〜5.5mmにピークがあり，1つの集中域を作らず，2つのピークをもつことがわかる(図IV-8)。20点以上の資料に限ってみても〜2.5mmの薄いものから〜6mmの厚みのあるものまでみられ，全体的にばらつきがみとめられる。長幅比・厚さの検討から，明確なまとまりをもたない傾向がよみとれる。

　次に刃角について検討する。図IV-9をみると，最小の15度から70度以上と幅をもつものの，30度〜50度にまとまり全体の92％を占める。特に35度と40度に集中する。比較のため参考までに，多数の資料が出土した家の下遺跡出土の米ヶ森型台形石器を対象に，刃部と相対

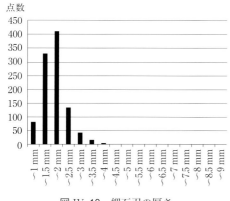
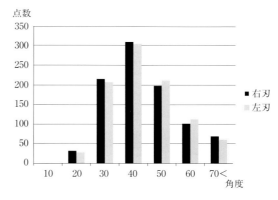

図 IV-10　細石刃の厚さ　　　　　　　図 IV-11　細石刃の刃角

する先行剥離面と石器の主要剥離面が形成する側縁(対辺)の角度を示した(図 IV-9：対辺の刃角)。グラフからは 15 度・25 度～40 度・70 度以上の点数が多く，複数の集中域をもつことをよみとることができる。この結果を米ヶ森型台形石器の刃角と比較すると，米ヶ森型台形石器の刃角のまとまりが際立っていることがわかる。

以上の検討によって把握された米ヶ森型台形石器の形態学的な特徴をまとめると，

① 長幅比は 2：1～1：2 の間に分布し幅広である。長さ・幅は 15 mm～35 mm の範囲にややまとまるものの，漸移的で長径 10 mm～40 mm まで連続する。

② 厚さは～2.5 mm から～6 mm までの広範囲にわたり，2 つのピークをもつ。

③ 刃角は 30 度～50 度にまとまり，35 度～45 度が 75% を占め特に集中する。

①から③の特徴から，長さ・幅や厚さのばらつきは大きいが，刃角についてはまとまる傾向が指摘できる。

(4) 細石刃の形態的特徴

米ヶ森型台形石器については組み合わせ具とする説が提示されていることから，比較材料として組み合わせ具の代表格である細石刃の形態学的特徴をみる。細石刃の形態学的検討については，深澤幸江(1999)による詳細な検討があるため，その分析結果を以下にまとめる。

① 幅は 1.6 mm～9.6 mm に分布するが，3 mm～7 mm の資料が大多数である。長さは折断等により大きく変形されるため 3 mm～24 mm までであるが，9 mm をピークに 5 mm～16 mm にまとまる。

② 厚さ(図 IV-10)は 0.2 mm～4.5 mm の範囲にあるが，1.0 mm～2.5 mm に大多数の資料が含まれる。

③ 刃角(図 IV-11)は，左右両側縁とも平均 40 度で，20 度～50 度未満が半数を超え集中する。

以上をまとめると，細石刃の形態学的特徴は長さにばらつきがあるものの，幅・厚さ・刃角はまとまることを指摘できる。特に厚さについては 1.0 mm～2.5 mm というわずか 1.5 mm の

間に大多数がおさまり均一であることがわかる。細石刃の「分割」(織笠 1983)は長さの調節と同時に細石刃の湾曲も解消することから，組み合わせ具として平面形のみならず厚さも重要な要件であったことがうかがえる。

(5) 米ヶ森型台形石器の機能推定

[1] 米ヶ森型台形石器と細石刃の形態比較

先の検討によりあきらかになった，米ヶ森型台形石器と細石刃の形態学的特徴を比較する。

米ヶ森型台形石器の特徴は，①長幅比は2：1～1：2の間に分布し幅広である，長さ・幅は15 mm～35 mmの範囲にややまとまるものの，漸移的で長径10 mm～40 mmまで連続する，②厚さは～2.5 mmから～6 mmまでの広範囲にわたり2つのピークをもつ，③刃角は30度～50度にまとまり，全資料の75％が35度～45度に集中する資料であった。長さ・幅や厚さについてはばらつきがあるが，対して刃角についてはまとまる傾向がみとめられた。

これに対し，細石刃は，①幅1.6 mm～9.6 mmに分布，3 mm～7 mmの資料が大多数を占める，長さは折断等により大きく変形されることから3 mm～24 mmまであるが，9 mmをピークに5 mm～16 mmにまとまる，②厚さは0.2 mm～4.5 mmの範囲にまとまり，1.0 mm～2.5 mmに大多数の資料が含まれる，③刃角は左右両側縁とも平均40度で，20度～50度未満が半数を超える。細石刃の形態学的特徴は，長さについてはばらつきがあるものの，幅・厚さ・刃角はまとまり，特に厚さについては1.0 mm～2.5 mmというわずか1.5 mmの間に大多数がおさまり均一であることが指摘できる。

米ヶ森型台形石器と細石刃の相違点は長さ・幅・厚さの規格性であり，特に厚さについては細石刃との比較により，米ヶ森型台形石器のばらつきがより明確になった。両者の共通点は刃角のまとまりであるが，細石刃に比して，米ヶ森型台形石器の規格性が目立つ。これらの比較を通して，組み合わせ具と考えられる細石刃とは対照的に，米ヶ森型台形石器は長さ・幅・厚さにおいてばらつきが大きく，刃角については極めてばらつきが小さいことがあきらかになった。

[2] 米ヶ森型台形石器の製作と廃棄

米ヶ森型台形石器の形態的特徴を細石刃と比較することで明確にしたが，先に指摘した特徴をもつ米ヶ森型台形石器はどのように製作・廃棄されているのだろうか。接合資料を中心にみていく。

図IV-12に米ヶ森型台形石器と石核の接合例の代表的なものを示した。図示した資料は共通して石核素材の主要剥離面をとりこむように，台形状の剥片が3枚～7枚程度連続的に剥離されている。接合資料は米ヶ森型台形石器の出土点数と関連し，出土点数の多い家の下遺跡や此掛沢II遺跡で多くみられるが，全ての遺跡で製作されている[14]。

このように各遺跡で製作された米ヶ森型台形石器はどこで廃棄されているのだろうか。家の下遺跡の資料に注目したい。図IV-12-3は7点，4は5点の米ヶ森型台形石器が1点の石核に

第 IV 章　東北地方から九州地方における AT 下位のナイフ形石器製作技術の変遷　145

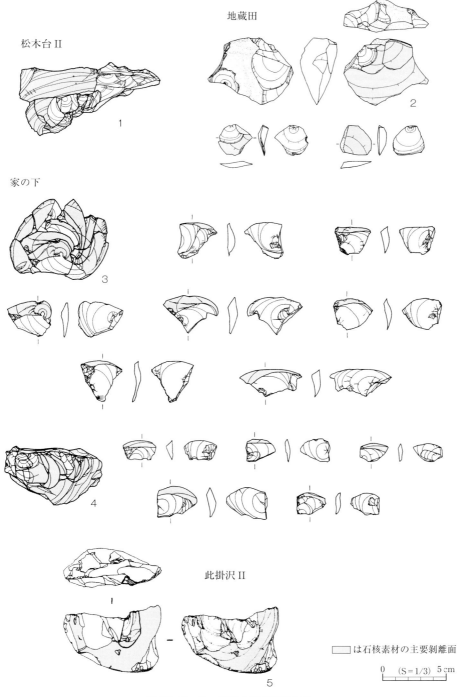

図 IV-12　米ヶ森型台形石器接合例

接合した資料で，接合した石器と石核の間に空白部がほとんどないことから，製作された石器のほぼ全てがその場に廃棄されていることがわかる。図示した他の接合例(図IV-12-1・2・5)についても製作された点数は少ないものの，やはりほとんどの資料が接合していることから，米ヶ森型台形石器の出土量の多寡に関係なく，製作と廃棄の場が一致する可能性が高い。

[3] 米ヶ森型台形石器の機能推定

米ヶ森型台形石器の形態的特徴と製作・廃棄の関係をみることで，規格的な刃部をもつ米ヶ森型台形石器が遺跡内で製作・廃棄されていることがあきらかになった。さらに，鹿又喜隆(2005)により示された上萩森(かみはぎもり)遺跡出土の米ヶ森型台形石器の使用痕分析結果を参照すると，米ヶ森型台形石器は①素材主要剝離面と剝片の主要剝離面がなす縁辺を刃部とし，②多様な対象物の切断あるいは鋸引きの作業に使用されたことが指摘されている。これらの諸点に加え，横長・幅広剝片素材の基部が作出されるIIa類のナイフ形石器とは対照的に，基部が作出されず，かつ素材形状を修正しないという米ヶ森型台形石器の特徴を考慮すれば，鏃や植刃槍のモジュールではなく，規格的に作出された刃部を用いる刃器としての機能が想定される。つまり，米ヶ森型台形石器は刃器として基本的には各遺跡で製作・使用・廃棄される道具[15]であったと考えられる。

5. 東北地方における AT 下位石器群のナイフ形石器製作技術の構造

(1) 東北地方におけるナイフ形石器製作技術の変遷

3項でまとめたように，当該期はI期(グループ1)→II期(グループ2)→III期(グループ3)と変遷し，ナイフ形石器の類型の組み合わせは異なるものの，尖刃と非尖刃という異なる刃部形状のナイフ形石器の組み合わせを基本的な構成としていた。本項ではこれまでの分析結果の関係を総合的に検討する。まず，ナイフ形石器の刃部形状に基づく系列を単位として時間的な変化を追い，最後に各時期における系列間の関係に注意しながら，系列間の関係性の時間的な変化を捉える。

刃部形状に基づく系列(尖刃・非尖刃)を単位とし，時期的な変化がみとめられない米ヶ森型台形石器を除いた資料について検討する。尖刃のナイフ形石器では，I期は横長・幅広剝片を素材としたナイフ形石器(IIa類の一部：図IV-2-3・7・9)で量的には少ないが，II期以降は縦長剝片製の基部加工ナイフ形石器で，II期の基部が逆台形状を呈するIa-1類からIII期の基部がV字形を呈するIa-2類になる。I期からII期の間に素材の変化が，II期からIII期の間に素材形状修正度の高まりと基部作出の明確化がみとめられるとともに，時期が下るごとに量的に増加していく傾向がある。一方，米ヶ森型台形石器を除く非尖刃のナイフ形石器は，II期に縦長剝片素材のIb類が加わるものの，I期からIII期を通じて横長・幅広剝片を素材として用いてお

り，素材については共通性が高い。しかし，基部に注目すると，I期で基部が作出されるIIa類が特徴的にみとめられるのに対して，II・III期では基部の作出がみとめられない上に，時期が下るごとに量的に減少していく。

ここで上述した時期的な変化を示す尖刃・非尖刃(米ヶ森型台形石器を除く)のナイフ形石器の関係を時期ごとに整理する。

I期：横長・幅広剥片を素材とし，基部が明瞭な非尖刃ナイフ形石器とともに，尖刃のナイフ形石器が作られる。

II期：縦長剥片素材の尖刃ナイフ形石器が加わる。横長・幅広剥片素材の非尖刃ナイフ形石器の基部作出例はほとんどなくなる。

III期：縦長剥片素材の尖刃ナイフ形石器の基部作出が明瞭で，量的にも多い。横長・幅広剥片素材の非尖刃はほとんどみあたらない。

これらの関係を時間軸に沿って整理すると，尖刃ナイフ形石器の基部作出の明確化や出土量の増加に反比例して，非尖刃ナイフ形石器の基部が不明瞭になり出土量が減少することがわかる。つまり，尖刃ナイフ形石器と非尖刃ナイフ形石器(米ヶ森型台形石器を除く)は基部の作出を軸(要素)として対照的な増減の関係をもつことを指摘できる。

これに対し，同じ刃部形状をもつ非尖刃ナイフ形石器の中でも，時間的な変化をもつ一群と時間的な変化をもたない米ヶ森型台形石器にはどのような関係があるのだろうか。時間的な変化をもつ一群は，上述したように時期が下るにつれ基部が不明確になり量的に減少していくのと対照的に，米ヶ森型台形石器はII・III期と時期が下るにつれ量的に増加する。非尖刃の中にも対照的な増減の関係がみとめられるのである。

これらの増減の要因を捉えるにあたって，一度尖刃・非尖刃(米ヶ森以外)ナイフ形石器の関係に戻ると，それらの増減は基部の作出が軸となっていた。仮に，基部の作出が着柄と関連しそれらが主に狩猟具に用いられたと仮定した場合，II・III期と縦長剥片製の尖刃ナイフ形石器が狩猟具の中心になるにしたがい，非尖刃ナイフ形石器の基部が作出されなくなっていることがわかる。それでは，基部の作出されなくなった非尖刃ナイフ形石器はどのような役割を担っていたのだろうか。ここで，4項で検討した米ヶ森型台形石器の分析結果をふり返ると，形状がほとんど修正されない米ヶ森型台形石器の機能は規格的な角度の縁辺を刃部とする刃器であった。そして，非尖刃ナイフ形石器の中で時期的な変化をもつ一群もII期以降は基部を作出しない点で，米ヶ森型台形石器と共通することは注意される。

このことは，I期では狩猟具であった横長・幅広剥片素材のナイフ形石器が，縦長剥片製の尖刃ナイフ形石器という新しい狩猟具の導入(出現)により狩猟具から刃器に機能を転じ(II期)，当初から刃器として機能し規格的な刃部の量産が可能な米ヶ森型台形石器に置きかわっていく様子を示すと考えられる(III期)(図IV-13)。

(2) 東北地方におけるナイフ形石器製作技術の成りたち

東北地方のナイフ形石器文化は，安蒜政雄(1986)が指摘するように，素材形状保持的なナイ

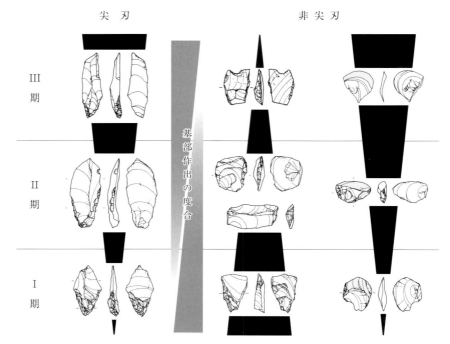

図 IV-13　東北地方におけるナイフ形石器の変遷

フ形石器作りによる縦長剝片素材の基部加工ナイフ形石器に特徴づけられていた。しかし，それは一貫して同形のものを製作しているわけではなく，基部の整形に素材打面除去例が加わるように，相対的に素材形状修正的なナイフ形石器作りへのゆるやかな移りかわりがみとめられる。しかし，ナイフ形石器の形態は依然として基部加工であることからも，終始素材形状保持的なナイフ形石器作りが維持されていることがわかる。当該期の関東地方のナイフ形石器作り（大塚 2011c）を参照すると，関東地方では素材形状保持的なナイフ形石器作りから素材形状修正的な二側縁加工のナイフ形石器作りに移りかわるのに対して，東北地方の特徴は一貫した素材形状保持的な基部加工ナイフ形石器作りであることが確認できた。

　このような東北地方における素材形状保持的なナイフ形石器作りはどのように成りたっていたのであろうか。当該期の東北地方において観察される，基部が明瞭に作出された狩猟具としての縦長剝片製尖刃ナイフ形石器の増加は，横長・幅広剝片製非尖刃ナイフ形石器のあり方と連動することで，非尖刃ナイフ形石器の主体となる機能に変化を生じさせ，狩猟具から刃器としての米ヶ森型台形石器に置きかえていく様子がみてとれた。前項で指摘したように，基部加工の尖刃ナイフ形石器と対になって存在する非尖刃ナイフ形石器との密接な結びつきに，東北地方特有の一貫した素材形状保持的なナイフ形石器作りが継続された要因をみいだすことができるのではないだろうか。このような尖刃・非尖刃ナイフ形石器の補完的なあり方を，東北地方におけるナイフ形石器製作技術の構造として指摘したい。そして，段階間にみられる尖刃ナイフ形石器と非尖刃ナイフ形石器との補完関係のあり方の変化に，東北地方におけるナイフ形石器文化のはじまりと展開をよみとることができる。その製作技術の変化には，狩猟具形態の

変化に伴うナイフ形石器製作技術の再編成という歴史的な背景があったのである。

第2節　東海・中部地方におけるナイフ形石器製作技術の変遷

1. 研究の現状と課題

(1) AT下位石器群の編年研究の歩み

　東海・中部地方におけるAT下位石器群の編年研究は，関東地方の石器群と対比する形で論じられてきた(石器文化研究会 1991)。近年，第二東名(新東名)高速道路建設工事に伴う調査の成果と，世界的な現生人類拡散を観点とした旧石器時代初頭への関心の高まりから，より細かな層位的条件をもつ愛鷹・箱根山麓を対象に，編年研究が再び活発になされている(笹原 2005，高尾 2006，中村 2011a・2012)。

　愛鷹・箱根山麓の旧石器時代遺物の包含層は，富士山を主な供給源とする火山噴出物であるスコリア層と土壌化が進んだ黒色帯の互層状の堆積を特徴としている。特に本書で研究対象とするAT下位では互層状の堆積が頻繁に繰り返されていることを利用し，石器群の出土層位を観点とした細かなスケールでの編年的検討が可能になっている。編年の方法としては，石器群が包含される層位を基準に，石器組成・個別石器の特徴(たとえばナイフ形石器)・剝片剝離技術(特に石刃技法の有無)などの石器製作技術を中心に，利用石材などの要素の異同が検討され，編年の細分化が行われた。1990年代は，1982年にはじまる愛鷹運動公園遺跡群の調査事例を主な対象に編年案が提示された(笹原 1995，佐藤 1992，高尾 1995)。そこでは，「台形様石器」を主体とし局部磨製石斧を伴う石器群から，石刃製の二側縁加工ナイフ形石器石器群を経て，小形ナイフ形石器石器群へという石器群変遷の大まかな一致をみた。そして，2000年代，第二東名(新東名)高速道路建設工事に伴う調査の成果を受け，編年の細分化が推し進められ，日本列島で最も細かなスケールの層位編年が構築されたのである(表IV-3)。

(2) 愛鷹・箱根山麓におけるAT下位石器群の編年研究の課題

　一方で，調査の進展により，「台形様石器」石器群と二側縁加工ナイフ形石器石器群出現後の両者の細分について様々な区分が提示されている。旧石器時代の初期の位置づけにかかわる「台形様石器」を有する石器群(「台形様石器」石器群)については，富士川系のホルンフェルス製の礫器および石核と剝片からなる石器群(ホルンフェルス石器群)との先後関係が議論になっている。それらの位置づけについては，現在，両者の関係を時期差とする説(笹原 2005，高尾 2006，

表 IV-3 愛鷹・箱根山麓 AT 下位石器群の編年対比表

層 位	笹原 2005	高尾 2006	中村 2011a	中村 2012
SCIV	元野 第二東名 No. 25 第二東名 No. 26 第二東名 No. 27	第二東名 No. 25〜27 追平 B	富士石 I 文 梅ノ木沢 I 文 富士石 II 文	的場 元野 淵ヶ沢
BBVI	細尾 梅ノ木沢	富士石 中見代 I BBVI 西洞 b 区 BBVI	中見代 I BBVI 追平 B II 文 1〜5ブロック	井出丸山 追平 B II 文 1〜5ブロック 秋葉林 I 文 富士石 I 文 中見代 I BBVI
BBV	中見代 I BBVI 西洞 BBVI 生茨沢 BBVI 直上 清水柳北 BBV 梅ノ木沢 中見代 I BBV 二ッ洞 BBIV	生茨沢 BBVI 直上 清水柳北 中央尾根 中見代 I BBV 二ッ洞 BBIV 初音ヶ原 A 第 1 地点	西洞 b 区 BBVI 直上 梅ノ木沢 II 文 生茨沢 BBVI 直上 中見代 I BBV 土手上 d・e 区 BBV 清水柳北 東尾根 BBV	中見代 II BBVII 清水柳北 中央尾根 BBVI 梅ノ木沢 II 文 清水柳北 東尾根 BBV 初音ヶ原 A 第 1 地点 的場
BBIV			二ッ洞 BBIV 富士石 V 文	佐野片平山 B I 文 入ノ洞 B I 文
SCIII	向田 A 葛原沢 IV 鉄平 中見代 I IV 文	向田 A 葛原沢 IV 中見代 II SCIIIb1 初音ヶ原 A 第 1 地点 下原 SCIIIb1	向田 A 秋葉林 II 文 野台南 I 文 富士石 VI 文	
BBIII	中見代 II XIII 層 柏葉尾 西大曲 BBIII 中見代 I III 文	中見代 I BBIII 中見代 II BBIII 柏葉尾 BBIII 初音ヶ原 A 第 3 地点 初音ヶ原 A 第 2 地点 加茂ノ洞 B BBIII	中見代 I III 文 清水柳北 中央尾根 土手上 d・e 区 上原 III 文 下ノ大久保 I 文 初音ヶ原 A 第 1 地点 富士石 IX 文	
BBII	初音ヶ原 A 第 1 地点 初音ヶ原 A 第 3 地点	清水柳北 東尾根 BBII 初音ヶ原 A 第 1 地点 観音堂 G BBII	清水柳北 東尾根 BBII 西大曲 富士石 XII 文 初音ヶ原 A 第 2 地点など	
NL	清水柳北 西願寺 B	上原 III 文 清水柳北 東尾根 NL	清水柳北 東尾根 NL イタドリ A I 文 富士石 XIII 文	

「台形様石器」石器群 / 三側縁加工ナイフ形石器石器群

中村 2012)と，同時期異相とする説(中村 2011a)という対照的な 2 つの説が提示されている[16]。

　また，表 IV-3 からもあきらかなように，二側縁加工ナイフ形石器出現後の細分も各研究者により 3 段階区分(笹原 2005, 高尾 2006)と 4 段階区分(中村 2011a)というように異なる区分がなされている。それらの時期区分の根拠を詳しくみると，出土層位を SCIII とする石器群では石刃製二側縁加工ナイフ形石器と「弧状一側縁背部加工ナイフ形石器」(佐藤 1992)を指標とする点で三者は共通する。しかし，BBIII 層より上層の石器群では様々な見解が提示されている。BBIII 層の石器群については，笹原芳郎と高尾好之は石刃製二側縁加工ナイフ形石器の小形化を指標とし一つの段階としている。対して，中村雄紀は BBIII 層の石器群について，BBIII 層下・中部の「弧状一側縁背部加工ナイフ形石器」が特徴的で石刃製作が低調である時期と，BBIII 層上部〜BBII 層から出土する基部に抉りのある石刃製二側縁加工ナイフ形石器と横長・幅広剥片素材の小形ナイフ形石器の時期に区分している。そして，最後の時期については，笹原と中村は NL 層の石器群を小形の横長・幅広剥片素材のナイフ形石器が特徴的な時期とする。一方，高尾は BBII 層〜NL 層を 1 時期とし，小形化した石刃製ナイフ形石器と横長・幅広剥片素材のナイフ形石器の時期としており区分が異なる。

　上にみてきた二側縁加工ナイフ形石器出現後の区分については，以下の問題点を指摘できる。第一に，SCIII 層石器群の指標とされる「弧状一側縁背部加工ナイフ形石器」についてであるが，後続する BBIII 層での出土が先にとりあげた高尾と中村の論文中で指摘されている。この点を考慮するならば，SCIII と BBIII 層の石器群を一つの段階としてまとめて理解することもできることになる。第二点目は，BBIII 層石器群の細分についての問題である。中村は，石刃製ナイフ形石器の多寡を根拠に BBIII 層石器群の細分を行っている。しかし，中村が BBIII 層下・中部に位置づけた土手上遺跡 BBIII には，抉りのある石刃製二側縁加工ナイフ形石器がまとまって出土していることが同論文中で指摘されている。そうすると，BBIII 層上部〜BBII 層とした時期と区分する根拠がなくなり，笹原と高尾が指摘するように同時期異相の石器群として理解できることになる。そして，最後に，笹原と中村のように NL 層を独立した非石刃製小形ナイフ形石器の石器群として捉えるか，それとも高尾のように BBII 層〜NL 層を一つのまとまりとし石刃と非石刃製のナイフ形石器を有する石器群として捉えるかという点についても見解が一致していない。

　このように様々な編年の細分案が生じる要因としては，特に中村の 2011 年と 2012 年の論考における非常に細かな区分案や，それぞれの論文中での編年や位置づけの変更からもあきらかなように，層位的条件が良好な愛鷹・箱根山麓では地域編年の細分化が志向されることで，石器群が有する諸要素(たとえばナイフ形石器の形態組成や石材構成など)の微かな差異についても時期差として理解されてしまう可能性がある。つまり，編年細分化の志向の差が時期区分に大きく影響を与えている点を課題として指摘できる。また，非常に細かなスケールの地域編年は，他地域では層位的条件の違いもあり同等のスケールで検討できない(中村 2012)。そのため，本節の主題である東海・中部・関東地方(日本列島中央部)を対象とした AT 下位石器群の変遷および地域化を検討するためには，他地域との編年対比についても課題を有することになる。

(3) 研究課題の解決方法

　上に編年研究の歩みと課題をみてきた。ここで編年研究と並行して進められてきた石材研究の成果にふれることで，当該期研究の抱える課題の解決方法について考える。愛鷹・箱根山麓では石材研究，その中でも黒耀石原産地推定分析が行われ重要な指摘がなされている。代表例として，池谷信之と島田和高の研究を以下に概観する。

　池谷は，愛鷹・箱根山麓の旧石器時代から縄文時代草創期の石器群を対象に，黒耀石原産地の構成を検討した(池谷・望月 1998)[17]。その結果，第1期では伊豆箱根系と神津島系を主体に少量の信州系が利用され，第2期では伊豆箱根系を主体に信州系が伴うという時期ごとの傾向が指摘された。そして，これらの関係から，遠隔地を含む多方面産地の並存(第1期)から伊豆箱根系主体(第2期)への原産地構成の変化をあきらかにした。さらに，池谷(2009)は，伊豆箱根系黒耀石を主に利用する第2期において，ナイフ形石器のサイズと「陥穴」の検討を加えることで，「陥穴」とナイフ形石器の小形化との関係性を指摘した。それらの関係から，「陥穴施設に伴う集中的な労働力の投下や，猟期における巡視と回収，メンテナンスという「ヤリ」を用いた狩猟活動には必要とされなかった継続的な生業活動によって，居住地への定着度」の高まりを想定し，当該期に領域圏の確立や地域的な単位化(佐藤 2002)が生じることを指摘した。

　一方，島田(2009)は，中部高地に焦点を定め，関東や愛鷹・箱根山麓などの周辺地との関係について，X・IX層段階の石器群を対象に検討した。その結果，特に環状ブロックが形成されるIX層段階では愛鷹・箱根山麓のみにとどまらず，関東地方・中部高地にまたがる広域的な石材利用のあり方をあきらかにした。

　以上みてきたように，黒耀石の利用を観点として列島中央部の関係性が指摘されてはいるものの，上にあげた池谷や島田の研究を除き，黒耀石の利用はあくまで地域編年を区分する上での指標の一つとして扱われているのが現状である(高尾 2006，中村 2011a)。池谷や島田が指摘するような黒耀石の広域利用を考慮するならば，黒耀石の利用状況の比較は，各地の地域間関係をあきらかにする有効な方法といえる。同時に，黒耀石の利用状況から指摘されているような愛鷹・箱根山麓における石材利用の地域化は，AT下位石器群における地域化をよみ解く上で重要な要素となりうる。

　以上の点から，本節では，まず石器製作技術の検討を行い各地の状況を整理し，次に石材の利用を観点に各地の関係を検討することで，AT下位石器群におけるナイフ形石器製作技術の変遷および地域化のあり方と，それらの背景をあきらかにする。

2. 分析方法

(1) 分析方法

　本節では，研究課題を解決するために，4つの手順で検討を行う。
　第一に，近年当該期資料の蓄積が著しく編年の細分化が推し進められている愛鷹・箱根山麓のAT下位石器群を対象に検討する。分析方法としては，当該期に普遍的な石器でありその技術的特徴から地域差が指摘されてきたナイフ形石器に注目し，さらに層位的な出土状況を加味してAT下位石器群のグループ化と編年を試みる。第二に，中部高地および関東地方の石器群を対象に，層序・テフラと年代およびナイフ形石器の特徴に注目して愛鷹・箱根山麓で設定された編年との対比と比較を行う。第三に，対比された編年に基づき，広域石材である黒耀石の利用状況の時期的変遷を検討し，地域間の関係をあきらかにする。最後に，ナイフ形石器の製作技術と黒耀石の利用状況を総合的に検討することで，当該期の日本列島中央部(東海・中部高地・関東地方)における地域化のあり方とその背景について議論する。

(2) ナイフ形石器の分類

　まず，ナイフ形石器を分類し，次項以降で具体的な検討を行う。当該期のナイフ形石器は，素材・加工・形に注目すると，いくつかの類型に整理できる(図IV-14)。まず，その素材に注目することで，縦長剝片[18]を素材とするものと，横長・幅広剝片を素材とするものの二者に大きく区分することができる。
　縦長剝片素材のナイフ形石器は，刃部形状が尖刃となる特徴をもつ。加工部位により，基部や先端を加工する基部加工のナイフ形石器(IA-1)と，側縁加工のナイフ形石器(IA-2)に細分される。前者は微細調整によるもの(IA-1i)と急斜度調整によるもの(IA-1ii)があり，後者は急斜度調整による(IA-2ii)。
　次に，横長・幅広剝片素材のナイフ形石器をみる。横長・幅広剝片を素材とするものは，尖刃と非尖刃の2つの刃部形状をもつ。尖刃を呈するものには，基部加工(IIA-1)と側縁加工(IIA-2)がある。施される調整加工は，前者では微細調整(IIA-1i)，急斜度調整(IIA-1ii)，平坦調整(IIA-1iii)の3種があり，後者は急斜度調整(IIA-1ii)のみがみとめられる。非尖刃のものは側縁加工による(IIB-2)。施される調整技術の違いにより，微細調整によるもの(IIB-2i)，急斜度調整によるもの(IIB-2ii)，平坦調整によるもの(IIB-2iii)に細分される。

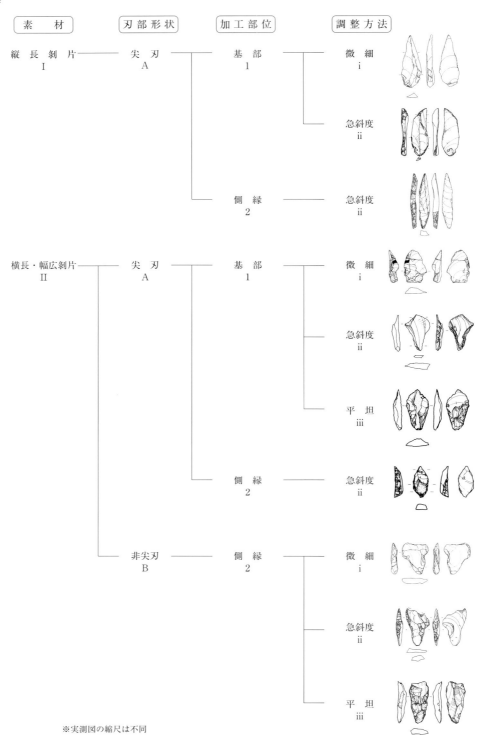

※実測図の縮尺は不同

図Ⅳ-14 ナイフ形石器の分類

3. 愛鷹・箱根山麓 AT 下位石器群におけるナイフ形石器の類型と組み合わせ

(1) 分析資料

　愛鷹・箱根山麓は厚い土層の堆積を特徴としており，石器群の単位が石器包含層を基準に一般的に呼称される。ここで研究対象とする AT 下位石器群が包含される土層の堆積を概観し，次に分析対象とする遺跡を記す。

　愛鷹ロームは古い方から下部ローム・中部ローム・上部ローム層の順に堆積する。既にふれたように旧石器時代遺物を包含する上部ローム層は，スコリア層と土壌化が進んだ黒色帯の互層状の堆積を特徴とする。上部ローム層の中位に位置するニセロームと呼ばれる黄褐色スコリア層に AT が包含されていることから，ニセロームより下位が本節の分析対象となる。

　ニセローム下位の地層は，上位からニセローム (NL：AT 包含層)，第 II 黒色帯 (BBII)，第 II スコリア層 (SCII)，第 III 黒色帯 (BBIII)，第 III スコリア帯黒色帯 1 (SCIIIb1)，第 III スコリア帯スコリア 2 (SCIIIs2)，第 III スコリア帯黒色帯 2 (SCIIIb2)，第 III スコリア帯スコリア 3・4・5 (SCIIIs3・4・5)，第 IV 黒色帯 (BBIV)，スコリア層，第 V 黒色帯 (BBV)，スコリア層，第 VI 黒色帯 (BBVI)，スコリア層，第 VII 黒色帯 (BBVII)，そして上部ローム層中最下層の第 IV スコリア層 (SCIV) を経て，以下中部ローム層につづく (図 IV-15)。

　このように AT 下位にみとめられる多数の地層が，研究史でみたように編年の一つの基準とされている。ただし，土層の区分と考古学の区分は目的と性質が異なるため，土層の区分をそのまま考古学上の区分とすることはできない。そのため，本書では石器群の出土層位を考古資料を包含する一つの大まかな単位として用いるのにとどめ，各時期に普遍的にみとめられ技術的な比較検討が可能なナイフ形石器の特徴に基づき考古学的な区分を試みることとする。よって，ナイフ形石器がまとまって出土する遺跡を分析対象として選択した。

　分析対象とする石器群は，SCIV〜BBVII は井出丸山遺跡第 I 文化層，BBVII は富士石遺跡第 I 文化層，BBVI は中見代第 I 遺跡 BBVI・富士石遺跡第 II 文化層，BBV は中見代第 I 遺跡 BBV・土手上遺跡 BBV，BBIV は二ツ洞遺跡 BBIV，SCIII は葛原沢第 I 遺跡 SCIIIb2・中見代第 I 遺跡 SCIIIs2 直上・中見代第 II 遺跡 SCIIIb1〜SCIIIs1，BBIII は初音ヶ原 A 遺跡第 2 地点 III 文化層・清水柳北遺跡中央尾根 BBIII・中見代第 I 遺跡第 III 文化層，BBII は富士石遺跡第 XII 文化層・初音ヶ原 A 遺跡第 3 地点第 I 文化層・清水柳北遺跡東尾根 BBII，NL は富士石遺跡第 XIII 文化層・清水柳北遺跡東尾根 NL である[19]。

(2) 石器群のグループ分け

　ナイフ形石器の類型の組み合わせに注目することで，4 つのグループに区分できる。以下グ

〈柱状図〉	〈層名〉		^{14}C 年代 (暦年未較正)	〈色調〉
耕作土				10YR1.7/1
縄文時代以降 弥生	新規スコリア	新規 SC		7.5YR2/1
後	黒色土			7.5YR1.7/
中	カワゴ平パミス			
前	栗色土層	KU		7.5YR2/1
早 草	富士黒土層	FB	11,390 ± 50 yBP (Beta-167672)	7.5YR3/1
5期	漸移層	ZN		7.5YR3/3
	休場層上位	YLU	14,300 ± 700 yBP (Gak-604)	7.5YR4/4
4期 後	休場層中位	YLM		7.5YR5/6
前	休場層下位	YLL		7.5YR4/6
3期 後	休場層直下黒色帯	BB 0		7.5YR4/3
中	第Iスコリア層	SCI		5YR5/6
前	第I黒色帯	BBI	20,890 ± 600 yBP (Gak-16296)	5YR4/2
	ニセローム	NL		5YR5/4
後	AT			
	第II黒色帯	BBII	25,920 ± 1,000 yBP (Gak-16297)	5YR4/2
2期 中	第IIスコリア層	SCII		5YR3/2
	第III黒色帯	BBIII	27,200 ± 2,200 yBP (Gak-1928)	2.5YR3/1
	第IIIスコリア帯スコリア1	SCIIIs1		5YR3/2
	第IIIスコリア帯黒色帯1	SCIIIb1		5YR2/2
前	第IIIスコリア帯スコリア2	SCIIIs2		7.5YR3/4
	第IIIスコリア帯黒色帯2	SCIIIb2	27,860 ± 1,710 yBP (Gak-13713)	7.5YR3/2
	第IIIスコリア帯スコリア3	SCIIIs3		5YR4/4
	第IIIスコリア帯スコリア4	SCIIIs4		7.5YR3/3
	第IIIスコリア帯スコリア5	SCIIIs5		7.5YR3/4
	第IV黒色帯	BBIV	28,100 ± 400 yBP (Gak-1929)	5YR2/2
1期 後	スコリア層		29,590 ± 300 yBP (Beta-156809)	7.5YR3/3
	第V黒色帯	BBV		5YR3/2
前	スコリア層		30,200 ± 360 yBP (Beta-122043)	5YR3/2
	第VI黒色帯	BBVI		5YR2/2
	スコリア層			5YR2/2
	第VII黒色帯	BBVII	32,060 ± 170 yBP (IAAA-10714)	7.5YR2/2
前1期	スコリア層			
	中部ローム			10YR4/4

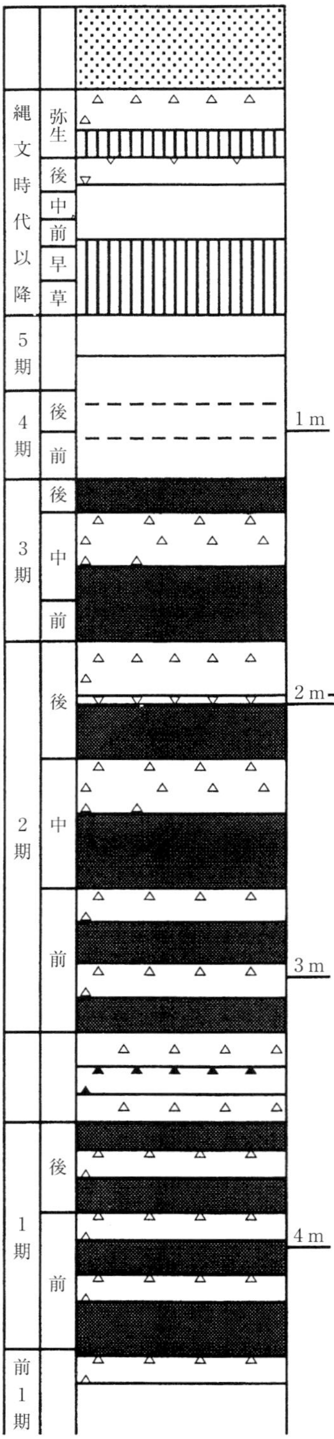

図IV-15 愛鷹山麓の土層模式図

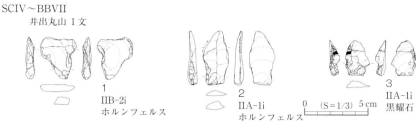

図 IV-16　グループ 1 のナイフ形石器

ループごとにみていく。

　グループ 1

　グループ 1 は，横長・幅広剝片を素材とし，非尖刃の二側縁加工ナイフ形石器と，尖刃の基部加工ナイフ形石器からなる(図 IV-16)[20]。それらの整形方法に注目すると，いずれも微細調整によっており，素材形状の修正度が低い点に特徴がある。井出丸山遺跡第 I 文化層が該当する。石器群の出土層位は，SCIV を主体とする。

　グループ 2

　グループ 2 のナイフ形石器も，横長・幅広剝片のみを素材とする(図 IV-17)。非尖刃の二側縁加工ナイフ形石器がまとまってみられ，それに尖刃のナイフ形石器が伴う。それらの整形方法に注目すると，平坦調整(1～3・6～14)を中心に，急斜度調整(15)，微細調整(4・5・17)があり，多種の調整技術がナイフ形石器の整形に特徴的に用いられている。富士石遺跡第 I 文化層，中見代第 I 遺跡 BBVI，富士石遺跡第 II 文化層，中見代第 I 遺跡 BBV，土手上遺跡 BBV，二ッ洞遺跡 BBIV が該当する。石器群の出土層位は，BBVII～BBIV である。

　グループ 3

　グループ 3 は，縦長剝片製のナイフ形石器と，横長・幅広剝片素材のナイフ形石器を有する(図 IV-18・19)。縦長剝片を素材とするものは，側縁加工ナイフ形石器を中心に，基部加工ナイフ形石器がある。横長・幅広剝片素材は，側縁を加工した非尖刃と尖刃のナイフ形石器からなる。調整加工は，急斜度調整が全ての類型で共通して用いられている。

　また，グループ 3 のナイフ形石器は，図 IV-18 と図 IV-19 からもあきらかなように，縦長剝片素材と横長・幅広剝片素材のナイフ形石器のサイズに違いがある。加えて，前者は在地石材のホルンフェルスを主体とするのに対し，後者は黒耀石を主体としており，目的とするナイフ形石器の製作にあわせた石材の使い分けもみとめられる。

　遺跡ごとの類型組成をみると，縦長剝片素材のナイフ形石器を主体とする一群と，横長・幅広剝片素材のナイフ形石器を主体とする一群に分かれてみとめられる傾向がある。前者に該当するものとして，葛原沢第 I 遺跡 SCIIIb2，中見代第 I 遺跡 SCIIIs2 直上，初音ヶ原 A 遺跡第 2 地点第 III 文化層，初音ヶ原 A 遺跡第 3 地点第 I 文化層がある。後者の例として，中見代第 II 遺跡 SCIIIb1～SCIIIs1，清水柳北遺跡中央尾根 BBIII，富士石遺跡第 IX 文化層，清水柳北遺跡東尾根 BBII があげられる。このようにナイフ形石器の素材により二分されるが，両者の共伴例(富士石遺跡第 XII 文化層)の存在や，ナイフ形石器の調整技術の共通性から，同一グルー

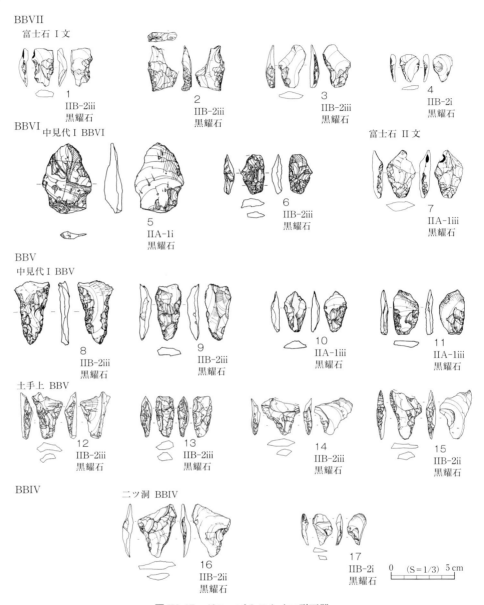

図 IV-17　グループ 2 のナイフ形石器

プとして扱う。

　該当する石器群は，葛原沢第 I 遺跡 SCIIIb2，中見代第 I 遺跡 SCIIIs2 直上，中見代第 II 遺跡 SCIIIb1〜SCIIIs1，初音ヶ原 A 遺跡第 2 地点第 III 文化層，清水柳北遺跡中央尾根 BBIII，中見代第 I 遺跡第 III 文化層，富士石遺跡第 XII 文化層，初音ヶ原 A 遺跡第 3 地点第 I 文化層，清水柳北遺跡東尾根 BBII である。石器群の出土層位は，SCIIIb2〜BBII である。

　グループ 4

　グループ 4 は，グループ 3 のように縦長剥片素材のナイフ形石器をもたず，横長・幅広剥片

第 IV 章　東北地方から九州地方における AT 下位のナイフ形石器製作技術の変遷　159

SCIII

縦長剥片主体
葛原沢 I SCIIIb2

1
IA-2ii
黒耀石

中見代 I SCIIIs2 直上

2
IA-1ii　珪質頁岩

3
IA-2ii
黒耀石

横長・幅広剥片主体
中見代 II SCIIIb1〜SCIIIs1

4
IIA-2ii
石英

5
IIA-2ii
珪質頁岩

6
IIB-2ii
安山岩

7
IIB-2ii
珪質頁岩

BBIII

縦長剥片主体
初音ヶ原 A 第 2 地点 III 文

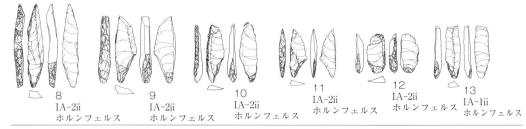

8　IA-2ii　ホルンフェルス
9　IA-2ii　ホルンフェルス
10　IA-2ii　ホルンフェルス
11　IA-2ii　ホルンフェルス
12　IA-2ii　ホルンフェルス
13　IA-1ii　ホルンフェルス

横長・幅広剥片主体
清水柳北 中央尾根 BBIII

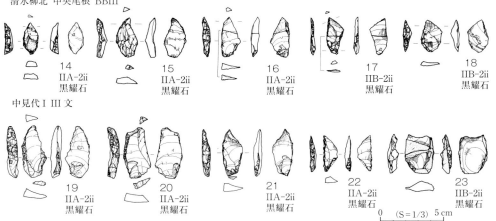

14　IIA-2ii　黒耀石
15　IIA-2ii　黒耀石
16　IIA-2ii　黒耀石
17　IIB-2ii　黒耀石
18　IIB-2ii　黒耀石

中見代 I III 文

19　IIA-2ii　黒耀石
20　IIA-2ii　黒耀石
21　IIA-2ii　黒耀石
22　IIA-2ii　黒耀石
23　IIB-2ii　黒耀石

0　(S=1/3)　5 cm

図 IV-18　グループ 3 のナイフ形石器 (1)

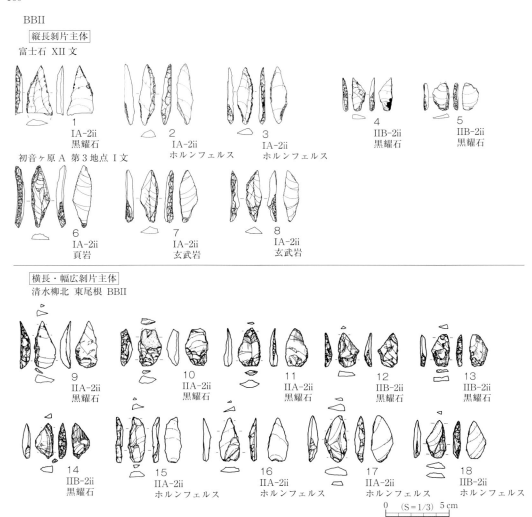

図 IV-19 グループ3のナイフ形石器(2)

のみを素材とする。非尖刃と尖刃の側縁加工ナイフ形石器からなり，急斜度調整により整形されている（図IV-20）。それらのナイフ形石器は，いずれも3cm以下の小形品で構成されている。富士石遺跡第XIII文化層，清水柳北遺跡東尾根NLが該当する。石器群の出土層位は，NLである。

(3) 各グループ間の共通点と相違点

上にみてきたグループごとのナイフ形石器の類型の組み合わせを表IV-4にまとめた。ここで各グループのナイフ形石器を比較検討し，グループ間の共通点と相違点を抽出する。

まず，グループ間の共通点を刃部形状に注目してみる。各グループにおけるナイフ形石器の類型について刃部形状を観点に整理すると，グループ1では尖刃(IIA-1i)と非尖刃(IIB-2i)，グ

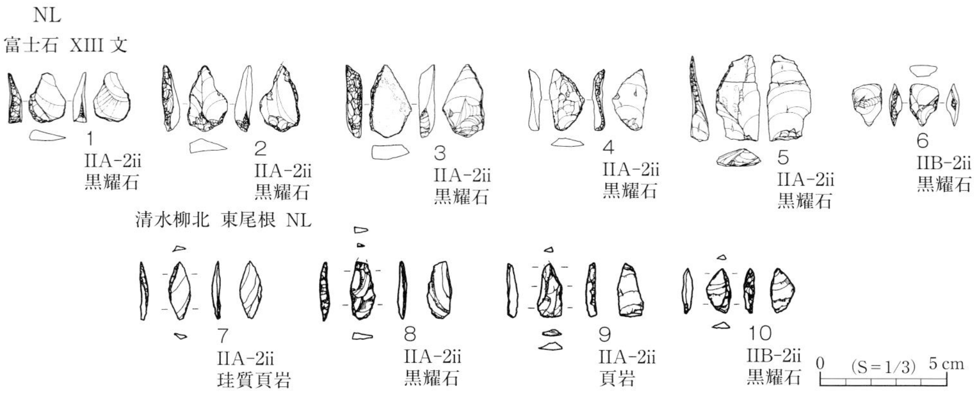

第IV章 東北地方から九州地方におけるAT下位のナイフ形石器製作技術の変遷　161

NL
富士石 XIII文

1 IIA-2ii 黒耀石
2 IIA-2ii 黒耀石
3 IIA-2ii 黒耀石
4 IIA-2ii 黒耀石
5 IIA-2ii 黒耀石
6 IIB-2ii 黒耀石

清水柳北 東尾根 NL

7 IIA-2ii 珪質頁岩
8 IIA-2ii 黒耀石
9 IIA-2ii 頁岩
10 IIB-2ii 黒耀石

0　(S=1/3)　5 cm

図 IV-20　グループ 4 のナイフ形石器

表 IV-4　愛鷹・箱根山麓 AT 下位石器群におけるナイフ形石器の組み合わせ

		縦長剝片素材 (I)		横長・幅広剝片素材 (II)					層位
		尖刃 (A)		尖刃 (A)			非尖刃 (B)		
		基部 (1)	側縁 (2)	基部 (1)		側縁 (2)	側縁 (2)		
		微細(i) 急斜度(ii)	急斜度(ii)	微細(i) 急斜度(ii) 平坦(iii)	急斜度(ii)	微細(i) 急斜度(ii) 平坦(iii)			
グループ 1	井出丸山 I 文						○		SCIV 主体
グループ 2	富士石 I 文						○	○	BBVII
	中見代 I			○ ○				○	BBVI
	富士石 II 文			○				○	BBVI
	中見代 I			○				○	BBV
	土手上						○	○	BBV
	二ツ洞						○ ○		BBIV
グループ 3	葛原沢 I		○						SCIIIb2
	中見代 I	○	○						SCIIIs2 直上
	初音ヶ原 A 第 2 地点 III 文	○	○						BBIII
	富士石 XII 文		○				○		BBII
	初音ヶ原 A 第 3 地点 I 文		○						BBII
	中見代 II				○		○		SCIIIb1〜SCIIIs1
	清水柳北 中央尾根				○		○		BBIII
	中見代 I				○		○		BBIII
	清水柳北 東尾根				○		○		BBII
グループ 4	富士石 XIII 文				○		○		NL
	清水柳北 東尾根				○		○		NL

ループ 2 は尖刃（IIA-1i, IIA-1iii）と非尖刃（IIB-2i, IIB-2ii, IIB-2iii），グループ 3 では尖刃（IA-1ii, IA-2ii, IIA-2ii）と非尖刃（IIB-2ii），グループ 4 では尖刃（IIA-2ii）と非尖刃（IIB-2ii）となる。このように，各グループは尖刃と非尖刃という 2 種の刃部形状のナイフ形石器をあわせもつことを指摘できる。

一方，上に指摘したような共通点とは別に，ナイフ形石器の素材をみると，グループ 1・グ

ループ2・グループ4の横長・幅広剝片のみの一群と，縦長剝片と横長・幅広剝片を素材とするグループ3というように，縦長剝片素材の有無により2群に分けられる。また，各類型の有無に注目すると，特定のグループに特徴的な類型がみとめられる。横長・幅広剝片を素材とした平坦調整による非尖刃(IIB-2iii)と尖刃(IIA-1iii)のナイフ形石器がグループ2に，縦長剝片素材の基部加工(IA-1ii)と側縁加工(IA-2ii)のナイフ形石器がグループ3に限ってみとめられる。以上のように，各グループのナイフ形石器は相違点をもつことから，尖刃・非尖刃という異なる刃部形状のナイフ形石器をあわせもつものの，それぞれのグループはナイフ形石器の異なる類型の組み合わせにより構成されていることがわかる。

(4) ナイフ形石器製作技術を観点とした編年

上述したように，愛鷹・箱根山麓のAT下位石器群を4つのグループに整理することができた。それでは，それぞれのグループはどのような関係をもつのだろうか。ここでグループ間の関係を，ナイフ形石器の調整技術および素材構成とサイズを観点として整理する。

ナイフ形石器に施される調整技術に注目すると，4つのグループをいくつかのまとまりとして捉えることができる。調整の性格では，グループ1の微細調整による素材形状保持的なナイフ形石器，グループ2・3・4の平坦調整や急斜度調整による素材形状修正的なナイフ形石器という2つのまとまりとして整理できる。さらに，後者は用いられる調整技術の種類により二分される。グループ2では急斜度調整，平坦調整，微細調整と多種の調整技術であるのに対し，グループ3・4では急斜度調整のみで整形されている。そして，調整技術では共通した特徴をもつグループ3と4においても，ナイフ形石器の素材構成とサイズに注目すると，3cm以上のナイフ形石器(縦長剝片素材)と3cm以下の小形のナイフ形石器(横長・幅広剝片素材)をあわせもつグループ3(図IV-18・19)と，3cm以下の小形のナイフ形石器(横長・幅広剝片素材)のみによるグループ4(図IV-20)というように，素材構成とサイズに明瞭な違いがみとめられるのである。

ところで，各グループと層位の対応関係を確認すると，グループ1はSCIV主体，グループ2はBBVII〜BBIV，グループ3はSCIIIb2〜BBII，グループ4はNLであった。つまり，これらのグループは出土層位において上下関係を有することから，上に指摘した特徴をナイフ形石器製作技術の変遷として理解できる。グループ1と2の間に素材形状保持的なナイフ形石器から素材形状修正的なナイフ形石器へというナイフ形石器製作の性格の画期，グループ2と3の間に平坦調整を含む多種の調整技術から急斜度調整による単一の調整技術へという整形方法の画期，グループ3と4の間には素材構成とサイズにおける画期をよみとることができるのである。

以上のように，ナイフ形石器製作技術の特徴に注目することで，愛鷹・箱根山麓のAT下位石器群を4つの段階に区分することができた。ここで，先行研究による編年案(表IV-3)をふり返ると，愛鷹・箱根山麓のAT下位石器群を対象に5段階区分(笹原2005，高尾2006，中村2011a)と8段階区分(中村2012)[21]というように，本書と比して非常に細かなスケールの編年が提示されていた。このような非常に細かなスケールの編年は，1項で確認したように，「台形

様石器群」の細分やSCII層石器群とBBIII層石器群の区分および，BBIII層石器群の細分について問題点を有するものの，地域内の変化を捉えるのには有効な面もある。

しかし，本節では，日本列島中央部におけるAT下位石器群の変遷および，地域化とその背景をあきらかにすることを主題にしている。そのため，時期区分に問題点を抱えたまま編年対比を試みるのではなく，ナイフ形石器製作技術にあらわれたより大きな変化である4つの段階を時間軸とし，中部高地および関東地方との比較検討を次項で試みる。

4. 中部高地および関東地方の石器群の概要と編年対比

ここでは，中部高地および関東地方のAT下位石器群の概要を確認し，その上で愛鷹・箱根山麓の編年との対比を試みる。なお，関東地方については，当該期資料が充実し，かつ黒耀石原産地推定分析例が蓄積されている下総台地と武蔵野台地の遺跡を対象とした。また，本書では，ナイフ形石器の技術的特徴を編年の指標としているため，ナイフ形石器を出土する遺跡を対象として選択した。

(1) 中部高地のAT下位石器群

列島中央部で多用された信州産黒耀石の原産地を有する中部高地のAT下位石器群をみる。野尻湖遺跡群の日向林B遺跡と大久保南遺跡I石器文化，弓振日向遺跡，追分遺跡第4文化層・第5文化層を検討する[22]。

日向林B遺跡(図IV-21)は，非尖刃のナイフ形石器からなる。いずれも横長・幅広剝片を素材とし，側縁加工を施すことでナイフ形石器に仕上げている。調整技術は，平坦調整(1〜5)を主体に，急斜度調整(6〜8)，微細調整(9)と多種の調整技術が用いられている。

大久保南遺跡I石器文化は，横長・幅広剝片を素材とした非尖刃の側縁加工ナイフ形石器(13〜15)を主体に，横長・幅広剝片製の尖刃のナイフ形石器(12)と縦長剝片製の基部加工ナイフ形石器(10・11)が伴う。10・11の素材は，連続的に同様な縦長剝片を剝離する技術(いわゆる石刃技法)による。整形は微細調整(15)，急斜度調整(10・11・14)，平坦調整(12・13)等の多種の調整技術による。

弓振日向遺跡では，尖刃の基部加工ナイフ形石器(17・18)に，横長・幅広剝片素材の非尖刃ナイフ形石器が伴う(16)。いずれの資料も素材剝片の打面部を基部に設定し，平坦調整と急斜度調整により整形されている。尖刃のナイフ形石器の素材は連続的な縦長剝片剝離技術によるものと，横長・幅広剝片を素材とするものの二者がある。調整技術・形状ともに先に示した大久保南遺跡の基部加工ナイフ形石器と共通し，図IV-21-17と図IV-21-12，図IV-21-18と図IV-21-10・11が類似する。

最後の追分遺跡(図IV-22)は，AT直上とその下位に間層をはさみ文化層が確認されており，重層遺跡の検出例がほとんどない中部高地の編年研究において重要な指標となる。まず，下位

164

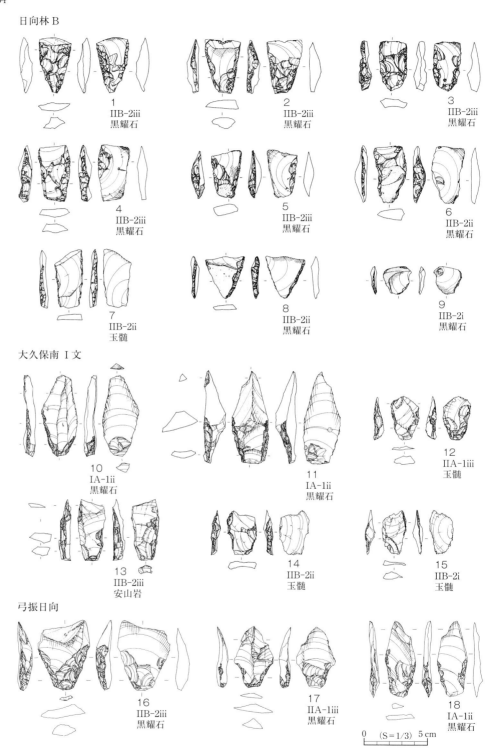

図 IV-21　中部高地 AT 下位石器群のナイフ形石器(1)

第 IV 章　東北地方から九州地方における AT 下位のナイフ形石器製作技術の変遷　165

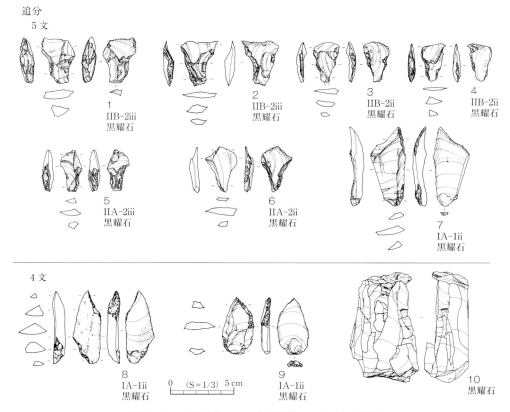

図 IV-22　中部高地 AT 下位石器群のナイフ形石器(2)

の第 5 文化層をみると，横長・幅広剝片を素材とする非尖刃の側縁加工ナイフ形石器と，尖刃のナイフ形石器からなる。尖刃のナイフ形石器は，縦長剝片を素材とするものと，横長・幅広剝片素材のものがある。縦長剝片素材のものは，素材の先端と基部にわずかに急斜度調整を施すことで整形されている。ナイフ形石器の整形にあたり，平坦調整(1・2・5)，急斜度調整(3・4・6・7)等の多種の調整技術が用いられている。

一方，追分遺跡第 5 文化層の上層から検出された第 4 文化層(8〜10)は，縦長剝片を連続的に剝離する資料(10)が特徴的にみとめられる。ナイフ形石器は縦長剝片を素材とし，急斜度調整により整形されている(8・9)。

以上，中部高地の代表的な石器群を概観してきた。ここで，上にみてきた石器群をナイフ形石器の特徴に基づき整理する。まず，一つ目のまとまりは，ナイフ形石器の整形にあたって，平坦調整を主体とし多種の調整技術によって整形された横長・幅広剝片製のナイフ形石器を組成する一群である。日向林 B 遺跡，大久保南遺跡，弓振日向遺跡，追分遺跡第 5 文化層が該当する。二つ目は，縦長剝片に急斜度調整が施されたナイフ形石器からなる一群であり，追分遺跡第 4 文化層が該当する。AT 直上から出土し，平坦調整を主体に多種の調整による第 5 文化層の上位に位置する。つまり，中部高地の AT 下位石器群では，平坦調整を主体とし多種の調整技術による横長・幅広剝片製のナイフ形石器を組成する一群(古相)と，縦長剝片を急斜

度調整により整形したナイフ形石器からなる一群(新相)の2つの石器群を確認することができる。

(2) 関東地方のAT下位石器群

次に関東地方の石器群についてみていく。関東地方のAT下位石器群は，ナイフ形石器の形態と調整加工を基準として4つの段階に区分できる(第Ⅲ章：大塚 2009・2014a，小菅 1991)。当該期資料が充実する武蔵野台地と下総台地を対象に，ナイフ形石器の特徴を時期ごとに確認する(図Ⅳ-23)[23]。

最古のX層段階の例として，多摩蘭坂遺跡(8次調査)出土のナイフ形石器をあげる。縦長剝片を素材とした基部加工の尖刃ナイフ形石器(1・2)と，横長・幅広剝片素材の二側縁加工非尖刃ナイフ形石器(3)からなる。いずれも微細調整により整形され，素材形状を保持する特徴がある。

Ⅸ層段階のナイフ形石器として，中山新田Ⅰ遺跡と草刈六之台遺跡の例を示す。縦長剝片製の尖刃ナイフ形石器(4・5)と，横長・幅広剝片製の非尖刃二側縁加工ナイフ形石器(6・7)からなる。縦長剝片製のものは，基部加工を主体に，側縁加工(二側縁加工・一側縁加工)がみとめられる。整形は，縦長剝片素材では急斜度調整を専らとするが，横長・幅広剝片素材のものは平坦調整(6)・急斜度調整(7)・微細調整と多種の調整が特徴的に用いられる。

Ⅶ層段階のナイフ形石器は，東林跡遺跡の資料を典型とする。縦長剝片製の尖刃ナイフ形石器(8〜10)と，横長・幅広剝片素材の非尖刃ナイフ形石器(11)がみられる。縦長剝片を素材とするものは，側縁加工(二側縁加工・一側縁加工)(8・9)を主体に，基部加工(10)がある。特に二側縁加工例では基部側に抉りを入れることで，基部を明瞭に作出するものが特徴的である(8)。急斜度調整により整形が行われる。また，縦長剝片製ナイフ形石器の原料として，利根川上流域で採取される黒色頁岩とガラス質黒色安山岩が特徴的に用いられる(大塚 2011a・d)。

Ⅵ層段階のナイフ形石器の代表例として，鈴木遺跡Ⅵ層をあげる。縦長剝片を素材とした尖刃の二側縁加工ナイフ形石器が特徴的にみとめられる(12〜15)。整形方法は急斜度調整で，なかには基部裏面調整が施される資料もある。類例として，堂ヶ谷戸遺跡第4文化層と下野洞遺跡があげられる。

以上，関東地方のAT下位石器群におけるナイフ形石器を時期ごとにみてきた。第Ⅲ章でも指摘したように，その変遷を追うと，素材形状保持的なナイフ形石器(X層段階)から，素材形状修正的なナイフ形石器(Ⅸ層段階以降)への移りかわりがみとめられる。つづいて素材形状修正的なナイフ形石器においても，平坦調整を含む多種の調整(Ⅸ層段階)から急斜度調整による単一の調整方法(Ⅶ・Ⅵ層段階)への移りかわりが指摘できる。そして，急斜度調整によるナイフ形石器製作技術が確立したⅦ・Ⅵ層段階では，Ⅵ層段階において二側縁加工ナイフ形石器が大多数を占めるようになる。

第 IV 章　東北地方から九州地方における AT 下位のナイフ形石器製作技術の変遷　167

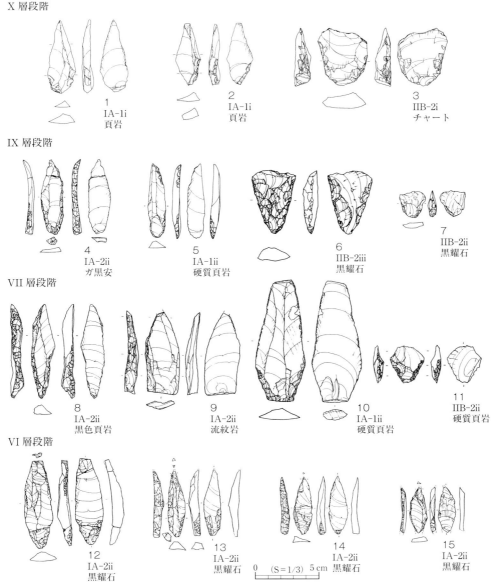

1～3：多摩蘭坂(8次)，4・5・7：中山新田 I，6：草刈六之台 2 文，8～11：東林跡，12～15：鈴木 VI 層

図 IV-23　関東地方 AT 下位石器群のナイフ形石器

(3) 層序・テフラと ^{14}C 年代を観点とした対応関係

　まず，ナイフ形石器製作技術を観点に各地の比較を行う前に，層序・テフラや ^{14}C 年代にふれ，各地の対応関係をみる。層序・テフラでは，先行研究(須藤 2006，諏訪間 2006，町田 2005)により，広範にわたる日本列島中央部の層序を対比する上で AT が重要な基準とされている。

この広域テフラであるATを基準とすることで，各地の層序から愛鷹・箱根山麓グループ4，中部高地の新相，関東地方のⅥ層段階を対比できる。

次に，^{14}C年代をみる。近年の^{14}C年代測定結果の集成(阿部2013，工藤2012，中村2012・2013・2014)をもとに，これまでにみてきたそれぞれの地域の石器群の時期と年代をみていく。

愛鷹・箱根山麓では，グループ2からグループ4の石器群に伴って^{14}C年代が測定されている富士石遺跡と，グループ1の石器群については井出丸山遺跡をとりあげる。グループ1は井出丸山遺跡で，32,720±190 yBP～33,230±190 yBPの分析結果がある。グループ2では，最も下層のBBVIIを出土層準とする富士石第Ⅰ文化層で31,620±190 yBP～32,730±190 yBP，最も上層であるBBIVの同第Ⅴ文化層で29,910±160 yBP～30,030±160 yBPの年代である。グループ3は，SCIIIb1を出土層準とする同第Ⅷ文化層で28,220±140 yBP～28,500±140 yBP，最上層であるBBIIの同第Ⅻ文化層で25,510±120 yBP～26,010±120 yBPの測定結果が得られている[24]。そして，最後のグループ4の年代は，NL出土の同第ⅩⅢ文化層で25,400±110 yBP～25,680±120 yBPである。

次に，関東地方の年代をみていく。関東地方のⅨ層段階では，良好な条件での年代測定結果がないため，Ⅹ層段階，Ⅶ層段階，Ⅵ層段階の年代についてふれる。Ⅹ層段階の分析結果は，高井戸東遺跡(近隣第三)で31,780±200 yBP～32,000±170 yBP，藤久保東遺跡で29,640±240 yBP～30,030±250 yBPである。Ⅶ層段階では，中東遺跡第2・3地点のⅦ層下部で28,090±110 yBP～28,310±110 yBP，最後のⅥ層段階では百人町三丁目遺跡(6次調査)のⅥ層下部で25,560±130 yBPの測定値が得られている。

中部高地の年代値は，まず古相の一群をみると，日向林B遺跡Ⅴb層出土炭化物では28,320±210 yBP～31,420±280 yBP，追分遺跡第5文化層で29,306±248 yBP～31,039±298 yBPである。一方，新相では，追分遺跡第4文化層において25,581±383 yBP～29,605±276 yBPの結果が得られている。ただし，新相の年代については，追分遺跡第4文化層はAT直上から出土しているにもかかわらず，ATの年代(24,240±250 yBP～24,790±350 yBP)(池田ほか1995)よりも大幅に古い年代が多く，層序と^{14}C年代測定結果が一致していない。

以上，各地の層序・テフラと^{14}C年代をみてきた。ここで，層序・テフラと^{14}C年代に基づいて各地の対応関係を検討する。愛鷹・箱根山麓のグループ1は32,720±190 yBP～33,230±190 yBPで最も古く，対応する年代は中部高地と関東地方では確認できない。愛鷹・箱根山麓グループ2は29,910±160 yBP～32,730±190 yBPであり，関東地方のⅩ層段階(29,640±240 yBP～32,000±170 yBP)，中部高地古相(28,320±210 yBP～31,420±280 yBP)が重なる。つづく，愛鷹・箱根山麓グループ3は25,510±120 yBP～28,500±140 yBPとなり，関東地方のⅦ層段階(28,090±110 yBP～28,310±110 yBP)が対応する。最後の愛鷹・箱根山麓グループ4では，25,400±110 yBP～25,680±120 yBPであり，関東地方のⅥ層段階(25,560±130 yBP)が対応する。中部高地新相の年代(25,581±383 yBP～29,605±276 yBP)は一致するとはいいがたいが，先述したように広域テフラであるATとの出土層位の関係から，愛鷹・箱根山麓グループ4と関東地方のⅥ層段階と並行することが予想される。

上に層序・テフラと^{14}C年代に基づいて各地の対応関係をみてきたが，本書の対象である

AT 下位石器群の年代を考える上での課題が工藤(2012)により指摘されているので，ふれておきたい。工藤は，^{14}C 年代の全国的な集成と検討を試みた結果，X 層段階と IX 層段階の石器群とで ^{14}C 年代が明確に区分できていない可能性および，特に VII 層段階と VI 層段階における測定例の少なさを課題としてあげている。そのため，上で確認した ^{14}C 年代の対応関係については，上述した工藤の意見を考慮し，大まかな対応関係を確認するために用いることとし，次にナイフ形石器製作技術を観点に各地の対比と比較を試みる。

(4) 中部高地および関東地方の石器群と愛鷹・箱根山麓のナイフ形石器製作技術の比較

　ここで，先に提示した愛鷹・箱根山麓のグループを軸として，中部高地および関東地方との対比を試みる。
　まず，中部高地の石器群と対比を行う。中部高地の AT 下位石器群では，平坦調整を主体とし多種の調整技術による横長・幅広剥片製のナイフ形石器を組成する一群(古相)と，縦長剥片を急斜度調整により整形したナイフ形石器からなる一群(新相)の 2 つの石器群が確認されていた。追分遺跡の層位的出土事例から，前者より後者が新しい。前者の平坦調整を主体とし多種の調整技術によるナイフ形石器の整形の特徴は，3 項でみたように愛鷹・箱根山麓のグループ 2 と共通することから，中部高地の古相を愛鷹・箱根山麓のグループ 2 と対比できる。よって，その上層から出土した追分遺跡第 4 文化層は，グループ 3・4 のいずれかと対比されることになる。加えて，AT 直上という層位的条件を考えれば，AT が包含される愛鷹・箱根山麓グループ 4 と並行することが想定される。しかし，ナイフ形石器の特徴をみると，追分遺跡第 4 文化層では縦長剥片を素材とするのに対し，愛鷹・箱根山麓のグループ 4 では横長・幅広剥片を素材としており対応しない。つまり，中部高地では，愛鷹・箱根山麓と対比可能な石器群と不可能な石器群の存在が指摘できることになる。
　それでは，関東地方と愛鷹・箱根山麓の石器群はどのような関係をもつのだろうか。関東地方最古の石器群である X 層段階のナイフ形石器は微細調整によっていた。そのような素材形状保持的なナイフ形石器は，愛鷹・箱根山麓のグループ 1 と共通した特徴をもつ。つづく，IX 層段階のナイフ形石器は，平坦調整を主体に多種の調整による点で，愛鷹・箱根山麓のグループ 2 と共通する。VII 層段階のナイフ形石器についても，縦長剥片と横長・幅広剥片を素材に急斜度調整により整形する特徴は，愛鷹・箱根山麓のグループ 3 と共通する。そして，最後の VI 層段階は AT 直下で出土することから，愛鷹・箱根山麓グループ 4 との対比が層位的に予測される。しかし，関東地方の当該期のナイフ形石器は縦長剥片素材に特徴づけられるのに対し，愛鷹・箱根山麓グループ 4 は横長・幅広剥片を素材としており様相を異にする。ナイフ形石器の特徴から，X 層段階はグループ 1 に，IX 層段階はグループ 2 に，VII 層段階はグループ 3 に対比される一方，グループ 4 と関東地方の関係性はみとめられないことが確認できた。
　以上，愛鷹・箱根山麓のナイフ形石器を軸に，中部高地および関東地方との対比と比較を試みた。その結果をテフラと ^{14}C 年代を踏まえ総合的に検討する。ナイフ形石器製作技術を観点

表 IV-5 日本列島中央部における AT 下位石器群の編年

段階	愛鷹・箱根山麓	中部高地	関東地方
X 層	井出丸山 I 文	…	… 多摩蘭坂 (8 次)
IX 層	富士石 I 文 中見代 I BBVI 富士石 II 文 中見代 I BBV 二ツ洞 BBIV	日向林 B 大久保南 I 文 … 弓振日向 追分 5 文	中山新田 I 草刈六之台 2 文 …
VII 層	葛原沢 I 中見代 I SCIIIs2 直上 初音ヶ原 A 第 2 地点 III 文 富士石 XII 文 初音ヶ原 A 第 3 地点 I 文 中見代 II SCIIIb1〜SCIIIs1 清水柳北 中央尾根 富士石 IX 文 清水柳北 東尾根 BBII	…	東林跡 …
VI 層	富士石 XIII 文 清水柳北 東尾根 NL	追分 4 文	鈴木 VI 層 堂ヶ谷戸 4 文 下野洞

とした場合，平坦調整を主体にするという技術的特徴から，愛鷹・箱根山麓グループ2と中部高地古相と関東地方IX層段階の共通性が確認できる。しかし，年代については，グループ2と中部高地古相については対応するものの，関東地方では一段階古いX層段階の年代と重なり，ナイフ形石器製作技術の特徴と年代が一致しない。この点については，先述したように工藤 (2012) の指摘したX・IX層段階の年代に関する課題を考慮し，本書ではナイフ形石器製作技術上の共通性を重視する。そのため，グループ1と関東地方のX層段階，グループ2と中部高地古相と関東地方のIX層段階を対比する。つづくグループ3はナイフ形石器製作技術と年代から関東地方VII層段階と対比される。そして，グループ4については，ナイフ形石器製作技術上の共通性はみとめられないものの，年代とテフラから中部高地新相と関東地方VI層段階と並行すると考えられる。以上の検討により，日本列島中央部のAT下位石器群を4つの段階に対比することができた (表IV-5)。ここで，日本列島中央部のAT下位石器群にみとめられる4つの段階を，これまで編年研究の指標とされてきた関東地方の時期区分にならい，古い方からX層段階，IX層段階，VII層段階，VI層段階と呼称することにする。

　ここで編年表 (表IV-5) をみると，IX層段階は全地域で対比できたものの，X層段階とVII層段階に対比される石器群は中部高地には確認できないことがわかる。また，VI層段階については，全地域で石器群がみとめられる一方，中部高地と関東地方の両方と愛鷹・箱根山麓のナイフ形石器製作技術は異なる特徴をもつことがあきらかになった。つまり，列島中央部に位置する愛鷹・箱根山麓と中部高地そして関東地方のそれぞれが密接な関係をもつ時期と，逆にそれぞれの関係が断絶する時期が指摘できるのである。このようなナイフ形石器製作技術上のつながりと断絶は何に起因するのだろうか。次項では，ナイフ形石器製作技術における地域間のつながりと断絶の原因をあきらかにするために，これらの地域で共通してナイフ形石器の主

表 IV-6 愛鷹・箱根山麓 AT 下位石器群の黒耀石原産地構成

グループ	遺跡名	信州	伊豆・箱根	神津島	高原山系	不明・未分析等	計	文献
1	井出丸山Ⅰ文	3		25		13	41	沼津市教育委員会 2011
2	富士石Ⅰ文	110	51	1		22	184	静岡県埋蔵文化財調査研究所 2010
	富士石Ⅱ文		2	28		2	32	静岡県埋蔵文化財調査研究所 2010
	追平BⅡ文	87	33	1		1	122	中村 2011b
	土手上ⅠBBV	70	669	126			865	池谷・望月 1998
	土手上ⅡBBV	8	304	41			353	池谷・望月 1998
	土手上ⅢBBV	16	340	328			684	池谷・望月 1998
	清水柳北 東尾根 BBV	59	5				64	池谷・望月 1998
	二ツ洞 BBIV			17			17	池谷・望月 1998
	初音ヶ原A 第1地点 BB4	33	526	11			570	三島市教育委員会 1999
	初音ヶ原A 第2地点 Ⅴ文 BB4		16				16	三島市教育委員会 1999
3	中見代Ⅱ SCIIIb1～SCIIIs1	27					27	池谷・望月 1998
	中見代Ⅰ BBIII下	4	74				78	池谷・望月 1998
	清水柳北 中央尾根 BBIII下		72				72	池谷・望月 1998
	柏葉尾 BBIII下	196	30				226	池谷・望月 1998
	土手上 BBIII中	2	203				205	池谷・望月 1998
	初音ヶ原A 第1地点 BB3	20	1,151	1			1,172	三島市教育委員会 1999
	初音ヶ原A 第3地点 Ⅱ文 BB3・2・NL		83				83	三島市教育委員会 1999
	富士石Ⅸ文	8	165			9	182	池谷・望月 1998
	清水柳北 東尾根 BBII下	28	169				197	三島市教育委員会 1999
	初音ヶ原A 第1地点 BB2	95	896	1			992	三島市教育委員会 1999
	富士石Ⅻ文	11	76	2		2	91	静岡県埋蔵文化財調査研究所 2010
4	富士石ⅩⅢ文	73	101			18	192	静岡県埋蔵文化財調査研究所 2010

な原料として用いられている黒耀石に注目しみていく。

5. 黒耀石利用の変遷と地域間関係の検討

(1) 地域ごとの黒耀石の利用

　列島中央部には，いくつかの黒耀石原産地が分布している。主要な原産地として，愛鷹・箱根山麓付近に位置する伊豆・箱根と神津島，中部高地に位置する信州，関東地方に位置する高原山がある。それぞれの地域において，これらの黒耀石がどのように利用されているかを検討するため，原産地推定分析結果を集成し示した（表IV-6～8，図IV-24～26）。黒耀石の利用状況を地域・時期ごとに概観する。
　愛鷹・箱根山麓では，グループ1とグループ4の分析例が少ないものの，全体的な傾向としてより近距離に位置する伊豆・箱根産と神津島産を中心に，信州産黒耀石が加わる状況がみて

表 IV-7 関東地方 AT 下位石器群の黒耀石原産地構成

時期	遺跡名	信州	伊豆・箱根	神津島	高原山系	不明・未分析等	計	文献
X層	武蔵台 Xa 文	136		1		13	150	比田井ほか 2012
	多摩蘭坂 5 地点 X 層		1	3	9	1	14	比田井ほか 2012
IX層	中東 第 2 地点 IX 層	3	53			1	57	三芳町教育委員会 2011
	農協前 1 文	1			10		11	千葉県教育振興財団 2011b
	南三里塚宮原 1			2	155	4	161	杉原ほか 2005
	泉北側 3	11	2		35		48	千葉県教育振興財団 2011a
	原山 I 文				4		4	千葉県教育振興財団 2009
	原山 IIa 文	85				47	132	千葉県教育振興財団 2009
	原山 IIb 文	17			833	23	873	千葉県教育振興財団 2009
VII層	東林跡 VII 層	6	1		54	4	75	鎌ヶ谷市教育委員会 2010
	荒野前 3 文	126			106		232	千葉県教育振興財団 2012
	市野谷向山 2 文				9		9	千葉県教育振興財団 2011c
VI層	下野洞	25					25	君津郡市文化財センター 2005
	鈴木	透明						鈴木遺跡刊行会 1978
	堂ヶ谷戸 4 文	透明						世田谷区教育委員会 2001

表 IV-8 中部高地 AT 下位石器群の黒耀石原産地構成

時期	遺跡名	信州	伊豆・箱根	神津島	高原山系	不明・未分析等	計	文献
古相	日向林 B	3,540					3,540	長野県埋蔵文化財センター 2000c
	大久保南 I 文(Ia + Ib)	492					492	長野県埋蔵文化財センター 2000c
	追分 5 文	39					39	長門町教育委員会 2001
新相	追分 4 文	126					126	長門町教育委員会 2001

とれる(表 IV-6, 図 IV-24)。現状では，関東地方に位置する高原山産黒耀石はみとめられない。特にグループ 2 では伊豆・箱根を中心に，神津島，信州産が加わり，多産地の黒耀石を利用している。神津島産の黒耀石の利用状況に注目することで，神津島産黒耀石の利用度の高い I・II 期と，利用度の低い III・IV 期に区分することができる。時期が下るにつれ利用原産地が限定される傾向を指摘できる。ここで得られた傾向は先行研究(池谷・望月 1998)と一致する。

次に，関東地方の黒耀石原産地推定分析の結果を検討する(表 IV-7, 図 IV-25)。先述したように，分析資料が豊富な武蔵野台地と下総台地を対象に集成した。集成結果をみる限り，信州産を主体とする VI 層段階[25]を除いて地域内に産出する高原山産黒耀石が専ら利用されている。島田(2009)が指摘しているように，X 層段階・IX 層段階では多寡はあるものの，高原山，伊豆・箱根，神津島，信州と多地域の原産地の黒耀石を網羅的に利用する。一方，VII 層段階では高原山と信州，VI 層段階では信州というように，VII 層段階以降に利用原産地の限定化がみてとれる。特に VI 層段階では鈴木遺跡(鈴木遺跡刊行会 1978)，堂ヶ谷戸遺跡(世田谷区教育委員

第 IV 章　東北地方から九州地方における AT 下位のナイフ形石器製作技術の変遷　173

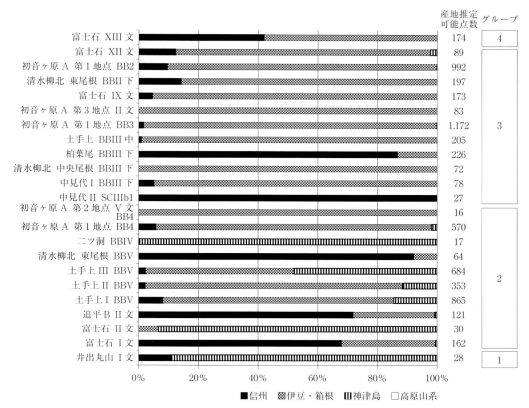

図 IV-24　愛鷹・箱根山麓 AT 下位石器群の黒耀石原産地構成グラフ

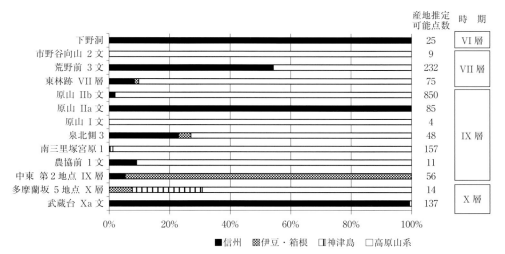

図 IV-25　関東地方 AT 下位石器群の黒耀石原産地構成グラフ

会 2001)，下野洞遺跡(君津郡市文化財センター 2005)のように信州産黒耀石を多用し，縦長剥片製のナイフ形石器を製作する状況が確認できる(図 IV-27)。
　一方で，信州産黒耀石の原産地を有する中部高地では，全て信州産が用いられており時期ご

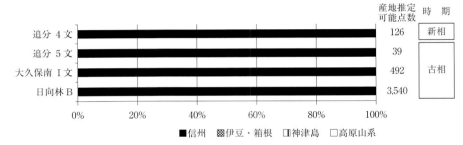

図 IV-26　中部高地 AT 下位石器群の黒耀石原産地構成グラフ

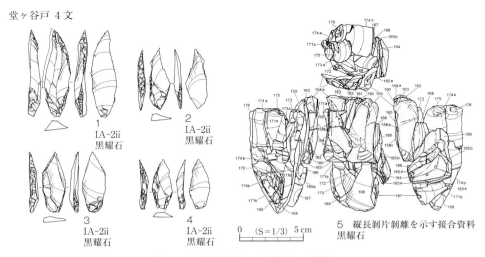

図 IV-27　関東地方 VI 層段階の石器群

との変化はみとめられない(表 IV-8, 図 IV-26)ことから，愛鷹・箱根山麓や関東地方と異なる特徴をもつことを指摘できる。

(2) 黒耀石利用を観点とした地域の性格

　上述したように，黒耀石原産地を地域内に有する3地域(中部高地，愛鷹・箱根山麓，関東地方)のうち，中部高地では原石採取地と近接する追分遺跡だけでなく，信州産黒耀石原産地から50km以上も離れた場所に位置する野尻湖遺跡群においても信州産黒耀石のみが利用されていた。
　一方，愛鷹・箱根山麓および関東地方では，中部高地とは対照的に地域内で採取可能な黒耀石を用いながらも，地域外の黒耀石もあわせて利用されていた。さらに，愛鷹・箱根山麓や関東地方において，搬入された黒耀石原料を素材にナイフ形石器が製作されていることを踏まえれば，愛鷹・箱根山麓と関東地方はナイフ形石器を製作・使用するために搬入された原料を消費する場(消費地)としての性格を強く帯びていることを指摘できる。そして，地域内の黒耀石のみが大量にみられる中部高地には，愛鷹・箱根山麓や関東地方への原料の供給地としての性格をみとめることができる。つまり，いずれの地域も黒耀石の原産地を地域内に有する点で共

通するものの，信州産黒耀石の利用に注目することで，信州産黒耀石の供給地と消費地という関係をよみとることができるのである。
　次に，黒耀石の供給地と消費地という地域の性格を踏まえて，各地の黒耀石の利用傾向をあらためて確認し，地域間の関係をあきらかにする。

(3) 黒耀石利用を観点とした地域間関係

　前項で示したように，ナイフ形石器製作技術の検討に基づいて愛鷹・箱根山麓を軸に周辺地との対応関係を検討した結果，愛鷹・箱根山麓のグループ2は全地域で対比できたものの，グループ1と3は中部高地には確認できず，グループ4では中部高地・関東地方とつながりをみとめることができなかった。ここで視点を変え，供給地としての性格を帯びる中部高地を起点に，愛鷹・箱根山麓や関東地方という消費地との関係をみていく。
　既に指摘したとおり，中部高地の古相と対比される時期(愛鷹・箱根山麓グループ2，関東地方IX層段階)は，消費地において信州と神津島産が共通して利用される多地域の原産地の黒耀石で構成されていた。ナイフ形石器の技術的特徴も全地域で共通することから，黒耀石の利用状況とナイフ形石器の技術的特徴との関係は整合的である。一方，層位的状況(AT直下出土)から，中部高地の新相と同時期の可能性が想定される愛鷹・箱根山麓グループ4では，信州産黒耀石を利用するものの主体ではなく，ナイフ形石器の特徴も横長・幅広剥片を素材としている点で中部高地新相とは異なっていた。ここでもう一つの消費地である関東地方のVI層段階をみると，信州産黒耀石が主体を占め，さらに信州産黒耀石を原料として縦長剥片製のナイフ形石器を製作している(図IV-27)ことから，中部高地の新相と共通した特徴を指摘することができる。
　以上のように黒耀石の利用を観点とすることで，供給地を起点とした地域間のつながりと，ナイフ形石器製作技術の結びつきを確認することができた。それでは，ナイフ形石器製作技術の時期的変遷と，黒耀石の利用にみとめられる地域化はどのように関連しているのだろうか。最後に，両者の関係をみることで，日本列島中央部における石器製作技術の地域化とその背景をあきらかにしたい。

6. 日本列島中央部におけるナイフ形石器製作技術の地域化とその背景

(1) 中部高地における石器群形成の背景

　ナイフ形石器製作技術や層序・テフラおよび年代の検討により，列島中央部(愛鷹・箱根山麓，中部高地，関東地方)のAT下位石器群を4つの段階に区分し対比することができた。また，愛鷹・箱根山麓，中部高地，関東地方の3地域は，信州産黒耀石の供給地(中部高地)と消費地(愛鷹・箱根山麓，関東地方)という性格の違いにより，黒耀石を仲介として密接な関係をもっている

ことがわかった。最後に，ナイフ形石器製作技術とその主要原料である黒耀石の利用を観点に，中部高地における石器群の有無と，AT下位石器群における地域化のあり方とその背景を議論する。

ここで黒耀石の利用状況をあらためて確認する。消費地では，X層段階からVI層段階の全ての時期の石器群が途切れることなく存在し，愛鷹・箱根山麓では伊豆・箱根あるいは神津島，関東地方では高原山というように，それぞれ地域内の黒耀石を主体としながらも，他地域で産出する黒耀石があわせて利用されていた。また，時期ごとの特徴については，X・IX層段階は多産地の構成を示すのに対し，VII・VI層段階では黒耀石原産地の限定化という石材利用の画期がみとめられた。一方で信州産黒耀石の供給地である中部高地では，時期を違わず信州産黒耀石のみが利用され，IX層段階とVI層段階に限って石器群がみとめられた。つまり，石器群が時期的に途切れることなく存在する消費地とは対照的に，石器群が時期的に断続的に残されていることになる。このように供給地で石器群がみとめられなくなる原因は何なのか。

中部高地で人類活動の痕跡が乏しいX層段階とVII層段階について，消費地の状況を確認する。そこで，X層段階とVII層段階のナイフ形石器に用いられる石材に注目すると，特にVII層段階では地域内の黒耀石に切り替わるだけでなく，既に指摘したように，愛鷹・箱根山麓では富士川産ホルンフェルス，関東地方では黒色頁岩やガラス質黒色安山岩というように非黒耀石の在地石材がナイフ形石器の原料として専ら利用されていることを指摘できる。すなわち，X層段階・VII層段階の中部高地において人類の活動痕跡が乏しい理由は，愛鷹・箱根山麓や関東地方におけるナイフ形石器に利用される石材の変化(非黒耀石の在地石材の利用)を反映していると考えられる。これらの点から，中部高地における石器群の形成は，遠く離れた愛鷹・箱根山麓や関東地方での石材利用と表裏一体の関係であったことがわかる[26]。

(2) 日本列島中央部におけるナイフ形石器製作技術の変遷の背景

ところで，ナイフ形石器の製作技術には，X層段階からIX層段階にかけて素材形状保持から素材形状修正的なナイフ形石器への移りかわり，IX層段階からVII層段階にかけて多種の調整から単一の調整への移りかわりが，愛鷹・箱根山麓および関東地方で共通してみとめられていた。しかし，つづくVI層段階では一転して，関東地方では縦長剝片製ナイフ形石器，愛鷹・箱根山麓では横長・幅広剝片製ナイフ形石器というように，ナイフ形石器の構成だけでなく，その技術基盤となる剝片剝離技術についても全く異なる様相を示すようになる。つまり，X層段階からVII層段階のナイフ形石器は共通した特徴を多くもつが，VI層段階になると突如としてナイフ形石器の特徴では対比不可能なほどに地域独自の特徴をもつようになるのである。ここに，VII層段階とVI層段階の間に，ナイフ形石器製作技術上の画期をみとめることができる。

これまでみてきたように，列島中央部のAT下位石器群には，IX層段階とVII層段階の間に石材利用の画期が，VII層段階とVI層段階の間にナイフ形石器製作技術上の画期がたて続けにみとめられることになる。このことは同時に，石材利用の画期(VII層段階)とナイフ形石器

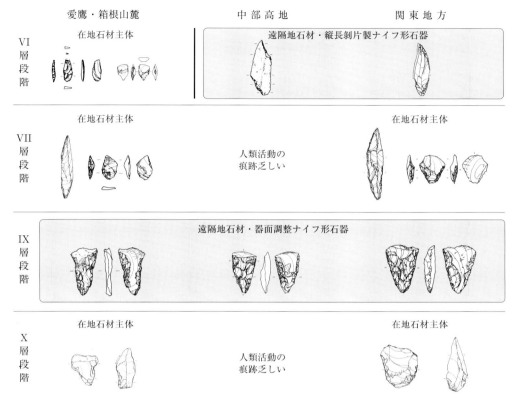

図 IV-28　日本列島中央部におけるナイフ形石器製作技術の地域化と石材利用の関係

製作技術の画期(VI層段階)には，時期にして1段階分のズレがあることを示している。

　それでは，AT下位石器群にみとめられる画期の時間的なズレは何を意味するのだろうか。VII層段階にみとめられる石材利用の画期は，黒耀石の原産地構成が多産地から限定化する変化であった。その間，中部高地では人類活動の痕跡が乏しくなり，愛鷹・箱根山麓と関東地方では信州産黒耀石は細々と利用されるものの，非黒耀石製の在地石材を原料に共通した特徴をもつナイフ形石器が製作されていた。このことは，ナイフ形石器製作技術は共通する一方で，VII層段階において石材の在地化(地域化)が果たされたことを示す。そして，つづくVI層段階では，石材の地域化により分離された愛鷹・箱根山麓および関東地方それぞれの地域を舞台に，地域独自のナイフ形石器が製作された。このように，ナイフ形石器製作技術の劇的な変化に先立って生じた石材の地域化を受けて，VI層段階ではそれぞれの地域に適したナイフ形石器製作技術が開発されたと考えることができるのである(図IV-28)。

　つまり，列島中央部にみとめられた石材利用とナイフ形石器の画期の時間的なズレは，原料の地域化がきっかけとなり，ナイフ形石器製作技術が地域独自化する段階的な地域化の過程を示している。列島中央部におけるナイフ形石器のはじまりと展開には，石材の利用と密接に関連しながら，ナイフ形石器が地域独自化を遂げていく歴史的過程をよみとることができるのである。

第3節　近畿・中国地方におけるナイフ形石器製作技術の変遷

1. AT下位石器群研究の推移と課題

(1) AT下位石器群発見前史

　佐藤達夫(1970)は，鎌木義昌・高橋護(1965)による国府石器文化→宮田山石器文化→井島Ⅰ石器文化という瀬戸内編年を基準とし型式学的な検討を行うことで，ナイフ形石器内の編年と系統性を追究し，国府型ナイフ形石器をナイフ形石器文化の最古のものと位置づけた。その後，武蔵野台地を中心とした調査結果によって，ナイフ形石器が立川ローム下底部に存在することがあきらかになり，ナイフ形石器文化は時間的に遡ることになった。

　あわせて，ATの発見により，汎列島的な比較をする上での条件もそろったが，近畿・中国地方では，AT下位の資料の検出はなく，サヌカイトの原産地である二上山の調査成果をはじめ良好な資料が豊富に出土した瀬戸内技法関連資料の研究が進められた(松藤 1974・1979・1980，山口 1983)。これらの研究により，鎌木による瀬戸内編年を検証し具体的に位置づけていく中で，瀬戸内技法の崩壊としての理解が定着する。

(2) AT下位石器群の検出とその位置づけ

　1980年代，近畿地方ではAT下位石器群が次々と確認され，1984年には当該期研究上欠かすことのできない板井寺ケ谷遺跡(兵庫県教育委員会 1991)と七日市遺跡(兵庫県教育委員会 1990・2004)が検出された。それらの資料を中心にAT下位の編年研究が活発に行われた(藤野 1989，松藤 1985・1987，山口 1987など)。

　そこでは，編年と同時に，石器群の位置づけが示された。編年にあたって，1970年代に瀬戸内技法の研究を牽引した研究者により，AT下位においても瀬戸内技法との関連が指摘された。松藤和人(1987)は，AT下位の出土で氏の最古期にあたる板井寺ケ谷遺跡下層出土のサヌカイト製遺物の中に，瀬戸内技法第2工程と同様な原理を示す剥片・石核の存在を指摘している。同様に，山口卓也(1987)も，板井寺ケ谷遺跡下層にふれ，「瀬戸内技法の主要属性がいささか個別的に出現している」とし，「国府型ナイフ形石器こそないものの瀬戸内技法の所産とも見なせる資料」であることを指摘した。

　以後，特に瀬戸内技法の成立については多くの議論がなされ(山口ほか 1991など)，松藤は板井寺ケ谷遺跡下層の石器群について，「個々要素についてみると，瀬戸内技法と技術上の共通

点をもつ場合もあるが，全体としてみると国府石器群の場合ほど技術的に洗練されていない」ことを指摘。そして，それを大阪平野を含む瀬戸内地域のサヌカイト地帯における国府石器群の母体となる「原（プロト）国府石器群」と位置づけた(松藤 1991)。

一方，これらの瀬戸内技法の成立に重きをおく研究とは視点を変え，佐藤宏之は，汎列島的な視点からの位置づけを行った。佐藤(1988)の視点は，後期旧石器時代前半期の石器製作技術構造を「前期旧石器時代」後半，特に「斜軸尖頭器石器群」からの伝統的な横長・幅広剝片剝離技術による「台形様石器」と，後期旧石器時代に入って出現したナイフ形石器と石刃技法という新旧両伝統の「二極構造」をもつという石器製作技術構造に注目したものであった。当地域の石器製作技術の特徴として，「IX 層は典型的な台形様石器とナイフ形石器を中心とした二極構造をとるが，VII 層では，台形様石器が衰え，代わって小型の多様な剝片製ナイフ形石器が台形様石器に置換するかのように出現する」ことを指摘した(佐藤 1992)。

以上みてきたように，AT 下位石器群の研究は，瀬戸内技法を観点とするものと，汎列島的な石器製作技術構造を観点とするものの 2 つの視点により進められてきた。

(3) 現状と課題

当該期研究の課題を整理し以下にみていく。

[1] 編年について

佐藤良二と絹川一徳による大別編年(佐藤・絹川 2010)と，佐藤宏之(1992)による細別編年[27]という違いはあるものの，AT との層位的関係や層位的出土例をもとにしているため，七日市遺跡下層(第 I・II 文化層)→板井寺ケ谷遺跡下位文化層→七日市遺跡上層(第 III・IV 文化層)という大まかな序列は共通する。しかし，七日市遺跡下層と板井寺ケ谷遺跡下位文化層を「打面残置の一側縁加工のナイフ形石器を指標とするグループ」として一括する意見(藤野 1989)もあり，両者の位置づけについては同時期とみるか，時期差とみるかで意見の一致をみていない。

[2] 石器製作技術構造について

佐藤(1992)の二極構造論による当地の位置づけに対して，久保弘幸(1994)は「台形様石器」とナイフ形石器の石器製作技術を明確に分離できないことから，二極構造の段階の存在について疑問を呈した。このような中，汎列島的な二極構造の存在を予察していた佐藤自身も，1990 年代における近畿以西(特に九州)の資料蓄積を経ても，本州西南部および九州では「台形様石器系とナイフ形石器系からなる二項モードが典型的に観察されていない」ことをみとめている(佐藤 2000)。

一方，近年，森先一貴(2011)は，板井寺ケ谷遺跡下位文化層や七日市遺跡第 II 文化層の石器群について，「縦長剝片製ナイフ形石器・尖頭形石器と台形様石器類からなり，撥形の局部磨製石斧が共伴」する点・「台形様石器の大型品」の存在・「規格的な石刃製石器がなく剝片モードが優勢な点」をこの地域の特徴とし，「二極構造のバリアント」という新たな見解を示して

いる。

　森先による二極構造論についての新解釈が提出されているが，佐藤(1992)が提唱した当時の汎列島的な二極構造の想定と大きく異なり，その位置づけについてはあらためて検討する必要がある。

　[3] 瀬戸内技法の成立について
　山口(1998)は，板井寺ケ谷遺跡下位文化層における瀬戸内技法の技術的属性が個別的な状態で存在することを，編年的特徴としてではなく，「石器石材の遠隔地での技術適応」と考え，後期旧石器時代初頭から国府型ナイフ形石器・瀬戸内技法盛行期まで，少なくとも石材供給上の遠隔地では一貫した様相である可能性を指摘した。そして，国府型ナイフ形石器と瀬戸内技法の盛行期の出現を「石器製作の異所展開適応の，いわば「極相」」とする原料の利用方法を観点とした理解を示した。
　森先(2005・2009)は，大型狩猟具製作を観点として国府石器群の成立を理解した。二上山北麓遺跡群を石材の豊富な原産地直近で集中製作したという機能的評価(佐藤1992)を念頭におき，「Ⅵ層並行期には横長剥片モードが主となる剥片モード内部でのナイフ形石器の二項性(横長剥片剥離技術＝大型刺突具／小型石器，縦長剥片剥離技術＝小型石器)が成立」し，「この技術構造において，続く時期に，盤状石核の幅いっぱいに規格的な横長剥片(翼状剥片)を剥離する技術が大型刺突具製作と結びついた結果，国府型ナイフ形石器を主体的に製作する国府石器群が成立」したと考えた(森先2011)。
　久保(1994)は，「原(プロト)国府石器群」説(松藤1991)を受け，瀬戸内技法を主体とする石器群では，「台形様石器」が組成した例は皆無であることから，瀬戸内技法の成立と「台形様石器」の消滅は軌を一にする可能性を指摘している。
　研究史をふり返る中で，編年・石器製作技術構造・瀬戸内技法の成立が当地域の研究の議論の中心であること，またそれらの見解は一致をみていないことが整理できた。久保による「台形様石器」と瀬戸内技法の関連性の指摘からもあきらかなように，それらは別個にあるものではなく，当該期の資料中に密接に結びついている可能性が高い。以上の点を踏まえ，当該期の中心的な器種であるナイフ形石器とそれに関連する剥片剥離技術を整理することで，近畿地方西部におけるナイフ形石器製作技術の変遷をあきらかにし，瀬戸内技法の成立基盤を議論する。

2. 分析資料と方法

(1) 分析資料

　分析資料については，出土量が豊富でかつ距離的にも近接しATが明確に観察される地域を検討する。上記の条件から，近畿地方西部に位置する七日市遺跡と板井寺ケ谷遺跡に対象遺

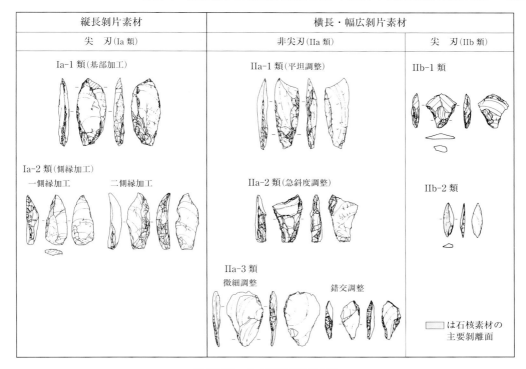

図 IV-29　ナイフ形石器の分類

跡をしぼる。両遺跡ともに AT が確認されており、まとまった遺物の出土が確認されている。分析対象とするのは、七日市遺跡第 II 文化層(1次調査)、同(3次調査)、七日市遺跡第 III 文化層、七日市遺跡第 IV 文化層と板井寺ケ谷遺跡下位文化層である[28]。いずれも AT 下位からの出土である。

(2) 分析方法

　全ての対象遺跡にみとめられる、ナイフ形石器を検討の対象とする。編年を行う上で個別の石器形態とともに、形態の組み合わせや形態間の関係性を捉え、石器群全体を単位として分析を行う。ここではまず、ナイフ形石器の分類を提示し、次項で具体的な検討を行うことにする。

　当地のナイフ形石器にはいくつかの特徴的な形態がみとめられる(図 IV-29)。まず、縦長剥片素材のナイフ形石器は、縦長剥片の素材打面を基部に残置し、刃部形状が尖刃となる特徴を有する(Ia類)。基部や先端を加工する基部加工のナイフ形石器(Ia-1類)と、一側縁または二側縁を加工する側縁加工のナイフ形石器(Ia-2類)がある。前者よりも後者の方が素材形状の修正度が高い。

　次に、横長・幅広剥片素材のナイフ形石器では、形状に加えて用いられる調整技術の種類に違いもみられる。一つ目は、刃部形状が非尖刃であり、主に素材の二側縁に調整加工を施し、基部を作出するもの(IIa類)である。IIa 類は施される調整技術の違いにより、平坦調整による

もの(IIa-1類)と急斜度調整によるもの(IIa-2類)および,微細調整・錯交調整(IIa-3類)[29]に細分される。二つ目は刃部形状が尖刃のもの(IIb類)であり,調整技術と素材によりさらに二分される。基部周辺を主に平坦調整により整形する,いわゆるペン先形ナイフ形石器(IIb-1類)。もう一つは,剝片素材石核の素材主要剝離面を背面にとりこむ横長剝片(「有底横長剝片」[30])を素材とし,素材剝片の打面部を急斜度調整により取り除き尖刃に仕上げる一側縁加工のナイフ形石器(IIb-2類)である。

3. ナイフ形石器の類型と組み合わせ

(1) 石器群のグループ分け

2項で示したナイフ形石器の類型の組み合わせに注目することで,3つのグループに区分できる。以下,グループごとにその特徴と該当する石器群を記載する。

グループ1

グループ1は横長・幅広剝片を素材とするナイフ形石器を主体に,連続的な縦長剝片剝離によらない縦長剝片素材のナイフ形石器が伴う(図IV-30)。横長・幅広剝片を素材とするものでは二側縁に加工を施し非尖刃の刃部形状を呈するナイフ形石器(IIa類)がまとまってみられ,急斜度調整によるIIa-2類を中心に,平坦調整によるIIa-1類も確認できる。また,刃部形状が尖刃となるペン先形ナイフ形石器も伴う。対して,縦長剝片素材のナイフ形石器は基部加工(Ia-1類)と,一側縁や二側縁を加工する側縁加工ナイフ形石器(Ia-2類)からなり,後者が主体である。

七日市遺跡第II文化層(1次調査),同(3次調査)が該当する。上述した類型が全てそろうわけではないが,IIa類にIa類のナイフ形石器が伴っている(図IV-30)。その整形方法に注目すると,急斜度調整によるもの(7～9・14～16・18・20),平坦調整によるもの(1・6・10・11・17),微細調整によるもの(2・4・5・12),錯交調整によるもの(13・19)というように,多種の調整技術が類型をこえてみとめられることが特徴的である。また,調整剝離痕の大きさと角度が一定しないため,ナイフ形石器の側縁が鋸歯状を呈するものもみとめられる(10・13・15)。

グループ2

グループ2も,横長・幅広剝片素材のナイフ形石器と,連続的な縦長剝片剝離によらない縦長剝片を素材としたナイフ形石器を有する(図IV-31)。横長・幅広剝片を素材とする非尖刃のナイフ形石器では,急斜度調整によるIIa-2類のみみとめられる。また,尖刃を呈するものでは,剝片素材石核の素材主要剝離面をとりこむ有底横長剝片を素材とし,素材打面部を急斜度調整により除去する一側縁加工ナイフ形石器(IIb-2類)が伴う。一方,縦長剝片素材のナイフ形石器は,側縁加工ナイフ形石器(Ia-2類)のみからなる。グループ1に特徴的であった横長・幅広剝片を素材とし,平坦調整により二側縁を加工した非尖刃のIIa-1類と,同様に平坦調整に

第 IV 章　東北地方から九州地方における AT 下位のナイフ形石器製作技術の変遷　183

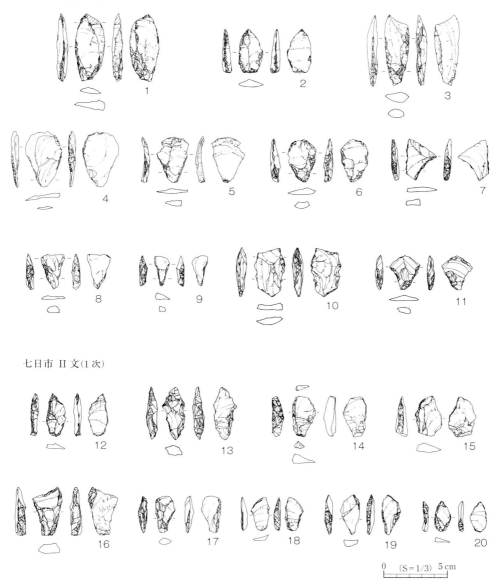

図 IV-30　グループ 1 のナイフ形石器

より基部の作出を行い尖刃を呈するペン先形ナイフ形石器(IIb-1 類)はみとめられない。

　板井寺ケ谷遺跡下位文化層が該当する。調整技術をみると，グループ 1 のように多種の調整によるのではなく，図示したように全ての類型において急斜度調整が用いられている(図 IV-31)。調整剝離痕の大きさや角度も一定であることから，側縁が鋸歯状になることはない。

　グループ 3

　グループ 3 は横長・幅広剝片素材のナイフ形石器による一群で，急斜度調整による非尖刃の側縁加工ナイフ形石器に特徴づけられる(図 IV-32)。IIa-2 類自体は全てのグループにみとめら

板井寺ケ谷 下位文化層

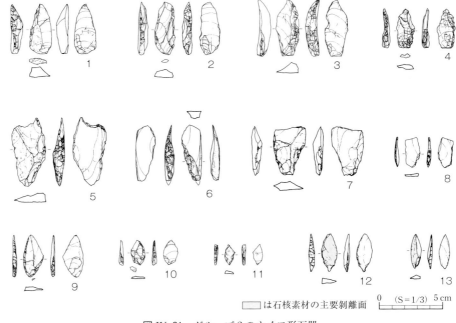

図 IV-31　グループ2のナイフ形石器

七日市 IV 文

七日市 III 文

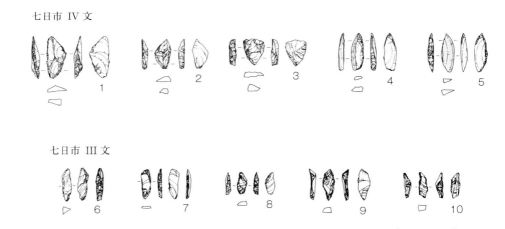

図 IV-32　グループ3のナイフ形石器

れるが，本グループでは3cm以下の小形品のみによっている。七日市遺跡第III文化層，同第IV文化層が該当する。

　以上の共通点をもつものの，七日市遺跡第IV文化層では有底横長剥片を素材とし，その打面部を除去する一側縁加工ナイフ形石器(IIb-2類)がまとまってみられる点で，七日市遺跡第III文化層と異なる。しかし，調整加工は全ての類型で共通し急斜度調整による点に加え，調

表 IV-9　ナイフ形石器の組み合わせ

	縦長剥片素材[1]		横長・幅広剥片素材					ナイフ形石器の特徴
	尖刃		非尖刃			尖刃		
	Ia-1類	Ia-2類	IIa-1類	IIa-2類	IIa-3類	IIb-1類	IIb-2類	
グループ1　七日市II文(3次)	○	○	○	○	○	○		調整痕の大きさ・角度一定しない ⇒鋸歯状
七日市II文(1次)		○	○	○	○			
グループ2　板井寺ケ谷 下層		○		○			○	調整痕の大きさ・角度一定 ⇒加工が精緻化，鋸歯状を呈さない。 ただし，グループ3は小形のみ。
グループ3　七日市III文				○			○	
七日市IV文				○				

1) 縦長の剥片であるが，連続的に剥離した，いわゆる「石刃技法」によらない。

整剥離痕の大きさ・角度ともに一定で側縁が鋸歯状にならない点と，ともに小形の IIa-2 類が主体となる点を重視し同一グループとして扱う。

(2) 各グループ間の共通点と相違点

　検討の結果を表 IV-9 にまとめた。まず，ナイフ形石器の素材に注目すると，グループ1とグループ2は石刃技法によるものではないが，縦長剥片と横長・幅広剥片を素材とするのに対して，グループ3は横長・幅広剥片のみを素材としていることがわかる。次に，各類型の有無に注目して表をみると，横長・幅広剥片を素材とし急斜度調整による非尖刃ナイフ形石器(IIa-2類)が全グループにみられる。対して，特定のグループのみにみられる類型として，縦長剥片素材の基部加工ナイフ形石器(Ia-1類)と，横長・幅広剥片を素材とし平坦調整による非尖刃ナイフ形石器(IIa-1類)とペン先形ナイフ形石器(IIb-1類)や，同素材の微細・錯交調整の非尖刃ナイフ形石器(IIa-3類)があり，いずれもグループ1にのみとめられる。加えて，縦長剥片素材の側縁加工ナイフ形石器(Ia-2類)はグループ3にみられず，有底横長剥片素材でその打面部を除去する一側縁加工ナイフ形石器(IIb-2類)はグループ1にはみとめられない。
　以上の点から，各グループにみられるナイフ形石器の類型の違いが確認できた。それらの類型の異なる組み合わせにより，グループ1，グループ2，グループ3は形成されているのである。
　また，ナイフ形石器の類型の組み合わせを異にする各グループは，尖刃と非尖刃という異なる刃部形状をもつ二者により構成されていることがわかる。以下にその組み合わせを記すと，グループ1では，尖刃(Ia-1類，Ia-2類，IIb-1類)と非尖刃(IIa-1類，IIa-2類，IIa-3類)，グループ2では，尖刃(Ia-2類，IIb-2類)と非尖刃(IIa-2類)，グループ3では，尖刃(IIb-2類)と非尖刃(IIa-2類)という組み合わせである。このように，それぞれの類型の組み合わせは異なる一方，尖刃と非尖刃という異なる刃部形状のナイフ形石器をあわせもつという共通点も確認されるのである。

4. 近畿地方西部における AT 下位石器群の編年

　前項において，ナイフ形石器の類型の組み合わせから，対象とする石器群を3つのグループに区分した。それでは，ナイフ形石器の類型の組み合わせにより設定されたグループはどのような関係をもつのだろうか。ここで，グループ間の関係を層位，ナイフ形石器の調整技術およびサイズを観点として整理する。

(1) 層位の検討

　重層遺跡である七日市遺跡について検討する。七日市遺跡は河川沿いに立地することから，河川の影響によりシルト層と砂礫層が繰り返して堆積しており，微高地の形成と埋没のサイクルがみとめられている。本節で扱った第 II・III・IV 文化層の全ての文化層が微高地上に残されている。七日市遺跡にみられる土層は上述した堆積状況もあり，AT 下位では必ずしも遺跡全面に広がりをもつ1枚の層はないことから，土層の堆積から全ての文化層の先後関係を判断することは難しい。しかし，大まかな先後関係については判断可能である。報文中で第 II 文化層と第 III・IV 文化層には出土層位の明確なレベル差(兵庫県教育委員会 1990・2004)が指摘されていることから，グループ1に属する第 II 文化層に，グループ3の第 III・IV 文化層が次ぐという序列を層位から指摘できる。

(2) ナイフ形石器の調整技術およびサイズの検討

　次に，ナイフ形石器についてみていく。3項でのナイフ形石器の検討により，類型の組み合わせを異にする3つのグループを確認した。しかし，それらは類型の組み合わせという相違点だけでなく，尖刃と非尖刃という異なる刃部形状のナイフ形石器により構成されるという共通点をあわせもっていた。その中でも，板井寺ケ谷遺跡下位文化層の属するグループ2は，尖刃ナイフ形石器の類型の組み合わせにおいて，グループ1に特徴的な縦長剥片素材の側縁加工ナイフ形石器(Ia-2類)と，グループ3に特徴的な有底横長剥片素材の一側縁加工ナイフ形石器(IIb-2類)をもつ点で，グループ1とグループ3の中間的な様相がみとめられる。それでは，これらのグループはどのような関係をもつのか。

　ナイフ形石器の整形方法について，各グループのナイフ形石器の調整技術を確認する。各グループの特徴でもふれたように，各グループのナイフ形石器は類型ごとに異なる調整技術を用いるのではなく，グループ内で共通した調整技術によっていた。グループ1では急斜度調整，平坦調整，微細調整，錯交調整と多種の調整技術による整形であり，対照的にグループ2・3は急斜度調整のみで整形されていた。

　さらに，ナイフ形石器の整形を単一の調整技術による点で共通するグループ2と3において，

第IV章　東北地方から九州地方におけるAT下位のナイフ形石器製作技術の変遷　　187

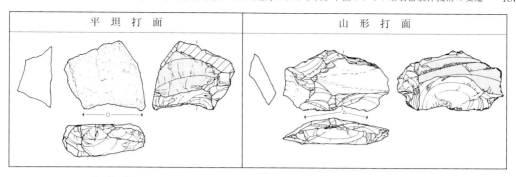

←→：打面の範囲　○：平坦打面の打点　△：山形打面の打点　▭：石核素材の主要剝離面

図IV-33　有底横長剝片剝離石核の観察方法

　ナイフ形石器のサイズに注目すると，3cm以上のナイフ形石器と3cm以下の小形のナイフ形石器を有するグループ2（図IV-31）と，小形のナイフ形石器のみによるグループ3（図IV-32）という石器のサイズの組み合わせに明瞭な違いがみとめられる。このように多種の調整技術から単一の調整技術というナイフ形石器の整形方法の違いと，ナイフ形石器のサイズの違いを観点とすることで，類型の組成において中間的な様相をもつグループ2を，グループ1→グループ2→グループ3あるいは，グループ3→グループ2→グループ1という変遷の中に位置づけることができる。

　七日市遺跡の層位の検討結果を考慮すると，グループ1→グループ2→グループ3の変遷が妥当であると考える。ここに各グループの新旧関係が確定したことから，グループ1をI期，グループ2をII期，グループ3をIII期とする。

5. 有底横長剝片剝離技術の検討

(1) 各時期の有底横長剝片剝離技術の特徴

　次に剝片剝離技術を検討する。なかでも，瀬戸内技法の成立との関連で注目されてきた有底横長剝片剝離技術を時期ごとにみていく。打面の特徴（図IV-33）と作業面の設定方法に注目し観察を行った。検討資料が豊富なI期の七日市遺跡第II文化層（1次調査）・同（3次調査），II期に属する板井寺ケ谷遺跡下位文化層，III期では七日市遺跡第IV文化層を対象とする。

　なお，本書でふれる資料以外についても，観察結果を表IV-10に一覧表として掲載した。

I期

　七日市遺跡第II文化層（1次調査）の資料をみる（図IV-34）。図示した資料は全てチャートを素材とし，いずれも剝片素材石核の素材主要剝離面を剝片の末端にとりこんでいる。まず，打面の状態から，礫面や剝離面を問わず平坦面を打面とするもの（1～4）と，作業面を正面からみた

表 IV-10　有底横長剥片剥離石核の観察表

遺　跡	本　書 図版 No.	報告書 図版 No.	資料番号	石　材	打面状態	打面調整	作業面設定	作業面数	剥離回数[1]
I期 七日市 II文 （1次）	図IV-34-1	図版 28-2	3209	チャート	平坦	なし	長軸	1	複数
	図IV-34-2	図版 26-6	3970	チャート	平坦	なし	長軸	2	単数／複数
	図IV-34-3	図版 19-6	3558	チャート	平坦	なし	長軸	1	複数
	図IV-34-4	図版 26-5	3838	チャート	平坦	なし	長軸	1	単数
	図IV-34-5	図版 26-7	3729	チャート	山形	なし	短軸	2	単数
	図IV-34-6	図版 4-11	4381	チャート	山形	なし	長軸	1	単数
		図版 4-17	3453	チャート	平坦／山形	なし	長軸	2	複数／単数
		図版 11-1	4130	細粒の堆積岩	平坦	なし	短軸	1	単数
		図版 19-4	2304	チャート	平坦	なし	長軸	1	複数
		図版 26-8	2527	チャート	山形	なし	長軸	1	単数
		図版 28-2	2607	チャート	平坦	なし	長軸	1	単数
七日市 II文 （3次）	図IV-34-8	図版 25-S189	A 0086	サヌカイト	山形	なし	長軸	1	複数
	図IV-34-9	図版 25-S193	A 0648	サヌカイト	山形	あり	短軸	1	単数
	図IV-34-10	図版 26-S273	E 0005	サヌカイト	山形	なし	長軸	1	単数
	図IV-34-11	図版 18-S139	A 1059	チャート	山形	なし	長軸	1	複数
		図版 18-S140	A 0155	チャート	平坦	なし	長軸	1	複数
		図版 25-S191	A 0571	黒耀石	山形（角礫面）	なし	長軸	1	単数
		図版 25-S192	A 1197	チャート	平坦	なし	長軸	2	単数
II期 板井寺ケ谷 下位文化層	図IV-35-1	第 152 図	K7.76	サヌカイト	山形	なし	長軸	1	単数
	図IV-35-2	第 263 図	F2S4	サヌカイト	山形	なし	長軸	1	単数
	図IV-35-3	第 271 図	L7S1	サヌカイト	山形	あり	長軸	1	単数
	図IV-35-4	第 152 図	K7.62	サヌカイト	山形	なし	長軸	2	単数
	図IV-35-5	第 152 図	K7.71	サヌカイト	山形	なし	長軸	1	複数
	図IV-35-6	第 154 図	L10.1	サヌカイト	山形	なし	長軸	3	複数
	図IV-35-7	第 154 図	K11.25	サヌカイト	山形	なし	長軸	1	単数
	図IV-35-12	第 154 図	L10.12	サヌカイト	山形	あり	長軸	2	単数
		第 148 図	E2.55	サヌカイト	山形	なし	長軸	1	単数
		第 148 図	F7.151	サヌカイト	山形	なし	長軸	2	複数
		第 150 図	I5.30	サヌカイト	山形	なし	長軸	1	単数
		第 150 図	L6.4	サヌカイト	山形	なし	長軸	1	単数
		第 150 図	L6.13	サヌカイト	山形	なし	長軸	1	単数
		第 151 図	I8.14	サヌカイト	平坦	なし	長軸	1	複数
		第 152 図	J8.7	サヌカイト	平坦	なし	短軸	1	単数
		第 153 図	M9.3	サヌカイト	平坦／山形	なし	長軸	1	複数
		第 153 図	L9.15	サヌカイト	山形	なし	短軸／長軸	2	単数
		第 156 図	K11.26	サヌカイト	平坦／山形	なし	短軸／長軸	2	単数
		第 164 図	F7.129	チャート	平坦	なし	短軸／長軸	3	単数／複数
		第 172 図	E7.7	チャート	平坦	なし	長軸	1	単数
		第 206 図	H6.C11	チャート	平坦	なし	長軸	2	単数
		第 284 図	K7.58	サヌカイト	山形	あり	長軸	2	単数
III期 七日市 IV文	図IV-36-1	図版 36-S268	M 1112	チャート	山形	なし	長軸	1	単数
	図IV-36-2	図版 36-S265	M 0769	チャート	山形	なし	長軸	1	複数
	図IV-36-3	図版 36-S269	M 0887	サヌカイト	山形	なし	長軸	1	単数
	図IV-36-4	図版 36-S267	M 0616	サヌカイト	山形	なし	長軸	1	複数
	図IV-36-5	図版 36-S266	M 1041	サヌカイト	平坦	なし	長軸	2	単数
	図IV-36-6	図版 36-S270	M 0978	サヌカイト	平坦	なし	長軸	1	複数

1）剥離回数は，現状の作業面で確認できる剥離面の枚数に基づく。

打面の形状が山形を呈するもの(5・6)に区分できる。平坦面を打面とする資料の作業面をみると，図IV-34-2の交互剥離を含めて，石核幅いっぱいに広がる剥離面はみとめられず，1つの作業面あたり2枚～3枚の剥離面が並列している。山形打面の資料は，打面調整により山形を呈しているのではなく，素材剥片の背面の剥離面が交差する稜線を打点としているところに特

第IV章　東北地方から九州地方におけるAT下位のナイフ形石器製作技術の変遷　　189

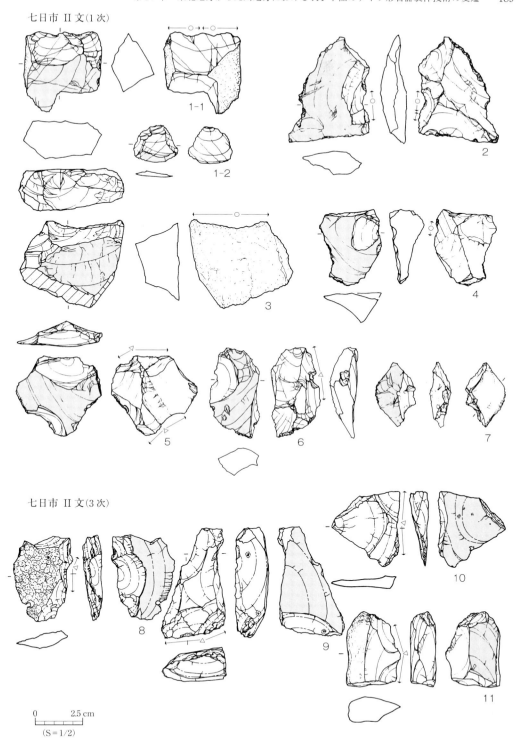

図IV-34　I期の有底横長剥片剥離技術の関連資料

徴がある(5・6)。それらの作業面に残る剝離面はいずれの資料も1枚である。また，剝片素材石核から剝離された調整打面のファースト・フレークも1点のみであるがみとめられる(7)。

　次に，3次調査の資料をみていく。サヌカイト製(8～10)とチャート製(11)の資料がみとめられる。図示した資料はいずれも山形打面で，作業面を素材剝片の長軸に設定するもの(8・10・11)と短軸(9)に設定するものがある。長軸に作業面を設定するものではいずれも素材剝片背面の稜線部を打点としており，作業面に3枚の剝離面が並列するもの(8)と作業面いっぱいに剝離面が広がるもの(10・11)の二者がある。一方，作業面を素材剝片の短軸に設定する9は，作業面が1枚の剝離面からなるのに加え，打面調整により山形打面を作出している点で注目される。

　I期の有底横長剝片剝離技術の特徴をまとめると，石材による区別なく，平坦打面のものと，素材剝片背面の稜線を利用した山形打面によるものが主体である。打面調整はごく稀で，作業面の設定も短軸・長軸の両方に行われ，さらに1つの作業面に数枚の剝離面が並列するものと，作業面幅いっぱいに広がる1枚のものとがあり，一貫性をみとめることはできない。

　II期

　板井寺ケ谷遺跡下位文化層の資料を図IV-35に示した。いずれもサヌカイトを石材としている。これらの資料は11の平坦打面を有する剝片を除き，全て山形打面の石核(1～7・12)，または，山形打面から剝離されたと考えられる剝片(8～10)である。

　石核をみると，素材剝片の長軸にいずれも作業面を設定している特徴が指摘できる。グループ1と同様に作業面いっぱいに剝離面が広がるもの(1～4)と，作業面に並列する3枚以上の剝離面を有するものがみとめられる(5～7)。3では打面調整が施されているが，他の資料は素材剝片背面の稜線を山形打面として利用している。後者の場合，打面調整を行うことはなく，必ず素材剝片の背面稜線が打点として選択されている。剝片も石核の状況と対応し，山形打面を呈する資料がまとまってみとめられ，調整打面と捉えうる資料も存在する(10)。また，12は，素材剝片の右側縁と左側縁を作業面とする剝片素材石核であるが，右側縁に注目すると，作業面いっぱいに広がる1枚の剝離面を切る形で，素材剝片背面側に2cm～3cm程度の剝片を剝離した後，微細な剝離が施されていることが観察される。交互剝離の石核の可能性もあるが，微細な剝離により作業面の正面観が山形に形成されていることから，山形打面の形成を目的とした打面調整と考えられる。

　上にみてきたように，作業面を素材剝片の長軸に設定する傾向はみとめられるものの，打面調整と作業面における剝離面の枚数との明確な結びつきを，これらの資料の中にみいだすことはできない。

　III期

　七日市遺跡第IV文化層を検討する(図IV-36)。図示した資料は，1・2がチャート製，3～7がサヌカイト製であり，いずれも厚手の横長剝片を素材としている。石核打面の観察から，平坦な剝離面を打面とするもの(4～6)と，山形打面のもの(1～4)がみられる。山形打面のものについては，素材剝片の背面稜線を用いている。作業面は素材剝片の長軸に設定されており，3枚以上の剝離面が並列するもの(4)と，石核幅いっぱいに広がる1枚の剝離面からなるもの(1・

第 IV 章　東北地方から九州地方における AT 下位のナイフ形石器製作技術の変遷　　191

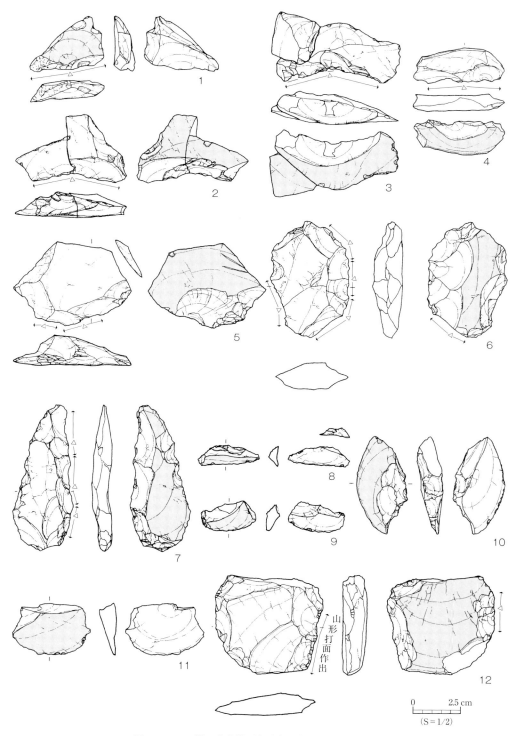

図 IV-35　II 期の有底横長剝片剝離技術の関連資料

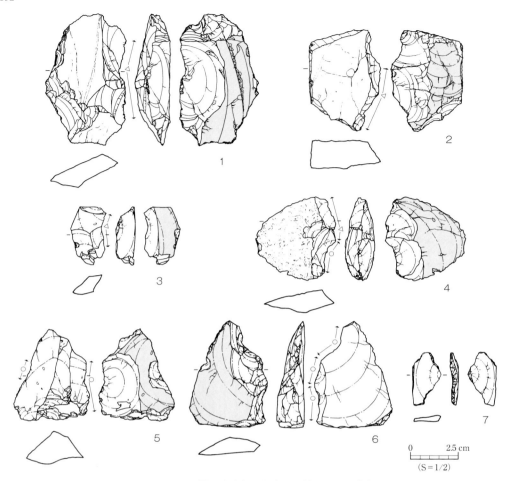

図 IV-36　III 期の有底横長剝片剝離技術の関連資料

3)がある。また，7はサヌカイト製の有底横長剝片であるが，微細な打面調整により山形打面が作出されている。とはいえ，III 期においても，打面調整・作業面における剝離面との関連性は薄い。

　以上，I 期から III 期において有底横長剝片剝離資料を検討してきた。当該期の有底横長剝片剝離技術は，打面の状況から，平坦打面と山形打面の二者に区分でき，さらに後者は素材剝片の背面の稜線を利用するものと，打面調整により打面を山形に整形するものがみとめられた。検討の結果，素材剝片の背面にある稜線を打面とするのが一般的で，意図的な山形打面の作出を示す事例に乏しいことから，いずれの時期においても打面調整と作業面の状態との明確な結びつきをみとめることはできない。加えて，このような技術的特徴は，異なる石材間においても共通することを指摘できる。

(2) 有底横長剝片剝離技術の特徴と有底横長剝片の利用

　有底横長剝片剝離技術については，先に詳しく検討したが，以下にその結果を簡潔にまとめる。当該期の有底横長剝片剝離技術は，平坦打面のものと山形打面の二者があるが，山形打面は打面調整により意識的に形成されたものは稀で，素材剝片の背面稜線を利用するものであった。検討結果に基づいて判断する限り，有底横長剝片剝離技術自体はⅠ期からⅢ期まで共通性が高いことがわかる。それでは，各時期において，共通性の高い技術で作り出された有底横長剝片は，同じ利用方法であったのだろうか。

　有底横長剝片の利用状況を時期ごとに整理すると，Ⅰ期では有底横長剝片を素材とする石器をみとめることができない[31]。一方，Ⅱ・Ⅲ期では，ナイフ形石器の素材として用いられ，尖刃の一側縁加工ナイフ形石器(Ⅱb-2類)に仕上げられていることが確認される(図Ⅳ-31・32, 表Ⅳ-9)。有底横長剝片素材のナイフ形石器への利用を観点とすることで，剝片剝離技術上共通性の高かった各時期において，Ⅰ期とⅡ・Ⅲ期との間に画期をみいだすことができるのである。そして，有底横長剝片素材の一側縁加工ナイフ形石器は，Ⅱ期では尖刃ナイフ形石器の一類型に過ぎなかったが，Ⅲ期では尖刃ナイフ形石器の唯一の類型になることから，有底横長剝片剝離技術による尖刃ナイフ形石器製作の一元化というⅡ期からⅢ期への移りかわりをみとめることができる。

6. 近畿地方西部におけるAT下位のナイフ形石器製作技術の変遷

　これまで，近畿地方西部におけるAT下位のナイフ形石器製作技術について検討を加えてきた。Ⅰ・Ⅱ期のナイフ形石器の素材とされる縦長剝片は，連続的に同形の剝片を剝離する縦長剝片剝離技術によるものではないことから，近畿地方西部ではAT下位を通じてナイフ形石器の素材の製作を横長・幅広剝片剝離技術が担い，多様なナイフ形石器が製作されていたことがわかった。

　ここで，近畿地方のナイフ形石器製作技術の特徴を浮き彫りにするため，当該期の関東地方のナイフ形石器の製作技術の検討成果(大塚 2009・2011c)を参照し比較する。

　関東地方のナイフ形石器の特徴は，
① 連続的な縦長剝片剝離技術による「石刃」と，横長・幅広剝片を素材とする
② 尖刃・非尖刃という2種類の刃部形状のナイフ形石器が通時的に組成する
③ 「石刃」と尖刃，横長・幅広剝片と非尖刃という素材と刃部形状の結びつき
④ ナイフ形石器の調整技術において，Ⅸ層段階の器面調整を含む多種の調整からⅦ層段階の急斜度調整による単一の調整方法への移りかわり

という4つの特徴があった。

　関東地方と近畿地方西部のナイフ形石器の特徴を比較すると，尖刃・非尖刃のナイフ形石器

を有し(②)，整形技術において平坦調整等の多種の調整技術から単一の調整技術に移りかわる点(④)で共通する。しかしながら，ナイフ形石器の素材に注目すると，関東地方では，「石刃」素材のナイフ形石器が継続してみとめられる点(①)と，近畿地方西部では素材と刃部形状に結びつきがみとめられない点(③)で大きく異なる。関東地方との比較を通して，近畿地方西部の特徴として横長・幅広剝片剝離技術を技術基盤とするナイフ形石器の一貫した製作を指摘することができるのである。

このような近畿地方西部における横長・幅広剝片剝離技術によるナイフ形石器作りはどのように成りたち，推移したのだろうか。既に指摘したように，I期とII期の間に平坦調整を含む多種の調整技術から急斜度調整による単一の調整技術へというナイフ形石器の整形方法の画期，II期とIII期の間には刃部形状を問わず小形ナイフ形石器に限定される石器のサイズにおける画期がみとめられていた。調整技術・サイズにおいて，製作されるナイフ形石器が，時期が下るにつれ限定されていく。ここであらためて，ナイフ形石器の類型数に注目し表IV-9をみると，尖刃・非尖刃という異なる刃部形状をあわせもつ点で共通するものの，I期では尖刃が3種で非尖刃が3種，II期では尖刃が2種で非尖刃が1種，最後のIII期においては尖刃，非尖刃ともに1種ずつと，順次類型の数が減少し，ナイフ形石器の類型においても限定されていく様子をみてとれる。

以上のナイフ形石器の検討を通して，横長・幅広剝片剝離技術による素材を一貫して用い，尖刃・非尖刃という異なる刃部形状のナイフ形石器により構成される点で共通する一方，ナイフ形石器の類型・整形方法・サイズにおいて，I期からIII期にわたるナイフ形石器製作技術の限定化という変化の方向性をみいだすことができる。そして，ナイフ形石器の変化と同期するように，有底横長剝片剝離技術は尖刃の一側縁加工ナイフ形石器との結びつきを強めていく。

つまり，近畿地方西部のAT下位のナイフ形石器製作技術の変遷に，横長・幅広剝片剝離技術による尖刃・非尖刃のナイフ形石器の製作を軸とし，整形方法・類型・サイズとともに限定化を強める中で，当初からみとめられた有底横長剝片剝離技術と尖刃のナイフ形石器が一体化していく過程をよみとることができるのである(図IV-37)。ただし，有底横長剝片剝離技術においては規則的な石核調整は施されず，また利用される石器石材はサヌカイトとチャートの両方がみとめられ，特定石材との結びつきも強いとはいいがたい。いまだ特定石材との結びつきをもたないながらも，当該期近畿地方西部のナイフ形石器製作技術にみとめられる，有底横長剝片と尖刃ナイフ形石器の一体化の一つの到達点として，規則的な剝離方式・特定石材の利用と結びついた原料消費方式の結合体である瀬戸内技法の次段階での成立を理解できる。

近畿地方西部におけるナイフ形石器文化のはじまりと展開には，一貫した横長・幅広剝片剝離技術伝統をもとにした地域独自のナイフ形石器製作技術(瀬戸内技法)の獲得につながる技術基盤の形成という歴史的な背景があったのである。

第 IV 章　東北地方から九州地方における AT 下位のナイフ形石器製作技術の変遷　195

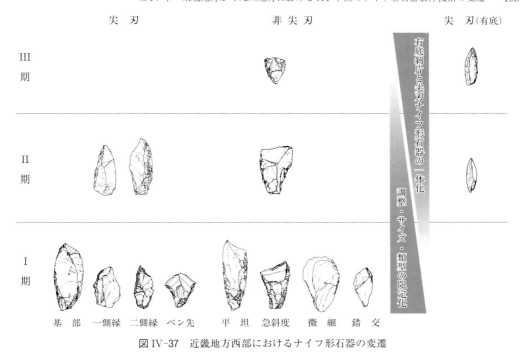

図 IV-37　近畿地方西部におけるナイフ形石器の変遷

7. 近畿・中国地方の石器群の編年的位置づけ

先に提示した編年を軸として,周辺の石器群の編年的位置づけを試みる。

(1) 近畿地方東部

　近畿地方東部の石器群として,法華寺南遺跡(奈良文化財研究所 2003)と瓜破北遺跡 07-2 次調査地(大阪市文化財協会 2009)(以下,瓜破北遺跡と略記)を検討する(図 IV-38)。いずれも火山ガラスの分析によって AT 降灰層準よりも下位からの出土であることが確認されている。

　法華寺南遺跡では,図 IV-38-13 のように,サヌカイト製の厚手の剥片を石核素材として用い,その小口から長さ 4 cm 程度の小形縦長剥片を連続的に剥離した接合例が多くみとめられる。当石器群では,その小形縦長剥片を素材とし,素材の二側縁または一側縁を加工した側縁加工(1～5)や基部加工(6・7),先端を加工したナイフ形石器(8～10・12)が製作されている。ナイフ形石器の刃部形状はいずれも尖刃を呈し,4 cm 以下と小形である。

　瓜破北遺跡も同様にサヌカイトを石材とした厚手剥片を石核素材として用い,中・小形の縦長剥片を連続的に剥離している(図 IV-38-22)。それらの縦長剥片は,基部や側縁に急斜度調整を施すことで尖刃のナイフ形石器に仕上げられる(17・18)。一方,瓜破北遺跡では法華寺南遺跡と異なり,有底横長剥片を目的とする石核(21)や,それを素材とした一側縁加工(15)や基部

法華寺南

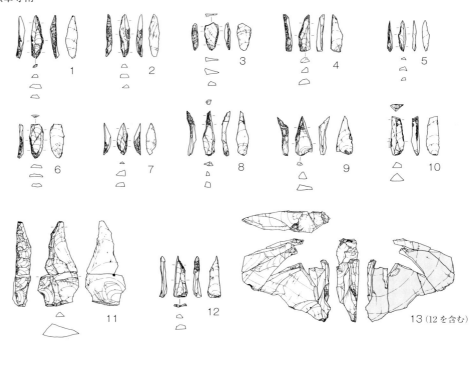

瓜破北 07-2次調査地

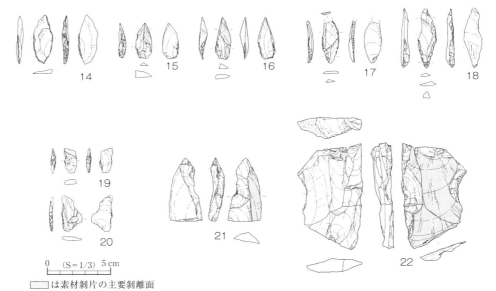

0　(S=1/3)　5 cm

▭ は素材剝片の主要剝離面

図 IV-38　近畿地方東部のナイフ形石器

加工(16)のナイフ形石器と，横長・幅広剝片を素材とした側縁加工による尖刃(14)，非尖刃の ナイフ形石器(19・20)も出土している。いずれも4cm以下で小形である。

　法華寺南遺跡と瓜破北遺跡は，サヌカイト製の厚手の剝片を石核素材として用い，その小口から中・小形の縦長剝片を連続的に剝離し，その素材に急斜度調整を基部や側縁に施すことで，主に小形の尖刃ナイフ形石器を製作する点で共通する。また，瓜破北遺跡において有底横長剝片を素材とした一側縁加工ナイフ形石器(15)とその石核(21)が出土していることは，III期に属する七日市遺跡第IV文化層と共通する。それらの編年的位置づけについては，瓜破北遺跡の報文中において出土層準と石器群の出土状況から，AT降灰前後に遺跡の形成が想定されていることを考慮すれば，いずれもAT直下を出土層準とし小形ナイフ形石器に特徴づけられるIII期に位置づけることができる。

(2) 中国地方

　次に中国地方の石器群として，AT下位を出土層準とする原田遺跡と恩原1遺跡R文化層を主にとりあげる(図IV-39)。原田遺跡のAT下位石器群では，7層から特徴を異にする2つの石器群が検出されている。14ブロックは，横長・幅広剝片を素材としたナイフ形石器と局部磨製石斧からなる(図IV-39-10～12)。ナイフ形石器は尖刃で基部周辺を整形するペン先形ナイフ形石器(10)と，非尖刃の側縁加工ナイフ形石器(11)がある。1ブロック～5ブロックは縦長剝片素材の二側縁加工(1～8)と，横長・幅広剝片素材の二側縁加工ナイフ形石器(9)で構成される。前者の刃部形状は尖刃，後者は非尖刃である。整形は急斜度調整により，一部の資料には基部裏面に平坦調整が施されている(2)。

　また，恩原1遺跡R文化層についても，原田遺跡1ブロック～5ブロックと類似したナイフ形石器がまとまって出土している。恩原1遺跡R文化層のナイフ形石器も縦長剝片製で尖刃を呈するもの(13～20)と，横長・幅広剝片を素材とし非尖刃のもの(21～24)とで構成され，いずれも急斜度調整による二側縁加工ナイフ形石器である。前者には基部裏面に平坦調整が施される資料もみとめられる(17)。

　それらの編年的位置づけについて検討する。原田遺跡の各石器ブロックの出土層位に注目すると，14ブロックが7層中位，1ブロック～5ブロックが6層底面から7層上面を主な出土層準とすることから，14ブロック→1ブロック～5ブロックという序列が想定される。つまり，原田遺跡の層位的出土事例から，ペン先形ナイフ形石器→縦長剝片素材の二側縁加工尖刃ナイフ形石器という変遷を導きだすことができる。ペン先形ナイフ形石器を有することから原田遺跡14ブロックはI期に対比される。また，縦長剝片素材の二側縁加工尖刃ナイフ形石器を有する恩原1遺跡R文化層はAT直下からの出土であることから，原田遺跡7層1ブロック～5ブロックとともにIII期に位置づけることができる。

　最後に，正式報告がなされていないため詳細は不明であるが，参考例として戸谷遺跡5地点X層出土資料についてもふれておく。当資料はAT包含層(IX層)の下位に位置するX層の中位から下部にかけて出土する。横長・幅広剝片製の非尖刃ナイフ形石器と縦長剝片製の二側縁

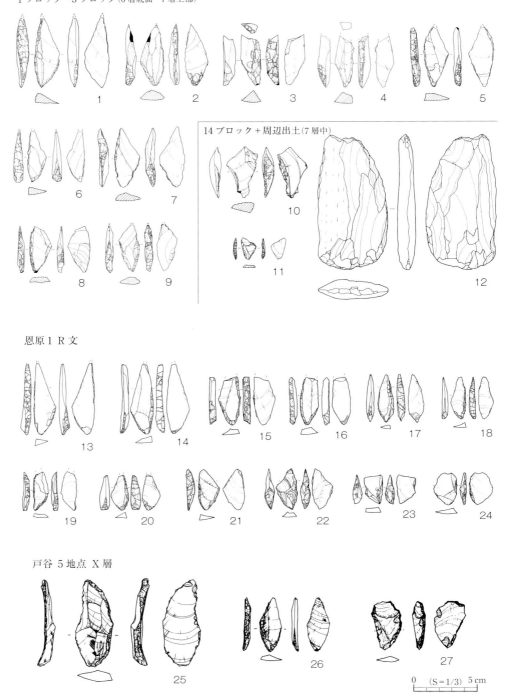

図 IV-39　中国地方のナイフ形石器

加工ナイフ形石器および，幅広な尖刃の一側縁加工ナイフ形石器がみとめられる（図IV-39-25～27）。幅広な一側縁加工ナイフ形石器は，板井寺ケ谷遺跡下位文化層の例に類似することから，II期に位置づけられる可能性が高い。

8. 近畿・中国地方におけるAT下位のナイフ形石器製作技術の変遷

　6項でみたように，近畿地方西部のナイフ形石器製作技術の変遷は以下の特徴をもっていた。第一に，ナイフ形石器の素材を横長・幅広剝片剝離技術が担っていた。第二に，尖刃と非尖刃という異なる刃部形状のナイフ形石器により構成されるという共通点をもち，順次類型の数が減少していく様子がみてとれた。第三に，I期とII期の間に多種の調整技術から単一の調整技術へというナイフ形石器の整形方法の画期，II期とIII期の間には刃部形状を問わず小形ナイフ形石器に限定される石器のサイズにおける画期がみとめられていた。さらに，ナイフ形石器製作技術の時間的な推移の中で，有底横長剝片がナイフ形石器の素材として特徴的に用いられた。

　以上のように，近畿地方西部のAT下位のナイフ形石器製作技術において，横長・幅広剝片剝離技術による尖刃・非尖刃のナイフ形石器の製作を軸とし，整形方法・類型・サイズの限定化と，有底横長剝片剝離技術と尖刃のナイフ形石器が一体化していく過程をよみとることができた。

　ただし，7項の周辺地域の資料で確認したように，このような変遷は近畿・中国地方一帯での普遍的な現象ではなかった。近畿・中国地方一帯で共通した技術をもつI期とは対照的に，II・III期の近畿地方と中国地方では，ナイフ形石器製作技術に違いがみとめられる。有底剝片素材の小形ナイフ形石器が東部の近畿地方に，縦長剝片製の二側縁加工尖刃ナイフ形石器が西部の中国地方というように異なった特徴を示すのである。II・III期にみとめられるナイフ形石器文化の展開は，製作技術上の時間的な変化にとどまらず，ナイフ形石器製作技術の地域差をも生みだしていたのである。

第 4 節　九州地方におけるナイフ形石器製作技術の変遷

1. AT 下位石器群研究の推移と課題

(1) AT 下位石器群研究のはじまり

　九州地方における AT 下位石器群の編年研究は，事例の少なさもあり，当該期研究の進んでいた南関東地方との対比がまず行われた(萩原 1979・1980)。1980 年代前後の調査により，岩戸遺跡や駒方古屋遺跡，曲野遺跡，狸谷遺跡などが確認され，当地域でも事例が増加したことで，当該期の編年研究が活発化する(松藤 1987 など)。石器組成(柳田 1986)，ナイフ形石器の形態組成(荻 1987, 木﨑 1988・1989)，石刃技法(柳田 1988)，石器製作技術構造(佐藤 1992)等，様々な視点から検討が加えられた。それぞれ観点は異なるが，層位に基づいて石器群の序列化を行っているため，細分についてはやや異なるものの，いずれも曲野遺跡(「台形様石器」石器群)に駒方古屋遺跡や狸谷Ⅰ石器文化(二側縁加工ナイフ形石器石器群)が次ぐという点では一致している。

　1990 年代は，東北地方での「前期・中期旧石器時代遺跡」の調査研究の活発化に触発され，ナイフ形石器文化以前の関係資料の蓄積が行われた。その契機が，辻田遺跡出土石器の再評価であり(山手 1994)，下横田遺跡(福岡県旧石器文化研究会 1997・2000)，福井洞窟第 15 層(川道 2000)などの再検討，後牟田遺跡の発掘調査(後牟田遺跡調査団 2002)がある。そして，橘昌信により，これまであきらかにされてきたナイフ形石器文化成立期の研究成果と統合する形で，「中期旧石器時代」から後期旧石器時代成立に至る総括的な見通しが示された(橘 2000・2002)。

　このような中，1990 年代の研究動向の発端となった東北地方の「前・中期旧石器」の捏造が発覚した。九州の資料自体は捏造資料ではないものの，資料の位置づけの基準となっていた東北地方の研究成果の多くが捏造資料で構築されていたため，2000 年代はあらためて九州地方における旧石器時代のはじまりが議論された(九州旧石器文化研究会 2000・2002)。

(2) AT 下位石器群研究の現状と課題

当該期研究の課題を整理し以下にみていく。

[1] 編年について
　2000 年以降は，黒色帯より下層のローム層から出土した石の本遺跡群や沈目遺跡，黒色帯下部の耳切遺跡等の位置づけが，当該期編年研究の中心となっている(木﨑 2002b, 佐藤 2000,

表 IV-11 編年対比表

	佐藤 1992	佐藤 2000	木﨑 2002b		村﨑 2002
「台形様石器」石器群	(福井)	石の本 岩戸III文	石の本 沈目 岩戸III文		石の本 (沈目) 耳切A地点I文 耳切C地点I文
	曲野	曲野 耳切A地点I文 百枝 牟礼越I文	曲野 牟礼越1文 岩戸II文 血気ヶ峯2文 後牟田IV文	立切XIII層 横峯CI文 崎瀬4文 牟田の原1文	耳切D地点I文 岩戸G〜K文 牟礼越1文 (後牟田)
			耳切A地点I文 耳切C地点I文 耳切D地点I文 百枝B地区IV文下 血気ヶ峯2文	西原F6 後牟田IIb文 後牟田III文 前山IX層	
二側縁加工ナイフ形石器石器群	上場6層 牟田ノ原1文 下城2文 崎瀬4文 土浜ヤーヤ	上場6層 牟田ノ原1文 下城2文 崎瀬4文 土浜ヤーヤ 耳切A地点II文	牟礼越2文 百枝C地区III文 駒方古屋 耳切A地点II文 狸谷I文 久保1文	後牟田II文 帖地17層 堤西牟田1文 崎瀬3文 上原 諸岡館跡	耳切A地点II文 下城2文 クノ原 百枝C地区III文 駒方古屋 (高瀬III) (前山)
	百枝C地区III文 百花台D 駒方古屋2文 駒方C 馬部甚蔵山 枝去木山中 丹生(富来)	百枝C地区III文 百花台D 駒方古屋2文 駒方C 馬部甚蔵山 枝去木山中			上場6層 崎瀬4文 牟田の原1文
	狸谷I文 石飛 堤西牟田1文	狸谷I文 石飛 堤西牟田1文			狸谷I文 久保1文 帖地 堤西牟田1文

村﨑 2002)。特に近年では編年の細分が行われ，代表的な編年を整理した表IV-11をみると，「台形様石器」石器群から二側縁加工ナイフ形石器石器群へという大まかな変遷については共通するが，細分については研究者間での齟齬がみとめられる状況である。ここでは，佐藤宏之(2000)と木﨑康弘(2002b)，村﨑孝宏(2002)の編年を比較する。各編年はAT下位全体を，佐藤が5時期，木﨑が4時期，村﨑が3時期に区分している。詳しくみていくと，まず「台形様石器」石器群については，木﨑が3細別(I期前半，I期後半，II期前半)，佐藤が2細別(X層段階，IX層下部段階)，村﨑細別なし(I期)と異なる。また，二側縁加工ナイフ形石器石器群については，佐藤が3細別(VII層下部段階，VII層上部段階，VI層段階)，村﨑が2細別(II期，III期)，木﨑が細別なし(II期後半)となり一致をみない。

[2] 石器群の位置づけについて

以上みてきたような編年の齟齬以外にも，当該期石器群に中期旧石器時代的要素をみいだし，

中期旧石器からの移行を捉えるという意見も提起されている。

木﨑(2002b)は，編年の最古期に位置づけられる石の本遺跡8区や沈目遺跡を含めた「AT火山灰下位のナイフ形石器文化は，ナイフ形石器文化以前に系譜が求められる，類ナイフ状石器，鋸歯状削器，尖頭状削器，ピックという「中期旧石器的様相」の遺存と変容によって特徴付けられる」とした。さらに，「九州ナイフ形石器文化を特徴づける切出形ナイフや台形ナイフは，九州第I期前半から後半へ，また九州第II期前半・後半へ，さらには九州第III期へと，その製作において順次後期旧石器時代的特徴が付加されていった中期旧石器時代文化の残影」と評価されている(木﨑 2002a)。

また，萩原博文(2004)は，「後期旧石器時代初源期以前」とする遺跡に特徴的にみとめられる，後の「台形石器類」へ変化する石器と考える「台形状剝片石器」や，「大型削器」と「尖頭状石器」を中期旧石器時代を特徴づける器種とした。そして，それらの石器に注目し，石の本遺跡群や沈目遺跡を仲介させることで，入口遺跡[32]とのつながりをみいだしている。萩原もその位置づけについては，木﨑と同様に，「前・中期旧石器時代」を特徴づける遺物がその後も残存するとしている。

石器群の位置づけに関する木﨑や萩原の議論は，日本列島の中期旧石器時代をどのように規定するかという問題とも大きくかかわる。中期旧石器時代の指標とは何か，そして，中期旧石器時代の担い手は誰か，さらにその要素が後の時代に残存することはどのような意味をもつのか，これらの点を充分吟味する必要がある。

九州地方は，日本列島への人類移住において大陸との南の玄関口になりうることから，考古学・人類学上の重要な研究課題を有するが，基準となる当該期編年自体に齟齬があることは先にふれたとおりである。本節では，日本列島における中期旧石器時代については確実な資料がないためひとまず措き，まずは当該期の主要な器種であるナイフ形石器を検討することで編年を構築し，当該地域のナイフ形石器製作技術のはじまりと展開をよみ解く。そうすることで，ナイフ形石器・ナイフ形石器文化の位置づけを通して，日本旧石器文化のはじまりを議論する上での足がかりとしたい。

2. 分析資料と方法

(1) 分析資料

分析資料については，先行研究で当該期の石器群として議論されてきたAT下位出土の石器群を扱うことにする。石の本遺跡8区，駒方古屋遺跡，沈目遺跡，狸谷遺跡狸谷I石器文化(以下，狸谷I石器文化と略記)，血気ヶ峯遺跡第二石器文化，曲野遺跡第1文化層，耳切遺跡A地点第I文化層，同第II文化層，耳切遺跡D地点第I文化層，牟礼越遺跡第1文化層，百枝遺跡C地区第III文化層を対象とする[33]。

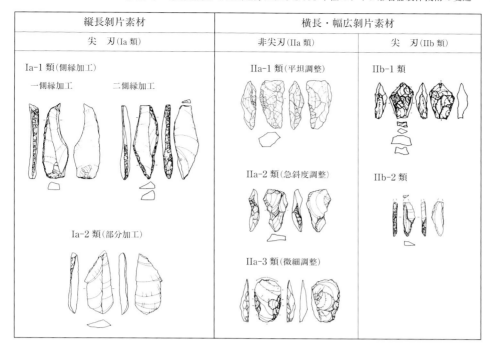

図 IV-40　ナイフ形石器の分類

(2) 分析方法

　当該期の主要な石器であるナイフ形石器の組み合わせや調整技術に注目し、石器群を区分する。まず、当地域のナイフ形石器の類型を確認した上で、次項にて具体的な検討を進める。

　当該期の九州地方のナイフ形石器にはいくつかの特徴的な形態がみられる(図IV-40)。まず、縦長剝片素材のナイフ形石器では、刃部形状が尖刃となる特徴をもつ。一側縁または二側縁を加工した側縁加工(Ia-1類)と、先端部に加工を施す部分加工のナイフ形石器(Ia-2類)がある。一方、横長・幅広剝片素材のナイフ形石器では、形状だけでなく調整技術の種類にも違いがみられる。一つ目は、刃部形状が非尖刃を呈し、主に二側縁に調整加工を施すものである。施される調整技術の違いにより、平坦調整によるもの(IIa-1類)、急斜度調整によるもの(IIa-2類)、微細調整によるもの(IIa-3類)に細分される。二つ目は刃部形状が尖刃のもので、加工部位と調整技術により二分される。基部周辺を主に平坦調整により整形するペン先形ナイフ形石器(IIb-1類)と、急斜度調整による側縁加工のナイフ形石器(IIb-2類)がある。

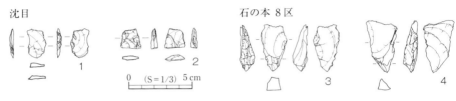

図IV-41 グループ1のナイフ形石器

3. ナイフ形石器の類型と組み合わせ

(1) 石器群のグループ分け

　上述したナイフ形石器の類型の組み合わせに注目することで，九州地方の当該期石器群を4つのグループに区分できる。グループごとに以下にみていく。

　グループ1

　グループ1は横長・幅広剥片を素材とした，二側縁加工の非尖刃ナイフ形石器のみからなる（図IV-41）。その整形方法は，いずれも微細調整によるもので，素材形状の修正度が低い点に特徴がある。沈目遺跡と石の本遺跡8区が該当する。なお，沈目遺跡については，報文中では図示した資料以外にも，図示した資料同様に「類ナイフ状石器」（城南町教育委員会 2002）として報告されている石器がある。しかし，それらの資料で二次加工と判断された剥離面は，素材打面に施された打面調整であることから，横長・幅広剥片とすべき資料である。

　グループ2

　グループ2も横長・幅広剥片素材のナイフ形石器のみからなる（図IV-42）。二側縁に加工を施した非尖刃の刃部形状を呈するナイフ形石器がまとまってみられ，平坦調整を中心に，急斜度調整による資料も確認できる。また，刃部形状が尖刃となるペン先形ナイフ形石器も特徴的に伴う。

　曲野第1文化層，血気ヶ峯第二石器文化，牟礼越第1文化層，耳切A地点第I文化層が該当する。ナイフ形石器の整形方法に注目すると，平坦調整を中心に（6〜9・11），急斜度調整（1〜5・21），微細調整（16），錯交調整（17）というように，刃部形状を異にする類型に多種の調整技術が共通して用いられることが特徴である。

　グループ3

　グループ3は，縦長剥片を素材とするナイフ形石器を特徴的に有する（図IV-43）。縦長剥片素材のナイフ形石器では，尖刃の側縁加工ナイフ形石器を主体に，部分加工ナイフ形石器が伴う。グループ2に特徴的な横長・幅広剥片素材の平坦調整による側縁加工の非尖刃ナイフ形石器と，同様に平坦調整によるペン先形ナイフ形石器はみとめられない。ナイフ形石器の整形には，急斜度調整が用いられる。該当する石器群は，耳切A地点第II文化層，百枝C地区第III文化層，駒方古屋である。

第 IV 章 東北地方から九州地方における AT 下位のナイフ形石器製作技術の変遷　205

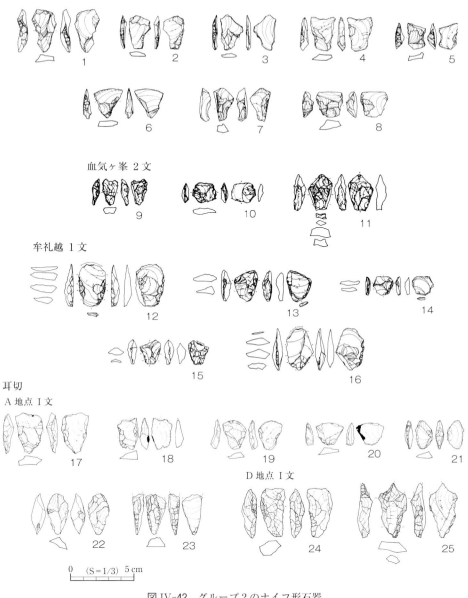

図 IV-42　グループ 2 のナイフ形石器

　なお，耳切 A 地点第 II 文化層では縦長剝片製の側縁加工ナイフ形石器に，横長・幅広剝片を素材とする非尖刃の側縁加工ナイフ形石器が共伴している（図 IV-43-4）。このことから，縦長剝片素材のナイフ形石器との量的な関係は不明であるが，当グループには横長・幅広剝片素材の側縁加工の非尖刃ナイフ形石器が伴うと考えられる。

グループ 4
　グループ 4 は縦長剝片製のナイフ形石器と横長・幅広剝片素材のナイフ形石器からなる（図

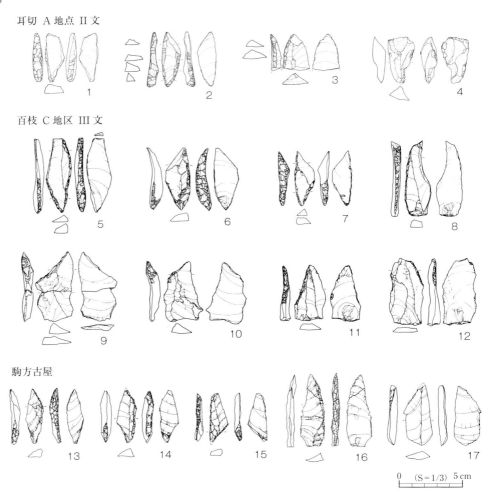

図IV-43　グループ3のナイフ形石器

IV-44)。縦長剥片素材のナイフ形石器では，二側縁加工を主体とする尖刃の側縁加工に，若干の部分加工ナイフ形石器が伴う。一方，横長・幅広剥片を素材とするナイフ形石器では，側縁加工による尖刃と非尖刃という異なる刃部形状のナイフ形石器がみとめられる。二側縁加工の尖刃ナイフ形石器では，縦長剥片素材(1〜5)と横長・幅広剥片素材(7・8)があるが，素材の違いをこえて同形のナイフ形石器が特徴的に製作されている。また，ナイフ形石器の整形技術は，急斜度調整により，基部裏面に平坦調整が加えられるものも少量みとめられる(5・11)。4cm以下の小形品のみからなる点が，素材と刃部形状をこえて共通する。狸谷I石器文化が該当する。

(2) 各グループ間の共通点と相違点

各グループ間の共通点と相違点に注目し，ナイフ形石器の検討を行う。検討結果を表にまと

狸谷Ⅰ文

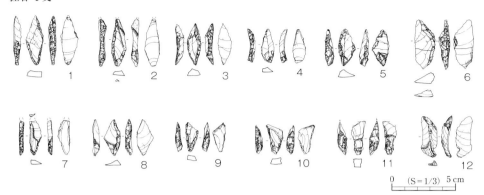

図 IV-44　グループ4のナイフ形石器

表 IV-12　ナイフ形石器の組み合わせ

	縦長剝片素材		横長・幅広剝片素材				
	尖　刃(Ia)		非尖刃(IIa)			尖　刃(IIb)	
	Ia-1類	Ia-2類	IIa-1類	IIa-2類	IIa-3類	IIb-1類	IIb-2類
グループ1　石の本8区 　　　　　沈目					○ ○		
グループ2　曲野1文 　　　　　血気ヶ峯2文 　　　　　牟礼越1文 　　　　　耳切A地点Ⅰ文			○ ○ ○ ○	○ ○ ○ ○	△	○ ○ ○	
グループ3　耳切A地点Ⅱ文 　　　　　百枝C地区Ⅲ文 　　　　　駒方古屋	○ ○ ○	○ ○		△			
グループ4　狸谷Ⅰ文	○	○		○			○

めた(表 IV-12)。

　ナイフ形石器の素材は，終始横長・幅広剝片を素材とする点で全グループに共通する。一方，グループ1とグループ2は横長・幅広剝片のみを素材とするのに対して，グループ3とグループ4は縦長剝片素材のものと横長・幅広剝片を素材とする二者からなる。

　次に，各類型の有無に注目すると，横長・幅広剝片を素材とする非尖刃ナイフ形石器が全てのグループにみとめられる。対照的に，特定のグループにみとめられる類型として，横長・幅広剝片を素材とする平坦調整の非尖刃ナイフ形石器(IIa-1類)とペン先形ナイフ形石器(IIb-1類)がいずれもグループ2に，横長・幅広剝片素材に急斜度調整により側縁加工を施した尖刃のナイフ形石器(IIb-2類)がグループ4にのみみとめられる。以上みてきたように，ナイフ形石器の素材と類型の有無に注目することで，グループ間の共通点とともに，グループごとのナイフ形石器の類型の違いを確認できた。ナイフ形石器の異なる類型の組み合わせにより，グループ1，グループ2，グループ3，グループ4の4つのグループは構成されているのである。それでは，各グループは具体的にどのような類型の組み合わせをもつのだろうか。

表IV-12をあらためてみなおし，グループごとの類型の組み合わせを以下に記す。グループ1では横長・幅広剝片製側縁加工非尖刃(IIa-3類)，グループ2では，横長・幅広剝片素材の側縁加工非尖刃(IIa-1類，IIa-2類，IIa-3類)と尖刃(IIb-1類)，グループ3では，縦長剝片製側縁加工(Ia-1類)と部分加工の尖刃(Ia-2類)，横長・幅広剝片製側縁加工の非尖刃(IIa-2類)，グループ4では，縦長剝片製の側縁加工(Ia-1類)と部分加工尖刃(Ia-2類)，横長・幅広剝片を素材とする側縁加工非尖刃(IIa-2類)と尖刃(IIb-2類)という組み合わせである。

このように，ナイフ形石器の素材の構成や類型の組み合わせに相違点を有するものの，終始横長・幅広剝片製の非尖刃ナイフ形石器を有することで最も共通し，またグループ1を除く各グループにおいて，尖刃と非尖刃という異なる刃部形状のナイフ形石器をあわせもつという共通点を確認できる。

4. 九州地方のナイフ形石器製作技術の編年

(1) ナイフ形石器の調整技術およびサイズの検討

3項でのナイフ形石器の検討により，類型の組み合わせを異にする4つのグループを確認した。しかし，それらは類型の組み合わせの相違とは別に，終始横長・幅広剝片製の非尖刃ナイフ形石器を有し，またグループ1を除き，尖刃と非尖刃という刃部形状の異なるナイフ形石器により構成されるという共通点をあわせもっていた。それでは，これらの異なるグループはどのような関係をもつのだろうか。ナイフ形石器の調整技術，サイズを観点に検討する。

各グループの記載でも既にふれたように，各グループのナイフ形石器の整形方法は，グループ内で共通した調整技術によっている。グループ1は形状保持的な微細調整であるのに対し，グループ2・3・4は形状修正的な整形によるナイフ形石器である。後者は施される調整技術により大きく二分される。グループ2では平坦調整，急斜度調整，微細調整，錯交調整と多種の調整技術であるのに対し，グループ3・4では急斜度調整のみで整形されている。さらに，グループ4のナイフ形石器の一部には，急斜度調整により整形されたナイフ形石器の基部裏面に平坦調整が施される例もみとめられ，この点でグループ3と異なる。

また，調整加工上，共通性の高いグループ3・4において，ナイフ形石器のサイズに注目すると，グループ3は6cm程度の一群(大形)と4cm程度の一群(小形)の二者，グループ4は4cm程度(小形)となり，ナイフ形石器のサイズの構成に顕著な違いをみいだすことができる。

(2) 出土層位の検討

これまでナイフ形石器の類型の異なる組み合わせや調整技術およびサイズについてみてきたが，各グループの関係を出土層位に注目し検討する。

各グループの出土層位に注目すると，土層の堆積順序から，暗色帯下の褐色ローム層中位を出土層準とするグループ1→暗色帯中のグループ2・3・4の順序となる。加えて，耳切遺跡の重層的な出土事例から，グループ2の耳切A地点第Ⅰ文化層より上位にグループ3の第Ⅱ文化層がみとめられるため，グループ2→グループ3の順序が確定する。そして，狸谷Ⅰ石器文化はAT直下の出土であることから，4つのグループの中で一番新しいことになる。

　以上の点から，グループ間の関係を，グループ1→グループ2→グループ3→グループ4という先後関係として理解できる。よって，ここで各グループを時期の差として捉え，グループ1をⅠ期，グループ2をⅡ期，グループ3をⅢ期，グループ4をⅣ期とする。各グループにみとめられたナイフ形石器の類型の組み合わせや調整技術の違いをナイフ形石器製作技術の時間的な変化として理解することができるのである。

5. 九州地方におけるナイフ形石器製作技術の変遷

　九州地方におけるナイフ形石器はどのように成りたち，推移したのだろうか。本項では，九州地方のナイフ形石器製作技術の変遷をあきらかにするとともに，その特徴を抽出する。

　これまでみてきたように，ナイフ形石器の整形方法では，Ⅰ期の微細調整による素材形状保持的なナイフ形石器作りから，Ⅱ・Ⅲ・Ⅳ期の素材形状修正的なナイフ形石器作りへの移りかわりがあった。素材形状修正的なナイフ形石器作りの中においても，Ⅱ期の平坦調整等による多種の調整技術からⅢ・Ⅳ期の急斜度調整による単一の調整技術への移りかわりをよみとることができ，そこにはナイフ形石器の整形方法の限定化がみとめられた。また，ナイフ形石器の整形を急斜度調整のみによる点で共通するⅢ期とⅣ期については，Ⅳ期では基部裏面に平坦調整が施され基部の作出が明確化する。つまり，調整方法において，Ⅰ期とⅡ期の間に形状保持から形状修正へのナイフ形石器作りの性格の変化が，Ⅱ期とⅢ期の間に調整技術の限定化，そしてⅢ期とⅣ期の間に基部作出の明確化という変化がみとめられる。

　ここで視点を変え，刃部形状を一つの単位としてナイフ形石器の類型数を整理すると（表Ⅳ-12），Ⅰ期は非尖刃1種，Ⅱ期は尖刃1種と非尖刃3種，Ⅲ期は尖刃2種と非尖刃1種，Ⅳ期は尖刃3種と非尖刃1種という組み合わせを確認できる。尖刃と非尖刃の類型数の変化に注目することで，Ⅰ期は非尖刃のみで，Ⅱ期に尖刃が加わり，Ⅲ期以降尖刃の類型が増加し非尖刃の類型数が減少するような，尖刃ナイフ形石器の増加と非尖刃ナイフ形石器の減少という相関関係をみいだすことができる。以上の点から，Ⅰ・Ⅱ期は非尖刃主体のナイフ形石器の構成，Ⅲ・Ⅳ期は尖刃主体のナイフ形石器の構成という，主体となるナイフ形石器の刃部形状に大きな変化を指摘することができるのである。そして，その転換点となるⅠ・Ⅱ期とⅢ・Ⅳ期の間は，Ⅰ・Ⅱ期が横長・幅広剥片素材により構成されるのに対し，Ⅲ・Ⅳ期では縦長剥片素材が加わるというように，素材構成上の画期と重なる。つまり，Ⅰ・Ⅱ期とⅢ・Ⅳ期の間に，ナイフ形石器の刃部形状および素材構成上の大きな相違がみとめられることになる。それでは，このように大きく様相を異にするⅠ・Ⅱ期とⅢ・Ⅳ期の間につながりをみいだすことはでき

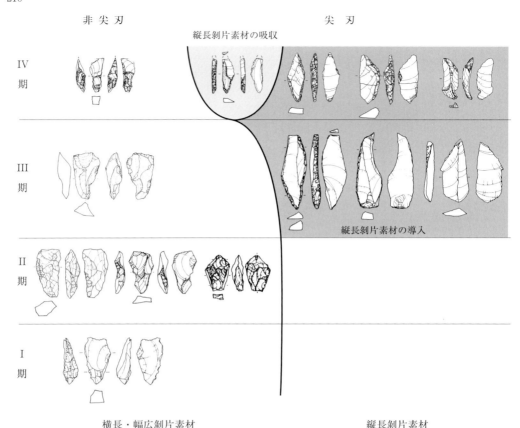

図IV-45 九州地方におけるナイフ形石器製作技術の変遷

ないのだろうか。

　上に示したように，刃部形状と素材において大きな転換点を特徴的にもつ九州地方のナイフ形石器製作技術ではあるが，全時期を通じて終始一貫して，横長・幅広剝片製非尖刃ナイフ形石器が製作されるという共通性も確認されていた。このように，I・II期に主体であった横長・幅広剝片素材の二側縁加工非尖刃ナイフ形石器を仲立ちとすることで，素材・形において対照的な性格をもつI・II期とIII・IV期の間に，つながりをみいだすことができるのである。

　以上みてきたように，III期における縦長剝片素材の導入と尖刃の結びつきというナイフ形石器製作技術上の大きな画期を経てもなお，当初からみとめられた横長・幅広剝片素材の非尖刃ナイフ形石器が整形方法を転じながら終始一貫して製作されている点を九州地方の特徴として指摘できる。しかし，そのあり方は一様ではなく，I・II期に主体であった横長・幅広剝片素材の非尖刃ナイフ形石器は，縦長剝片素材のナイフ形石器が加わったIII期では，縦長剝片素材が大形・尖刃，横長・幅広剝片素材が小形・非尖刃という対照的な位置を占めるものの，数量が減少し主要な存在ではなくなった。ところが，つづくIV期になると，横長・幅広剝片を素材とするナイフ形石器は一転して数を増し，縦長剝片素材と尖刃，横長・幅広剝片素材と非尖刃という結びつきを維持しながらも，素材の形状を問わず同形の二側縁加工尖刃ナイフ形

石器を製作するという他地域にはない九州独自のナイフ形石器製作へと変貌を遂げる(図IV-45)。

　九州地方におけるナイフ形石器文化のはじまりと展開には，横長・幅広剝片素材の非尖刃ナイフ形石器を軸に，縦長剝片製のナイフ形石器の形態的特徴をもその内部にとりこむ，九州独自のナイフ形石器製作技術の形成という歴史的な背景をよみとることができるのである。

第5節　ナイフ形石器製作技術による編年対比

　各節で対象地域ごとにAT下位石器群におけるナイフ形石器製作技術を検討した結果，東北地方を3時期，東海・中部地方を4時期，近畿・中国地方を3時期，九州地方を4時期に区分できた。ここで，ナイフ形石器製作技術を観点に，地域ごとに構築した編年の対比を行う。

　関東地方の最古期(X層段階)のナイフ形石器をふり返ると，縦長剝片を素材とした基部加工の尖刃ナイフ形石器と，横長・幅広剝片を素材とする非尖刃のナイフ形石器により構成されていた。このように，素材と刃部形状については大きく異なるものの，両者は微細調整による共通した整形方法によっていた。そこで，微細調整による素材形状保持的なナイフ形石器に注目すると，縦長剝片素材のナイフ形石器をもたない点で違いがみとめられるが，東海地方のグループ1と九州地方のI期が共通した特徴をもつことを確認できる。微細調整による素材形状保持的なナイフ形石器作りは，関東地方以外においても最古期に位置づけられており各地で共通することから，東海地方のグループ1と九州地方のI期を関東地方のX層段階に対比できる。

　後続する段階(IX層段階)は，横長・幅広剝片を素材に平坦調整等の多種の調整によるナイフ形石器に特徴づけられていた。同様な技術的特徴をもつナイフ形石器は，九州地方から東北地方までの広範囲にみとめられる[34]。東北地方のI期，東海地方のグループ2・中部地方の古相，近畿・中国地方のI期，九州地方のII期が該当する。ナイフ形石器製作技術上，関東地方のIX層段階に対比できる。

　次に，後続する各地の時期は，東北地方II期，東海地方のグループ3，近畿・中国地方II期，九州地方III期である。それらは，縦長剝片素材のナイフ形石器の有無に代表されるようにその素材において大きな違いを有するものの，ナイフ形石器の整形方法が急斜度調整のみによる単一の調整技術による点で共通する。この点から，平坦調整等による多種の調整技術から単一の調整技術への推移は，九州地方から東北地方という地理的に広範囲にわたるナイフ形石器製作技術の変化であったことがわかる。以上の点から，これらは関東地方のVII層段階に対比される。

　本書で対象とする中で最も新しい時期は，AT直下・直上にあたり，東北地方III期，東海地方のグループ4・中部地方の新相，近畿・中国地方III期，九州地方IV期である。この時期は，九州地方から中国地方までは縦長剝片製の二側縁加工尖刃ナイフ形石器がみとめられ共通

表 IV-13　九州地方から東北地方における AT 下位石器群の編年

段階	九州地方	近畿・中国地方	東海・中部地方	関東地方	東北地方
VI層	狸谷 I 文	原田(1～5ブロック) 恩原 I R 文	七日市 III 文 七日市 IV 文	富士石 XIII 文 清水柳北 東尾根 NL	追分 4 文	鈴木 VI 層 堂ヶ谷戸 4 文 下野洞	風無台 I 下堤 G
VII層	耳切 A 地点 II 文 百枝 C 地区 III 文 駒方古屋	戸谷 5 地点 X 層	板井寺ヶ谷 下層	葛原沢 I 中見代 I SCIIIs2直上 初音ヶ原 A 第 2 地点 III 文 富士石 XII 文 初音ヶ原 A 第 3 地点 I 文 中見代 II SCIIIb1～SCIIs1 清水柳北 中尾根 BBIII 富士石 IX 文 清水柳北 東尾根 BBII	東林跡 VII 層 後田 打越 KA 地点 VII 層 藤久保東 VII 層 大門 4 文	家の下 小出 I 此掛沢 II 縄手下 松台 III
IX層	曲野 I 文 血気ヶ峯 2 文 牟礼越 1 文 耳切 A 地点 I 文	原田(14ブロック)	七日市 II 文(3次) 七日市 II 文(1次)	富士石 I 文 中見代 I BBVI 富士石 II 文 中見代 I BBV 二ッ洞 BBIV	日向林 B 大久保南 I 文 弓振日向 追分 5 文	中山新田 I 草刈六之台 2 文 大松 1 文 押沼大六天 1 文 仲ノ台	風無台 II 松木台 II 地蔵田 鵜ノ木
X層	石の木 8 区 沈目			井出丸山 I 文	多摩蘭坂(8次) 藤久保東 X 層 谷津 X 層 武蔵台 Xb・Xa 文化層 下山 X 層(2次)	

トーン部は連続的な縦長剥片剥離技術(石刃技法)を有する地域。

するが，近畿地方では有底横長剝片素材の一側縁加工を含む小形ナイフ形石器，東海地方では横長・幅広剝片製の二側縁加工尖刃ナイフ形石器，関東・中部地方では縦長剝片製の二側縁加工尖刃ナイフ形石器，東北地方では縦長剝片製の基部加工尖刃ナイフ形石器と米ヶ森型台形石器というように，隣接する地域であっても異なるナイフ形石器を特徴としている。前時期までと異なり，各地でナイフ形石器の相違が目立ち，対象地域をこえるような共通した特徴をナイフ形石器のサイズの小形化以外にみとめることはできない。しかし，ATとの層位的出土状況やAT上位の石器群とは明確に異なる点も考慮し，同一時期のものとする。関東地方のⅥ層段階に対比できる。

　対比の結果，九州地方から東北地方を対象としたAT下位石器群の広域編年が確立した（表Ⅳ-13）。以後，関東地方で設定した段階名（X層段階，Ⅸ層段階，Ⅶ層段階，Ⅵ層段階）を採用する。ここで表Ⅳ-13の編年をみると，古期に属するX層・Ⅸ層段階において，連続的な縦長剝片剝離技術（石刃技法）とそれを素材としたナイフ形石器の有無から，東北地方と関東地方を含めた日本列島東北部と，東海地方や近畿・中国地方と九州地方を含めた西南部に大きく二分できる。それでは，列島西南部に先行して，東北部に連続的な縦長剝片剝離技術がいち早くみとめられるのは，大井晴男（1968）が指摘したように，東北部の石器群の起源がシベリアを起点とする北方系に由来し，西南部の起源が南方系に由来するという人類の系譜の違いによるのであろうか。次章では，北の玄関口にあたる北海道地方をみていく。

1) ただし，同論文中で，「両面加工の尖頭器は，北海道においてそうであるように，細石器以後に位置づけられる」可能性も指摘されている。
2) 剝片剝離技法の2系統とし，系統1の風無台Ⅱ・松木台Ⅱ・地蔵田Bと系統2の松木台Ⅲ・風無台Ⅰ→此掛沢Ⅱ・下堤G→米ヶ森という編年である。此掛沢Ⅱ・下堤G以降から両系統よりなることが示されている。しかし，これらの系統が技術系統，または集団を意味するのかについては本文中に記載がないため不明である。
3) 石刃を全く保有しない風無台Ⅱ・松木台Ⅱと石刃モードの風無台Ⅰ・松木台Ⅲを同時期とする根拠として，田村は台形石器と分厚い剝片素材の盤状削器をあげている。しかし，後者は型式学的に対比可能と評価するものの，具体的にどのような特徴をもつ資料か説明されていない。さらに自身も指摘するように「資料がたいへん少なく特徴を十分に把握できない」台形石器の状況を考えると，必ずしも同時期ではなく時期差の可能性もありうる。資料的制約がある中，同時期と判断した理由は田村のいう「岩井沢型石刃技法」をはじめ「関東地方第2黒色帯期以降の石器群」の構造を念頭においてのことであろうが，この点についても必ずしも関東地方と東北地方が同じ構造であるとは限らないのではないだろうか。これらの点を考慮すると，両者を時期差とする見解（藤原・柳田1991）も成りたつことを確認しておきたい。
4) 田村論文（1989）中の第27図では，推移群Ⅱの剝片モードには当該期に属するとされた此掛沢Ⅱの資料が用いられているが，石刃モードの資料については文章中で推移群Ⅰとされた風無台Ⅰの資料が用いられており，本文と大きく齟齬をきたしている。文章から判断する限り，図の誤りであると推察されるが，同論文中の第27図は東北地方編年の結論であることに加え，編年の細分上両者の位置づけは重要であることから，ここに指摘しておく。
5) 吉川の用語体系は本書と異なるので説明しておく。吉川は筆者のいうナイフ形石器を「ナイフ形石器」と「台形石器」に分けて捉えている（吉川2007）。その根拠として，台形石器は「石刃を素材としたナイフ形石器に対置する形で，石器長軸および加工部位に対して直交する刃部を有する一群の剝片石器として器種上，石器群の中に明確に位置づけられる」ことをあげている。
6) 佐藤（1988）の「台形様石器」の一部を分離した石器とされる。

7) 吉川の検討方法については異存はない。ただし，吉川(2006・2007・2010)は縦長剝片製ナイフ形石器の加工度の強弱と石器の大きさから，松木台III遺跡の資料を加工度が微弱な大形品として最も古く位置づけている。筆者は松木台III遺跡の編年的位置づけについては異なる意見をもっており，詳細については本文中で後述する。

8) 詳述はしないが，特に風無台I遺跡・松木台III遺跡・地蔵田遺跡・小出I遺跡・縄手下遺跡の位置づけに，同一研究者内，研究者間での大きな違いがある(表IV-1)。

9) 対象遺跡の文献については以下のとおりである。家の下遺跡(秋田県埋蔵文化財センター 1998)，風無台I遺跡・風無台II遺跡・松木台II遺跡(秋田県教育委員会 1985)，小出I遺跡(秋田県教育委員会 1991)，此掛沢II遺跡(秋田県教育委員会 1984)，地蔵田遺跡(秋田市教育委員会 2011)，下堤G遺跡(秋田市教育委員会 1983)，縄手下遺跡(秋田県埋蔵文化財センター 2006)，松木台III遺跡(秋田県教育委員会 1986)。

10) 米ヶ森技法の定義については4項にて詳述する。本書では麻柄(2005)が示した「類米ヶ森技法」を含め，「後期旧石器時代初頭の剝離技術の一つである素材剝片の腹面側に作業面を設けて目的剝片を剝離する技術」により製作された剝片(二次加工の有無を問わず)を米ヶ森型台形石器とする。

11) 背稜角は「石器の表面側の稜線をなし，面的に一番突出した部分の角度」であり，その角度が大きい場合は石器がよりフラットな状態，角度が小さい場合は石器が凸状態を示すとされている。

12) 梅川は刃角について，遺跡間での平均値4度の刃角の差を刃部がより鋭角化したことによる機能の向上と理解している。しかし，裏を返せば平均値で4度の違いしかないほど共通性をもつものとも評価できるのでないだろうか。

13) 二次加工の有無にかかわらず，同じ基準で計測するため，剝片の打面を上に設定し長さ・幅を計測した。

14) 松木台IIIについては図IV-4-18で示した資料が該当する。家の下遺跡に次ぐ米ヶ森型台形石器の出土点数をもつ下堤G遺跡については概要報告であるため，詳細な情報は不明だが，報告書中(秋田市教育委員会 1983)で米ヶ森型台形石器を剝離した石核が20点ほど存在する点と，母岩分類により大別して2個体の母岩であることから，米ヶ森型台形石器を含む多くの資料が接合する可能性が指摘されていることは注意される。他の遺跡についても図示していないが製作痕跡がみとめられる。

15) ただし，石器の形態学的な特徴に加え，使用痕分析の事例を積み重ね検証する必要がある。

16) 中村雄紀は，2011年に発表した論文では，富士石遺跡第I文化層と追平B遺跡第II文化層における，ホルンフェルス製石器群と「台形様石器」石器群の供伴から，両石器群を同時期異相と考えた(中村 2011a)。しかし，翌年，中村は見解を一転し，下記の理由からホルンフェルス石器群を先行するものとした(中村 2012)。第一の理由として，ホルンフェルス石器群と，石斧を伴う「台形様石器」石器群は，「基本的に別個の遺跡・地点に残されており，現時点では両者が共伴している，或いは同時に出現するといった現象の証拠となる出土事例はない」点をあげた。第二に，井出丸山遺跡出土石器群の^{14}C年代と出土層位をその理由とした。ただし，同論文中では，「大規模な井出丸山遺跡，追平B遺跡では基部加工尖頭形石器，台形様石器，鋸歯縁削器といった明瞭な二次加工をもつ剝片石器が出土している」という記述があり，ホルンフェルス石器群と「台形様石器」石器群の共伴も示されており，両石器群を時期差とする見解とは矛盾する記載も確認できる。

17) 池谷・望月論文(1998)におけるAT下位石器群の時期区分は，高尾(1995)と笹原(1995)によっている。第1期はBBVI層〜BBIV層から出土し「台形様石器」と石斧類を特徴とする時期，第2期はSCIIIb2層〜NL層から出土し，石刃技法の出現とナイフ形石器文化の成立する時期とされる。

18) ここでいう縦長剝片とは，横長・幅広剝片剝離により偶発的に剝離されるものではなく，連続的な縦長剝片剝離による「石刃」のことを指す。

19) 対象遺跡の文献については以下のとおりである。井出丸山遺跡(沼津市教育委員会 2011)，葛原沢第I遺跡SCIIb2(静岡県考古学会シンポジウム実行委員会 1995)，清水柳北遺跡中尾根・清水柳北遺跡東尾根(沼津市教育委員会 1990)，土手上遺跡BBV(沼津市教育委員会 1997)，中見代第I遺跡BBVI(静岡県考古学会シンポジウム実行委員会 1995)，中見代第I遺跡BBV・SCIIIs2直上・第III文化層(沼津市教育委員会 1989)，中見代第II遺跡(沼津市教育委員会 1988)，二ツ洞遺跡(沼津市教育委員会 1991)，初音ヶ原A遺跡第2地点(三島市教育委員会 1999)，初音ヶ原A遺跡第3地点(三島市教育委員会 1992)。

富士石遺跡(静岡県埋蔵文化財調査研究所 2010)。
20) 図 IV-16-2 の尖刃ナイフ形石器は，中村(2012)が指摘するように，石刃技法によるものではなく，横長・幅広剥片剥離技術により偶発的に生じたものを素材としたと考えられる。
21) 中村(2012)は，BBIV 層より下層の石器群を対象に 4 段階に区分している。BBIV 層より上位の石器群の編年については中村(2011a)を参照すると 4 段階に区分していることから，中村は愛鷹・箱根山麓の AT 下位石器群を 8 段階に区分していることになる。
22) 対象遺跡の文献については以下のとおりである。追分遺跡(長門町教育委員会 2001)，大久保南遺跡(長野県埋蔵文化財センター 2000b)，日向林 B 遺跡(長野県埋蔵文化財センター 2000a)，弓振日向遺跡(原村教育委員会 1988)。
23) 対象遺跡の文献については以下のとおりである。多摩蘭坂遺跡(8 次調査)(国分寺市遺跡調査会 2003a)，中山新田 I 遺跡(千葉県文化財センター 1986)，草刈六之台遺跡(千葉県文化財センター 1994b)，東林跡遺跡(織笠 2010)，鈴木遺跡 VI 層(鈴木遺跡刊行会 1978)。
24) 富士石遺跡第 XII 文化層の ^{14}C 年代測定結果では，1 例のみ 24,760±110 yBP という新しい測定値が得られている。この年代については，上層である NL を出土層準とするグループ 4 の年代よりも新しいため，除外した。
25) 原産地推定の分析事例が少ないため，理化学的な裏付けはないが，VI 層段階では信州産と考えられる透明度の高い黒耀石が多用されている。
26) VII 層段階においても愛鷹・箱根山麓の柏葉尾(かしばお)遺跡 BBIII 下や，関東地方の荒野前(こうやまえ)遺跡第 3 文化層などでは，信州産黒耀石が高い割合でみとめられている。ただし，荒野前遺跡第 3 文化層では総数 1,067 点中，黒耀石は 232 点であり，黒耀石は石器群の主体とはならない。また，図 IV-28 からもあきらかなように，信州産黒耀石を主体とする柏葉尾遺跡 BBIII 下のような遺跡は極めて稀であることを確認しておきたい。このように全体的には微量であるが，消費地で信州産黒耀石が用いられていることから，当該期の中部高地の状況は，前後の段階と比較して人類活動の痕跡が非常に乏しい状態と表現できる。
27) 佐藤良二と絹川一徳(2010)は，以下の 2 段階に区分する。第 1 段階(部分加工の小形石器が主体の石器群)は七日市遺跡第 I 文化層・第 II 文化層があたり，第 2 段階(ナイフ形石器が出現する段階，有底横長剥片を素材とするナイフ形石器の成立)は，板井寺ケ谷遺跡下層・七日市遺跡第 III 文化層・同第 IV 文化層があげられる。対して，佐藤宏之(1992)は，高津尾(たかつお)・溝口(みぞぐち)(IX 層下部段階)→七日市 II 文[古：B，G・H，M，N 区](IX 層上部段階)→七日市 II 文[新：C，S・T 区](VII 層下部段階)→板井寺ケ谷下層(VII 層上部段階)→七日市 III 文(VI 層段階)という細別編年を提示している。本書による検討範囲を IX 層上部段階から VI 層段階の 4 段階に区分している。
28) 対象遺跡の文献については以下のとおりである。七日市遺跡第 II 文化層(1 次調査)・同第 III 文化層(兵庫県教育委員会 1990)，七日市遺跡第 II 文化層(3 次調査)・同第 IV 文化層(兵庫県教育委員会 2004)，板井寺ケ谷遺跡下位文化層(兵庫県教育委員会 1991)。
29) 微細調整・錯交調整については，点数が少ないことから，表記の簡略化のためまとめた。
30) 平口哲夫(1987)の用語による。
31) ここでいう石器とは，二次加工の施されたものに限定している。東北地方の米ヶ森型台形石器と同様，二次加工の施されない刃器(大塚 2012)として利用された可能性はある。
32) 入口遺跡では，遺跡付近の段丘層中に含まれるメノウや珪化木を素材とする「石器群」が，第 3 層中位と第 4 層最上位より検出されている(萩原 2004)。年代と層序は以下のとおりである。地層の年代は光ルミネッセンス法により，第 3b 層出土石器群が 90,000±11,000 yBP，第 4 層が 103,000±23,000 yBP と測定されている。ただし，入口遺跡の資料については，人工物ではなく，自然破砕礫とする意見もある(稲田 2011)。
33) 対象遺跡の文献については以下のとおりである。石の本遺跡 8 区(熊本県教育委員会 1999a)，駒方古屋遺跡(別府大学付属博物館 1985)，沈目遺跡(城南町教育委員会 2002)，狸谷遺跡狸谷 I 石器文化(熊本県教育委員会 1987)，血気ヶ峯遺跡第二石器文化(和田 2001)，曲野遺跡第 1 文化層(熊本県教育委員会 1984)，耳切遺跡 A 地点第 I 文化層・同第 II 文化層・D 地点第 I 文化層(熊本県教育委員会 1999b)，牟礼越遺跡第 1 文化層(三重町教育委員会 1999)，百枝遺跡 C 地区第 III 文化層(三重町教育委員会 1985)。

34) 第Ⅳ章第1節では東北地方を検討する際，資料が豊富で，かつ当地の編年研究をリードしてきた秋田県域の資料を対象とした。近年，本書で具体的に扱わなかった岩手県域において東北地方Ⅰ期を考える上で重要な資料が出土しているため，ここでその内容にふれておく。岩手県に位置する鵜ノ木遺跡(岩手県文化振興事業団 2009)は，器面調整の横長・幅広剝片素材のナイフ形石器に，表土層除去中に出土した逆台形状の基部形状を呈する縦長剝片製の基部加工ナイフ形石器が伴う可能性がある点で重要である。Ⅰ期において縦長剝片製の基部加工ナイフ形石器が東北地方全般で共伴するかは検討の余地があるが，仮に鵜ノ木例を加えた場合，以下の点で若干の修正が生じる。狩猟具と考えられる形状に限定して記載すると，Ⅰ期は横長・幅広剝片素材非尖刃主体と縦長剝片素材基部加工尖刃(基部台形状)，Ⅱ期は縦長剝片素材基部加工尖刃(基部台形状)主体，Ⅲ期は縦長剝片素材基部加工尖刃(基部Ｖ字状)主体となる。

　この場合，Ⅰ期では横長・幅広剝片素材が主体である中，わずかに存在した形状保持のナイフ形石器がⅡ期で主体となり，Ⅲ期で形状修正度が高いＶ字状に移りかわることになる。Ⅰ期に縦長剝片素材のナイフ形石器が存在する点で若干の修正が必要であるが，尖刃と非尖刃の補完関係を東北地方のナイフ形石器製作技術の構造とし，その製作技術の変化を狩猟具形態の変化に伴うナイフ形石器製作技術の再編成とする点に変わりはない。

第 Ⅴ 章

北海道地方における旧石器文化のはじまり

北海道はその地理的位置から，大陸からの人類移住の玄関口として研究当初より注目されてきた。特に北海道の旧石器時代「前半期」(寺崎・山原 1999)とされる石器群(細石刃石器群前)は，後期旧石器時代初頭にあたると現在考える研究者が多く，当該期の研究は世界的な現生人類の移住拡散という考古学・人類学上の重要な対象となっている。しかし，その編年的位置づけについては諸説あるのが現状で，見解の一致をみていない。本章では，本州の AT 下位石器群(30,000 yBP～25,000 yBP)と対比されてきた，北海道の旧石器時代「前半期」石器群(「台形様石器」を有する「不定形剥片石器群」を含む)の検討を通し，「前半期」の編年と，その位置づけを再考する。また，それらを踏まえた上で，北海道への人類の移住について予察する。

第 1 節　「前半期」石器群に関する諸問題

1.「不定形剥片石器群」発見前史——前期白滝文化の提唱——

　北海道の旧石器時代編年研究は，白滝遺跡の発掘調査を中心に進められてきた(芹沢 1959，吉崎 1961)。吉崎編年(1961)の手法は，段丘堆積物の層位関係と，石器組成(特に湧別技法の有無)に注目したものであり，「湧別技法と spear point をもたない blade industry の一群が，その両者ともに存在する石器文化以前」にあたるとした。そして，石刃と舟底形石器の組み合わせを特徴とする石器群を「前期白滝文化」，後続する「コアー・ビューランおよび舟底形マイクロ・コアー」を指標とする石器群を「後期白滝文化」と称し，前者から後者への変遷を示した(吉崎 1967)。それぞれの年代を ^{14}C 年代測定の結果に基づき，「前期白滝文化」を 20,000 yBP～18,000 yBP，「後期白滝文化」を 13,000 yBP～12,000 yBP 頃としている[1]。

2. 嶋木・祝梅三角山遺跡の発見——ナイフ形石器の抽出——

　白滝遺跡の調査成果に基づき編年が整理されていく中，「前期白滝文化」とも「後期白滝文化」とも異なる石器群が，1967 年，上士幌町に位置する嶋木遺跡にて検出された(辻 1969a)。辻秀子は，石刃，「スクレーパー類」，石核石器，石核，「不定型剥片石器」という，「湧別工程」や「両面加工の point」を含まない石器組成であることに注目した。示準となる石器の出土が少ないことを理由に，型式学的な検討による編年については積極的に行っていないものの，「前期白滝文化」まで遡る可能性を示唆している。また，1969 年には，再び発掘調査が実施され，その際に行われた黒耀石水和層年代測定では，19,000 年前と 19,300 年前という分析結果が得られている(辻 1969b)。水和層による理化学年代，石器の形態，地史的な位置づけから，嶋木遺跡が「北海道の石器文化の中で，最も古い遺跡」であると結論づけた。

嶋木遺跡の成果報告後，北海道最古の石器文化に属する嶋木遺跡の位置づけと評価が議論の中心になっていく。加藤晋平と藤本強(1969)は，嶋木遺跡の「ダ円形石器」に注目し，岩宿遺跡Ⅰ石器文化や磯山遺跡との共通点を指摘した。さらに，岩宿遺跡や磯山遺跡にみとめられる縦長剝片剝離技術と，エニセイ川流域のアホントバ山遺跡Ⅱ下層の石斧の存在もあわせることで，岩宿遺跡だけでなく嶋木遺跡についても北アジアの後期旧石器の系統に属することを指摘した。

これに対して，芹沢長介(1971)は，嶋木遺跡第1次報告資料の中に，関東地方で注意されている切出形石器をみいだし，「これらの石器が関東地方に多出する本州のナイフ形石器の系列にある」ことを指摘した。製作技術として剝片の折り取りや「分割技法」をあげ，「分割技法」によるナイフ形石器が，栃木県向山遺跡の黒色帯およびその上位のローム層から多量に出土していることを重視した。そして，黒色帯に含まれる岩宿遺跡Ⅰ石器文化や磯山遺跡の時期，あるいはそれ以前に分割技法によるナイフ形石器が存在したと考えた。その上で，嶋木遺跡のナイフ形石器を根拠に，「従来ナイフを欠くと考えられてきた北海道の後期旧石器は石刃以前の段階において本州のそれと連絡する」という見解を提示した。さらに，芹沢は，向山遺跡において黒色帯と鹿沼軽石層にはさまれたローム層中から出土した切出形石器に類似する資料の存在から，切出形石器の出現が黒色帯以下，場合によっては40,000 yBP～30,000 yBPにまで遡行することを想定した。嶋木遺跡の石器の系統をまず日本の「前期旧石器」の中に求める必要性を説いたのである。

吉崎昌一により，1973年に実施された祝梅三角山遺跡の調査成果(千歳市教育委員会 1974)は，芹沢の意見を後押しする。石器の特徴は3つあげられ，①剝片石器文化であること，②ナイフ形石器(「切出しナイフ」に類する)の系列にグルーピングされること，③石刃技法の存在が否定的であることが指摘されている。遺物包含層と同層の露頭から採取された炭化木片の^{14}C年代測定結果(21,450±750 yBP)と黒耀石水和層年代測定による年代(21,700 yBP)も一致することから，祝梅三角山遺跡を「前期白滝文化」以前に位置づけた。その上で，北海道においても真正な石刃技法の出現以前に，石刃をもたないナイフ形石器の系列が広がっていたとし，芹沢仮説を支持した。

また，山田晃弘(1986)は，細石刃文化を含めて剝片生産技術の組成と石刃技法，細石刃技術の特徴とそれらの結びつきである技術構造の検討を行い，石器群の類型化を行った。類型化されたグループを層位的出土例と理化学的年代によって整理することで序列化し，芹沢仮説を追認した。

一方，ナイフ形石器から「前期白滝文化」を介して「後期白滝文化」への変遷が定説化していく中で，鶴丸俊明(1978)は，嶋木遺跡のナイフ形石器の二次加工の特徴に注目し，異なる意見を提示している。本州のナイフ形石器の二次加工は，「裏面に対して五〇～六〇度以上の角度を持つものが多く，素材となった剝片や石刃の鋭い縁を断ち切るような打ち欠き」が一般的であるのに対し，「嶋木の打ち欠きは，裏面に対して浅い角度でおこなわれ…中略…素材の縁辺を断ち切るような形」ではないことから，嶋木のような加工は「北海道の他の遺跡のどこにでもみられる」ことを指摘した。同じ理由から勢雄遺跡，祝梅三角山遺跡の「ナイフ形石器」と

本州との対比に異見を示した。しかし，このような意見は主流とならず，ナイフ形石器→「前期白滝文化」→「後期白滝文化」という変遷が定説化することになる。

3. 桔梗2遺跡の発見――「台形様石器」による本州との対比――

　1980年代後半，近接する東北地方においてAT下位石器群に関する議論が行われる中，函館市桔梗(ききょう)2遺跡が調査報告された(北海道埋蔵文化財センター 1988)。報文中では，「剥片の縁辺部に刃こぼれ状の微細な剥離がみられるもの」と「二次加工があるもの」が「ナイフ様石器」と呼称された。当遺跡では石刃技法の存在がみとめられず，主要な石器が「ナイフ様石器」・剥片であるという特徴から，祝梅三角山遺跡，嶋木遺跡などの北海道最古の石器群の一つとして位置づけられる可能性が指摘された。さらに，津軽海峡をはさんで東北地方と向かいあい近接する地理的位置にあることから，東北地方のAT下位石器群に特徴的な米ヶ森技法(藤原 1984)と桔梗2遺跡の剥片剥離技術との関係性が注目された。報告書中では，石器組成の違いを考慮しながらも，東北地方のAT下位石器群との共通性が示唆された。

　このような中，佐藤宏之(1988)は，関東地方の資料を中心に，後期旧石器時代前半期の石器製作技術構造が，横長・幅広剥片剥離技術による「台形様石器」と，ナイフ形石器と石刃技法という「二極構造」をもつという仮説を提示した。さらに，佐藤(1991b)は，対象を東北地方と北海道にまで広げ，本州との対比を実施し，これまで北海道でナイフ形石器や「ナイフ様石器」とされてきた資料を「台形様石器」と捉えなおすことで，北海道においてもAT下位相当石器群をみいだした。その結果，佐藤(1992)は，日本列島の後期旧石器時代前半期を「通時的には後半期の地域性を準備するかのような構造変容を示しながらも，基本的には等質な性格を有する」と結論づけた。一方で，祝梅三角山遺跡と桔梗2遺跡の「台形様石器」III類については，素材選択と調整のあり方が，本州の「台形様石器」と異なる特徴をもつことも指摘している。その要因として，ナイフ形石器が未発達な北海道では，「blunting技術の台形様石器系への漸進的変容」が困難であることから，「台形様石器の調整技術は微弱にとどまることが理論的に予想される」とし，東北日本と北海道の「台形様石器」が異なる特徴をもつようになった背景を考察している[2]。

4. 石器群の増加と様々な編年案の並立

　1980年代後半から，「前半期」(寺崎・山原 1999)とされる石器群(細石刃石器群前)が，川西(かわにし)C遺跡をはじめ，柏台(かしわだい)1遺跡，広郷(ひろさと)8遺跡，神丘(かみおか)2遺跡，オバルベツ2遺跡，丸子山(まるこやま)遺跡，上似平(かみにたいら)遺跡下層，札内(さつない)N遺跡，白滝(しらたき)遺跡群と多数検出された。それに伴い，石器群の編年も同時に行われており，大別すると以下の2つの立場に整理できる。当該期の代表的な編年のうち，本州との時間的な対比が行われているもの，または対比可能なものを表V-1にまとめた。

表 V-1　編年対比表

関東との対比 (段階)	本　州　重　視					大　陸　重　視	
	佐藤 1992	佐藤 2003	佐藤 2005[1]	寺崎 2006	山原・寺崎 2010[2]	加藤 1993[3]	木村 1994[4]
X層		勢雄 上似平 空港南A 札内N 奥白滝1	勢雄 上似平 空港南A 札内N 奥白滝1 若葉の森		祝梅三角山 共栄3 桔梗2 奥白滝1 上白滝8 若葉の森		
IX層　下	祝梅三角山？	祝梅三角山 共栄3 桔梗2	祝梅三角山 共栄3 桔梗2	祝梅三角山 共栄3 桔梗2 上白滝8 上白滝1 奥白滝1			嶋木 ↓ 祝梅三角山
上	桔梗2？			若葉の森			
VII層　下		柏台1(細石刃 +不定形) 川西C 嶋木 丸子山 メボシ川2					
上	神丘2？	岐阜2					
VI層	嶋木 広郷8 美里	オバルベツ2 神丘2 上白滝7	オバルベツ2 神丘2 上白滝7	オバルベツ2 神丘2 広郷8 上白滝8 上白滝7 置戸安住E	オバルベツ2 神丘2 広郷8 上白滝7 上白滝8		
V・IV層下部			柏台1(不定形 剝片石器群) 川西C 嶋木 丸子山 空港南A 上白滝8	川西C 空港南A	柏台1(不定形 剝片石器群) 嶋木 丸子山 南町2	嶋木 祝梅三角山 共栄3 桔梗2 空港南A 上似平 勢雄 美沢1 丸子山 神丘2 広郷8 岐阜2	共栄3 桔梗2 ↓ 広郷8 神丘2

1) 広郷型尖頭形石器と基部加工尖頭形石刃石器はAT直前段階とのみ記載されている。遺跡名については，佐藤2003を参照した。
2) 上似平，勢雄，札内Nは位置づけ困難とする。オバルベツ2がAT前後。川西Cは最終氷期最寒冷期としている。
3) 嶋木の年代より，最終氷期最寒冷期とする。
4) 嶋木はAT下位。祝梅三角山もAT下位の可能性あり。

本州との対比を重視する立場

　佐藤論文，寺崎論文，山原論文，山原・寺崎論文が代表例としてあげられる。いずれも佐藤(1991b)により提示された「台形様石器」での本州との対比を行い，それらを最初期に位置づける点で共通する(山原1993・1996など)。これらの論考はさらに基部加工ナイフ形石器を主体

とするオバルベツ2遺跡と,「細石刃石器群」と「不定形剝片石器群」が検出された柏台1遺跡の位置づけの違いにより,さらに2つの意見に分かれる。

　佐藤の見解(2003)では,オバルベツ2遺跡の基部加工ナイフ形石器の調整技術(基部裏面加工)と石刃剝離技術のあり方から,金谷原遺跡(Ⅵ層段階)と対比した。柏台1遺跡については,「不定形剝片石器群」と「細石刃石器群」を同時期と捉え,「二極構造(二項モード)を反映した拠点的遺跡」と評価し,Ⅶ層段階に位置づけている。

　これに対し,寺崎(2006),山原・寺崎(2010)論文では,佐藤と同じくナイフ形石器の調整技術と石刃剝離技術に注目するものの,オバルベツ2遺跡を「東山系ナイフ形石器」石器群に対比し,時期的に新しく位置づけている。柏台1遺跡については,「不定形剝片石器群」と「細石刃石器群」を分離して捉え,「不定形剝片石器群」は^{14}C年代測定分析の結果から年代的にⅣ層下部段階に,「細石刃石器群」をそれに後続するものとした。

　両者は,「台形様石器」とナイフ形石器石器群の年代的位置づけではほぼ共通するものの,柏台1遺跡の位置づけについては大きな離齬がある。

大陸との対比を重視する立場

　加藤論文(1993),木村論文(1994)があげられる。木村英明は包含層とインボリューション,米ヶ森技法との類似,ナイフ形石器の定形化と石刃技法の発展を重視する。一方,加藤博文は嶋木遺跡における石器包含層中の^{14}C年代23,800 yBPという年代を重視し,石器群の年代が最終氷期最寒冷期にあたると考える。細部については異なるものの,両者ともに,ロシアの東シベリアに位置するアンガラ川流域のマリタ遺跡(23,000±5,000 yBP)やブレチ遺跡(21,190±100 yBP,23,920±310 yBP)との共通性を指摘している。

　また,上にみてきた本州重視派と大陸重視派とは異なり,ジオアーケオロジーの視点から,遺跡形成過程・テフロクロノロジー,^{14}C年代の成果を総合した地質編年が提示されている(出穂・赤井 2005)が,石器群の特徴により導きだされた編年を裏付けられるような精度での序列が行える段階ではないようである。

5.「前半期」編年研究の課題

　表Ⅴ-1のように石器群の序列が大きく異なる編年が並立する一つの要因としては,各石器群の層位的な出土例がないことがあげられる。それゆえ,研究者の立場(本州重視派・大陸重視派)により様々な編年案(解釈)が提示されているといえる。つまり,石器群の系統観が当該期編年の違いと結びついているというのが現状であり,このことが北海道の旧石器時代「前半期」研究の課題といえる。

　本章では,上記の課題を解決し,北海道における当該期編年研究を進めるために,北海道の旧石器時代「前半期」(細石刃文化前)を代表する「台形様石器」石器群(「不定形剝片石器群」)の検討を行い,まず石器群の特徴を確認し,「前半期」編年を再考する。その上で,「前半期」石器群の位置づけを通して,北海道への人類の移住について予察することとする。

第2節　分析資料と分析方法

1．分析資料

　「前半期」石器群を代表し，本州のAT下位石器群と対比されてきた「不定形剥片石器群」を主な分析対象とする。「不定形剥片石器群」とは，主に「台形様石器」を主体とする石器群であり，その素材製作として横長・幅広剥片剥離技術が特徴的にみとめられる。「不定形剥片石器群」は祝梅三角山遺跡で確認されたとおり，恵庭a（以下，En-aと略記）テフラの降下範囲内であれば，その下位から検出されることが一般的であり，En-aテフラとの層位関係がまず第一の指標となる。また，良好な堆積層準を示す遺跡では，支笏第1（Spfa-1）テフラよりも上位に遺物包含層が確認されている。加えて，白滝遺跡群の調査により，大雪御鉢平（Ds-Oh）テフラおよび，その再堆積層の上位に全ての石器群が包含されていることが確認されていることから，「不定形剥片石器群」の年代の上限を考える上での重要な指標として注目されている（出穂・赤井 2005）。

　出穂・赤井論文によるテフロクロノロジーの成果の整理を参考にすれば，上でふれた鍵層となる火山灰の年代は，En-aテフラが19,000 yBP～21,000 yBP，Spfa-1テフラは40,000 yBP～45,000 yBPと考えられている。Ds-Ohテフラについては，^{14}C年代の測定値において，30,000 yBPより古いとする意見（町田・新井 2003）と，44,000 yBPより古いとする意見（Takahashi et al. 2004）があることから，理化学的年代に変更の余地があることが指摘されている。いずれにしても，大きくみて19,000 yBP～45,000 yBPの間にあたると，ここでは考えておきたい。

　「不定形剥片石器群」の中で，En-aテフラ下位～Spfa-1テフラ上位で検出された遺跡としては，若葉の森遺跡（帯広市教育委員会 2004），共栄3遺跡（北海道埋蔵文化財センター 1991）がある。En-aテフラ下位という条件では，祝梅三角山遺跡（千歳市教育委員会 1974）があげられる。加えて，石器製作技術の特徴とその共通性から，本石器群に相当する遺跡として，桔梗2遺跡（北海道埋蔵文化財センター 1988），白滝遺跡群「白滝I群」（北海道埋蔵文化財センター 2004）が指摘されているので，検討対象とする。

　また，「不定形剥片石器群」と同様に，En-aテフラ下位～Spfa-1テフラ上位という同じ条件下で出土する，他のEn-a下位石器群として，札内N遺跡下層（幕別町教育委員会 2000），川西C遺跡（帯広市教育委員会 1998），南町2遺跡下層（帯広市教育委員会 1995），上似平遺跡下層（帯広市教育委員会 1987），丸子山遺跡下層（千歳市教育委員会 1994），柏台1遺跡（北海道埋蔵文化財センター 1999），嶋木遺跡（筑波大学嶋木遺跡調査グループ 1988），勢雄遺跡IID（山原 1996）についてもあわせて検討することにする。

2. 分析方法

　分析方法としては、3つの手順で行う。まず、第一に「不定形剝片石器群」の技術的特徴を把握する。ここでは、主に石器組成と本石器群の指標的な器種である「台形様石器」の製作技術を検討する。第二に、「不定形剝片石器群」と同時期にあたると考えられている東北地方のAT下位石器群との比較検討を行う。第三に、「不定形剝片石器群」以外のEn-a下位石器群の特徴を確認し、「不定形剝片石器群」との異同を検討する。

　以上の手続きを通して、「不定形剝片石器群」を含む「前半期」石器群の位置づけを試みる。

第3節　「不定形剝片石器群」の特徴

　「不定形剝片石器群」としては、若葉の森遺跡、共栄3遺跡、桔梗2遺跡、祝梅三角山遺跡、白滝遺跡群「白滝Ⅰ群」(上白滝8遺跡sb1～13)があげられる。ここでは、若葉の森遺跡、共栄3遺跡、桔梗2遺跡、上白滝8遺跡(sb1～13)について、特に石器組成と「台形様石器」の形態に注目しみていく。

1. 石器組成

　桔梗2遺跡(図V-1-1～8)は、1ブロックから、827点の資料が出土し、「ナイフ様石器」19点、「ナイフ様剝片」[3] 17点がトゥールないし、その素材とされている。他のトゥールは組成していない。

　共栄3遺跡(図V-1-9～18)は、計10か所の石器集中部から1,539点の遺物が出土し、そのトゥールの内訳は「台形様石器」[4] 16点、削器7点、楔形石器1点、「加工痕ある剝片」8点、「使用痕ある剝片」62点である。

　若葉の森遺跡(図V-2-1～10)では、4つの遺物集中部から、剝片石器関連資料が9,664点、敲石等の礫石器関連資料が37点出土している。トゥールは、「加工痕ある剝片」23点、「微細な剝離痕ある剝片」89点、錐10点である。「加工痕ある剝片」の一部(図V-2-1～3)に、「台形様石器」との類似性が指摘されている。

　最後に、白滝遺跡群の中でも、上白滝8遺跡(図V-2-11～17)では当該期と考えられている石器群(白滝Ⅰ群)がまとまって検出されており、13か所の遺物集中部からなる。7,051点の遺物が出土し、トゥールの内訳は搔器12点、削器10点、錐25点、二次加工ある剝片[5] 271点である。

桔梗2

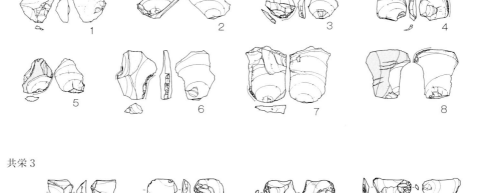

共栄3

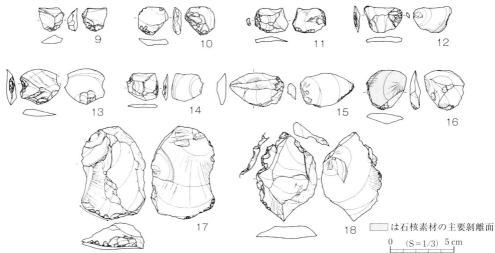

図 V-1 「不定形剥片石器群」の石器組成(1)

　以上，それぞれの石器組成をみてきたが，名称は異なるものの「台形様石器」が主体であり，そこに錐，削器，掻器が伴う点を把握できた。

2. 「台形様石器」の形態

　次に，本石器群の代表的な器種である「台形様石器」の検討を行う。
　石器組成を確認した4遺跡から「台形様石器」を抜き出し，素材の打面の位置や状態，加工部位についての観察結果を示した[6]（図V-3）。
　素材はいずれも横長・幅広剥片である。素材剥片の打面の位置をみると，図の下部にあるもの(2〜9・13・16〜18・20〜22)と側縁にあるもの(1・10〜12・14・15・19)がある。加工は，素材の背面側に非連続的な微細剥離を施すもの(1・5・11・12・14・19・22・23)，素材の主要剥離面側に非連続的な微細剥離を施すもの(2・4・8・11・15・17・18)，素材の背面側に連続的な加工を施すも

第Ⅴ章 北海道地方における旧石器文化のはじまり　227

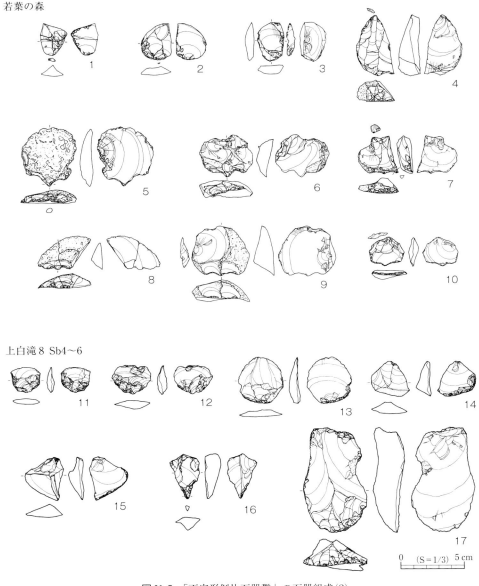

図Ⅴ-2 「不定形剝片石器群」の石器組成(2)

の(6)，背面と主要剝離面の両面に加工を施すもの(9・10・13・20・21)がある。なお，7・16は二次加工ではなく，素材剝片剝離前の先行する剝離面であり，3についても1枚の剝離面以外は先行する剝離面である。

　これらをみると，前二者の非連続的な微細剝離のものが主体を占めるのはあきらかであるが，それらのあり方も石器端部の鋭い縁辺に刃こぼれ状の剝離がみとめられるといった表現の方が適当である。加工が明瞭なものについても緩斜度のものがほとんどで，これらの点が「不定形剝片石器群」にみとめられる「台形様石器」の特徴といえる。また，石器の形状がほぼ素材剝

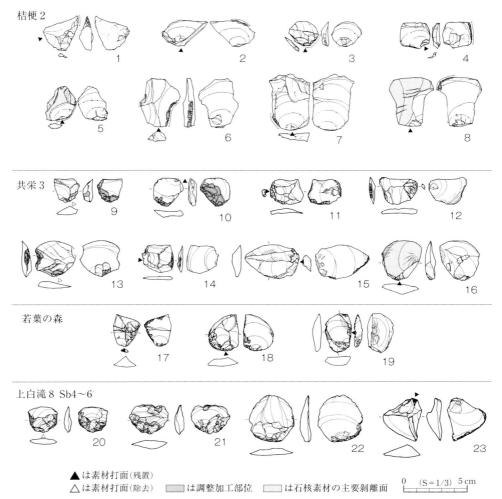

▲は素材打面(残置)
△は素材打面(除去)　　は調整加工部位　　は石核素材の主要剝離面
0　(S=1/3)　5cm

図V-3 「不定形剝片石器群」の「台形様石器」

片の形状であり，打面の位置や加工のあり方も様々で，素材と加工と石器の形状との間に有機的な関係はみとめられない。加えて，石器背面にポジ面を有する資料もほとんど観察できず，石器としての形状のばらつきからも素材の選択性が強いとはいいがたい。

　以上の観察結果を総合すると，規則的な石器製作技術をもたないということが，北海道の「台形様石器」の実態といえる。

第4節　東北地方の AT 下位石器群との比較

1. 東北地方の AT 下位石器群の様相

　ここで「不定形剝片石器群」と対比されてきた東北地方の AT 下位石器群の石器組成と，主要な器種であるナイフ形石器の製作技術を確認する。

(1) 石 器 組 成

　表面採集資料については取り扱わず，石器群との共伴関係があるもののみを例示した。各時期の資料の代表として，地蔵田遺跡(IX 層段階)，此掛沢 II 遺跡と縄手下遺跡(VII 層段階)，下堤 G 遺跡(VI 層段階)の資料を図示した(図 V-4)。IX・VII 層段階の石器群ともに，多数のナイフ形石器に伴い，石斧が出土している。地蔵田遺跡では，打製と磨製の石斧の両方が，此掛沢 II 遺跡では磨製石斧が伴っている。また，各時期とも少量ながら搔器がみとめられる。重要な点として，東北地方の AT 下位石器群では最新の VI 層段階以外，石斧を伴うことが確認できる。

(2) ナイフ形石器の製作技術

　東北地方を含む，本州の AT 下位のナイフ形石器製作技術は，IX 層段階では器面調整が，VII 層段階以降では急斜度調整によることがあきらかになっている(大塚 2014a)。北海道では急斜度調整のものがみとめられないことから，VII 層段階以降との対比は想定できないため，IX 層段階以前のものが比較対象となりうる。X 層段階相当の資料は，東北地方ではみとめられないことから，IX 層段階の資料を対象とした(図 V-5)。
　素材は横長・幅広剝片であり，その用い方として素材打面が図の下部にあるもの(7〜10)と，側縁部にあるもの(1〜6・11〜20)がある。石器の側縁部に素材打面を設定するものが多い。加工は，素材背面側に連続的な加工を施すもの(3・12・14・15・17〜19)，素材主要剝離面側に連続的な加工を施すもの(6・8・10)，背面と主要剝離面の両面に加工を施すもの(1・2・4・9・11)，両側縁に加工があり，片側は背面，もう一方は主要剝離面側から連続的に加工を施すもの(7・16)がある。これらの例をみると両側縁から調整を施す例(1〜4・7〜11・15・16)が多く，さらに両面から調整加工を施すなど，素材形状を大きく修正し基部を明瞭に作出する資料が特徴的にみとめられる。特に打面部が図の下部に設定された場合，必ず基部が作出される(7〜10)など，素材の用い方と調整位置に結びつきがみとめられ，基部が意識的に作り出されていることを指摘できる。

230

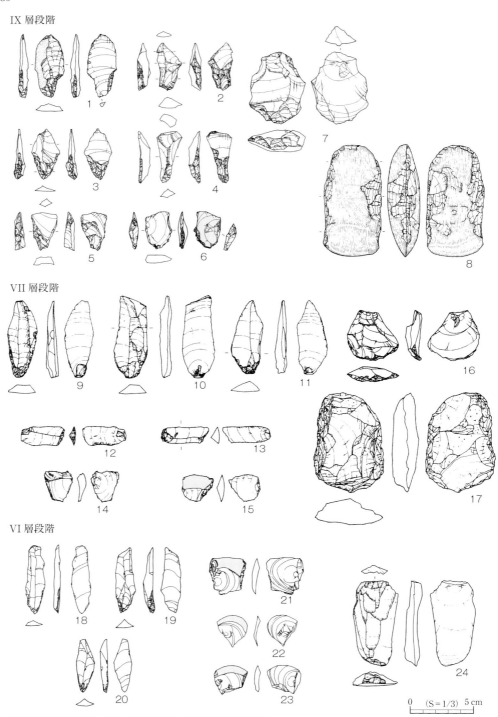

IX層段階：地蔵田（1〜6：ナイフ形石器，7：搔器，8：石斧）
VII層段階：此掛沢II（9〜15：ナイフ形石器，17：石斧），縄手下（16：搔器）
VI層段階：下堤G（18〜23：ナイフ形石器，24：搔器）

図V-4　東北地方におけるAT下位石器群の石器組成

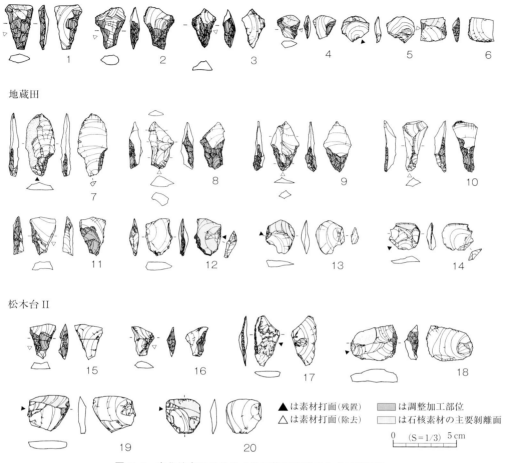

図 V-5　東北地方における AT 下位石器群のナイフ形石器

2.「不定形剝片石器群」と東北地方 AT 下位石器群の比較

　東北地方の AT 下位石器群の特徴を，石器組成とナイフ形石器の製作技術に注目して整理した。検討の結果，東北地方の石器組成はナイフ形石器と石斧を特徴とすること，ナイフ形石器製作技術には素材形状を大きく修正するものが含まれ，さらに素材・加工・形に密接な関係性がみとめられることが特徴として捉えられた。

　これらの東北地方の AT 下位石器群と「不定形剝片石器群」の異同を以下に検討する。まず，石器組成については，これまでも注目されてきた（山原 1993）ように，石斧の有無が第一の相違点である。東北地方ではみとめられるが，北海道では確認されていない。

　これに加え，石斧は本州および九州の AT 下位石器群に共通して存在するため，石斧の有

無のみが注目されてきたが,「不定形剝片石器群」に特徴的に存在する器種として錐(図Ⅴ-2-5〜10)や搔器(図Ⅴ-2-17)の存在は注目される。錐の有無や搔器の多寡が第二の相違点である。このように,石器組成については相違点が目立つ。次に,唯一共通性が指摘されているナイフ形石器(「台形様石器」)の製作技術を比較する。

東北地方のナイフ形石器製作技術は,第一の特徴として,Ⅶ層段階以降は急斜度調整によること。第二の特徴として,今回検討したように,Ⅸ層段階では,調整の種類や組み合わせは複数みられるものの,素材形状を大きく修正するものが特徴的に含まれ,素材・加工・形に密接な関係性がみとめられることを特徴としていた。これに対し,「不定形剝片石器群」中の「台形様石器」には,素材形状を修正する例がほとんどみとめられず,さらに素材・加工・形に規則的な関係性がみとめられない点に特徴があった。調整加工とされるものも,非連続的な刃こぼれ状の微細剝離痕が主体であり東北地方のナイフ形石器とは異なる。両者における共通要素は,刃部形状が非尖刃のものを有するという点のみである。

以上みてきたが,石器組成,ナイフ形石器の製作技術ともに,東北地方AT下位石器群と「不定形剝片石器群」に共通点をみいだすことは難しい。唯一共通点を指摘できるとすれば,ナイフ形石器と「台形様石器」の刃部形状(非尖刃)であった。しかし,「不定形剝片石器群」にみられる「台形様石器」は,素材・加工・形の結びつきをもたないことから,東北地方のナイフ形石器と対照的な特徴を有していた。北海道の「不定形剝片石器群」中に含まれる素材・加工・形において規則性をもたない石器を,なぜナイフ形石器と同じように石器を配置し,刃部と認定できるのか。「台形様石器」という用語を使用する点も含め,その石器認識方法自体が,研究史で指摘したように,本州重視派による本州との系統観と結びついていることも見逃せない。

また,このような石器組成やナイフ形石器製作技術の相違に加え,詳細については後述するが,「不定形剝片石器群」の^{14}C年代測定結果についても簡単にふれておく。「不定形剝片石器群」の年代測定結果で,最も古い年代を示す若葉の森遺跡においても,24,390±220 yBP,24,690±230 yBP,27,640±310 yBP(スポット4)であり,1例のみ古い年代があるが,約24,000 yBPとなる。AT下位石器群は約30,000 yBP〜25,000 yBPである(Otsuka and Ambiru 2010)ことから,^{14}C年代からも,「不定形剝片石器群」とAT下位石器群を対比することは困難であるといえる。

それでは,「不定形剝片石器群」の位置づけをいったいどのように考えたらよいのか。「不定形剝片石器群」と層位的に同じ条件で出土する他のEn-a下位石器群を次節でみていく。

第5節 「不定形剝片石器群」以外のEn-a下位石器群の確認

「不定形剝片石器群」以外のEn-a下位石器群として,札内N遺跡下層,川西C遺跡,南町2遺跡下層,上似平遺跡下層,丸子山遺跡下層,柏台1遺跡,嶋木遺跡,勢雄遺跡ⅡDがあげ

第Ⅴ章 北海道地方における旧石器文化のはじまり

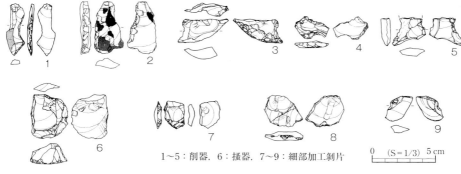

1〜5：削器，6：掻器，7〜9：細部加工剝片

図Ⅴ-6 削器石器群

られる。これらは，石器組成の中で，特定の器種が突出する傾向を有することから，主要な器種が石器群の類型化の基準とされることが一般的である（寺崎・山原 1999 など）。本書でも，先行研究にならい，「削器石器群」，「掻器石器群」，「川西石器群」の 3 つに区分し，その特徴を確認する。

1.「削器石器群」（図Ⅴ-6）

削器を主体とする石器群は，上似平遺跡下層，勢雄遺跡 IID，札内 N 遺跡下層があげられる。ここでは，上似平遺跡下層をとりあげ，本石器群の特徴を確認する。

上似平遺跡下層では，3 か所の遺物集中部から，総数 416 点，うち礫 147 点が出土している。器種は，削器 27 点，掻器 5 点，細部加工剝片 9 点であり，類型の名称どおり削器が卓越する。削器は，縦長剝片を素材とするものと，横長・幅広剝片素材がある。また，刃部を形成する加工についても，主要剝離面側から背面側に加工する例や，背面側から主要剝離面側に加工する例があり，素材，調整方法ともに特定の結びつきはみとめられない。

2.「掻器石器群」（図Ⅴ-7）

掻器を主体とする石器群は，柏台 1 遺跡「不定形剝片石器群」，嶋木遺跡，丸子山遺跡下層，南町 2 遺跡下層がある。石器の出土が特に豊富な柏台 1 遺跡「不定形剝片石器群」を例に，石器群の特徴をみていくことにする。

柏台 1 遺跡「不定形剝片石器群」は，8 か所の遺物集中部から，29,213 点もの遺物が出土した。うち礫は 1,039 点で非常に多量の石器が出土していることがわかる。器種は，細石刃 6 点，掻器 243 点，削器 68 点，錐 12 点，楔形石器 33 点，細部加工剝片 419 点，台石 90 点である。定形的な剝片石器の中では掻器が最も卓越する。掻器は刃部再生を行っているものが多くみとめられ，遺跡内で掻器を用いた作業がまとまって行われていたことがわかる。その素材として

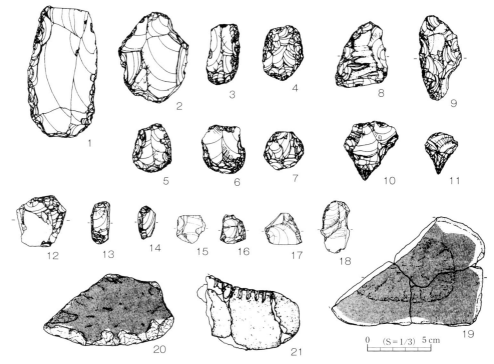

1〜7：掻器，8・9：削器，10・11：錐，12〜14：楔形石器，15〜18：細部加工剝片，
19・20：台石，21：刻みのある石製品

図 V-7　掻器石器群

は，縦長剝片を用いるものも存在するが，横長・幅広剝片を素材とするものが主体である。また，台石と顔料や石製品などもみとめられる。なお，細石刃については，石材の特徴や「細石刃石器群」のブロックと近接すること，「細石刃石器群」と接合関係もみとめられることから，本来は「細石刃石器群」に帰属すると考えられる。

3.「川西石器群」(図 V-8)

「川西石器群」は，川西 C 遺跡 1 例のみが該当する。川西 C 遺跡は，12 の石器集中部からなり，19,326 点もの遺物が出土した。その器種組成は，削器 82 点，掻器 66 点，彫掻器 2 点，彫器 39 点，錐 7 点，楔形石器 1 点，細部加工剝片 55 点，礫器 45 点，台石 16 点である。特定の器種に大きく偏らず，削器，掻器，彫器，礫器が多くみとめられる。このようにバランスのとれた石器組成を有するが，本石器群を最も特徴づけるのは縦長剝片を徹底的に使い切る点にある。山原敏朗(2004)の詳細な検討にもあるように，縦長剝片の鋭利な縁辺の利用にはじまり，削器として何度も刃部を再生する例や，削器から彫器へ転用する例などが縦長剝片の消費過程としてあげられる。これに加え，多量の礫器と台石，顔料もまとまってみられる。

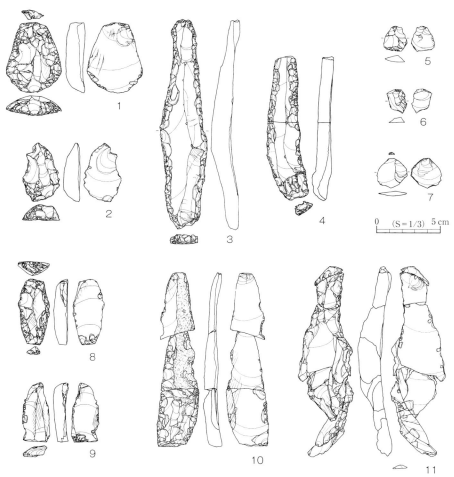

1・2：掻器，3・4：削器，5〜7：細部加工剝片，8・9：彫器，
10・11：縦長剝片の消費を示す資料

図V-8　川西石器群

　以上のように，En-a下位から出土する「前半期」石器群における，「削器石器群」，「掻器石器群」，「川西石器群」は各々特徴的な組成をもち，それぞれ個性をもつが，加工具が卓越する点で共通する。それぞれの石器群の関係をどのように理解できるのか。次節以降で検討する。

表 V-2 「前半期」石器群の石器組成

		「台形様石器」	削器	掻器	彫器	錐	楔形石器	細石刃	礫器	台石	礫群[1]	炉跡[1]
不定形剝片石器群	共栄3	16 70(U.Fl, R.Fl)	7			1				10		?[2]
	桔梗2	36									1(1)	
	若葉の森	113(U.Fl, R.Fl)			10							3(3)
	祝梅三角山	○	△	△								1(1)
	上白滝8(白滝I群)	271(U.Fl, R.Fl)	10	12	25							11(2)
削器石器群	上似平	9(U.Fl, R.Fl)	27	5							2(2)	
	勢雄 IID	4	4						2			
	札内 N	6(U.Fl, R.Fl)	6									
掻器石器群	嶋木	5(U.Fl, R.Fl)	13	54	1	6	1			16	3(3)	
	柏台1「不定形剝片石器群」	419(U.Fl, R.Fl)	68	243		12	33			90	7(7)	8(7)
	丸子山	13(U.Fl, R.Fl)	9	5	1							31(18)
	南町2	8(U.Fl, R.Fl)		2						4		1(1)
	川西 C	55(U.Fl, R.Fl)	82	66	39	7	1		45	16		7(3)

○は多数出土，△は少数出土。
1) 礫群および炉跡は，検出された総数と石器群に伴う礫群・炉跡の数を記載した。括弧内は石器群に伴う礫群や炉跡の数を示した。
2) 焼土の存在は報告書中で指摘されているが，その数および位置については記載されていないため，詳細は不明である。

第6節 「前半期」石器群の比較検討

1. 石器組成の比較

　まず，異なる特徴を有する「不定形剝片石器群」，「削器石器群」，「掻器石器群」，「川西石器群」の石器組成を比較する。
　表V-2は，各遺跡の石器組成を整理したものである。トーン部をみるとあきらかなように，各グループ内では器種組成が基本的に共通するものの，グループ間では特徴的な器種が突出してみとめられ，組成に大きな偏りをよみとることができる。さらに，石器組成と付属施設(炉跡・礫群)との関係を整理すると，「掻器石器群」と炉跡・礫群との関係性が強くみとめられ，また「川西石器群」においても複数の炉跡が検出されている。特徴となる器種に違いはあるが，両石器群はともに加工具が特に卓越するという点で共通する。また，両石器群では顔料とそれに伴って，台石がみとめられている点も重要である。

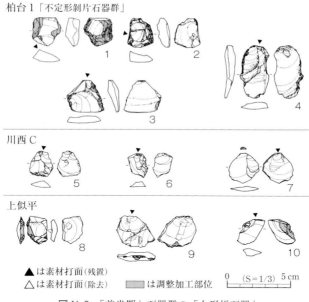

図 V-9 「前半期」石器群の「台形様石器」

2.「台形様石器」の抽出と検討

　これらの石器群の差は、いったい何を示すのか。表 V-1 のように北海道の先行研究では、本州重視派により、時期差として説明されることが多い。ここでは「不定形剥片石器群」に指標的な石器とされた「台形様石器」を他の「前半期」石器群においても抽出し、比較検討を試みる。

　それぞれの石器群の代表例としてとりあげた上似平遺跡下層（「削器石器群」）、柏台 1 遺跡「不定形剥片石器群」（「掻器石器群」）、川西 C 遺跡（「川西石器群」）から、「台形様石器」を抽出した。類例は多くみとめられるが、煩雑になるため、少数の資料のみ図示した（図 V-9）。これらは横長・幅広剥片を素材とし、端部に微細な剥離痕を有するもの（4〜7・9）、背面側に調整のあるもの（2・3・8）、主要剥離面側に調整のあるもの（10）、背面・主要剥離面に調整のあるもの（1）である。図 V-9-1 と図 V-3-10・13・20・21、図 V-9-5〜7・9 と図 V-3-1〜8・12・14〜19・22・23 が類似する。このように「台形様石器」は「不定形剥片石器群」のみに排他的にみとめられるのではなく、量的な差を有しながらも「前半期」石器群に一般的な石器であることがわかる。このことから、「台形様石器」の有無を年代差の基準にすることは難しい。

3. 年　　代

　以上，石器の特徴をみてきたが，それらの^{14}C年代測定の結果を確認することにする[7]。
　「不定形剝片石器群」についてみる。若葉の森遺跡では，石器集中部（スポット）と分布が重なる焼土から採取された炭化物を分析対象としている。測定年代は，23,930±220 yBP，24,410±240 yBP（スポット1）と，24,390±220 yBP，24,690±230 yBP，27,640±310 yBP（スポット4）である。祝梅三角山遺跡では，包含層と同層からの露頭採取試料の年代であるが，21,450±750 yBPである。共栄3遺跡では，石器包含層に確認された焼土採取の炭化木片の分析から，18,000年前より古いという年代が得られている。
　一方，「搔器石器群」では，柏台1遺跡「不定形剝片石器群」の炉跡やブロックに伴う炭化材を分析した結果，20,390±70 yBP～22,550±180 yBPの測定年代が得られている。丸子山遺跡における石器集中部に伴う焼土採取炭化材の分析結果は，21,940±250 yBPとなっている。ほかに嶋木遺跡では石器包含層下部の年代であるが，23,800 yBPである。
　最後に，「川西石器群」の年代を確認する。川西C遺跡では，石器集中部に伴う焼土から採取された炭化物を分析試料としている。21,800±90 yBP（スポット3），21,420±190 yBP（スポット4）の年代が得られている。
　各石器群の年代測定結果は，若葉の森遺跡スポット4の分析結果に1例のみ27,640±310 yBPという古い年代がみとめられるものの，およそ24,000 yBP～22,000 yBP程度でおさまることがわかる。

第7節　「前半期」石器群の特徴とその歴史的位置づけ

1.「前半期」石器群の位置づけと年代的位置

　「前半期」石器群では，各石器群において特徴となる器種が突出し，器種組成が大きく偏るという特徴がみとめられた。また，「台形様石器」の検討の結果，「不定形剝片石器群」以外でも，剝片を素材とした「台形様石器」が確認されたため，「台形様石器」の有無が時期差の指標とならないことは前節において既に指摘した。このことは^{14}C年代測定結果においても，各石器群の年代がおおよそ共通することから支持された。以上の点から，石器の特徴および年代的にも，「不定形剝片石器群」中の「台形様石器」とされてきた資料に対して，本州および九州の旧石器時代前半期を特徴づける用語である「台形様石器」を用いることは難しいと考える。本書の分析視点からすれば，「台形様石器」という概念を北海道地方に用いることに疑問をも

第Ⅴ章　北海道地方における旧石器文化のはじまり　239

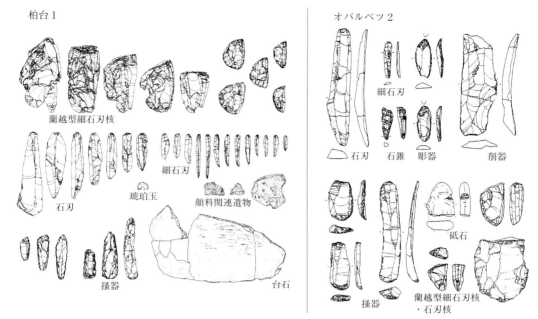

※縮尺は不同。柏台1はS=1/6，オバルベツ2はS=1/4
図Ⅴ-10　蘭越石器群

たざるを得ない。本書では，先述したように「不定形剝片石器群」の「台形様石器」とされてきた資料は，どの石器群にも普遍的にみとめられる不定形な石器であることから，U.Fl（微細剝離を有する剝片）またはR.Fl（二次加工を有する剝片）とする。

　また，表Ⅴ-2をあらためてみると，「前半期」石器群では，石器組成の偏りだけでなく，「掻器石器群」や「川西石器群」のように，付属施設（礫群・炉跡）や赤色顔料との結びつきがみとめられる。これは作業内容の相違を示唆する可能性が高い。

　これらの結果を総合すると，24,000 yBP～22,000 yBPの間は，「不定形剝片石器群」・「削器石器群」・「掻器石器群」・「川西石器群」といった，石器組成や付属施設に顕著な偏りをもつ石器群が並存する時期であったことがわかる。

2. 後続石器群との関係

　次に，「前半期」石器群に後続する石器群との関係を整理し，「前半期」石器群の特徴を浮き彫りにする。

　後続する石器群は，柏台1遺跡において「掻器石器群」と共伴が問題になった蘭越型細石刃技術を有する石器群（蘭越石器群）があげられる。蘭越石器群は，柏台1遺跡（北海道埋蔵文化財センター 1999）やオバルベツ2遺跡（長万部町教育委員会 2002）を代表例とする（図Ⅴ-10）。柏台1遺跡の^{14}C年代は，報告書によると，炉跡やブロックに伴う炭化材を対象とした13の分析結果中

表 V-3 「前半期」石器群と蘭越石器群の石器組成

		R.Fl/U.Fl	削器	掻器	彫器	錐	細石刃	礫器	台石	礫群[1]	炉跡[1]
不定形剥片石器群	共栄3	86	7						10		?[2]
	桔梗2	36									1(1)
	若葉の森	113			10						3(3)
	祝梅三角山	○		△	△						1(1)
	上白滝8（白滝I群）	271	10	12	25						11(2)
削器石器群	上似平	9	27	5						2(2)	
	勢雄IID	4	4					2			
	札内N	6	6								
掻器石器群	嶋木	5	13	54	1	6			16	3(3)	
	柏台1「不定形剥片石器群」	419	68	243		12			90	7(7)	8(7)
	丸子山	13	9	5	1						31(18)
	南町2	8		2					4		1(1)
	川西C	55	82	66	39	7		45	16		7(3)
蘭越石器群	柏台1「細石刃石器群」	11	2	11	4		623		6		7(6)
	オバルベツ2	26	13	8	8	2	474				

○は多数出土，△は少数出土。
1) 礫群および炉跡は，検出された総数と石器群に伴う礫群・炉跡の数を記載した。括弧内は石器群に伴う礫群や炉跡の数を示した。
2) 焼土の存在は報告書中で指摘されているが，その数および位置については記載されていないため，詳細は不明である。

の11例が約20,000 yBPに集中することから，年代は約20,000 yBPと考えられる。細石刃技術を有する点で，先にみてきた「前半期」石器群との大きな差異があり，柏台1遺跡の報告書においても注目されている。石器組成を確認すると，両遺跡ともに，細石刃が多量に出土する点に加え，石刃製の掻器や彫器を特徴的に伴うことがわかる。

上にみた蘭越石器群の組成を，「前半期」石器群と比較する（表V-3）と，蘭越石器群では遺跡間での器種組成に偏りがみとめられず，細石刃・彫器・掻器・削器という器種組成のセットが確立していることがわかる。この細石刃・彫器・掻器・削器のセットは，蘭越石器群以後の細石刃石器群においても共通することから，細石刃石器群の成立を考える上で非常に重要な点であると考える。いずれにせよ，後続する細石刃石器群と比較したことで，器種組成のあり方において，各石器群で一連のセットをもたない「前半期」石器群の特徴が浮き彫りになった。

3.「前半期」石器群の歴史的位置づけ

「不定形剥片石器群」を含む「前半期」石器群の古さは，年代的には24,000 yBP〜22,000 yBPほどで，石器組成や付属施設に顕著な偏りをもつことが，本章の研究によりあきらかになった。対照的に，後続する蘭越石器群では石器組成のセットが確立していた。ここであらた

表 V-4 北海道および東北地方における編年対比

段階	北　海　道				東北地方
IV層中	柏台1「細石刃石器群」 オバルベツ2				鴨子台 横道
V・IV層下	〈不定形剝片石器群〉 共栄3 桔梗2 若葉の森 祝梅三角山 上白滝8(白滝I群)	〈削器石器群〉 上似平 勢雄IID 札内N	〈搔器石器群〉 嶋木 柏台1「不定形剝片石器群」 丸子山 南町2	〈川西石器群〉 川西C	小出IV 乱馬堂
VI層					下堤G
VII層					此掛沢II 縄手下
IX層					風無台II 松木台II 地蔵田

註）東北地方のV・IV層下およびIV層中段階の石器群については，森先(2010)による．

　めて表V-3をみると，石器組成のセット関係成立前の「前半期」石器群(細石刃石器群前)では，細石刃石器群でセット関係を有していたそれぞれの器種(彫器・搔器・削器)が，それぞれの遺跡で分離してみとめられ，特定の器種が突出する石器群が残されていることがわかる．裏を返せば，「前半期」石器群にみとめられる個々の石器群を足し，蘭越石器群の組成から細石刃を引くと，両者は同じ組成になる．つまり，「前半期」石器群では，蘭越石器群を含む細石刃石器群とは対照的に，各遺跡で画一的に同じ作業をするのではなく，石器組成の差や遺構の有無に示される特定の作業痕跡を有する石器群が，場所を違え補いあうことで，遊動生活を成りたたせていたと考えられる．

　それでは，上記の特徴をもつ「前半期」石器群はどのように歴史的に位置づけられるのだろうか．第4節での検討の結果，「前半期」石器群は，石器の特徴および年代的にも，本州のAT下位石器群との対比は困難であった．また，「前半期」石器群の年代である24,000 yBP～22,000 yBPと対応する本州のAT上位石器群においても，ナイフ形石器が組成の中心を占め，加工具のみで成りたつ石器群はない(表V-4)．以上の点から，「前半期」石器群には本州の旧石器文化とのつながりをよみとることができない．

　つまり，石製狩猟具をもたず，特定の器種(加工具)が突出し付属施設に顕著な偏りを有する北海道最古の石器群(「前半期」石器群)は，大陸から本州を経ずに北海道に移住した人類の存在を示唆しているのである．

1) 吉崎論文(1967)では，^{14}C年代について以下のように記載されている．「前期白滝文化」については，測定資料の詳細については記載がないが，「16,000 yBPより古い時代に位置づけられることがわかった．おそらく18,000～20,000年前に栄えていた」とある．また，「後期白滝文化」については，石器群の特徴が共通する新潟県荒屋遺跡の^{14}C年代を根拠としてあげている．
2) 背景についての評価とは別に，石器自体の特徴が異なる点が指摘されていることは重要である．
3) 「ナイフ様石器」は「剝片の縁辺部に刃こぼれ状の微細な剝離がみられる」もの．「ナイフ様剝片」は

「形状，大きさ，剥離面の構成などがナイフ様石器と共通し，それらの素材と考えられるもの」とされる。これらの資料は「台形様石器」と認識されている（佐藤 1991b）。

4）「台形様石器」は「剥片の鋭利な縁辺を刃部とし，一部に細かな加工を施したもの」を認定基準とし，「図では，刃部と思われる剥片の縁辺を上に向けている」とされる（北海道埋蔵文化財センター 1991）。

5）二次加工ある剥片は，多様な形態を示す点，加工が微弱であり，ほとんどが素材形状を変化させていない点が報文中で指摘されている。特に主要剥離面のバルブ部に平坦剥離を加える一群（図V-2-11・12）についてはわずかな出土数ではあるが，二次加工ある剥片から分離可能であり，「台形様石器」と認定しうるとされる。祝梅三角山遺跡と類似する点が指摘されている。

6）図V-3-20～23は実見できていないため，加工部位を明確に示すことはできない。報告書の記載に基づき，判断した。

7）^{14}C年代測定分析の結果は，調査報告書および調査報告文献による。

第 VI 章

AT 下位石器群における石器組成およびい遺跡立地の検討

第III章から第IV章のナイフ形石器製作技術の検討を通じて，九州地方から東北地方を対象としたAT下位石器群の広域編年を構築した。つづいて，第V章では，北海道の「前半期」石器群を検討した結果，24,000 yBP～22,000 yBPほどの加工具のみで成りたつ石器群と結論づけた。つまり，これまでの検討により，九州地方から東北地方のAT下位石器群と北海道地方の「前半期」石器群は，異なる系譜に属することをあきらかにした。
　ところで，九州地方から東北地方のAT下位石器群は，ナイフ形石器製作技術において，時期的・地域的な違いを有していた。それでは，石製道具の装備である石器組成や居住形態は，各地・各時期で一定だったのだろうか。ここで，石器組成と遺跡の立地を検討し，AT下位石器群の特徴をあきらかにする。

第1節　AT下位石器群の石器組成

　ナイフ形石器製作技術の検討により設定した編年に基づき，資料を集成し，石器組成の一覧表を対象地域ごとに作成した（本書巻末付表2～7）。また，各地・各時期の比較を容易にするため，付表2～7をもとに，主要石器（石斧・ナイフ形石器・彫器・掻器・スクレイパー・ドリル・楔形石器）に注目し，地域・時期ごとのそれらの合計点数を表にし（表VI-1～6），それらの割合をグラフ化した（図VI-1～6）。以下に対象地域ごとにみていく。

1.　東 北 地 方（図VI-1・7，表VI-1，付表2）

　東北地方ではX層段階の石器群はみとめられていない。
　IX層段階は，5つの石器群を集成した。ナイフ形石器以外に石斧とスクレイパーがまとまってみとめられる。ほかに掻器と彫器がわずかながら確認されている。掻器と分類される石器は，厚みのある剝片の末端部に刃部が作出されている（図VI-7-2～6）。しかし，刃部の形状は，典型的な掻器の特徴である弧状の刃部形状ではなく，やや鋸歯状を呈する。次に，彫器についてみると，鵜ノ木遺跡で彫器と捉えうる資料が確認されている（7）。それは，二次加工による彫刀面作出打面の作出を経ず，素材剝片の打面部付近に樋状剝離を3条施したものである。資料が少ないため判断が難しいが，素材剝片の打面部付近に樋状剝離痕がみとめられることから，剝片剝離時に同時割れした可能性もある。
　以上みてきたように，IX層段階では掻器や彫器と分類される資料がみとめられるが，資料が少なく，またそれぞれの石器の形態は不整である。このような点を踏まえ，当該期の組成として，ナイフ形石器と石斧を特徴的に有することを重視しておきたい。
　つづく，VII層段階は5つの石器群を集成した。当段階では，ナイフ形石器以外に数量的にまとまってみとめられる器種に乏しい。掻器と彫器が少量出土している[1]。掻器（11～15）は総

表 VI-1　東北地方の石器組成

	石斧	ナイフ形石器	彫器	掻器	Sc	Dr	Pi
IX 層段階	5	272	1	5	36		3
VII 層段階	1	1,089	4	5	100		6
VI 層段階		57		10	1		

表 VI-2　関東地方の石器組成

	石斧	ナイフ形石器	彫器	掻器	Sc	Dr	Pi
X 層段階	57	151	1		33	4	66
IX 層段階	223	1,618	19	9	393	14	1,289
VII 層段階	6	650	68	22	226	1	3,443
VI 層段階		597	8	60	85	4	117

表 VI-3　東海地方の石器組成

	石斧	ナイフ形石器	彫器	掻器	Sc	Dr	Pi
X 層段階		4			1		
IX 層段階	36	202	1	1	53	3	22
VII 層段階		198	3	3	45	1	37
VI 層段階		28		1	2		6

表 VI-4　中部地方の石器組成

	石斧	ナイフ形石器	彫器	掻器	Sc	Dr	Pi
IX 層段階	85	144			150	1	24
VI 層段階		22			25	4	20

表 VI-5　近畿・中国地方の石器組成

	石斧	ナイフ形石器	彫器	掻器	Sc	Dr	Pi
IX 層段階	17	54			52		34
VII 層段階	2	24		13	61	1	6
VI 層段階	4	139		1	30		9

表 VI-6　九州地方の石器組成

	石斧	ナイフ形石器	彫器	掻器	Sc	Dr	Pi
X 層段階	1	7			50	2	
IX 層段階	5	30		1	25	1	1
VII 層段階		77	1	1	10		
VI 層段階		125	1	10	48		

数5点で，そのうち4点が縄手下遺跡でみとめられる。幅広剥片素材で，その末端部および側縁に刃部を作出する。12〜14は，典型的な弧状の刃部を呈する。ほかに，松木台III遺跡では，幅広剥片の素材の末端部を加工した掻器が1点出土している(15)。

　彫器は総数4点で，縄手下遺跡と松木台III遺跡，家の下遺跡でみとめられる(8〜10)。松木

第VI章　AT下位石器群における石器組成および遺跡立地の検討　247

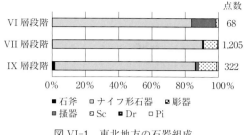

図 VI-1　東北地方の石器組成

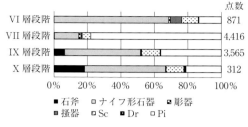

図 VI-2　関東地方の石器組成

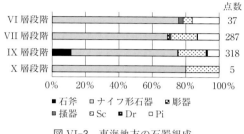

図 VI-3　東海地方の石器組成

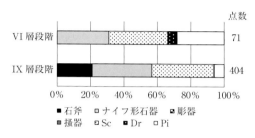

図 VI-4　中部地方の石器組成

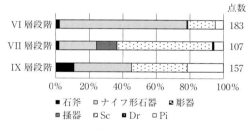

図 VI-5　近畿・中国地方の石器組成

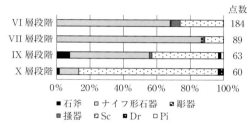

図 VI-6　九州地方の石器組成

台III遺跡の例(8)は，幅広剝片の末端部に二次加工により打面を作出し，素材剝片の末端部から右側縁にかけて長軸方向に樋状剝離を施している。一方，縄手下遺跡出土例(9)は，彫刀面作出打面が形成されない点に加え，ナイフ形石器と同じ素材利用と基部作出がみとめられることから，樋状剝離面ではなく，衝撃剝離痕の可能性がある。VII層段階は，此掛沢II遺跡で石斧が1点みとめられているものの，その組成はナイフ形石器を中心とし，少量ではあるが典型的な搔器と彫器が加わる。

　VI層段階の組成をみる。2つの石器群ともに，ナイフ形石器がまとまってみとめられる。ほかに，下堤G遺跡では縦長剝片製の搔器が確認されている(17)[2)]。素材の末端部に弧状の刃部が形成されている。例数が少ないため，当該期の全体的な組成を反映しているか検討の余地があるが，VI層段階では，石斧は全くみとめられず，ナイフ形石器に搔器が伴う点を指摘できる。

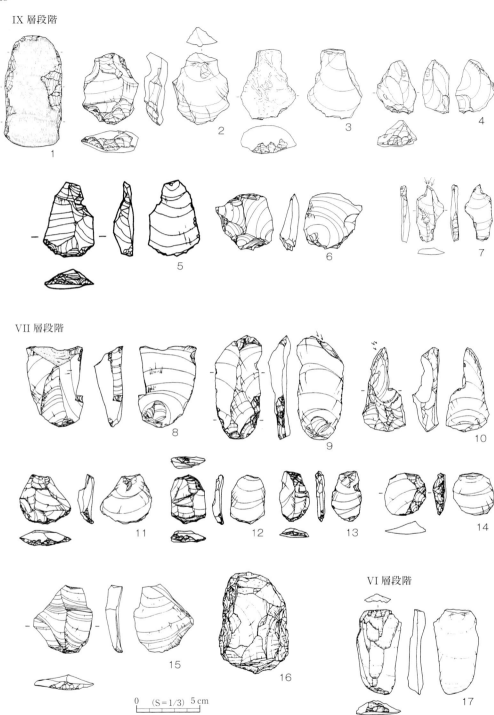

IX層段階　石斧：1（地蔵田）　掻器：2（地蔵田），3・4（鵜ノ木），5（風無台II），6（松木台II）　彫器：7（鵜ノ木）
VII層段階　彫器：8（松木台III），9・10（縄手下）　掻器：11〜14（縄手下），15（松木台III）　石斧：16（此掛沢II）
VI層段階　掻器：17（下堤G）

図 VI-7　東北地方の石器

2. 関 東 地 方 (図 VI-2・8〜14, 表 VI-2, 付表 3-1〜4)

　関東地方をみていく。一覧表では遺跡数が多いため，下総台地・武蔵野台地・相模野台地・北関東に分けて提示したが，器種の検討は関東地方を一つの単位として行う。なお，資料については，資料数が多いIX層段階からVI層段階については，煩雑になることを避け，資料を個別にふれることはせず，まとめて記載する。特に重要な資料や，資料の認定に困難を伴うもののみ個別にみる。

　X層段階(図VI-8)として，47の石器群を集成した。ナイフ形石器と石斧および，スクレイパーと楔形石器が多くの遺跡で出土する。しかし，それ以外の器種は希薄で，ドリルが4点と彫器が1点みとめられているのみである。御山遺跡第II文化層(1)，草刈六之台遺跡第1文化層(2)出土の資料は，幅広剥片の末端部に，微弱な加工により機能部を作出している。中山谷遺跡のドリル(4)も，幅広剥片を素材とし，その側縁部に，主要剥離面側からの微弱な加工により機能部を作り出している。一方，藤株台(ふじかぶだい)遺跡X層の例(3)は，背面が全礫で，器体の全周から剥離を施すことで，機能部を作出している。本例は，刃部を形成するような微細な剥離はみとめられず，大きな剥離痕のみで構成されている。機能部作出の意図が不明確であり，横長・幅広剥片を目的とした石核の可能性がある。

　X層段階の組成は，ナイフ形石器と石斧を中心器種として，楔形石器やスクレイパーと，少数のドリルが伴うことを特徴とする。

　IX層段階(図VI-9・10)では，149の石器群を集成した。ナイフ形石器と石斧および楔形石器が数量的にまとまってみとめられる。ほかに，掻器やドリル，彫器がみとめられる。彫器は，19例確認されている(図VI-9-2〜20)。縦長剥片を素材とするものと，横長剥片を素材とするものがある。いずれも調整加工による打面の作出を行わず，折断面や素材の打面および，平坦な末端部を打面として用い彫刀面を作出している。彫刀面の状態としては，旧彫刀面を打面に新しい彫刀面を作出することで刃部が交差する例と，彫刀面が素材の側縁部から背面または主要剥離面にめぐる例もみとめられる。なお，後者は刃部の形状や角度が一定しないため，石核の可能性もある。

　掻器は，総数9点出土している(図VI-10-1〜8)。横長・幅広剥片を素材とするものと，縦長剥片を素材とするものがある。横長・幅広剥片素材は，草刈遺跡C区第4文化層，押沼大六天遺跡，桜井平遺跡第1文化層，下触牛伏遺跡，上林遺跡でみとめられる。いずれも素材の末端部に主要剥離面側から加工することで，弧状の刃部を作出している。一方，縦長剥片素材は，細山(2)遺跡と三和工業団地I遺跡の2例のみで量的に少ない。素材打面部に刃部を作出するものと，末端部に刃部を作出するものがある。刃部形状は弧状を呈する。ドリルは14例みとめられる(図VI-10-9〜21)。素材は，武田西塙遺跡の例のみ縦長剥片で，ほかは横長・幅広剥片である。横長・幅広剥片素材のものは，素材の側縁部に刃部を作出するものと，末端部に刃部を作出するもの，打面部に刃部を作出するものがある。機能部の作出については，両側縁から

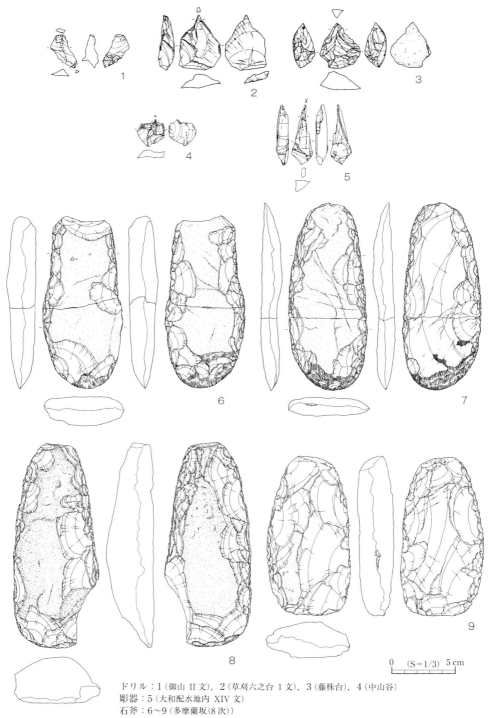

ドリル：1（御山 II 文），2（草刈六之台 1 文），3（藤株台），4（中山谷）
彫器：5（大和配水地内 XIV 文）
石斧：6〜9（多摩蘭坂（8 次））

図 VI-8　関東地方の石器（X 層段階）

第 VI 章 AT 下位石器群における石器組成および遺跡立地の検討　251

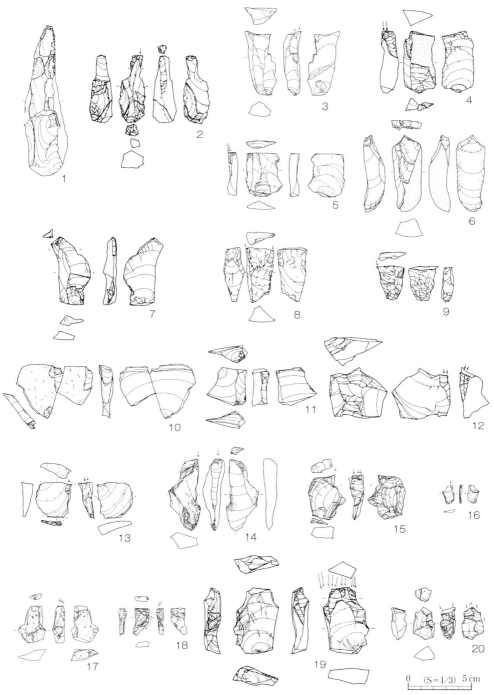

石斧：1（押沼大六天 1 文）　彫器：2（御山 IV 文），3（津久井城跡），4（桜井平 1 文），5（台山 1 文），6（五本松 No. 3），
7（草刈六之台 2 文），8・9（中山新田 I），10・11（出口・鐘塚 1 文），12（権現後 5 文），13（三和工業団地 I），
14・15（鈴木 IV），16（下里本邑），17・18（大上 4 文），19（鳥屋敷（都埋文）），20（武田原前）

図 VI-9　関東地方の石器（IX 層段階 1）

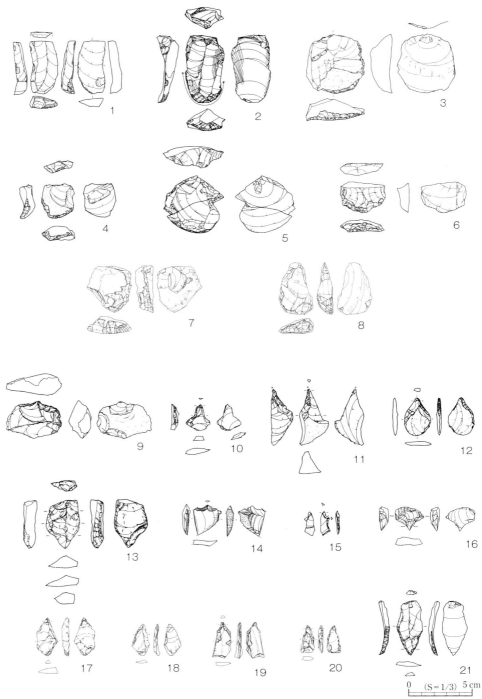

掻器：1（三和工業団地 I），2（細山(2)），3（押沼大六天 1 文），4（草刈 C 区 4 文），5（桜井平 1 文），6（下触牛伏），7・8（上林）
ドリル：9・10（松崎 II 1 文），11・12（赤羽根），13（草刈 P 区 4 文），14（清河寺前原），15（多聞寺前 IX 層），16（折茂 III），17〜20（上林），21（武田西塙）

図 VI-10　関東地方の石器（IX 層段階 2）

加工することで機能部を作出するものが一般的であるが，一側縁のみの加工によるものも赤羽根遺跡で1例みとめられる。なお，上林遺跡出土のドリル(20)は，幅広剥片の全周を主要剥離面と背面の両面から加工し，素材打面側に機能部が作出される資料である。報告書(佐野市教育委員会 2004)中でもふれられているように，遺物の出土レベル上は当該期の石器群に含まれるが，このような入念な調整による資料は類例がないことから，資料の帰属については検討の余地がある。

以上みてきたが，IX 層段階の組成は，ナイフ形石器と石斧を中心とし，楔形石器やスクレイパーとともに，掻器や彫器が伴うことを指摘できる。

つづく VII 層段階の石器群(図 VI-11・12)として，85 の石器群を集成した。ナイフ形石器を主体に掻器や彫器が伴う。掻器および彫器は1遺跡でまとまって出土する例も特徴的にみとめられる。掻器(図 VI-11-2～19)は，総数 22 点のうちのおよそ半数が千田台遺跡の出土である。その素材は，横長・幅広剥片を素材とするものと，縦長剥片を素材とするものがみとめられる。前者が素材として一般的に用いられている。なかには鋸歯状に近い刃部を有する資料もみられるが，大多数の資料は主要剥離面側からの加工により，典型的な弧状の刃部が作出されている。

彫器は，28 の石器群でみとめられている[3]。類例が多いため，ここでは代表的な資料を示した(図 VI-12-1～12)。当段階の彫器は縦長剥片を素材とするものが特徴的である。千田台遺跡(1)や木戸台遺跡(2)出土例のように，打面を二次加工により作出する例は稀である。先行する IX 層段階同様，素材の打面部や折断面を利用するものが大多数を占める(3～12)。特に後者については，厚手の素材に対して折断と樋状剥離を繰り返す例が多く，当段階の特徴といえる。剥離が進む中で，両極剥離がみとめられることもある(7)。なお，このような例は，「下総型石刃再生技法」(新田 1995)と称されているが，第 III 章第 5 節で検討したように，消費の中で石器の機能が変わることも想定されることから，彫器か楔形石器か，あるいは石核かを峻別することは難しい。ドリルは，他の器種に比して，類例が乏しい。西松原遺跡で出土している(13)。横長・幅広剥片を素材に両側から加工を施すことで機能部を作出している。また，後田遺跡で石斧が出土しているが，一般的ではない。

上にみてきたように，VII 層段階は，ナイフ形石器を中心器種として，楔形石器と彫器や掻器が伴うことを特徴とする。

VI 層段階の石器群(図 VI-13・14)として，46 の石器群を集成した。ナイフ形石器を中心に，掻器と彫器が伴う。掻器(図 VI-13-1～16，図 VI-14-1～10)は，総数 60 点がみとめられる。VII 層段階と同様に，多量に出土する遺跡がみとめられ，下野洞遺跡で 20 点，栗野 I・II 遺跡で 18 点，飯仲金堀遺跡で 11 点が出土している。横長・幅広剥片を素材とするものと，縦長剥片を素材とするものがあり，素材末端部および側縁部に弧状の刃部が作出される。

彫器は，8 点みとめられる(図 VI-14-11～18)。掻器と同様，横長・幅広剥片を素材とするものと，縦長剥片を素材とするものがある。彫刀面の状態としては，旧彫刀面を打面に新しい彫刀面を作出し刃部が交差する例と，急斜度調整により打面を作出することで一方向に刃部を作出するものがある。ドリルは，4 例確認された(19～22)。横長・幅広剥片素材と縦長剥片素材の二者がみられる。両側縁を加工することで機能部を作出している。なお，瀬田遺跡第 6 文化層

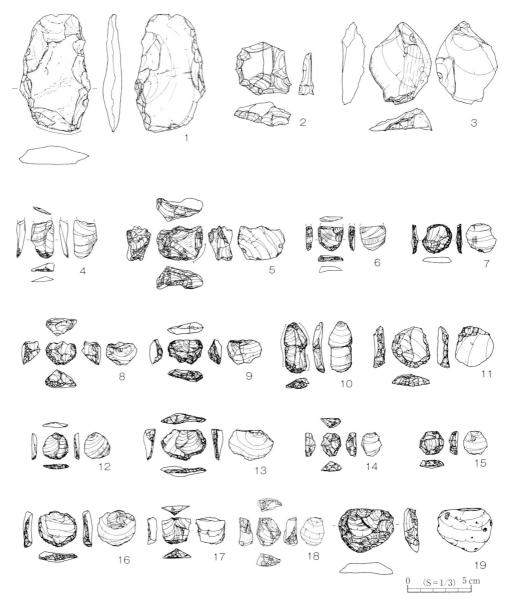

石斧：1（後田）　搔器：2（西台後藤田），3（堂ヶ谷戸5文），4〜6（久保谷），7（桜井平2文），8〜16（千田台），17（椎名崎古墳群），18（橋本Ⅵ文），19（西ノ原）

図 VI-11　関東地方の石器（Ⅶ層段階1）

の例(22)は，縦長剝片を素材とし，素材打面側の両側縁に主要剝離面から加工を施し，機能部が作出されている資料である。ただし，当該資料は縦長剝片の二側縁に加工を施し，尖頭部と基部を形成していることから，当該期のナイフ形石器と同様な特徴をもつ。機能部については，ナイフ形石器を転用した可能性，あるいはナイフ形石器の尖頭部が再形成された可能性もある。

　以上，ドリルは不整で資料も僅少であることから，Ⅵ層段階の組成としてナイフ形石器と

第 VI 章　AT 下位石器群における石器組成および遺跡立地の検討　255

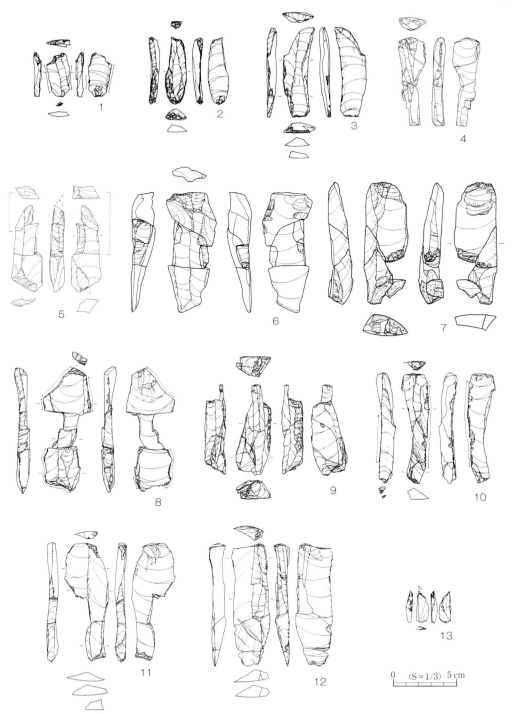

彫器：1（千田台），2・3（木戸台），4（中東 VII 層），5〜7（大上 3 文），8〜10（新東京国際空港 No.7），
11・12（一鍬田甚兵山西）　ドリル：13（西松原）

図 VI-12　関東地方の石器（VII 層段階 2）

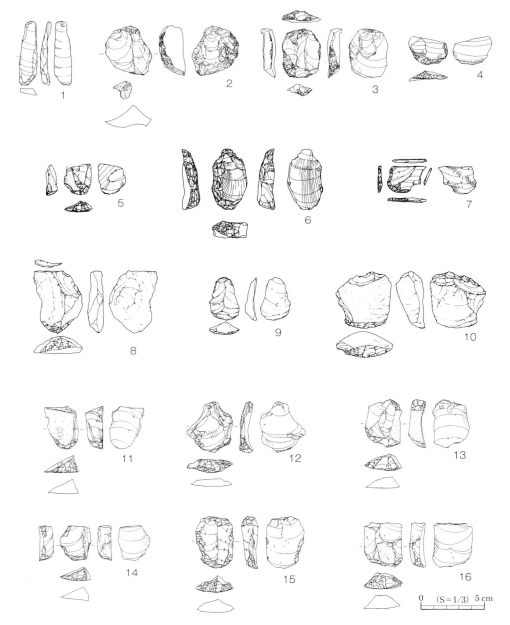

掻器：1（古淵B），2・3（羽根沢台），4（橋本 V文），5（中越），6（中野台），7（池花 1 文），8〜10（馬場），11〜16（下野洞）
図 VI-13　関東地方の石器（VI層段階1）

掻器を中心とし，彫器が伴うことを指摘することができる。

第 VI 章　AT 下位石器群における石器組成および遺跡立地の検討　257

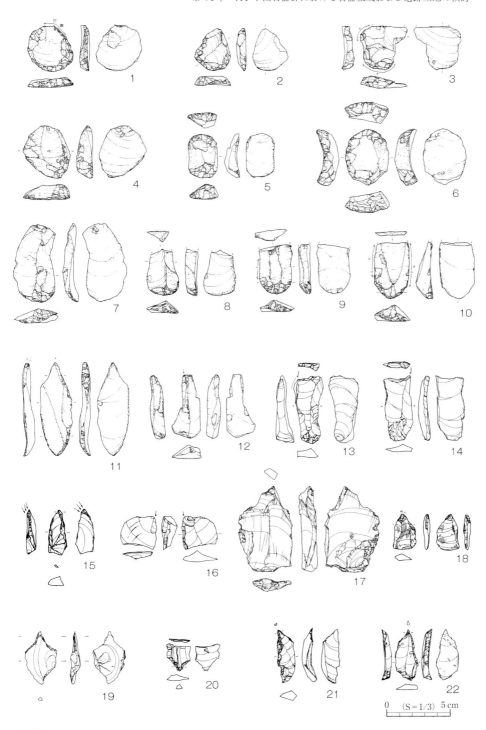

掻器：1～10（栗野 I・II）
彫器：11・12（栗野 I・II），13・14（武士 3 文），15（取香和田戸），16（寺尾），17（島屋敷（三鷹市）），18（池花 1 文）
ドリル：19（飯仲金堀），20（寺尾），21（取香和田戸），22（瀬田 6 文）

図 VI-14　関東地方の石器（VI 層段階 2）

3. 東海・中部地方

(1) 東海地方(図VI-3・15, 表VI-3, 付表4)

まず，全時期の石器群が存在する東海地方をみていく。

X層段階は，定形石器としてナイフ形石器のみがみとめられている。井出丸山遺跡1例のみであるため，当該期の石器組成の全体を反映していない可能性が高い。

IX層段階の石器群を14例集成した。ナイフ形石器と石斧および楔形石器が数量的にまとまってみとめられる。ほかに少量ではあるが，搔器，ドリル，彫器がみとめられる。搔器は，初音ヶ原A遺跡第2地点第V文化層で1点出土している(図VI-15-2)。横長・幅広剝片を素材とし，その末端部に主要剝離面側から背面に加工を施すことで刃部が作出される。典型的な弧状の刃部ではなく，刃部の形状はやや鋸歯状を呈する。ドリルは，追平B遺跡と梅ノ木沢遺跡第II文化層で，総数3点確認されている(3～5)。いずれも横長・幅広剝片を素材としている。両側縁からの加工により機能部を作出し，打面側を刃部とするものと，側縁部を刃部とするものの二者がある。彫器(6)は，二ツ洞遺跡で1点出土している。横長・幅広剝片の側縁部を折断した後，その折断面を彫刀面作出打面とし，樋状剝離が素材剝片の側縁から末端にかけて施されている。

以上みてきたが，搔器，ドリル，彫器はごくわずかであり，さらに搔器は典型的な弧状の刃部を示さないことから，当該期の組成としてナイフ形石器と石斧を特徴的な器種としてあげる。

VII層段階の石器群として27例をあげた。ナイフ形石器を主体に，楔形石器が多くみとめられる。このほかに搔器，ドリル，彫器が少量みとめられる。搔器は3つの石器群から，総数3点出土している。富士石遺跡第V文化層の搔器(12)は，礫面付きの幅広剝片を素材としている。素材末端部に背面側から主要剝離面方向へ加工し，刃部を作出する。次に，梅ノ木沢遺跡第III文化層の例(14)では，横長・幅広剝片を素材として，加工を主要剝離面から背面の方向に施し，素材末端部に弧状の刃部を作出している。3例目は，梅ノ木沢遺跡第IV文化層の資料である(13)。横長・幅広剝片を素材とする。その素材剝片の肥厚する末端部に主要剝離面からの加工により刃部を作出している。刃部は弧状を呈さない。ドリルと分類されうる資料は，梅ノ木沢遺跡第IV文化層で1例のみ確認されている(15)。背面を礫面が覆う剝片を素材とする。石器の下半部が折損していることに加え，ナイフ形石器と類似するように左側縁全体に急斜度調整がみとめられることから，以下の2つの可能性がある。一つはナイフ形石器の折損後ドリルに転用された可能性である。もう一つは，ナイフ形石器の尖頭部作出のための二次加工の可能性があり，器種認定に検討の余地がある。

彫器は2つの石器群から総数3点出土している。西洞遺跡BBIIの資料(9)は，横長・幅広剝片を素材とする。素材の末端側を折断し，彫刀面打面を作出した後，鋸歯状の二次加工を施す。

第Ⅵ章 AT下位石器群における石器組成および遺跡立地の検討　259

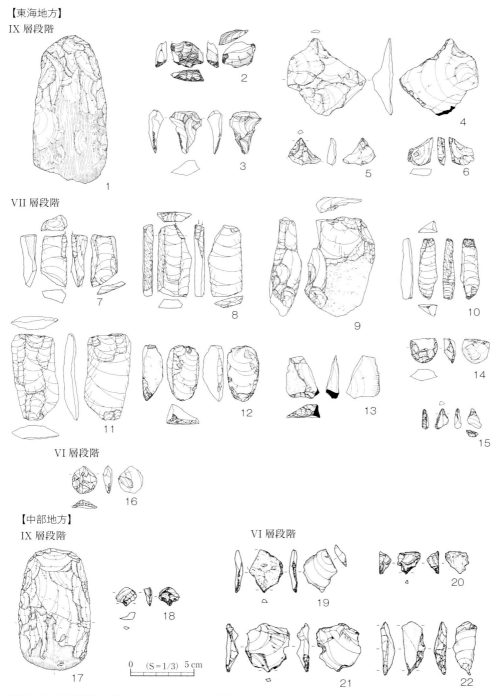

【東海地方】 IX層段階　石斧：1（梅ノ木沢Ⅱ文）　掻器：2（初音ヶ原A 第2地点Ⅴ文）　ドリル：3（追平B），
4・5（梅ノ木沢Ⅱ文）　彫器：6（二ツ洞BBⅣ）　Ⅶ層段階　彫器：7・8（初音ヶ原A 第2地点Ⅲ文），9（西洞BBⅡ）
楔形石器：10・11（初音ヶ原A 第2地点Ⅲ文）　掻器：12（富士石Ⅴ文），13（梅ノ木沢Ⅳ文），14（梅ノ木沢Ⅲ文）
ドリル：15（梅ノ木沢Ⅳ文）　Ⅵ層段階　掻器：16（下原NL）
【中部地方】 X層段階　石斧：17（日向林B）　ドリル：18（追分5文）　Ⅵ層段階　ドリル：19～22（追分4文）

図Ⅵ-15　東海・中部地方の石器

その後，素材末端部から側縁にかけて2条の樋状剥離が行われている。ほかに，初音ヶ原A遺跡第2地点第Ⅲ文化層[4]で，2点出土している。いずれも縦長剥片を折断し彫刀面打面を作出している(7・8)。樋状剥離の位置についてみると，一例は剥片の打面側に背面に傾く2条の彫刀面が，もう一例は剥片の末端部に1条の彫刀面が作出されている。Ⅶ層段階の組成は，ナイフ形石器を中心器種として，楔形石器と少数の彫器や掻器が伴うことを特徴とする。

Ⅵ層段階の石器群として4例を示した。ナイフ形石器を主体に楔形石器を伴う。また，掻器が1点のみであるが，確認されている。掻器(16)は，下原(しもはら)遺跡ニセローム層で出土したもので，横長・幅広剥片を素材としている。素材側縁部に加工を施し，弧状の刃部が作出されている。出土点数や類例が少ないため，Ⅵ層段階の組成は不明確ではあるが，ナイフ形石器を中心に，楔形石器，掻器が加わる点を当該期の組成として指摘しておく。

(2) 中 部 地 方(図Ⅵ-4・15，表Ⅵ-4，付表5)

全時期が継続して確認される東海地方とは異なり，中部地方はⅨ層段階とⅥ層段階の石器群がみとめられていた。

Ⅸ層段階は，ナイフ形石器と石斧を組成の軸とする。ほかに楔形石器と，1例ではあるがドリルがみとめられる。ドリル(図Ⅵ-15-18)は，追分遺跡第5文化層で出土している。横長・幅広剥片の打面部を二次加工で除去し，両側から加工することで機能部を作り出している。なお，日向林B遺跡の報告書中で，「貝殻状刃器」，「掻器状石器」，「厚刃掻器」，ドリルと分類された資料があるが，いずれも二次的な剥離痕が微弱または不連続で定形的な石器ではない。そのため，本書では，「貝殻状刃器」は剥片類(Fl・Cp)として，「掻器状石器」・「厚刃掻器」・ドリルはR.Fl・U.Flとして扱った。また，大久保南遺跡Ib文化層では，掻器が1点出土している。しかし，Ib文化層の出土層位がVb層～Va層を主体にするのに対し，幅広剥片製の掻器はⅣ上層出土であり，当該文化層より上層からの出土であるため，ここでは除外している。

上にみてきたように，Ⅸ層段階は，ごく少数のドリルが確認されるが，当該期の特徴的な組成として，多量に出土するナイフ形石器と石斧を指摘することができる。

Ⅵ層段階は追分遺跡第4文化層の1例のみである。ナイフ形石器と楔形石器を主体とする。ほかにドリルが4点みとめられている。横長・幅広剥片素材の末端部に刃部を作出するものが3例(19～21)，打面部に刃部を作出するものが1例ある(22)。いずれも片側側縁の加工は微弱であり，刃部の作出が明確ではない。Ⅵ層段階では，ドリルが少数みとめられているが，刃部の作出が不明確で定形的でないことから，特徴的な器種としてナイフ形石器と楔形石器をあげることができる。

4. 近畿・中国地方(図Ⅵ-5・16，表Ⅵ-5，付表6)

近畿・中国地方ではⅩ層段階の石器群はみとめられていない。

第VI章　AT下位石器群における石器組成および遺跡立地の検討　261

IX層段階として3例を示した。ナイフ形石器と石斧を組成の中心とし，楔形石器もまとまってみとめられる。

VII層段階は板井寺ケ谷遺跡の1例のみである。ナイフ形石器と掻器を組成の中心とし，石斧，楔形石器，ドリルを伴う。掻器(図VI-16-5～7)は横長・幅広剝片を素材とし，打面部・側縁部・末端部など肥厚する素材剝片の縁辺に弧状の刃部を作出している。13点と数量的にもまとまって出土している。ドリル(4)は，横長・幅広剝片の末端部を両側縁から加工し，錐状の刃部を作り出している。ただし，類例は少なく，当該期の組成に普遍的にみとめられるかは検討の余地がある。VII層段階は1遺跡のみであることから，資料的に不確定な要素が大きいが，上にみてきたように，当該期の組成として，ナイフ形石器と掻器，そして石斧を特徴的な資料としてあげることができる。

VI層段階は，ナイフ形石器が組成の中心となり，掻器，楔形石器，石斧を伴う。掻器(8)は，七日市遺跡第IV文化層で1例のみ確認されている。素材背面から主要剝離面に向かう調整により，素材剝片末端部の主要剝離面側に弧状の刃部が作出されている。なお，七日市遺跡第IV文化層において，石斧(9～11)が確認されているが，他の遺跡ではみられないことから，石斧が当該期の石器組成に確実に加わるかは検討の余地がある。いずれにしても，当該期では，ナイフ形石器以外に定形的な石器が，量的にまとまって出土するような事例は確認できない。

5. 九州地方(図VI-6・17, 表VI-6, 付表7)

X層段階の石器群として2例あげた。両遺跡ともにナイフ形石器が出土している。また，少数ではあるが，ドリルがみとめられる。ドリルは石の本遺跡8区で2点出土している(図VI-17-1・2)。いずれも横長・幅広剝片を素材とし，両側縁から加工を施している。素材の打面側に機能部を作出するものと，末端部に機能部を作出するものがある。加えて，石の本遺跡8区では，局部磨製石斧の刃部破片(3)が出土していることから，石斧がその組成に加わることが想定される。以上のことから，X層段階では，ナイフ形石器，ドリル，石斧という石器組成が考えられる。

IX層段階では，7つの石器群を示した。ナイフ形石器に，石斧が特徴的に伴う。また，ほかにはドリルが1点出土している。ドリル(7)は，潮山（うしおやま）遺跡7層出土で，横長・幅広剝片の打面と側縁が接する部分に，背面と主要剝離面の両面から両側縁を加工し機能部を作出している。IX層段階の石器組成における特徴的な器種として，ナイフ形石器と石斧をあげることができる。

VII層段階として5つの石器群をあげた。ナイフ形石器の数量が各遺跡でまとまってみとめられるのに対し，そのほかの器種の数量は少ない。掻器と彫器が1点ずつ確認されるのみである。掻器(9)は，クノ原（ばる）遺跡で1点出土している。横長・幅広剝片のほぼ全周に加工を施し，素材両側縁に弧状の刃部を作出している。彫器は百枝遺跡C地区第III文化層から出土している(8)。ナイフ形石器と同様に縦長剝片を素材として用い，一側縁を整形後，素材末端部を折

262

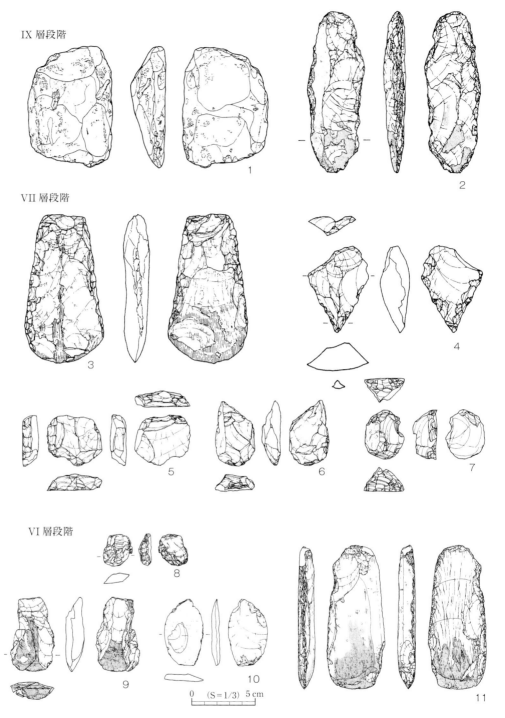

IX層段階　石斧：1・2（七日市Ⅱ文(3次)）　　Ⅶ層段階　石斧：3（板井寺ケ谷）　　ドリル：4（板井寺ケ谷）
掻器：5〜7（板井寺ケ谷）
Ⅵ層段階　掻器：8（七日市Ⅳ文）　石斧：9〜11（七日市Ⅳ文）

図Ⅵ-16　近畿・中国地方の石器

第VI章　AT下位石器群における石器組成および遺跡立地の検討　263

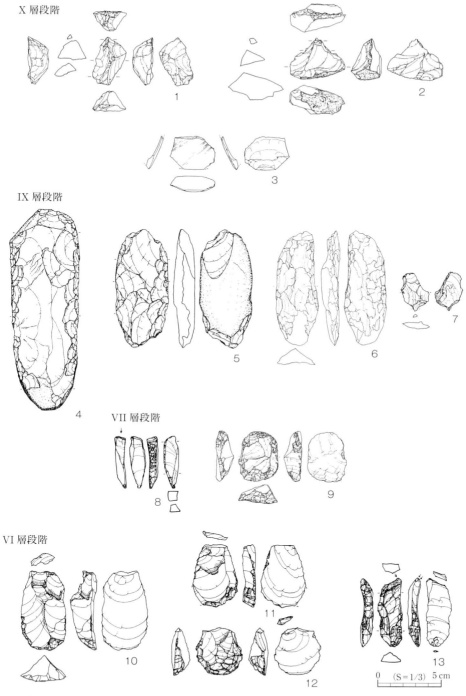

X層段階　ドリル：1・2（石の本8区）　石斧：3（石の本8区）　IX層段階　石斧：4・5（血気ヶ峯2文），6（耳切C地点I文）　ドリル：7（潮山）
VII層段階　彫器：8（百枝C地区III文）　掻器：9（クノ原）　VI層段階　掻器：10～12（狸谷I文））
彫器：13（狸谷I文）

図VI-17　九州地方の石器

断し彫刀面打面を作出する。その後，素材の末端部から側縁部にかけて1条の樋状剝離を施している。彫刀面打面作出前に施される側縁の急斜度調整は，ナイフ形石器の整形方法と同様であり，さらにその加工が図の下部にあるように尖頭部を形成することから，ナイフ形石器を転用した可能性がある。VII層段階の組成の特徴として，ナイフ形石器を中心に，彫器や搔器といった少量の剝片石器が伴うことを指摘できる。

　VI層段階として2つの石器群をあげた。両石器群ともに，ナイフ形石器がまとまって出土している。狸谷I石器文化では105点もの多量のナイフ形石器に，搔器10点，彫器1点が伴って出土した。搔器(10〜12)は，縦長剝片素材の1点を除いた，全資料が横長・幅広剝片を素材としている。肥厚した素材剝片の末端部に主要剝離面側から背面側への加工を施すことで，弧状の刃部を作り出している。彫器(13)は，縦長剝片を素材としたもので，器体を全周するように調整加工を施し，素材末端部にある折断面を打面に2条の樋状剝離が施されている。以上，VI層段階の組成は，ナイフ形石器と搔器を主体に，彫器が伴うことを確認できた。

第2節　AT下位石器群における石器組成の時空間的変異

1. 検討の方法

　前節では，各地域の石器の記載を行い，時期ごとに石器組成を確認した。本節では，それらのデータを統合し比較検討することで，AT下位石器群における石器組成の時空間的変異をあきらかにする。

　検討方法は，各時期を単位とし，各器種の遺跡での出現率に注目する。遺跡での出現率は，対象地の時期ごとの遺跡総数における各器種の出土遺跡の数および，その割合とする。対象資料は，AT下位石器群の石器組成の中心をなす器種であるナイフ形石器・石斧・搔器・彫器・ドリル・スクレイパー・楔形石器である。

　各時期ごとの出現率の分析結果を表VI-7に示した。なお，彫器や搔器，ドリルは，出現率では時期ごとに大きな変化はみとめられない。しかし，多量に出土する遺跡が特徴的にみとめられるため，極端に多量に出土する遺跡が存在する場合については，「多」という情報を付した。一方，遺跡数が少ない時期では，少数の出土であっても，出現率は高くなってしまうことから，その場合「少」と記載した。また，出現率の検討を容易にするため，出現率0％，1％〜25％，26％〜50％，51％〜75％，76％〜100％と5つに濃淡を塗り分けて示した(表VI-8)。それでは，段階ごとにみていく。

表 VI-7　石器出現率分析表

		X層段階	IX層段階	VII層段階	VI層段階
東北	ナイフ形石器		5/5：100%	5/5：100%	2/2：100%
	石　斧		2/5：40%	1/5：20%	
	掻　器		4/5 少：80%	2/5 多：40%	1/2 少：50%
	彫　器		1/5：20%	2/5：40%	
	ドリル				
	スクレイパー		4/5：80%	4/5：80%	1/2 少：50%
	楔形石器		1/5：20%	2/5：40%	
関東	ナイフ形石器	31/47：65%	148/149：99%	82/85：96%	46/46：100%
	石　斧	20/47：42%	61/149：41%	4/85：5%	
	掻　器		11/149：7%	10/85 多：12%	11/46 多：24%
	彫　器	1/47：2%	13/149：9%	28/85 多：33%	6/46：13%
	ドリル	4/47：9%	9/149：6%	1/85：1%	2/46：4%
	スクレイパー	8/47：17%	94/149：63%	42/85：49%	25/46：54%
	楔形石器	16/47：34%	78/149：52%	36/85：44%	17/46：37%
東海・中部	ナイフ形石器	1/1：100%	18/20：90%	22/27：81%	4/5：80%
	石　斧		15/20：75%		
	掻　器		1/20：5%	2/27：7%	1/5：20%
	彫　器			3/27：11%	
	ドリル		3/20：15%	1/27：4%	1/5：20%
	スクレイパー	1/1 少：100%	13/20：65%	13/27：48%	2/5：40%
	楔形石器		12/20：60%	6/27：22%	3/5：60%
近畿・中国	ナイフ形石器		3/3：100%	1/1：100%	6/6：100%
	石　斧		3/3：100%	1/1：100%	1/6：17%
	掻　器			1/1 多：100%	1/6：17%
	彫　器				
	ドリル			1/1 少：100%	
	スクレイパー		3/3：100%	1/1：100%	6/6：100%
	楔形石器		2/3：67%	1/1：100%	5/6：83%
九州	ナイフ形石器	2/2：100%	5/7：71%	5/5：100%	2/2：100%
	石　斧	1/2：50%	4/7：57%		
	掻　器			1/5：20%	1/2：50%
	彫　器			1/5：20%	1/2 少：50%
	ドリル	1/2：50%	1/7：14%		
	スクレイパー	2/2：100%	5/7：71%	5/5：100%	2/2：100%
	楔形石器		1/7：14%		

出土遺跡数/集成総遺跡数：出土遺跡の全体における割合。
多：多量出土遺跡あり，少：少量出土のみ。

2. 検討の結果

　X層段階の石器群は，関東地方，東海・中部地方，九州地方にみとめられていた。東海・中部地方は1例，九州地方は2例と少数例であるため，当時の組成を正確に反映しているかは今後の類例の蓄積の上，あらためて検討する必要がある。現状では，東海・中部地方で石斧が未確認であるが，少数のナイフ形石器と石斧を主体に，ドリルやスクレイパーが伴う組成であり，各地で共通する点が多い。

表 VI-8 石器出現率

		X層段階	IX層段階	VII層段階	VI層段階
東北	ナイフ形石器				
	石斧				
	掻器		少	多	少
	彫器				
	ドリル				
	スクレイパー				少
	楔形石器				
関東	ナイフ形石器				
	石斧				
	掻器			多	多
	彫器			多	
	ドリル				
	スクレイパー				
	楔形石器				
東海・中部	ナイフ形石器				
	石斧				
	掻器				
	彫器				
	ドリル				
	スクレイパー	少			
	楔形石器				
近畿・中国	ナイフ形石器				
	石斧				
	掻器			多	
	彫器				
	ドリル			少	
	スクレイパー				
	楔形石器				
九州	ナイフ形石器				
	石斧				
	掻器				
	彫器				少
	ドリル				
	スクレイパー				
	楔形石器				

□ 0%　　■ 26%〜50%　　■ 76%〜100%
■ 1%〜25%　■ 51%〜75%
多：多量出土遺跡あり，少：少量出土のみ。

　IX層段階の石器群は，九州地方から東北地方の全ての地域でみとめられる。石器組成は，ナイフ形石器と石斧を主体に，スクレイパーとドリルを伴う点で共通する。一方，掻器・彫器が東北地方と関東地方で少量みとめられ，東海地方においても1点ずつではあるがそれらの石器が確認されている。九州地方から東北地方までの広範囲でナイフ形石器と石斧を主体とする点で共通するものの，東海地方を境として掻器や彫器の有無に示されるように，ゆるやかな地域差がみとめられる。

　VII層段階の石器群も，全地域でみとめられる。いずれの地域でも，ナイフ形石器がまとまってみとめられる。各地で彫器や掻器がみとめられるようになり，剥片石器が石器組成の中核となる。掻器および彫器の出現率自体は，東北地方，関東地方，近畿・中国地方では高くな

いものの，1遺跡で多量に出土する例が特徴的にみられる。石斧は一般的ではない。当該期は，関東地方の「下総型石刃再生技法」のように彫器か楔形石器か石核か不明な資料も有するが，ナイフ形石器，彫器，掻器といった剝片石器が主体となる点で各地共通する。

つづくVI層段階も，九州地方から東北地方までみとめられる。ナイフ形石器を主体に掻器と彫器が伴う。関東地方や九州地方では，掻器が多量に出土する遺跡が特徴的にみとめられる。彫器は，東北地方や東海・中部地方では確認できなかったが，分析対象とした石器群の少なさに起因している可能性もある。そのため，ナイフ形石器に彫器と掻器が特徴的に伴う点を，VI層段階の組成として指摘できる。

これまでみてきた段階ごとの石器組成の特徴を以下に簡潔にまとめる。

X層段階：ナイフ形石器と石斧からなり，剝片石器と石核石器で構成される。

IX層段階：ナイフ形石器と石斧からなり，剝片石器と石核石器で構成される。掻器・彫器が東海地方ではごく少量，関東地方以北では少量伴う。

VII層段階：ナイフ形石器・掻器・彫器および，石斧からなる。多種・多量な剝片石器と少量の石核石器で構成される。掻器・彫器は，地域および遺跡により出土量の多少がみとめられる。

VI層段階：ナイフ形石器・掻器・彫器からなる。多種・多量な剝片石器で構成される。掻器・彫器は，地域および遺跡により出土量の多少がみとめられる。

以上のようにAT下位石器群の組成の検討を通して，X層段階の剝片石器と石核石器という構成から，剝片石器が徐々に種類や量を増やすことで，ナイフ形石器を軸とした剝片石器作りへと移行していく過程を捉えることができる。

第3節　AT下位石器群における石器組成の変遷の背景

1. 最古の石器組成

AT下位石器群では，時期が新しくなるにしたがい，剝片石器の種類や量の増加がみとめられたが，最古期のX層段階はナイフ形石器と石斧という少数の器種により構成されていた。このようなX層段階における定形石器の少なさは何を意味するのだろうか。

南九州に位置する鹿児島県立切遺跡XIII層出土資料(中種子町教育委員会 1999)や宮崎県山田遺跡(宮崎県埋蔵文化財センター 2007)の石器組成は示唆的であるため，ここに概要を記しておく。両石器群は，ナイフ形石器が未検出のため厳密な時間的対比は困難であるが，^{14}C年代やテフラ等の関係から，ほぼX層段階に対応すると考えられる。

まず，鹿児島県の種子島に位置する立切遺跡XIII層出土石器群は，種IV火山灰層と種III

火山灰層にはさまれた XIII 層〜XIV 層上面から，土坑 2 基，焼土 14 か所，礫群 1 基，ピットという複数の遺構とともに，石斧(打製・磨製)，磨石，敲石，大形礫塊石器，砥石が出土した(図 VI-18)。総点数は約 280 点とされており，具体的な数量については不明であるが，多くの「磨石・敲石類」が出土したことが報文中に記されている。ここで特に注目されるのは，多量に出土した磨石・敲石類と大型礫塊石器である。いずれも砂岩の円礫を用いており，円礫の平坦面に敲打痕(4)や磨面(5・6)が観察されている。大形礫塊石器の法量は，報告書の属性表を参照すると，長さ 20 cm・幅 15 cm・厚さ 8 cm 程度，重量は 2,500 g〜6,500 g で，サイズ・重量ともに群を抜いて大きい。剥片石器はなく，定形石器も打製・磨製石斧に限られており，磨石・敲石類，大形礫塊石器に特徴づけられる石器群である。

　次に，山田遺跡は，宮崎県の北部に位置し，五ヶ瀬川の支流である細見川に沿った台地上に立地している。山田遺跡の旧石器時代 I 期とされる石器群(以下，山田遺跡と略記)の出土層位は，AT 下位の暗色帯の最下部から段丘礫層上位に厚く堆積する明褐色ローム上面にかけてとされる。山田遺跡では，磨製石斧 2 点と，遺跡付近で採取可能な「ホルンフェルス類」と砂岩，緑色凝灰岩を用いた礫器が出土している(図 VI-19)。特に，後者については総点数は不明であるが，出土遺物の総重量約 53.2 kg のうち 14.7 kg を占め量的に卓越することが指摘されている。礫器に特徴づけられる石器群である。

　これらの石器群はともに打製・磨製石斧と礫石器あるいは礫塊石器からなる。立切遺跡に代表される「礫塊石器石器群」や山田遺跡のような「礫器石器群」が本来的に石器組成中にナイフ形石器をもたないかは不明であるが，両遺跡のように多量の礫塊石器や礫器を伴う石器群が，九州地方南部に特徴的にみとめられることは注意される。特に，立切遺跡でみとめられた礫塊石器が磨石や石皿であるとすれば，このような事例は植物質資源の利用と関連づけて理解することもできる(藤本 2000)。

　上に示した南九州における「礫塊石器石器群」の存在と，その石器群が示唆する植物利用の可能性は，列島における初期の生業を考える上で重要な意味をもつ。つまり，仮にナイフ形石器の主要な機能を狩猟具とするならば，X 層段階におけるナイフ形石器の定形度の弱さと出土数の少なさおよび，南九州における「礫塊石器石器群」の存在は，生業に占める植物利用の役割の高さを反映している可能性がある。あわせて，IX 層段階から VI 層段階にかけて剥片石器が種類を増やしながら，ナイフ形石器を中心とする石器組成が確立していく過程に，狩猟を中心とする生業への移行が推察される。

2. AT 下位石器群における遺跡の立地

　石器組成から推察された生業の変化は，人類活動にどのような変化をもたらしたのだろうか。遺跡の立地を観点に，関東地方西部に位置する武蔵野台地を対象にみていく。検討の前に，まず，武蔵野台地の地形について，羽鳥謙三らの研究(羽鳥ほか 2000)を参考に以下に概観する。

第VI章　AT下位石器群における石器組成および遺跡立地の検討　269

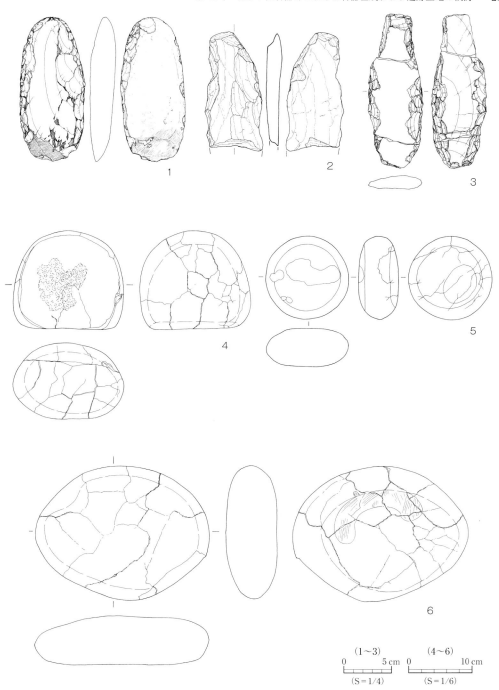

図 VI-18　立切遺跡出土の石器

270

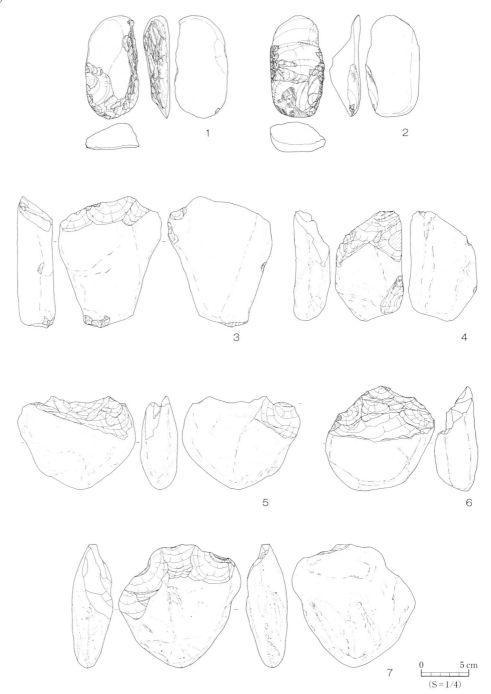

図 VI-19 山田遺跡出土の石器

（1）地形の概要

　武蔵野台地は，青梅を扇頂部として東に広がり，北は入間川や荒川低地，東は東京湾岸の低地，南は多摩川によって限られる東西 45 km，南北 28 km の広がりをもつ(図VI-20)。それらの大部分が過去の多摩川の堆積物からなり，古多摩川の流路変遷を背景にいくつかの段丘面が形成された。武蔵野台地の地表にみとめられる段丘は，高位の古いものから順に，多摩面(T面：T1・T2に細分)，下末吉面(S面)，武蔵野面(M面：M1・M2・M3に細分)，立川面(Tc面：Tc1・Tc2・Tc3に細分)，およびより下位の面に分けられる。多摩面から立川面までの各面は，東部の下末吉面が海成面である点を除き，全て河川性堆積物(段丘礫層)であり，これらの地形面の上に関東ローム層が堆積している。立川面より下位の面の多くは，ローム層が発達しないことから，完新世に形成されたものと考えられる。

（2）遺跡立地の検討

　遺跡の立地の検討に先立って，まず武蔵野台地全体における時期ごとの遺跡数の推移をみる(表VI-9)。各時期の文化層数は，古いものから順に，X層段階 45 文化層，IX層段階 77 文化層，VII層段階 71 文化層，VI層段階 51 文化層となる。最古のX層段階が最も少なく，IX層段階で大きく増加し，以後減少していく傾向がみとめられる。
　次に，遺跡の位置する地形面に注目する(図VI-21，表VI-9)。武蔵野面における文化層数は，X層段階 44 文化層，IX層段階 74 文化層，VII層段階 64 文化層，VI層段階 44 文化層というように，先述した武蔵野台地全体の遺跡数の推移と同様の傾向を示す。一方で，立川面に位置する遺跡の数をみると，X層段階 1 文化層，IX層段階 3 文化層，VII層段階 7 文化層，VI層段階 7 文化層と時期が新しくなるにつれ増加する点を指摘できる。また，武蔵野面の遺跡について遺跡が位置する流域に注目すると(表VI-10)，野川流域では，X層段階 27％，IX層段階 32％，VII層段階 23％，VI層段階 43％となる。立川面の遺跡数が最も多いVI層段階では，より高位の武蔵野面においても，立川面に接する野川流域に遺跡が集中することがわかる。
　このように，時期ごとの文化層数の変化とは別に，低位の立川面の利用の活発化，高位の武蔵野面においても立川面に接する野川流域への石器群の集中という現象をみとめることができた。そのような動きは，遺跡の立地とどのように関連するのだろうか。
　ここで当時の遺跡の立地を，遺跡の分布を観点に検討する(図VI-22～25)。まず，全時期にわたる遺跡分布の共通点として，台地南縁を流れる野川・仙川流域に最も集中し，ついで台地北縁を流れる荒川に集中する点を確認できる。後者については，特にIX層段階以降，遺跡の増加がみとめられる。一方，共通点とは別に，相違点も指摘できる。第一に，IX層段階では，台地中央部の標高 50 m 以上にも遺跡がまとまって分布する点である。第二に，VII層段階以降，VII層段階では目黒川，VI層段階では神田川と遺跡が集中する河川は異なるが，IX層段階以前は利用が低調であった標高 50 m 以下の台地中央部の中・小河川沿いにも遺跡が分布す

a. 武蔵野扇状地の地形

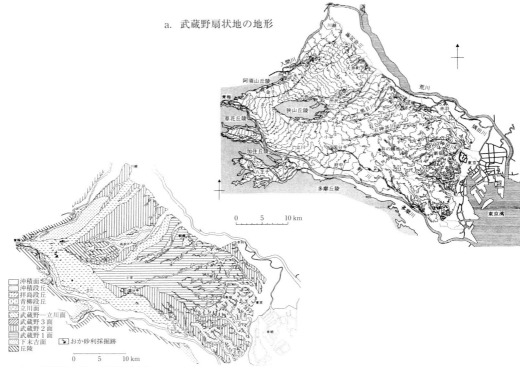

b. 武蔵野台地の地形面区分

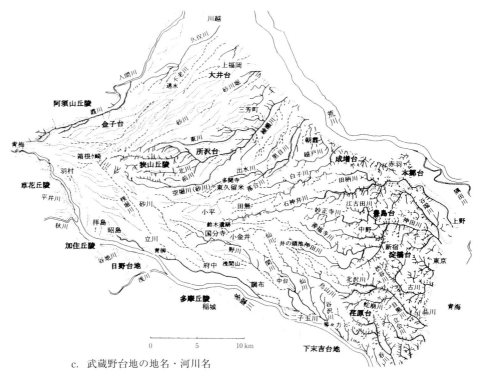

c. 武蔵野台地の地名・河川名

図 VI-20　武蔵野台地の概要

表 VI-9　武蔵野台地の遺跡数

段　階	立川面		武蔵野面		全　体
VI 層	7	14%	44	86%	51
VII 層	7	10%	64	90%	71
IX 層	3	4%	74	96%	77
X 層	1	2%	44	98%	45
小　計	18	7%	226	93%	244

註) データは比田井編(2000)に，下原(2004)と本書の付表3-2を加えたものである。

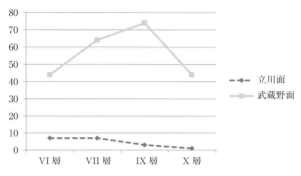

図 VI-21　武蔵野台地の遺跡数(グラフ)

表 VI-10　武蔵野面における野川流域の遺跡数と割合

段　階	武蔵野台地全体の遺跡数(武蔵野面)	野川流域の遺跡数(武蔵野面)	野川流域の遺跡の割合(武蔵野面)
VI 層	44	19	43%
VII 層	64	15	23%
IX 層	74	24	32%
X 層	44	12	27%

る点である。

　このような遺跡の集中の傾向に加え，遺跡の規模に注目し分布図をみると，大規模遺跡(出土石器の点数が701点以上)と，中規模遺跡(出土石器の点数が301～700点)の有無や位置に時期ごとの違いをみとめることができる。X層段階では，野川上流域に大規模遺跡，仙川流域に中規模遺跡が分布し，台地南縁にそれらの分布が限られる(図VI-22)。対して，IX層段階の大・中規模遺跡は，野川流域に加え，台地北縁や中央部にも分布がみられるようになる(図VI-23)。つまり，X層段階では拠点となる大・中規模遺跡は台地南縁に限られていたが，IX層段階では複数の拠点が武蔵野台地の内部に形成されるのである。以後，このようなIX層段階に形成された拠点は減少に転じ，VII層段階では大規模遺跡が1遺跡に減少し(図VI-24)，VI層段階ではなくなる(図VI-25)。と同時に，VI層段階では，これまで利用が低調であった台地中央部の末端にある中・小河川沿いに中規模遺跡が新たに形成されはじめる。

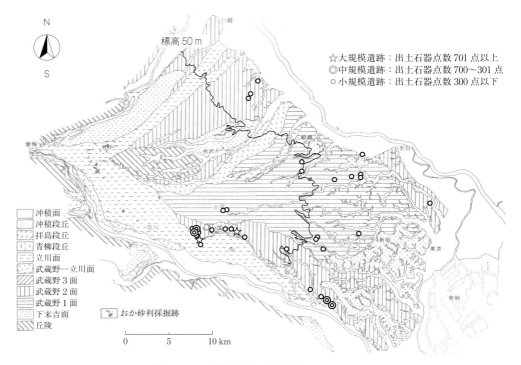

図 VI-22　武蔵野台地の遺跡分布(X層段階)

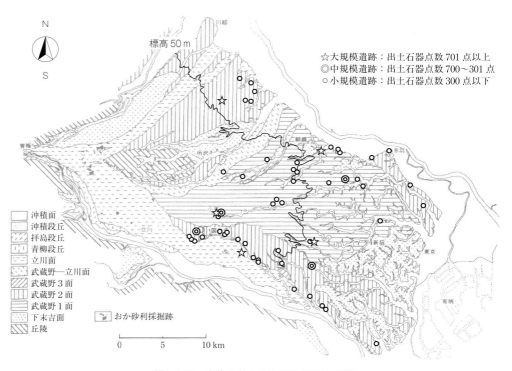

図 VI-23　武蔵野台地の遺跡分布(IX層段階)

第 VI 章　AT 下位石器群における石器組成および遺跡立地の検討　275

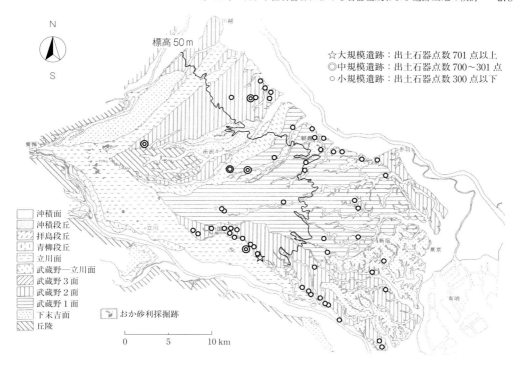

図 VI-24　武蔵野台地の遺跡分布（VII 層段階）

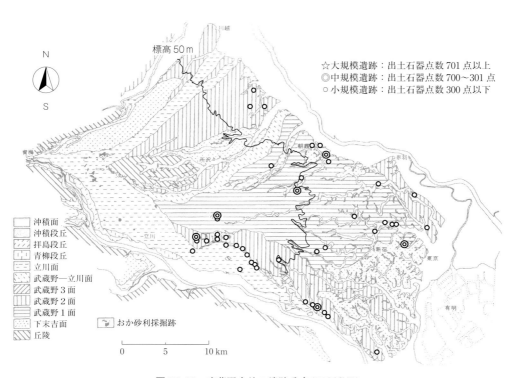

図 VI-25　武蔵野台地の遺跡分布（VI 層段階）

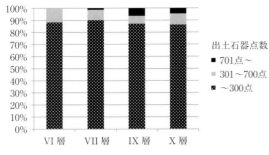

図 VI-26　武蔵野台地の遺跡規模(グラフ)

表 VI-11　武蔵野台地の遺跡規模

段　階	～300点		301～700点		701点～	
VI 層	45	88%	6	12%		
VII 層	64	90%	6	8%	1	2%
IX 層	67	87%	5	6.5%	5	6.5%
X 層	38	86.5%	4	9%	2	4.5%

註) データは比田井編(2000)に,下原(2004)と本書の付表3-2を加えたものである。

3. AT下位石器群における石器組成および遺跡立地変遷の背景

(1) 遺跡の規模と石器製作の関係

　遺跡の分布と遺跡規模を検討した結果,遺跡の集中する場所や,拠点となる大・中規模遺跡の位置の移りかわりが把握された。そこには,高位の標高地帯を対象としたX層段階の拠点形成および,IX層段階における台地内の広範に及ぶ複数の拠点形成を経て,VII・VI層段階での台地内部の低位の中・小河川への遺跡の集中と拠点形成という,遺跡の立地の変化をよみとることができた。

　それでは,上述したような遺跡の立地の変化は,何を背景としているのだろうか。遺跡規模の割合を時期ごとに検討すると(図VI-26,表VI-11),小規模遺跡(出土石器の点数が300点以内)は,大・中規模遺跡の有無とは無関係に,全時期を通じて85%近くを占めている。また,中規模遺跡も,どの時期においても10%前後で変化に乏しい。小・中規模遺跡のあり方に目立った変化はないことから,大規模遺跡の有無や多寡がX・IX層段階とVII・VI層段階を画する要素であることがわかる。

　ここで各時期の規模の大きい遺跡を対象に,遺物の平面分布や遺跡内での石器製作の内容を確認し,それらの関係について具体的にみていく。規模の大きい遺跡の代表例として,X層段階の武蔵台遺跡Xb・Xa文化層(大規模遺跡),IX層段階の野水遺跡第4文化層(大規模遺跡),VII層段階の羽根沢台遺跡第VII文化層(大規模遺跡),VI層段階の堂ヶ谷戸遺跡第4文化層(中規模遺跡)について以下に確認する。

　武蔵台遺跡は,国分寺崖線の段丘崖,武蔵野段丘上に立地する(都立府中病院内遺跡調査会1984)。X層段階の武蔵台遺跡Xb・Xa文化層(図VI-27)は,伊藤(2006)を参照すると,石器集中部23基から構成され,3,386点の遺物が出土している。石器組成は,ナイフ形石器4点,石斧(打製・磨製)9点,錐状石器14点,楔形石器9点,スクレイパー3点,石核39点,剝片類3,268点,礫器9点,敲石類31点である。未完掘ではあるものの,南北10m,東西15mと広

第 VI 章 AT 下位石器群における石器組成および遺跡立地の検討 277

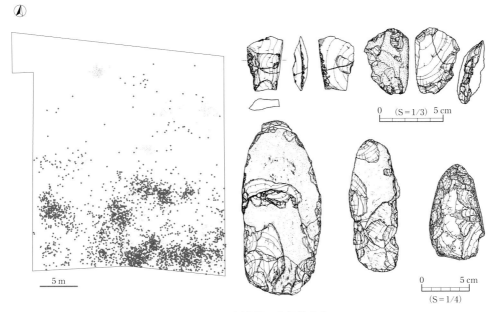

図 VI-27 X 層段階の大規模遺跡

範囲に遺物が集中して出土し，石器集中部間での接合資料も複数確認されている。遺跡は発掘調査の範囲外である調査区の南部・東部に広がると考えられることから，石器群の本来の規模(石器点数および平面分布の範囲)は上述したよりも大きくなる可能性が高い。本遺跡での石器製作作業は，ナイフ形石器の製作もみとめられるが，石斧の製作・再生に特徴づけられる。

　IX 層段階の代表的な遺跡である野水遺跡は，多摩川の支流である野川の右岸，国分寺崖線下の立川面に立地する(調布市遺跡調査会 2006)。IX 層段階に属する野水遺跡第 4 文化層(図 VI-28)は 19 の遺物集中部からなる。石器組成は，ナイフ形石器 12 点，石斧(打製・磨製)25 点，楔形石器 1 点，石核 483 点，剝片類 3,759 点，原石 6 点，敲石類 194 点，礫 1,582 点の 6,062 点である。遺物の平面分布は，南北 12 m，東西 15 m と広範囲に遺物が集中して出土し，石器集中部間での接合資料も多数確認されている。遺物集中部の配置は環状を呈することから，いわゆる環状ブロックに該当する。本遺跡における作業内容は，付近で採取可能な石材を原料とした，原石段階からの石斧の製作と縦長剝片の製作に特徴づけられる。

　つづいて，VII 層段階の遺跡として，当該期唯一の大規模遺跡である羽根沢台遺跡をとりあげる。羽根沢台遺跡は，多摩川の支流である野川の左岸，国分寺崖線に接する武蔵野段丘上に立地する(三鷹市教育委員会・三鷹市遺跡調査会 1996)。羽根沢台遺跡第 VII 文化層(図 VI-29)は，15 の遺物集中部からなる。石器組成は，ナイフ形石器 31 点，スクレイパー 8 点，楔形石器 2 点，石核 76 点，剝片類 1,295 点，台石 8 点，敲石 10 点の 1,430 点である。遺物の平面分布は，調査区北西部(南北 15 m，東西 15 m)に特に集中する。遺物集中部内の接合は多数みとめられるものの，遺物集中部間での接合は限定的である(ただし，報文によると，個体別資料の共有は遺物集中部間で多数みとめられるとされる)。本遺跡では，ナイフ形石器の製作が中心にみとめられる。

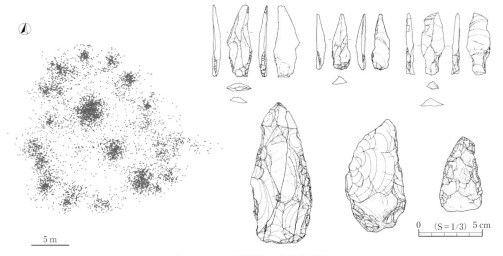

図 VI-28　IX層段階の大規模遺跡

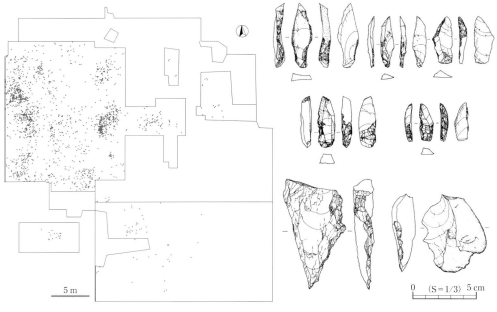

図 VI-29　VII層段階の大規模遺跡

　最後に，VI層段階の代表的な遺跡である堂ヶ谷戸遺跡について確認する。堂ヶ谷戸遺跡は，多摩川中流域北岸の支流である仙川と谷戸川にはさまれた舌状台地（武蔵野面）に立地する（世田谷区教育委員会 2001）。VI層段階に属する堂ヶ谷戸遺跡第4文化層は，3つの遺物集中部からなる（図 VI-30）。石器組成は，ナイフ形石器19点，スクレイパー1点，楔形石器1点，石核5点，剝片類518点，磨石1点の545点である。各遺物集中部の平面的な広がりは，長軸・短軸ともに5m以内におさまる。遺物集中部内の接合資料はみとめられるが，遺物集中部間での接合

第 VI 章　AT 下位石器群における石器組成および遺跡立地の検討　279

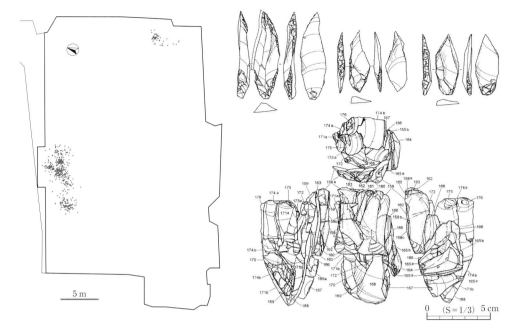

図 VI-30　VI 層段階の中規模遺跡

資料はみとめられない。本遺跡では，ナイフ形石器の製作が中心にみとめられる。

　以上みてきたように，各時期の規模の大きい遺跡の石器製作の内容を整理すると，X・IX 層段階でみとめられる大規模遺跡での石器製作作業は，X 層段階の武蔵台遺跡，IX 層段階の野水遺跡というように，石斧の製作・再生に特徴づけられる。一方，VII・VI 層段階では，VII 層段階の羽根沢台遺跡，VI 層段階の堂ヶ谷戸遺跡からもあきらかなように，その作業内容はナイフ形石器の製作が中心となっている。つまり，X・IX 層段階と VII・VI 層段階を画する大規模遺跡の存在は，石斧の有無と密接に関係することがわかる。

（2）AT 下位石器群における居住形態の変化

　以上の検討から，遺跡の規模と石器組成（特に石斧の有無）との間に密接な関係が想定されるとともに，X・IX 層段階と VII・VI 層段階の間では，遺跡の立地・規模や石器組成がともに大きく様相を異にすることがあきらかになった。それでは，X・IX 層段階と VII・VI 層段階の間にみとめられる，そうした一連の現象は何を背景としているのだろうか。

　最後に，X・IX 層段階と VII・VI 層段階が様相を異にする背景をあきらかにするため，両者に共通してみとめられるナイフ形石器の原料のあり方に注目してみていきたい。特に，全時期を通じてナイフ形石器の主要な石材であり，かつ遺跡周辺では採取不可能な遠隔地石材でもある黒耀石の利用を主に確認する。第 IV 章第 2 節の分析結果をもとに，武蔵野台地と下総台地の黒耀石の利用のあり方をあらためて整理する。時期ごとの黒耀石の利用場所と黒耀石原産地の大まかな位置関係を可視化するため，表 IV-7・図 IV-25 のデータを地図上に模式的に示

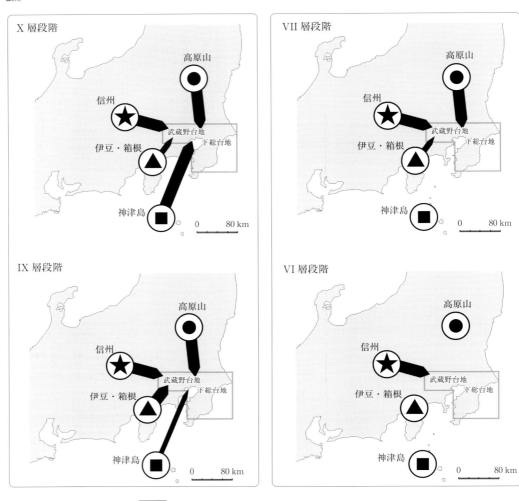

図 VI-31　関東地方南部における AT 下位石器群の黒耀石の利用

した(図 VI-31)。図 VI-31 からもあきらかなように，当該期の関東平野で利用される黒耀石の原産地は，高原山，信州，伊豆・箱根といった山地や神津島といった島嶼に位置し，それらの黒耀石原産地と武蔵野台地・下総台地との距離は 80 km を超える。

　繰り返しを避けるために，両台地における黒耀石利用のあり方を簡潔に記載すると，X 層段階・IX 層段階では多寡はあるものの，高原山，伊豆・箱根，神津島，信州と多地域の原産地の黒耀石が網羅的に利用されるのに対し，VII 層段階では高原山と信州，VI 層段階では信州というように，VII 層段階以降に利用原産地の限定化がみてとれる。また，VII 層段階では既に指摘したように，ナイフ形石器の原料に関東地方の在地石材である黒色頁岩やガラス質黒色安山岩が専ら利用されていた。つまり，ナイフ形石器の原料の利用を観点とした場合，VII 層段階を境に，X・IX 層段階における多方面の広域石材(遠隔地産石材)の利用から，VII・VI 層

段階の狭域石材(在地石材主体を含む)の利用への移りかわりがみとめられるのである。

　ところで，原産地と消費地の人類活動の関係を確認すると，中部高地などの石材供給地における遺跡の有無や多寡が，消費地における広域石材の利用のあり方と連動する(図IV-28, 大塚2016)のと対照的に，主要な石材消費地の一つである関東地方の武蔵野台地や下総台地では人類の活動が途切れることなく継続して営まれていた。狩猟具製作のために搬入した石材を消費する場(石材消費地)を道具の使用地(狩場)と仮定するならば，VII層段階における狭域石材(在地石材)への変更は，狩場内もしくはその周囲での石材の調達へと狩猟具の原料の獲得方法を切り替えたことを意味する。このようにナイフ形石器の製作に関連する石材利用の変化と時を同じくして，遺跡の立地(規模や分布)が変化することもあわせて考えるならば，X・IX層段階とVII・VI層段階に生じたこれらの一連の現象は，狩場に長期間滞在し狩場である台地を徹底的に利用するために，人類が狩猟具の原料を狩場内およびその周囲の石材へと切り替えていく過程を示すものとして理解することができるのである。

　さらに，環状ブロック(環状のムラ)と石斧の消滅が軌を一にするという小菅(2011)の指摘を加味するならば，VII・VI層段階における大規模遺跡の減少・消滅と狩場の徹底的な利用(台地内部の中・小河川地帯や低位の立川面の利用)を通して，小・中規模遺跡からなる川辺のムラへの移行という居住形態の変化をよみとることができる。ナイフ形石器を中心とした石器組成の確立は，石材の調達方法や狩場の利用のあり方の変更を含む，狩猟活動を中心とする生業への変化(狩猟活動への特化)を背景とした集落景観を一変するような人類活動の再編をもたらしたのである。

1) なお，組成表をみると，家の下遺跡において，相当数の掻器と彫器が出土していることになるが，実見した限り，掻器や彫器とされた資料は，彫器1点を除き，R.FlやU.Flとすべき資料であった。
2) 風無台I遺跡の組成については報告書の記載によっている。風無台I遺跡の報告書にて，掻器として図示された2点の資料は，加工が微弱で定形的でないものであり，R.Flとすべき資料である。なお，図示された資料以外は，報告書内で注記番号等の記載がないことから，遺物の特定はできない状況ではあるが，実見した限り掻器は確認できなかった。このことは，典型的な厚みのある掻器が全く出土していないという報告書の記載とも整合する。
3) 付表3-1〜4で，下総型石刃再生技法がみとめられている石器群を含む。
4) 本石器群では，ほかに縦長剝片素材の楔形石器もみとめられており，下総台地および北関東の資料に特徴的な「下総型石刃再生技法」と類似する特徴も有している。

第 VII 章

日本列島におけるナイフ形石器文化の生成

本書では，まず日本列島における各地のナイフ形石器を具体的に分析し，ナイフ形石器製作技術の復元と時間的な対比を行った。それに加え，第Ⅵ章では九州地方から東北地方を対象に石器組成の時空間的変化および，関東地方の武蔵野台地を対象に遺跡の立地の変化を検討し，居住形態の変化をあきらかにした。ここでは最後に，ナイフ形石器製作技術にみとめられる時間的な推移と空間的な広がりの変化をよみ解き，さらにこれまでの分析結果を総合的に検討することでナイフ形石器文化の生成をあきらかにする。その上で，日本列島における旧石器文化の系譜や人類の移住，地域差・地域性，遺跡のあり方，人類の定着を観点に，ナイフ形石器文化の生成についてアプローチする。

第1節　ナイフ形石器の製作技術

　AT下位のナイフ形石器は，これまでみてきたように製作技術の特徴から，Ⅹ層段階からⅥ層段階の4つの段階を踏んでいた。このナイフ形石器の段階的な変遷は何を意味するのだろうか。ここであらためて，石器作りの上で重要な要素である素材・加工・形に注目し，関東地方の資料を対象にⅥ層段階からⅩ層段階へ遡る形でみていく。

　まず，整形時に用いられる調整技術をみる。新しい時期のⅥ層段階からⅦ層段階は急斜度調整，Ⅸ層段階は微細・錯交・急斜度・平坦調整，Ⅹ層段階は微細調整によっていた。Ⅵ層段階からⅦ層段階とⅨ層段階は急斜度調整，Ⅸ層段階とⅩ層段階は微細調整をともにもつ点で共通するものの，調整技術のあり方を観点とすることで，3つのまとまりとして捉えることができる。急斜度調整のみの単一の調整によるⅥ・Ⅶ層段階，多種の調整によるⅨ層段階，微細調整によるⅩ層段階である。

　次に調整加工が施される部位を観点にみてみる。縦長剝片素材のナイフ形石器の構成から，Ⅵ層段階からⅨ層段階の側縁加工(二側縁加工・一側縁加工)を有する一群と，Ⅹ層段階の基部加工のみからなる一群の2つにまとまる。

　最後に，形と素材を観点とすると，Ⅵ層段階からⅩ層段階の全期間を通じて，尖刃と非尖刃の刃部形状をもち，縦長剝片と横長・幅広剝片を素材とすることから，1つのまとまりとしてもみることができる。

　このように視点ごとに異なる区分は，素材・加工・形という石器作りの要素におけるナイフ形石器の特徴のつながりと断絶を示している(図Ⅶ-1)。それでは，当該期のナイフ形石器にみとめられた，つながりと断絶は何を意味するのだろうか。

　ここで，上でそれぞれ別個にみてきた素材・加工・形という石器作りの3要素を関連づけて捉えることで，ナイフ形石器作りの特徴を抽出し，その位置づけを試みる。

　共通点を多くもつⅥ層段階からⅨ層段階のナイフ形石器には，尖刃と縦長剝片，非尖刃と横長・幅広剝片という素材と形の結びつきがみとめられる。加えて，縦長剝片製の二側縁加工ナイフ形石器の存在など二次加工の度合いが強く，基部の作出が明確である。Ⅸ層段階を

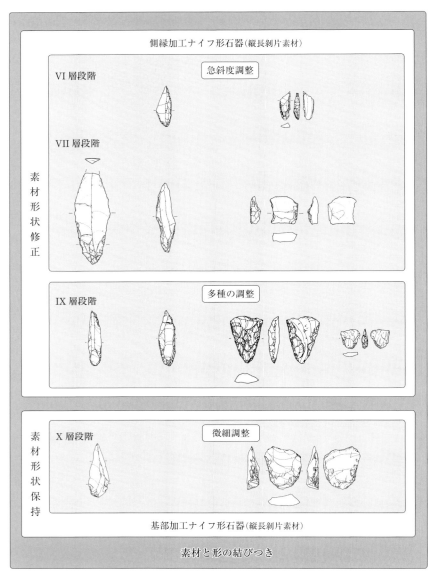

図 VII-1　ナイフ形石器のつながりと断絶

特徴づける多種の調整に示されるように，古い段階ほど素材・加工位置・調整技術の結びつきが弱くなるが，素材の形状を大きく変えるという石器製作上の共通した特徴をもつ。

対して，最古のX層段階では，縦長剥片素材と尖刃，横長・幅広剥片素材と非尖刃という素材と形状の結びつきはみとめられるものの，両者ともに調整が微弱で基部作出が不明確である。素材の形状が，ほぼそのまま製品の形状に反映される特徴がある。

このように，石器作りの基本的な要素である素材・加工・形において，つながりと断絶を有するナイフ形石器の中に，VI層段階からIX層段階の素材形状修正的なナイフ形石器作りと，X層段階の素材形状保持的なナイフ形石器作りという対照的な性格をみいだすことができる。

同時に，上述した段階ごとの差異や共通点とは別に，縦長剝片と尖刃，横長・幅広剝片と非尖刃という素材と形の結びつきの原則が，VI層段階からX層段階まで遡って一貫してみとめられることも確認できる。ここに，X層段階の素材を活かした素材形状保持的なナイフ形石器から，IX層段階以降の素材形状修正的なナイフ形石器へと至る，ナイフ形石器の出現時の様相をみいだすことができる。

第2節　ナイフ形石器の変遷と地域

1. 地域基盤の形成

　上に示したナイフ形石器の変遷は，最古のX層段階からVI層段階まで対象地域内で完結していたのであろうか。ここで視点を列島全域に広げ，ナイフ形石器製作技術の変遷を確認する。
　まず，X層段階のナイフ形石器の特徴と広がりからみていく。関東地方では，縦長剝片を素材とする基部加工の尖刃ナイフ形石器と，横長・幅広剝片を素材とした非尖刃のナイフ形石器により構成されていた。両者は素材と刃部形状については大きく異なるものの，微細調整による素材形状保持的なナイフ形石器作りを特徴としていた。一方，関東地方以外の九州地方と東海地方をみると，微細調整による素材形状保持的なナイフ形石器作りという点で関東地方と共通するが，縦長剝片製の尖刃ナイフ形石器をもたず，横長・幅広剝片のみをナイフ形石器の素材としており異なる特徴をもつ。
　こうして，X層段階の日本列島に，縦長剝片製ナイフ形石器［基部加工］・横長・幅広剝片製ナイフ形石器の分布圏（関東地方）と，横長・幅広剝片製ナイフ形石器の分布圏（東海地方，九州地方）という2つの地域をみとめることができる。
　つづく，IX層段階は，素材形状修正的なナイフ形石器作りに移りかわる時期であった。平坦調整等の多種の調整による横長・幅広剝片製の非尖刃ナイフ形石器とペン先形ナイフ形石器が九州地方から東北地方まで広域で製作された。一方，ナイフ形石器の素材構成に注目すると，日本列島東北部（関東地方～東北地方）では縦長剝片剝離技術と縦長剝片製ナイフ形石器を有する点で，日本列島西南部（九州地方～東海・中部地方）と異なる特徴がみとめられる。さらに，日本列島東北部においても，東北地方では基部加工，関東地方では基部加工と側縁加工というように，縦長剝片製ナイフ形石器の形態組成において差異が生じている。
　IX層段階では，縦長剝片製ナイフ形石器［基部加工］・横長・幅広剝片製ナイフ形石器の分布圏（東北地方）と，縦長剝片製ナイフ形石器［基部加工・側縁加工］・横長・幅広剝片製ナイフ形石器の分布圏（関東地方），横長・幅広剝片製ナイフ形石器の分布圏（東海・中部地方，近畿・中国地方，九州地方）という3つの地域が成立した。
　このようにX・IX層段階において，縦長剝片剝離技術や縦長剝片製ナイフ形石器の有無に

示される日本列島東北部と西南部という列島を大きく二分する，日本旧石器文化の地域基盤が形成されたのである．

2. 地域の分化

　Ⅹ・Ⅸ層段階に形成された地域はどのような展開を示すのだろうか．

　Ⅶ層段階では，ナイフ形石器の整形技術において，Ⅸ層段階の多種の調整技術(平坦・急斜度・錯交・微細)から単一の調整技術(急斜度)への推移が，列島全体にみとめられる．しかし，列島全体でのナイフ形石器製作技術の変化はあるものの，列島東北部では，前段階からひきつづき縦長剥片製ナイフ形石器の製作に力点がおかれており，東北地方では縦長剥片製ナイフ形石器[基部加工]，関東地方では縦長剥片製ナイフ形石器[基部加工・側縁加工]という結びつきに変化はみとめられない．

　一方，Ⅹ・Ⅸ層段階では一貫して横長・幅広剥片素材ナイフ形石器のみによっていた列島西南部をみると，ナイフ形石器の素材構成に大きな変化がみとめられる．東海地方と中国・九州地方に，縦長剥片剥離技術と縦長剥片素材のナイフ形石器がみとめられるようになり，その両者の間に地理的に位置する近畿地方との差異が顕著になるのである．

　東海地方と中国・九州地方では，尖刃のナイフ形石器の製作を縦長剥片剥離技術が担い，横長・幅広剥片剥離技術が非尖刃ナイフ形石器の製作を担っている．加えて，製品のサイズにも大形品は縦長剥片，小形品は横長・幅広剥片という明確な使い分けが共通してみとめられる．また，東海地方では，隣接する関東地方と類似したナイフ形石器製作技術上の特徴をもつことも指摘できる．

　対して，近畿地方では，横長・幅広剥片剥離技術によるナイフ形石器の製作が一貫して継続しており，尖刃・非尖刃のナイフ形石器のサイズに違いもみとめられない．ただし，前段階と異なる点として，有底横長剥片素材の一側縁加工ナイフ形石器の製作が開始されている．

　Ⅶ層段階では，急斜度調整による単一の調整方法による点で共通するものの，尖刃のナイフ形石器に注目すると，4つのまとまりとして捉えることができる．列島東北部では，縦長剥片製ナイフ形石器[基部加工]の分布圏(東北地方)と，縦長剥片製ナイフ形石器[基部加工・側縁加工]の分布圏(関東地方，東海地方)．列島西南部は，横長・幅広剥片製ナイフ形石器[有底横長剥片素材を含む]の分布圏(近畿地方)と，縦長剥片製ナイフ形石器[側縁加工]の分布圏(中国・九州地方)からなり，2つに地域分化した．

　つづく，Ⅵ層段階では，前時期までと異なり，ナイフ形石器のサイズ以外に共通した特徴をみとめることはできない．列島東北部では前段階の特徴をひきつぐが，列島西南部において尖刃ナイフ形石器の構成に再び変化がみとめられる．九州地方から中国地方までは縦長剥片製の二側縁加工尖刃ナイフ形石器，近畿地方は有底横長剥片素材の一側縁加工ナイフ形石器，東海地方は横長・幅広剥片製の二側縁加工尖刃ナイフ形石器となる．東海地方では，尖刃ナイフ形石器の素材が横長・幅広剥片になる点で，前段階と大きな変化がみとめられる．

このように尖刃のナイフ形石器に注目すると，列島東北部では，縦長剝片製ナイフ形石器[基部加工]の分布圏(東北地方)と，縦長剝片製ナイフ形石器[側縁加工]の分布圏(関東地方)，列島西南部では，横長・幅広剝片製ナイフ形石器の分布圏(東海地方)，横長・幅広剝片製ナイフ形石器[有底横長剝片素材]の分布圏(近畿地方)と，縦長剝片製ナイフ形石器[側縁加工]の分布圏(中国・九州地方)となる。VI層段階は5地域からなり，隣接する地域であっても異なるナイフ形石器を特徴としている。

　以上みてきたように，X層段階では2地域(関東地方，東海・九州地方)，IX層段階では3地域(東北地方，関東地方，東海・中部・近畿・中国・九州地方)，VII層段階では4地域(東北地方，関東・東海地方，近畿地方，中国・九州地方)，VI層段階では5地域(東北地方，関東地方，東海地方，近畿地方，中国・九州地方)という時期ごとに異なる地理的なまとまり(地域)を捉えることができた(図VII-2)。VII・VI層段階では，X・IX層段階で形成された地域基盤を母体として，地域が分化していく様子がみてとれる。それでは，何が地域分化の要因となったのだろうか。

3. ナイフ形石器製作技術における地域分化の背景

　ナイフ形石器は様々な時空間的変異を有していたが，ナイフ形石器と剝片剝離技術の結びつきを観点とすると，地域のあり方を大きく2種類に整理することができる。一つは，東北地方の米ヶ森技法や近畿地方の有底横長剝片剝離技術といった特定形態のナイフ形石器の素材製作技術を有する地域である。もう一つは，関東地方，東海・中部地方，九州地方といった，特定形態のナイフ形石器専用の剝片剝離技術がみとめられない地域である。それらの異なるナイフ形石器製作技術をもつ各々の地域は地理的に離れ，特に前者は東北地方と近畿地方というように飛び地状に分布する。それでは，異なるナイフ形石器製作技術のあり方と，その飛び地状の分布は何に起因するのか。
　ここで視点を転じ，石器の原料となる石材利用のあり方に注目したい。後者(特に関東地方，東海・中部地方)は時期ごとに利用石材が変化するのに対し，前者では当初から東北地方は硬質頁岩，近畿地方はサヌカイトといった，特定の単一石材利用ないしその傾向がみとめられる。加えて，IX層段階以降継続してみとめられる石材利用と剝片剝離技術(有底横長剝片剝離技術，米ヶ森技法)が，徐々にナイフ形石器との結びつきを強めていく。これらの点から，特定形態のナイフ形石器製作と剝片剝離技術の結びつきを，優良石材の種類が限定された地域におけるナイフ形石器製作技術の地域化の一つのあり方として理解できる。
　次に，利用石材が時期ごとに変化する後者についてみる。X・IX層段階は，縦長剝片製ナイフ形石器の有無により，関東地方と東海地方から九州地方という2つのまとまりとして捉えることができる。しかし，VII層段階では，いずれの地域も縦長剝片製のナイフ形石器をもつようになり，各地の違いは薄れる。そこでは，尖刃ナイフ形石器の組み合わせにおいて，基部加工と側縁加工をもつ関東・東海地方と，側縁加工のみの九州地方という異なる特徴をもつも

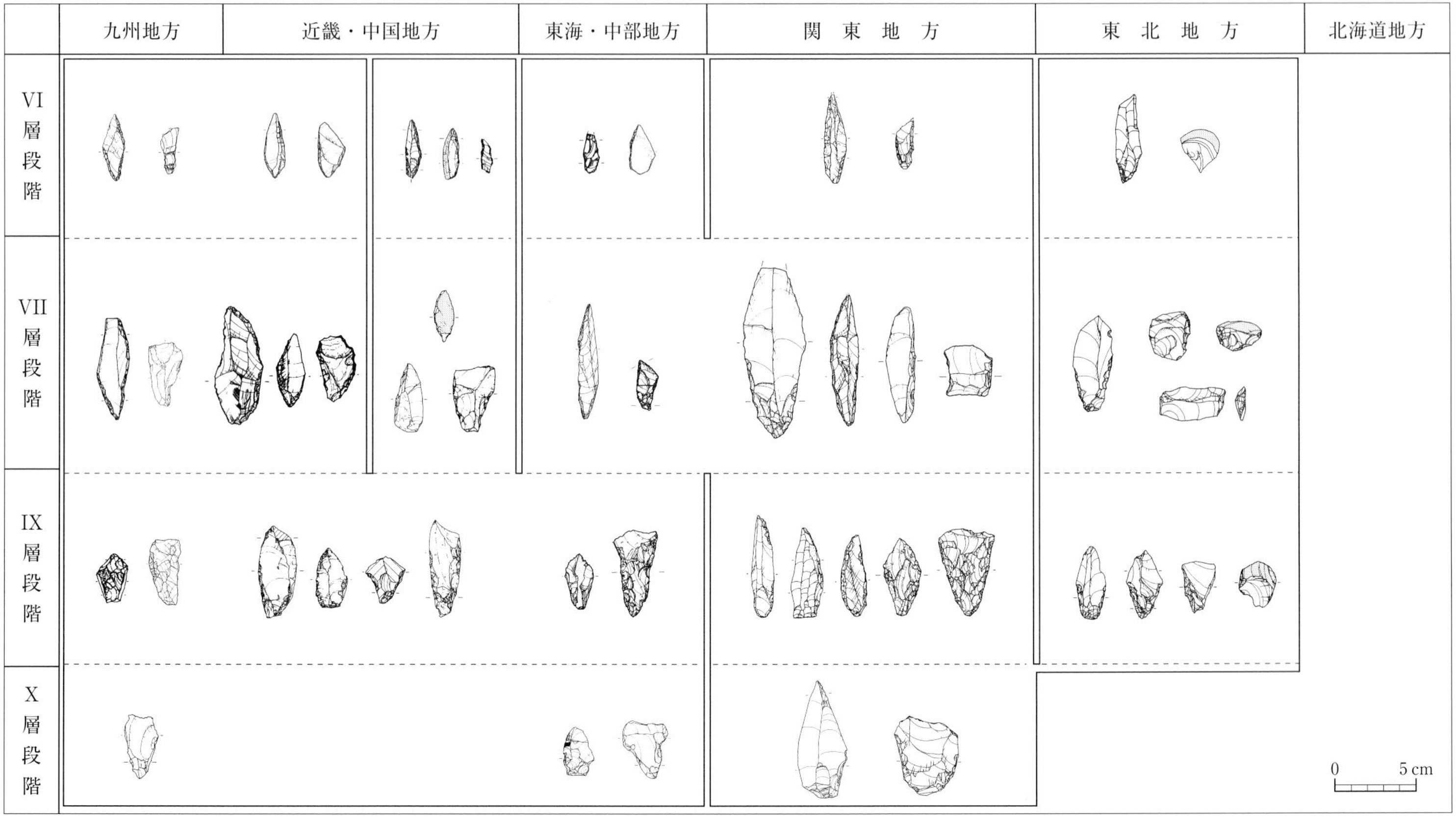

図 VII-2 ナイフ形石器の変遷と地域

のの，大形の尖刃ナイフ形石器(縦長剥片素材)と小形の非尖刃ナイフ形石器(横長・幅広剥片素材)をもつ点で共通した特徴がみとめられるのである。

ところが，後続するVI層段階では，一転して，関東地方は縦長剥片素材の尖刃二側縁加工ナイフ形石器，東海地方は横長・幅広剥片素材のナイフ形石器という異なるナイフ形石器が展開する。さらに，九州地方では，縦長剥片剥離技術と横長・幅広剥片剥離技術を併用し，その素材形状の差を問わず，同形の二側縁加工尖刃ナイフ形石器が製作された。つまり，それぞれの地域でナイフ形石器と剥片剥離技術が独自の組み合わせをもつようになるのである。優良石材を複数もつ地域では，目的とするナイフ形石器の形状や当時の居住形態を軸に石材を選択・変更する，柔軟性の高い地域化のあり方を指摘できる。

このようにVI層段階でのさらなる地域分化は，石材環境とナイフ形石器製作技術の連関を背景としていた。特定石材を利用し素材を重視するあり方(「素材重視型のナイフ形石器製作技術方式」)と，特定石材によらず複数形態のナイフ形石器および複数の器種の素材を兼ねた調整技術を重視するあり方(「調整加工重視型のナイフ形石器製作技術方式」)という，各地域における独自のナイフ形石器製作技術の確立をみとめることができるのである。

4. 地域の成りたちと構造

これまでナイフ形石器製作技術の変遷，時期ごとの地域の変化，そして地域分化の背景をあきらかにしてきた。ここで，これらの結果を総合することで，当該期における地域の成りたちと構造を捉える。

先に示したように，ナイフ形石器の素材構成，尖刃ナイフ形石器の特徴に注目し，X層段階では2地域(関東地方，東海・九州地方)，IX層段階では3地域(東北地方，関東地方，東海・中部・近畿・中国・九州地方)，VII層段階では4地域(東北地方，関東・東海地方，近畿地方，中国・九州地方)，VI層段階では5地域(東北地方，関東地方，東海地方，近畿地方，中国・九州地方)という時期ごとに異なる人為的な地理的な広がり(地域)を捉えることができた。すなわち，当該期における地域のあり方は，不変的なものではなく，動的なものであったことがわかる。さらに，地域のあり方の通時的な変化からは，X・IX層段階で形成された地域基盤を母体として，VII・VI層段階に地域が分化していく様子がみてとれた。それでは，ここに把握された地域の動態は何を意味しているのだろうか。

X・IX層段階は，縦長剥片剥離技術(石刃技法)や縦長剥片(石刃)製ナイフ形石器の有無に示されるように，列島の東北部と西南部という列島を大きく二分する地域により成りたっていた。そこでみとめられる地域差は，単にX・IX層段階での地域差を意味するのではなく，その後の地域分化の母体となる地域基盤を形成する上で重要な意味を有している。それでは，何が列島を大きく二分する地域形成の背景となったのだろうか。

ここで，当時の人類をとりまく自然環境について，植生に注目してみていく。Takahara and Hayashi (2015)を参照すると，本書の対象である日本列島の主要な4島(北海道・本州・四国・

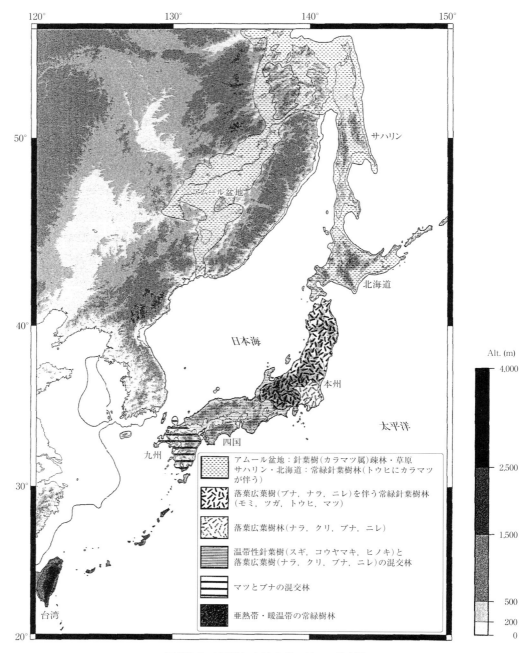

図VII-3 MIS3における東アジアの植生図

九州)は5つの植生に区分される[1](図VII-3)。北から順に確認すると,北海道は常緑針葉樹林が主体で,落葉広葉樹をわずかに含む植生,東北地方は常緑針葉樹林が主体で,落葉広葉樹を伴う植生,関東地方は落葉広葉樹林が発達した植生[2],西日本は温帯性針葉樹と落葉広葉樹の混交林,九州地方はマツとブナの混交林とされる。おおよそ日本列島を南下するにつれて,常緑

針葉樹林から落葉広葉樹林，そして温帯性針葉樹と落葉広葉樹の混交林への移りかわりがみとめられる。

　当時の植生を整理すると，列島東北部は針葉樹林主体であり，西南部では落葉広葉樹林が主体となることから，緯度の高い列島東北部の方が相対的に寒冷な気候であったことを確認できる。加えて，石器組成の検討であきらかにしたように，IX層段階の関東地方以北で彫器や搔器といった「寒冷地適応」(堤 2000)を示唆する加工具が特徴的にみとめられることも，上述した植生に示される自然環境の相違と整合的である。以上のことを念頭においた上で，ナイフ形石器の地域差にあらためて視点を戻すと，当該期のナイフ形石器にみとめられる列島の東北部と西南部という地域的なまとまりは，自然環境の相違や「寒冷地適応」を示唆する加工具の分布域と重なることがわかる。つまり，日本旧石器文化の基層となる地域基盤は，食糧や生活環境とも関連する自然環境を背景として形成されたのである。

　ところが，VII層段階では，列島東北部に限定してみとめられた石刃技法や石刃製ナイフ形石器が，X・IX層段階における地域形成の背景となった自然環境の相違をこえ，列島西南部へと広がりをみせる。関東地方に隣接する東海地方は列島東北部に組み込まれ，さらに中国・九州地方にも石刃技法や石刃製ナイフ形石器がみとめられるようになる。まさに石刃製ナイフ形石器が，列島を席巻するような動きをみせるのである。しかし，その間に位置する近畿地方には，石刃技法と石刃製のナイフ形石器はみとめられない。このとき，近畿地方では，サヌカイトという優良石材に特化した有底横長剝片剝離技術によるナイフ形石器の製作が開始されており，それが石刃技法の導入をはばんだと考えられる。このような背景があり，間をおきながらも，中国・九州地方では石刃技法が導入されたことにより，中国・九州地方は隣接する近畿地方とは様相を異にする文化圏を形成することになったのである。これが，横長・幅広剝片剝離技術がナイフ形石器の素材生産を担ってきた列島西南部において，はじめて地域分化が生じた理由であった。そこには，自然環境をこえた大きな地域の動きと，石材の規制に対応した小さな地域の形成という動きがよみとれる。

　最後のVI層段階では，東海地方が横長・幅広剝片剝離技術によるナイフ形石器の製作に回帰することで，日本列島を分かつ大きな区分は再び東北地方・関東地方に戻る。しかし，近畿地方では既にサヌカイトに特化した有底横長剝片剝離技術によるナイフ形石器の製作が確立しており，石材環境の異なる東海地方は近畿地方と結合することはなかった。そして，九州地方では，石刃技法と横長・幅広剝片剝離技術を併用し，その素材形状の差を問わず，同形の二側縁加工尖刃ナイフ形石器を製作する独自の文化圏が形成されるに至った。

　このように自然環境に基づく大きな規制，石材環境という小さな規制がみとめられる中，隣りあう地域で融合したり，分離するような動的な地域が形成された(図VII-4)。そして，本書で捉えた地域は，第II章でも述べたように，現在の行政区分や自然的な場(地理的地域)ではなく，人類活動を反映した人為的な場であることから，地域の広がりの変化は人類活動の範囲の変化を示していることになる。すなわち，動的な地域形成の背景に，人類が自然環境や石材環境といった規制に対応し，ときにはその規制をこえるような歴史的な経緯(経過)をよみとることができるのである。そして，ここで抽出した地域は，いずれもナイフ形石器を軸とした時空

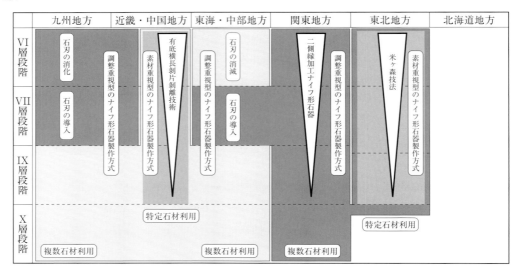

図 VII-4　ナイフ形石器製作技術の地域差と石材環境

間における一連のつながりと広がりをもつ文化(ナイフ形石器文化)に一貫して属していた。ここに，起点となる石器群から，一時期における空間的な地域の抽出を経て，時間の経過に伴う地域の動態，さらにそれらの総体としての文化を構造的に把握することができた。つまり，歴史叙述するための文化の構造の動態を示す実態として，地域を位置づけることができるのである。

第3節　日本列島におけるナイフ形石器文化の生成

1．ナイフ形石器文化の生成

これまでみてきたように，AT下位石器群における地域は自然環境と石材環境に対応する形で細分化し，地域独自の文化圏を形成していった。そして，ナイフ形石器からは，時間の進行とともに，基部作出の明確化と製作技術の地域独自化をよみとることができた。ここであらためて，石器組成という大きな観点から，ナイフ形石器の位置づけをみていく。

基部の作出が不明瞭なナイフ形石器が製作された最も古期のX層段階では，石斧が汎列島的にみとめられ，南九州では「礫塊石器石器群」や「礫器石器群」が特徴的に存在した。一方で，ナイフ形石器の基部作出が明瞭になるIX層段階は，打製・磨製石斧製作の最盛期であったが，搔器や彫器などの工具が出現する時期でもあった。つづくVII・VI層段階では，列島全体から打製・磨製石斧が基本的に消滅し，それに代わり搔器や彫器が安定的に組成に加わる。

このような石器組成の変化を通して，礫塊石器などとともに多様な生業形態を反映した石器組成の一つとしてのナイフ形石器(X層段階)から，ナイフ形石器を中心とする石器組成の開始

(IX層段階)を経て，その石器組成の確立(VII・VI層段階)に至る，ナイフ形石器の位置づけの変化がよみとれる。そして，ナイフ形石器の基部作出の明確化と着柄の相関関係を狩猟具化と仮定するならば，ナイフ形石器および石器組成の一連の推移から，ナイフ形石器を狩猟具とした狩猟活動の成立(ナイフ形石器文化の生成)を推察することができるのである。

2. 日本列島におけるナイフ形石器文化生成の背景

それでは，ナイフ形石器文化の生成は，何を意味するのだろうか。
日本列島における旧石器文化の系譜や人類の移住，地域差・地域性，遺跡のあり方，人類の定着という観点から考えていく。

(1) 日本旧石器文化の系譜と人類の移住

日本列島で確実な最古の石器群は，X層段階にあたる。約4万年前頃という年代からも，その背景については，先行研究(安蒜 2009, 小野 2011, 工藤 2012, 佐藤 2013 など)においても指摘されているように，世界的な現生人類の拡散と関連する可能性が高い。

ところで，日本列島の地史(佐藤 2005b)を確認すると，当時北海道は寒冷化による海水準の低下を背景に，大陸の一部(北海道半島)をなしていた。そして，北海道半島に対し，津軽海峡を境に向かいあう形で，本州・四国・九州島が陸続きとなり古本州島という一つの島を形成していた(図VII-3)。つまり，北海道を除き，日本列島は大陸と陸続きになっていないため，人類は渡航して移住したことになる。そうすると，人類の日本列島への移住は，陸橋の形成と無関係であることから，人類の移住が複数回あった可能性も想定される。実際，AT上位石器群では，朝鮮半島から九州を通じ剥片尖頭器が，シベリアから北海道を経由し湧別系細石器が日本列島にもたらされ，「環日本海旧石器文化回廊」を形成している(安蒜 2009)。それでは，AT下位石器群において，日本列島への人類の移住は，どのような経路で，いったい何回あったのだろうか。

まず，人類の日本列島への移住経路についてみていく。北海道には当該期に人類の活動痕跡がみとめられないことから，北海道を経由した人類の移住は想定できない。そのため，人類の日本列島への移住経路は，九州を経由する経路か，日本海を渡る中央ルートのいずれかになる。

石器群の存在する地理的位置に注目すると，X層段階の石器群は九州地方と東海地方および関東地方にみとめられ，IX層段階ではそれに東北地方が加わる。九州経由の移住経路を想定した場合は，X層段階に九州地方から東海地方を通り関東地方へと北上し，その後のIX層段階において本州の最北部に位置する東北地方まで広がったという理解が可能である。一方で，中央ルートを想定した場合，X層段階に関東地方から東海地方を通り九州地方へと南方に広がり，つづくIX層段階に関東地方から北上し東北地方に分布を広げたということになる。九州経由の場合は九州が列島内への人類拡散の拠点(移動拠点)となり，中央ルートの場合は関東

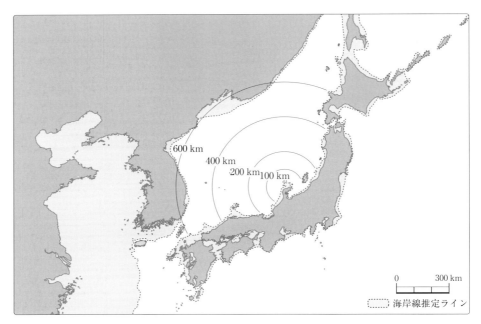

図 VII-5　最終氷期最寒冷期の海岸線に基づく中央ルートの渡航距離

地方を含む列島中央部が各地への拡散の移動拠点として想定される。

　しかし，中央ルートについては，日本海を横断するような長距離の渡航を必要とすることは検討すべき点である。日本列島での渡航技術の存在を示す証拠として，X・IX 層段階での神津島産黒耀石の利用があげられる (Ikeya 2015)。その利用は愛鷹・箱根山麓と関東地方で確認されているが，前者に多く，後者ではごく少数確認されるのみである。この点から，神津島産黒耀石は，近接する愛鷹・箱根山麓にまず搬入されたと考えられる。神津島産黒耀石原産地から愛鷹・箱根山麓までの渡航距離は約 30 km～40 km である。この距離自体も驚くほど長距離ではあるが，中央ルートによる大陸側の海岸線（沿海州および朝鮮半島東部）から日本列島の日本海側までの渡航距離は約 600 km にも及ぶ（図 VII-5）。このような極めて長距離の渡航は，当時の人類にとって果たして可能だったのだろうか。

　当時の人類による長距離渡航の可否を検討するため，日本列島周辺を含む西太平洋における更新世の海洋渡航の距離と年代を確認する（図 VII-6）。海洋渡航の距離について年代の古い順からみると，約 4 万 5 千年前のオーストラリアでは 80 km～130 km 程度，約 3 万 5 千年～3 万年前ではルソン島に島伝いで渡った場合の 10 km～30 km 程度から沖縄本島に直接渡った場合の 220 km 程度までがみとめられる。また，本書の対象時期よりも年代的に新しい例では，約 2 万年～1 万 2 千年前のマヌス島への島伝いの渡航で 170 km 程度，同島へ直接渡った場合では 240 km 程度となる。上記の例をまとめると，西太平洋地域における更新世の渡航距離は，本書の対象と年代的に近い約 3 万 5 千年～3 万年前では 220 km，それ以降を含めても 240 km ほどにとどまる。上述したように，中央ルートでの渡航距離は約 600 km であったことから，その渡航距離は現在確認されている最長の渡航距離の約 2.5 倍にも達することになる。このよ

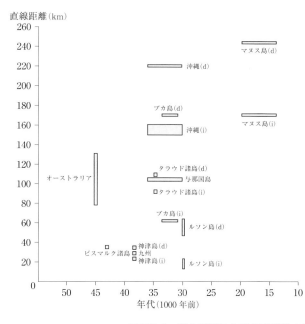

図 VII-6　西太平洋における更新世の海洋渡航の距離と年代

うな極めて長距離の渡航を当該期に想定することは現状では難しいため，本書では九州経由説をとり，以下に検討を進める。

　ここで，X層段階の石器群についてあらためてふり返る。X層段階の石器群は，石斧とナイフ形石器をもつ点で共通していた。また，ナイフ形石器製作技術のあり方も，素材形状保持的であり共通する。しかし，ナイフ形石器の素材に注目すると，九州地方と東海地方は横長・幅広剝片のみを素材とするのに対し，関東地方では横長・幅広剝片に加え石刃を素材としたナイフ形石器が製作されており，異なる特徴を有していた。すなわち，先行研究において，人類の系譜および現生人類の移住の指標とされてきた，石刃技法の有無を両者の違いとして指摘できる。そして，その分布から，日本列島への人類移住の玄関口となる九州地方では石刃技法はみとめられず，玄関口から最も遠い関東地方においてのみ石刃技法がみとめられることになる。さらに，石刃技法により製作されたX層段階の石刃の特徴は，剝離軸のぶれが大きく初源的な様相を呈していた。つまり，石刃技法の特徴や分布のあり方と人類の移住経路を総合して考えると，日本列島における石刃技法の存在は，人類の系譜や人類の移住を示すのではなく，日本列島内での新たな技術の開発を意味するものであったことがわかる。そして，それは当初からナイフ形石器の素材を製作する技術の一つとして誕生したのである。

　次に，日本列島への人類の移住回数についてみていきたい。人類の移住の回数を検討するにあたり，当該期のナイフ形石器製作技術を，関東地方を対象にあらためて確認する。石刃製ナイフ形石器に注目し古い方から順にみていくと，X層段階では基部加工，IX層段階は基部加工（多数）・二側縁加工（ごく少数），VII層段階は二側縁加工（主体）・基部加工，VI層段階は二側縁加工（多数）・基部加工（ごく少数）となる。また，その調整加工に注目すると，X層段階は微細

調整，IX層段階は微細調整・急斜度調整，VII層段階以降は急斜度調整によっていた。そこには，X層段階における基部加工や微細調整という素材形状保持的な要素に，二側縁加工や急斜度調整といった素材形状修正的な要素が加わり，次第に形状修正的なナイフ形石器作りに置きかわっていく様子がみてとれる。このように素材形状修正的なナイフ形石器製作技術という新しい要素が加わることは，IX層段階における第二波ともいえる日本列島への人類の新たな移住を意味するのだろうか。

再び，ナイフ形石器製作技術を確認する。上にみたナイフ形石器製作技術の要素の時間的な変化とは別に，当該期のナイフ形石器は石刃が尖刃，横長・幅広剝片が非尖刃という，素材と形の結びつきの原則により貫かれていた。加えて，新出要素の代表例である石刃素材の二側縁加工ナイフ形石器は，その出現期にあたるIX層段階では列島中央部に位置する関東地方でのみみとめられる。このように，ナイフ形石器作りにみとめられる一貫した原則および，大陸とは大きく距離を隔てた列島中央部での新出要素の出現から，素材形状修正的なナイフ形石器（いわゆる「茂呂系」ナイフ形石器）の存在は，先行研究において指摘されたような列島への人類の新たな移住を示すものではなく，ナイフ形石器製作技術の内在的な発展を示す証拠として位置づけられる。つまり，AT下位石器群における日本列島への人類の移住は，最古のX層段階の一度きりであったのである。

(2) 地域差・地域性

X層段階に九州経由で移住した人類は，関東地方まで時間をかけずに拡散し，IX層段階には古本州島全域に広がった。そして，広がった先々でのナイフ形石器製作技術のあり方の時空間的な変化から，地域の動態をよみとることができた。

まず，X層段階の関東地方にみられた石刃技法の出現が，日本旧石器文化における最初の地域差を生みだした。つづく，IX層段階において，石刃技法の分布域は東北地方まで広がる。このように列島東北部で石刃技法が出現し広がる一方で，列島西南部では依然として横長・幅広剝片のみをナイフ形石器の素材としていた。それは南北に長い列島の自然環境を反映した地域差であり，日本旧石器文化の基層となる地域基盤が形成されたのである。

一方，その後のVII層段階以降では，石材環境が地域分化の主要因となった。優良石材が限定される東北地方（硬質頁岩）や近畿地方（サヌカイト）では，それぞれ米ヶ森技法または有底横長剝片剝離技術といった，ナイフ形石器の特定形態の素材を製作する素材重視型のナイフ形石器製作技術方式が採用される。それに対し，優良石材を多数もつ地方では，複数形態のナイフ形石器および複数の器種の素材を兼ねた，調整加工重視型のナイフ形石器製作技術方式が採用された。このような石材環境に応じたナイフ形石器製作技術が各地で開発されたVII層段階において，石刃技法が列島西南部に広がった[3]。その結果，サヌカイトに特化した素材重視型のナイフ形石器製作技術方式が開始されていた近畿地方を除き，列島西南部においても石刃技法によるナイフ形石器の製作が開始され，さらなる地域差が発生したのである。

以上のようにナイフ形石器製作技術の時空間的変異をよみ解くことで，人類が自然環境や石

材環境といった規制に対応し，ときにはそれらの規制をこえるような，動的な地域を形成したことがわかる。そして，その過程で地域が細分化され，隣接する地域であっても異なる特徴をもつ，地域独自のナイフ形石器が製作されることになったのである。

上述したように把握される考古学的な現象を通して，各時期のナイフ形石器にみとめられる地域差とともに，各地域を通時的に貫く2つのナイフ形石器製作技術方式とその地域ごとのあらわれ方に地域の歴史の特質と結びついた地域性をみとめることができるのである。

(3) 遺跡と原料のあり方

ところで，当該期には，環状のムラと川辺のムラという2つの集落形態があり，環状のムラから川辺のムラへの変遷がVII層段階を境にみとめられた。関東地方の武蔵野台地を例にとると，川辺のムラの形成は，単に大規模遺跡の消滅を意味するのではなく，これまで人類活動が顕著でなかった低位の立川面や台地内小河川といった台地内の様々な場所を，人類が徹底的に利用するようになったことを示していたのである。

一方，石器の原料となった石材はどうであろうか。列島中央部で示したように，VII層段階を境に，広域石材(遠隔地産石材)から狭域石材(在地石材主体)への利用の移りかわりがみとめられた。そして，広域石材の利用のあり方と石材供給地(中部高地)における遺跡の有無や多寡が連動するのと対照的に，その石材消費地(関東地方，愛鷹・箱根山麓)では人類の活動が継続して営まれていた。石材の消費地を道具の使用地，つまり狩場であると仮定するならば，VII層段階における狭域石材(在地石材)への変更は，狩場内もしくはその周囲での石材の調達へと切り替えられたことを示す。このことは，人類が狩場に長くとどまることを可能にし，その結果として狩場である台地を徹底的に利用(川辺のムラの形成)することができたのである。こうしたVII・VI層段階における石材の利用と遺跡のあり方に関する一連の現象は，つづくIV層下部V層段階に最盛期をむかえ，原料を完全に在地化し，製品と原料を平野(狩場)内で自給自足することで，遺跡の激増を引き起こす契機となった(安蒜 1985・1992)。

(4) 人類の定着

本書で対象としたAT下位石器群では，ナイフ形石器を中心とする石器組成の一連の推移から，ナイフ形石器を狩猟具とした狩猟活動の成立(ナイフ形石器文化の生成)がよみとれた。その間，ナイフ形石器の製作技術からは，素材形状保持的なナイフ形石器作り(X層段階)から素材形状修正的なナイフ形石器作り(IX層段階)への移りかわりを経て，地域独自のナイフ形石器製作技術の獲得(VII層段階～VI層段階)へと至る過程がみてとれた。また，それと並行して，遺跡のあり方および原料の利用においても，VII層段階を境に，遠隔地産石材を利用した環状のムラから，在地石材を利用したより限られた範囲を活動領域とする川辺のムラへの移りかわりがみとめられた。このようにナイフ形石器を狩猟具とした狩猟活動の成立と軌を一にして，石器製作技術と居住形態(遺跡のあり方・原料の利用)において，地域の細分化がよみとれるのである

時期	組成	石材	集落	地域	九州地方	近畿・中国地方	東海地方	関東地方	東北地方	北海道地方
VI層	ナイフ形石器中心の石器組成 剥片石核石器	狭域石材	川辺のムラ	地域の分化	狸谷Ⅰ文 耳切A地点Ⅱ文 百枝C地区Ⅲ文 駒方古屋	原田(1〜5ブロック) 恩原ⅠR文	富士石ⅩⅢ文 清水柳北 東尾根NL	鈴木Ⅵ層 堂ヶ谷戸4文 下野洞	風無台Ⅰ 下堤G	
VII層					耳切A地点Ⅱ文 百枝C地区Ⅲ文 駒方古屋	板井寺ヶ谷 下層	葛原沢Ⅰ 中見代ⅠSCⅢs2直上 初音ヶ原A第2地点Ⅲ文 富士石ⅩⅡ文 初音ヶ原A第3地点Ⅰ文 中見代ⅡSCⅢb1〜SCⅢsl 清水柳北 中尾根BBⅢ 清水柳北 東尾根BBⅡ	東林跡ⅦA層石器群 後田 打越 KA地点Ⅶ層 藤久保東Ⅶ層 大門4文	家の下 小出Ⅰ 此掛沢Ⅱ 縄手下 松木台Ⅲ	
IX層	剥片石核石器	広域石材	環状のムラ	地域基盤の形成・確立	曲野Ⅰ文 血気ヶ峯2文 牟礼越Ⅰ文 耳切A地点Ⅰ文	七日市Ⅱ文(3次) 七日市Ⅱ文(1次)	富士石Ⅰ文 中見代ⅠBBⅥ 富士石Ⅱ文 中見代ⅠBBⅤ 二ッ洞BBⅣ	中山新田Ⅰ下層 草刈六之台2文 大松Ⅰ文 押沼大六天Ⅰ文 仲ノ台	風無台Ⅱ 松木台Ⅱ 地蔵田 鵜ノ木	
X層					石の本8区 沈目		井出丸山Ⅰ文	多摩蘭坂(8次) 藤久保東Ⅹ層 谷津Ⅹ層 武蔵台Ⅹb・Ⅹa文 下山Ⅹ層(2次)		

図 VII-7 日本列島におけるナイフ形石器文化の生成

(図VII-7)。このような技術とその運用方法にあらわれる地域の細分化は，何を意味しているのだろうか。

ここで，日本旧石器文化の始点となる人類の移住についてふり返る。先にみたように，日本旧石器文化は，X層段階(約4万年前頃)に世界的な現生人類の拡散を背景として幕を開けた。その分布の時間的変化は，人類が九州地方に移住し，その後日本列島を北上し関東地方にまで拡散し(X層段階)，東北地方に到達した(IX層段階)ことを示していた。つまり，AT下位石器群における分布の変化から，日本列島における現生人類の移住と拡散の過程(現生人類の移住と拡散期)をよみとることができるのである。この現生人類の移住・拡散期は，広域石材を用いるより大きな地域を形成し，共通性の高いナイフ形石器製作技術を特徴としていた。一方，人類が古本州島の隅々に拡散した後のVII・VI層段階は，狭域石材を用いるより小さな地域に，地域独自のナイフ形石器製作技術という特徴を有していた。このようなVII層段階を境としたナイフ形石器製作技術と居住形態の対照的なあり方に，列島への拡散を終えた人類が居住域近傍の石材利用に切り替え，狭く限られた地域資源に最適な狩猟具(ナイフ形石器)を作り出しより小さな地理的範囲に住み分けていく，現生人類の列島への定着の過程をみいだすことができるのである。

つまり，ナイフ形石器の出現は人類の移住に伴う日本旧石器文化の始点としての歴史的役割を担い，ナイフ形石器文化の生成は日本列島に人類が定着していく歴史的過程として位置づけられるのである。

1) Takahara and Hayashi (2015)の植生図は，MIS3 (60,000～28,000年前)全体の平均的な植生の傾向であり，MIS3内の小規模な気候変動を反映していない点を付記しておく。
2) 工藤(2012)は，MIS3を前半期(60,000 cal BP～38,000 cal BP)と後半期(38,000 cal BP～28,000 cal BP)に二分する。工藤によれば，関東地方北部に位置する茨城県の花室川では，MIS3後半期に同前半期の落葉広葉樹林が減少し，落葉広葉樹と亜寒帯(常緑)針葉樹の混交林への変化が指摘されている。工藤の指摘を踏まえると，本書が対象とする時期の関東地方の植生は，Takahara and Hayashi (2015)が指摘する東北地方の植生と類似した環境であったことが予想される。
3) 当該期の環境については，長野県野尻湖や茨城県花室川の調査結果に基づき，X・IX層段階はMIS3のEarly Coldの中ではやや暖かさが残る時期であるのに対し，VII・VI層段階では最終氷期最寒冷期とほぼ同程度まで寒冷化が進行しつつあったことが推測されている(工藤 2012)。当該期において，「寒冷地適応」(堤 2000)を示唆する掻器が列島西南部でもみとめられるようになることを踏まえるならば，このような気候の寒冷化が，石刃技法が列島西南部へと広がるきっかけとなった可能性もある。

おわりに

　本書は，日本旧石器時代を代表する石製狩猟具であるナイフ形石器の生成を捉えるとともに，その背景と歴史的意義をあきらかにすることを目的とし一連の検討を行った。最後に本書の成果をまとめ，その研究上の意義を述べる。

　本書では，列島各地のナイフ形石器における技術的な多様性を整理することにより，起点となる石器群から，一時期における空間的な地域の抽出を経て，時間の経過に伴う地域の動態，さらにそれらの総体としての文化を構造的に把握した。その上で，ナイフ形石器文化の生成の背景について，日本列島における旧石器文化の系譜や人類の移住，地域差・地域性，遺跡のあり方，人類の定着を観点に検討した。結果として，以下の5点をあきらかにすることができた。

① 日本旧石器文化は，X層段階（約4万年前頃）に世界的な現生人類の拡散を背景として幕を開けた。

② 分布の時間的変化から，人類が九州地方に移住し，その後日本列島を北上し関東地方にまで拡散し（X層段階），東北地方に到達した（IX層段階）という，日本列島における現生人類の移住と拡散の過程（現生人類の移住と拡散期）をあきらかにした。

③ 現生人類の移住・拡散期には，広域石材を用いるより大きな地域が形成され，自然環境の相違を単位に共通性の高いナイフ形石器製作技術がみとめられた。

④ 人類が古本州島の隅々に広がった後のVII・VI層段階では，狭域石材を用いるより小さな地域に，各地の石材状況を反映した地域独自のナイフ形石器製作技術が確認された。

⑤ 上記③および④から，列島への拡散を終えた人類が居住域近傍の石材利用に切り替え，狭く限られた地域資源に最適な狩猟具（ナイフ形石器）を作り出し，より小さな地理的範囲に住み分けていくという，現生人類の列島への定着の過程をあきらかにした。

　以上の点から，本書の結論として，ナイフ形石器の出現は人類の移住に伴う日本旧石器文化の始点としての歴史的役割を担い，ナイフ形石器文化の生成は日本列島に人類が定着していく歴史的過程として位置づけた。

　本書の成果は，大きく2つの学術上の意義をもつ。第一の意義は，アジア大陸の東端に位置する日本列島に人類が移り住み，住み分けながら定着していく過程を資料の分析を通して具体的にあきらかにしたことにある。

　第二の意義は，考古資料にみられる変化の要因を考える上で，日本列島が有する島嶼という地理的条件の利点を示したことである。たとえば，大陸のように周辺地域と陸続きであれば，

考古資料にみられる変化は，外的な要因と内的な要因が常に想定されることになる。そして，それらの要因を考古学的に明確に峻別することは非常に難しい。この点において，日本列島が有する島嶼という地理的条件は研究上の大きな利点となる。本書が対象とした旧石器時代には，大陸の一部であった北海道を除き，本州・四国・九州は陸続きの一つの大きな島（古本州島）であった。つまり，日本旧石器文化が確認されている期間，古本州島は大陸と陸続きになることはなかったため，人類の移住は限定されていたことになる。このことは，列島内の考古資料にみられる連続的な変化の背景を考察する際，周辺地域に類例をみとめることができない資料については，内的要因として解釈可能であることを意味する。本書において，ナイフ形石器文化の生成から日本列島における人類移住と定着についてあきらかにしたことにより，考古学および人類学の主要テーマである人類の移住・定着の過程を検討する上で，日本列島の地理的な利点を明示したことも本書の重要な意義といえる。

　いうまでもなく，本書で取り扱った範囲以降も，日本列島を舞台に旧石器時代における人類活動は継続する。そこでは，人類が定着の動きを強め地域差が顕著になる一方で，湧別系細石器や剥片尖頭器などにみられるように，列島外からの新たな人類の移住がみとめられる。このように，人類の移住と定着が繰り返された旧石器時代において，日本列島が帯びる文化的特徴や性格はその時々で異なった特徴をもつ。そして，それこそが列島の旧石器文化の特徴として評価できる。本書の成果を踏まえるならば，日本列島という地理的に閉ざされた空間に，どのように人類が移住・定着したかという視点から，旧石器時代における日本列島の歴史（日本列島史）を叙述することが必要不可欠であることをあらためて認識することができる。本書は，日本列島史のはじまりというごく一部をあきらかにしたに過ぎないが，その遠大な目標を達成するための確かな足がかりとしたい。

巻末付表

付表1　剥離軸計測資料一覧表

時期	遺跡名	本書図版No.	報告書図版No.	完形	剥離軸	打面状態（打面調整）	頭部調整	備考
X層段階	藤久保東遺跡X層		図3-187-1	○	1	単剥離	○	基部・先端加工ナイフ
			図3-187-2	○	4	単剥離	○	基部加工ナイフ
			図3-187-3	○	10	単剥離	○	基部加工ナイフ
			図3-187-4	○	5	単剥離	○	基部加工ナイフ
			図3-187-5	○	7	単剥離	○	基部加工ナイフ
			図3-187-6	○	14	単剥離	○	基部・先端加工ナイフ
			図3-187-7	○	18	単剥離		
			図3-188-12	○	25	単剥離	○	
			図3-188-14	○	3	単剥離	○	
			図3-188-16	○	3	複剥離		
			図3-189-17	○	10	単剥離	○	
			図3-189-19	△	2	単剥離		
	大和配水池内遺跡XIV文	図Ⅲ-36-1	図190-1	○	36	単剥離		基部加工ナイフ
		図Ⅲ-36-3	図190-2	○	12	単剥離		先端加工ナイフ
		図Ⅲ-36-2	図190-3	○	10	単剥離		基部加工ナイフ
		図Ⅲ-36-4	図190-7	○	3	調整	○	
			図191-15	△	2	単剥離		
		図Ⅲ-36-5	図191-16	○	19	単剥離	○	
			図192-27	○	1	単剥離		
		図Ⅲ-36-6	図192-28	○	27	単剥離	○	
			図192-29	○	3	複剥離		
			YM-17015	○	2	単剥離	○	報告書未掲載資料
	合津遺跡X層	図Ⅲ-36-7	図23-1	○	28	単剥離	○	基部加工ナイフ
		図Ⅲ-36-9	図23-2	○	2	単剥離	○	
		図Ⅲ-36-8	図23-4	○	8	単剥離	○	
		図Ⅲ-36-10	図23-5	○	2	単剥離	○	
			図24-6	○	2	単剥離	○	
		図Ⅲ-36-11	図24-7	○	1	単剥離	○	
		図Ⅲ-36-12	図24-8	○	3	単剥離	○	
	聖人塚遺跡20ブロック		図81-3	○	5	単剥離	○	
			図81-5	○	7	調整	○	
	多摩蘭坂遺跡B区1文		図48-53	○	7	単剥離	○	基部加工ナイフ
			図48-59	○	17	単剥離	○	
			図48-60	△	5	単剥離	○	

付表1　307

時期	遺跡名	本書図版No.	報告書図版No.	完形	剥離軸	打面状態（打面調整）	打面（頭部調整）	備考
IX層段階	押沼大六天遺跡1支C3-Aブロック	図III-37-5	図54-4	○	7	調整		基部・先端加工ナイフ
			図54-13	○	9	単剥離	○	基部・先端加工ナイフ
			図54-14	○	1	単剥離	○	稜付き素材 基部・先端加工ナイフ
			図56-25	○	10	複剥離	○	
			図56-26	○	10	複剥離	○	
			図56-27	○	2	単剥離	○	
			図56-28	△	0	単剥離	○	
			図56-29	△	9	単剥離	○	
			図56-31	○	9	単剥離	○	
			図56-32	○	5	単剥離	○	
			図56-33	○	5	複剥離	○	
			図56-34	○	4	単剥離	○	
			図56-35	○	1	単剥離	○	
			図56-36	○	9	単剥離	○	
			図56-37	○	10	単剥離	○	幅広剥片？
			図57-40	○	1	複剥離	○	
			図57-41	○	6	複剥離	○	石核底面取り込み
			図57-43	○	6	複剥離	○	石核底面取り込み
			図57-45	○	5	単剥離	○	
			図57-46	○	21	調整		
			図57-47	○	12	単剥離	○	
			図57-49	○	4	複剥離	○	石核底面取り込み
			図57-50	○	1	複剥離	○	
			図58-51	○	2	複剥離	○	
		図III-37-7	図58-56	○	20	単剥離	○	
			図58-57	○	1	調整		
		図III-37-6	図58-58	○	11	複剥離	○	
			図58-59	○	4	単剥離	○	
			図58-60	○	15	複剥離	○	
			図59-65	○	8	単剥離	○	
			図59-67	△	6	複剥離	○	稜付き
			図59-68	○	30	複剥離	○	稜付き
			図59-69	○	4	単剥離	○	

付表1　309

図番号	分類	数	判定1	判定2	備考
図 59-71	調整	5	○		
図 60-72	調整	8	○	○	
図 60-74	複剥離	1	○	○	
図 60-75	線	0	○	○	
図 60-76	線	10	○	○	
図 60-77	線	4	○	○	
図 60-80	複剥離	8	○	○	
図 60-81	複剥離	13	○	○	
図 60-83	複剥離	3	○	○	
図 60-85	複剥離	4	○	○	
図 65-118	単剥離	13	○	○	
図 65-124	調整	3	○	○	
図 66-131	複剥離	1	○	○	
図 66-134	線	4	○	○	
図 67-141	複剥離	7	○		
図 68-145	調整	6	○	○	
図 68-147	単剥離	3	○		
図 69-153	単剥離	8	○	○	
図 70-158	調整	9	○	○	
図 70-162	複剥離	10	○	○	
図 71-170	単剥離	3	○	○	
図 71-172	複剥離	9	○	○	
図 71-173	調整	8	○	○	
図 73-178	複剥離	2	○	○	
図 74-180	複剥離	3	○	○	
図 75-193	単剥離	6	○	○	
図 75-196	単剥離	1	○	○	
図 76-198	単剥離	12	○	○	
図 76-200	単剥離	7	△	○	
図 76-201	複剥離	1	○	○	石核底面取り込み
図 77-205	単剥離	2	○	○	
図 77-206	複剥離	8	○	○	
図 77-208	単剥離	16	○	○	
図 77-209	単剥離	0	○	○	
図 78-213	複剥離	10	○	○	
図 79-219	複剥離	10	○	○	

時期	遺跡名	本書図版No.	報告書図版No.	完形	剝離軸	打面状態	頭部調整	備考
			図79-221	○	6	複剝離		
			図81-246	○	5	単剝離	○	
			図83-255	○	2	単剝離	○	
			図84-260	○	2	調整		
			図84-263	○	14	単剝離		
			図84-264	○	16	単剝離	○	稜付き
			図86-283	○	2	複剝離	○	
			図90-304	○	11	単剝離	○	
			図90-307	○	2	単剝離	○	
			図90-308	△	1	単剝離	○	
			図90-309	○	0	単剝離	○	基部・先端加工ナイフ
			図90-311	○	10	単剝離	○	
			図90-312	○	1	複剝離		
			図91-314	○	7	単剝離	○	
			図91-315	○	1	単剝離	○	
			図91-318	○	4	単剝離	○	
			図91-319	○	11	単剝離	○	
			図91-321	○	5	単剝離	○	
			図91-322	○	5	単剝離	○	
			図91-324	○	6	単剝離		
			図92-333	△	0	複剝離		
			図92-335	○	3	単剝離		
			図92-336	○	3	調整		稜付き
			図93-347	○	4	単剝離	○	
			図93-349	△	9	調整	○	
			図93-350	△	3	単剝離		
			図93-351	△	2	単剝離		
			図94-354	△	3	調整	○	
			図94-355	△	4	複剝離	○	
			図94-356	○	1	複剝離	○	
			図94-357	○	5	単剝離	○	
			図94-358	○	6	複剝離	○	
			図94-359	○	6	調整	○	

仲ノ台遺跡

図番号	上段	備考	数	分類	下段
図94-360	○		8		○
図94-361	○	調整	3		△
図96-387	○		7	単剥離	○
図96-388	○		2	単剥離	○
図96-391	○		10	単剥離	○
図96-392	○		20	単剥離	○
図97-398	○		6	単剥離	○
図98-407	○		6	単剥離	△
図98-413	○		0	単剥離	△
図98-414	○		11	複剥離	○
図99-418	○		5	単剥離	○
図99-420	○	基部・先端加工ナイフ	19	単剥離	○
図6-1	○	スクレイパー	6	単剥離	○
図6-3	○	スクレイパー	5	単剥離	○
図6-4	○		2	複剥離	○
図7-7	○		4	単剥離	○
図7-8	○	稜付き	7	単剥離	○
図12-12	○		7	単剥離	○
図12-13	○		3	単剥離	○
図13-18	○		12	複剥離	○
図15-26	○		13	単剥離	△
図15-29	○		2	複剥離	○
図16-32	○		2	単剥離	○
図16-33	○	稜付き	7	複剥離	○
図16-35	○		5	単剥離	○
図17-36	○	稜付き	3	単剥離	○
図17-37	○	稜付き	8	複剥離	○
図21-11	○		17	単剥離	○
図23-30	○		0	単剥離	○
図24-33	○		0	単剥離	○
図24-34	○		5	単剥離	○
図24-35	○		10	単剥離	○
図24-36	○	稜付き	12	単剥離	○
図28-1	○		27	単剥離	○
図28-2	○		9	単剥離	○
図28-4	○		3	単剥離	○

付表1

時期	遺跡名	本書図版No.	報告書図版No.	完形	剝離軸	打面剝離	頭部調整	備考
	中山新田I遺跡下層		図28-7	○	19	単剝離		
			図32-7	○	4	礫	○	
			図33-9	○	5	礫	○	
			図33-10	○	12	礫	○	
			図33-12	○	0	線	○	
			図33-13	○	5	礫	○	
			図33-14	○	0	礫	○	
			図33-16	○	6	礫	○	
			図33-17	△	4	礫		
			図33-18	○	8	礫		
			図33-19	○	3	調整		
			図36-1	○	14	複剝離	○	
			図36-2	○	2	単剝離	○	
			図39-3	○	6	単剝離	○	
			図39-4	○	7	単剝離	○	
			図39-5	△	9	単剝離	○	
			図40-7	○	4	単剝離	○	
			図40-9	○	10	単剝離	○	
			図40-11	○	12	単剝離	○	
			図40-12	○	3	単剝離	○	
			図41-13	○	6	単剝離	○	
			図97-16	○	11	単剝離		三側縁加工ナイフ
			図97-18	○	16	調整	○	三側縁加工ナイフ
			図97-19	○	11	単剝離		三側縁加工ナイフ
		図III-37-1	図97-22	○	14	複剝離	○	三側縁加工ナイフ
		図III-37-2	図97-24	△	2	単剝離	○	基部・先端加工ナイフ
			図99-39	○	5	単剝離	○	先端加工ナイフ
			図99-40	○	6	単剝離		先端加工ナイフ
			図105-94	○	4	単剝離	○	
			図105-95	○	8	単剝離		
			図105-96	○	4	線		石核底面取り込み
			図105-99	○	4	単剝離		
			図106-100					

付表1 313

図番号	種別	数	記号	備考
図106-104	単剝離	1	△	○
図106-105	単剝離	7	○	○
図106-107	単剝離	0	○	○
図106-108	単剝離	4	○	○
図106-109	単剝離	10	○	○
図107-110	単剝離	7	○	○
図107-111	単剝離	17	○	○
図107-113	単剝離	5	△	○
図107-115	単剝離	5	○	○
図107-119	単剝離	4	○	○
図107-120	単剝離	0	○	○
図108-121	単剝離	20	○	○
図108-122	単剝離	11	○	○
図108-124	複剝離	3	○	○ (稜付き)
図108-125	礫	23	○	○ (稜付き)
図108-126	単剝離	10	○	○
図108-127	単剝離	5	○	○
図109-128	単剝離	3	○	○
図109-129	複剝離	4	○	○
図109-130	単剝離	9	○	○
図109-132	礫	12	○	○
図109-134	単剝離	0	○	
図109-135	単剝離	10	○	○
図109-136	線	15	△	○
図109-137	単剝離	1	○	○
図109-138	単剝離	1	○	○ (稜付き)
図109-139	単剝離	3	○	○
図110-140	単剝離	2	○	○ (稜付き)
図110-141	調整	8	△	
図110-142	調整	0	○	
図110-143	単剝離	25	○	○
図110-144	調整	0	○	
図110-145	単剝離	0	○	○
図110-146	単剝離	14	○	○
図110-148	調整	4	△	
図110-149	単剝離	17	○	○

図III-37-4
図III-37-3

314

時期	遺跡名	本書図版No.	報告書図版No.	完形	剥離軸	打面状態	頭部調整	備考
			図111-152	△	6	単剥離	○	
			図111-154	○	3	単剥離	○	
			図111-155	○	4	単剥離	○	
			図111-157	○	2	単剥離	○	
			図123-185a	○	3	調整		
			図123-185b	○	15	磔		
			図123-185d	○	2	単剥離	○	
			図124-186a	△	8	単剥離	○	
			図124-186b	○	1	単剥離	○	
			図125-187a	○	2	単剥離	○	
			図125-187b	○	5	単剥離	○	
			図125-188a	○	6	単剥離	○	
			図125-188b	○	0	単剥離		稜付き
			図126-189a	○	3	調整		
			図126-189b	△	15	単剥離	○	
			図126-190a	○	3	単剥離	○	
			図129-194a	○	8	単剥離	○	
			図133-195	○	21	単剥離		
			図134-197a	○	6	単剥離	○	
			図134-197b	○	19	単剥離		
			図134-197d	○	10	稜剥離		
			図137-198a	○	2	調整		
			図137-198c	○	24	単剥離	○	
			図140-199a	○	7	単剥離	○	
			図140-199b	○	16	単剥離		
			図140-199c	○	20	単剥離		
			図141-200g	○	12	単剥離		
			図146-202d	○	0	単剥離		
			図146-202f	○	9	単剥離		
			図146-202h	○	23	単剥離	○	

付表1

時期	遺跡名	本書図版No.	報告書図版No.	完形	剥離軸	打面状態	頭部調整	備考
VII層段階	打越遺跡KA地点VII層		図36-1	○	26	複剥離	○	基部・先端加工ナイフ
			図36-3	△	0	単剥離	○	基部・先端加工ナイフ
			図36-6	△	5	調整	○	先端加工ナイフ
			図38-10	△	8	複剥離		
			図38-11	○	6	複剥離		
			図38-12	△	5	単剥離		
			図38-14	○	8	調整	○	
			図38-15	△	13	単剥離		
	東林跡遺跡VII層石器群		図33-9-6	○	14	複剥離	○	先端加工ナイフ
			図33-13-69	○	8	単剥離		一側縁加工ナイフ
			図34-21-48	△	10	調整	○	基部・先端加工ナイフ
		図III-38-2	図34-14-38-1	○	1	礫		基部加工ナイフ
		図III-38-3	図34-13-66	○	10	複剥離		基部加工ナイフ
			図34-12-17	○	13	単剥離		基部加工ナイフ
			図34-10-3-A・B	○	15	単剥離		基部加工ナイフ
		図III-38-1	図35-10-25-2	○	3	単剥離		
			図35-11-112	○	10	単剥離		
			図47-10-19+12	○	6	調整		
			図47-11-88+191	△	11	単剥離		
			図47-20-8	○	0	単剥離	○	
			図48-23-7	○	13	単剥離		
			図48-14-9	△	3	単剥離		
			図48-17-22-1	△	3	単剥離		
			図48-14-169+96	○	12	単剥離		稜付き
			図48-22-118	△	11	単剥離	○	
			図49-13-97	○	12	調整		
			図49-17-89	△	8	調整		
			図49-17-56	○	10	単剥離	○	
		図III-38-4	図49-22-52	△	8	単剥離		
			図50-11-158	○	0	複剥離		
			図50-22-107	△	8	単剥離		
			図50-23-3	○	24	調整	○	
			図50-11-42	△	5	単剥離	○	

時期	遺跡名	本書図版 No.	報告書図版 No.	完形	剥離軸	打面状態（打面軸）	打面（頭部調整）	備考
	後田遺跡	図III-38-5	図50-14-146+147+186	○	11	単剥離		
			図51-22-131+122	○	2	複剥離		
		図III-38-5	図12-14	○	21	単剥離	○	先端加工ナイフ
			図13-16	○	16	単剥離	○	先端加工ナイフ
			図13-18	○	0	複剥離	○	
			図13-19	○	2	単剥離	○	先端加工ナイフ
			図40-167	○	4	単剥離		基部
			図40-169	○	1	単剥離		基部・先端加工ナイフ
			図40-170	○	9	単剥離	○	
			図40-171	△	3	単剥離	○	
			図40-172	○	4	単剥離	○	
			図40-173	○	4	単剥離		
			図40-175	○	1	単剥離	○	
			図41-177	○	3	単剥離		
			図41-178	○	1	単剥離		
			図41-180	○	5	単剥離	○	
			図41-181	○	11	単剥離		
			図41-182	○	3	単剥離	○	
			図41-183	△	4	単剥離		
			図41-185	○	17	単剥離		
			図42-186	○	15	単剥離		
			図42-188	○	1	単剥離	○	
			図42-190	○	6	単剥離		
			図42-194	△	0	単剥離		
		図III-38-6	図43-197	○	6	単剥離	○	
			図43-199	○	12	単剥離	○	
			図43-200	○	3	単剥離	○	
			図43-201	○	0	単剥離	○	
			図43-202	○	11	単剥離	○	
		図III-38-7	図43-203	○	10	単剥離	○	
			図43-204	△	11	単剥離	○	
			図44-205	○	3	単剥離	○	
			図44-206	△	10	単剥離	○	

付表 1　317

図番号	剥離種別	数	石核底面取り込み
図 44-207	単剥離	0	○
図 44-209	単剥離	0	○
図 44-210	単剥離	10	○
図 44-211	単剥離	17	△
図 45-214	単剥離	5	○
図 45-215	単剥離	8	○
図 45-216	単剥離	5	△
図 45-217	単剥離	0	○
図 46-219	単剥離	6	○
図 46-224	単剥離	1	△
図 46-228	単剥離	4	○
図 48-246	単剥離	3	△
図 48-247	単剥離	0	○
図 48-248	単剥離	1	○
図 48-250	単剥離	16	○
図 48-251	単剥離	25	○
図 48-252	単剥離	19	○
図 49-253	単剥離	4	○
図 49-261	単剥離	7	○
図 49-262	複剥離	1	○
図 50-263	単剥離	10	○
図 50-266	単剥離	7	○
図 51-275	単剥離	9	△
図 51-279	単剥離	2	○
図 51-283	単剥離	3	○
図 52-290	単剥離	7	○
図 53-301	単剥離	2	○
図 53-302	単剥離	3	○
図 53-303	単剥離	7	○ ○ ○
図 53-304	単剥離	3	○
図 54-308	単剥離	5	△
図 54-310	単剥離	2	○
図 54-311	単剥離	5	○
図 54-312	単剥離	12	○
図 55-319	単剥離	7	○
図 55-320	単剥離	9	○

時期	遺跡名	本書図版No.	報告書図版No.	完形	剝離軸	打面状態	頭部調整	備考
			図55-322	△	4	単剝離		
			図55-323	○	12	単剝離		
			図55-324	○	22	単剝離		
			図55-325	○	4	単剝離	○	
			図55-326	△	13	単剝離	○	
			図56-327	△	13	単剝離		
			図56-328	○	13	単剝離		
			図56-333	○	5	単剝離	○	
			図56-334	○	3	単剝離		
			図57-338	○	0	単剝離	○	
			図57-339	○	8	単剝離		
			図57-340	○	4	単剝離		
			図57-341	○	4	単剝離		
			図57-342	△	8	単剝離	○	
			図57-345	○	5	単剝離		
			図57-346	○	14	単剝離	○	
			図58-347	△	2	単剝離		
			図58-351	○	5	単剝離		
			図58-352	○	13	単剝離	○	
			図58-354	○	1	単剝離	○	
			図58-355	○	7	単剝離	○	
			図58-356	△	2	単剝離		
			図58-358	○	17	単剝離		
		図III-38-8	図59-359	○	21	単剝離		
			図59-363	△	1	単剝離		
			図62-392	○	2	単剝離	○	
			図63-400	○	4	単剝離	○	
			図69-454	○	7	単剝離		
			図70-463	△	25	単剝離		
			図70-465	○	5	単剝離		
			図71-474	△	26	単剝離		
			図71-477	○	10	単剝離		
			図71-480	○	15	単剝離		石核底面取り込み

図 71-481	○	29	単剝離	
図 72-485	○	15	単剝離	
図 72-488	○	8	単剝離	○
図 151-2	○	22	単剝離	
図 158-1	○	5	単剝離	○ 石核底面取り込み
図 158-2・3・4	○	9	単剝離	
図 171-1	○	14	単剝離	
図 176-1	○	17	単剝離	○
図 176-2	○	6	複剝離	○
図 250-6	△	28	単剝離	
図 251-1	○	0	単剝離	○
図 251-2	○	0	単剝離	○
図 252-1	○	0	単剝離	○
図 252-6	○	7	単剝離	
図 255-1	○	3	単剝離	
図 255-2	○	6	単剝離	○
図 255-6	○	16	単剝離	
図 256-13	○	13	単剝離	
図 258-1	○	5	単剝離	○
図 259-3	○	0	単剝離	
図 59-2	○	8	単剝離	○ 二側縁加工ナイフ
図 59-4	○	7	単剝離	二側縁加工ナイフ
図 63-33	○	6	複剝離	○ 二側縁加工ナイフ
図 63-35	○	0	単剝離	○ 一側縁加工ナイフ
図 63-36	△	10	単剝離	二側縁加工ナイフ
図 63-38	○	10	単剝離	○ 一側縁加工ナイフ
図 64-46	△	2	単剝離	一側縁加工ナイフ
図 87-195	△	0	調整	○
図 87-196	○	2	単剝離	○
図 88-199	○	1	単剝離	○
図 88-200	△	1	単剝離	○
図 88-201	○	13	単剝離	○
図 88-202	○	6	単剝離	○
図 89-203	○	2	単剝離	
図 89-204	○	2	単剝離	○
図 89-205	○	1	複剝離	

大上遺跡 3 文

時期	遺跡名	本書図版 No.	報告書図版 No.	完形	剥離軸	打面 打面状態	打面 頭部調整	備考
			図89-206	○	28	複剥離		
			図90-209	○	11	単剥離	○	
			図90-210	○	3	単剥離	○	
			図90-211	○	11	単剥離		
			図91-212	△	0	単剥離		
			図91-216	○	5	単剥離	○	
			図92-217	○	3	単剥離		
			図92-220	△	1	単剥離	○	
			図92-221	○	12	単剥離		
			図92-222	○	8	単剥離		
			図93-224	○	18	単剥離		
			図93-225	○	21	単剥離		
			図93-228	○	1	単剥離	○	
			図94-229	○	1	単剥離	○	
			図94-230	○	8	単剥離		
			図94-231	○	2	単剥離		
			図94-232	△	19	単剥離	○	
			図94-233	○	7	単剥離	○	
			図95-235	○	5	単剥離		
			図96-241	○	10	複剥離	○	
			図96-242	△	7	単剥離	○	
			図96-243	○	5	単剥離	○	
			図96-244	○	7	複剥離	○	
			図97-248	△	4	単剥離		
			図98-253	○	4	単剥離		
			図98-254	○	10	単剥離		
			図98-255	○	16	単剥離	○	稜付き
			図98-256	○	0	単剥離		
			図99-260	○	5	単剥離		
			図99-263	○	20	単剥離		
			図100-269	○	6	単剥離	○	
			図100-270	○	16	単剥離		
			図100-277	△	14	単剥離		

320

図 101-278	単剝離	7	○
図 101-279	礫	14	○
図 101-280	単剝離	12	○
図 102-284	単剝離	3	○
図 102-285	単剝離	7	○
図 103-286	単剝離	1	△
図 103-287	単剝離	4	○
図 103-288	単剝離	2	○
図 103-289	単剝離	7	○
図 104-293	複剝離	12	△
図 104-295	調整	16	△
図 104-296	複剝離	10	○
図 104-300	単剝離	22	△
図 104-302	単剝離	3	○
図 181-2	単剝離	13	△
図 181-3	単剝離	3	○
図 181-4	複剝離	20	○
図 181-5	単剝離	11	○
図 181-6	単剝離	0	○
図 181-7	単剝離	3	○
図 272-6	単剝離	4	○
図 272-7	単剝離	10	○
図 272-8	単剝離	10	○
図 272-9	単剝離	8	○
図 272-10	単剝離	1	○
図 272-11	単剝離	11	○
図 272-12	単剝離	2	○
図 272-13	単剝離	0	○

時期	遺跡名	本書図版No.	報告書図版No.	完形	剝離軸	打面状態 打面剝離	打面 頭部調整	打面 基部調整	備考
VI層段階	堂ヶ谷戸遺跡4次		図51-141	○	8	複剝離			基部・先端加工ナイフ
			図52-149	○	10	調整	○		
			図52-154	○	2	調整			
			図54-159	○	4	礫			
		図III-39-10	図54-160	○	3	礫	○		
		図III-39-13	図54-162	○	9	礫			
		図III-39-15	図54-163	○	1	礫			
			図55-169	○	3	単剝離			
		図III-39-17	図55-171	○	9	調整	○		先端加工ナイフ
			図55-172	○	7	調整			石核底面取り込み
		図III-39-16	図55-174	○	3	調整	○		
		図III-39-14	図55-175	○	15	調整	○		
			図56-181	○	24	単剝離	○		
			図56-183	○	4	調整			
			図56-187	○	4	調整	○		
			図57-196	○	1	線			
			図58-211	○	20	単剝離	○		
			図60-217	○	1	線			
			図60-221	○	8	調整	○		
			図60-222	○	3	単剝離			
			図62-241	○	4	調整			
			図62-243	○	6	複剝離			
			図63-244	○	10	調整	○		先端加工ナイフ
			図63-245	○	13	調整	○		先端加工ナイフ
			図63-248	○	8	単剝離			
		図III-39-12	図64-256	○	9	調整	○		
			図64-257	○	17	調整	○		
		図III-39-11	図64-260	○	6	調整	○		
			図64-261	○	1	単剝離	○		
			図65-266	○	3	単剝離	○		
			図66-273	○	11	調整	○		
			図66-275	△	13	単剝離	○		
			図66-276	○	2	調整	○		

遺跡	図番号	資料番号			種別	備考
鈴木遺跡 VI層		図41-Od213	○	26	単剝離	
		図42-Od414	○	5	調整	稜付き
	図III-39-1	図43-Od220	○	23	単剝離	
	図III-39-3	図43-Od128	○	2	単剝離	
		図45-Od482	○	3	調整	
		図46-Od205	△	2	調整	
		図46-Od344	△	12	調整	
	図III-39-5	図49-Od88	○	9	調整	
	図III-39-6	図49-Ob1055	○	10	調整	
	図III-39-4	図52-Od421	△	1	調整	
	図III-39-7	図52-Od144+1255+243	○	6	調整	石核底面取り込み
	図III-39-2	図53-Oc2033+2041+2030	○	8	単剝離	基部・先端加工ナイフ
	図III-39-8	図52-Od1571+363+262	○	13	調整	
	図III-39-9	図52-Od273+983+520	○	20	調整	石核底面取り込み
橋本遺跡 V文		図125-4-14・219	○	11	調整	
		図126-4-14・209	○	2	調整	
		図127-4-21・366	△	3	複剝離	
		図127-4-22・430	○	2	調整	
		図137-4-11・780	○	10	調整	
		図137-4-14・216	○	3	調整	
		図137-4-17・117	○	32	複剝離	
		図137-4-17・119	○	2	調整	
		図138-4-13・952	○	5	複剝離	
		図139-4-17・130	△	20	単剝離	

付表2 東北地方の石器組成一覧表

IX層段階

遺跡名	石斧	Kn	Bu	E.Sc	Sc	Dr	Pi	R.Fl・U.Fl	礫器	磨石	AS	HS	砥石・砥石片	Co	Fl・Cp	その他	総点数
風無台II		61		1				7				1		○	約2,700		5,064
地蔵田	4	66	1	1	22			18	9					71	4,255		4,447
松木台II		52		1	3			15						○	約1,300<		約2,500
上森IIb文	1	49			7			70						170	1,368		1,625
鵜ノ木		44	1	2	4		3	178		4	2	1		200	990	92	1,523

VII層段階

遺跡名	石斧	Kn	Bu	E.Sc	Sc	Dr	Pi	R.Fl・U.Fl	礫器	磨石	AS	HS	砥石・砥石片	Co	Fl・Cp	その他	総点数
家の下		709	1		51		○	303	3					713	15,200	1,326	18,305
小出I		69		9	5		5	2						43	1,961		2,089
此掛沢II	1	184		1										○	○		約1,750
縄手下		95	2	4	10		1	17						29	1,881		2,039
松木台III		32	1	1	34									27	約3,000	9	約3,250

VI層段階

遺跡名	石斧	Kn	Bu	E.Sc	Sc	Dr	Pi	R.Fl・U.Fl	礫器	磨石	AS	HS	砥石・砥石片	Co	Fl・Cp	その他	総点数
風無台I		21		9				2							3,702		6,212
下堤G		36		1	1			11	1					61	761		872

Kn：ナイフ形石器，Bu：彫器，E.Sc：掻器，Sc：スクレイパー，Dr：ドリル，Pi：楔形石器，R.Fl：二次加工のある剥片，U.Fl：微細剥離痕のある剥片，AS：台石，HS：敲石，Co：残核，Fl：剥片，Cp：砕片（以下，付表7まで同じ）
○は，具体的な数量は記載されてはいないが，出土が確認されているもの（以下，付表7まで同じ）。

付表 3-1　関東地方の石器組成一覧表（下総台地）

X層段階

遺　跡　名	石斧	Kn	Bu	E.Sc	Sc	Dr	Pi	R.Fl・U.Fl	礫器	磨石	AS	HS	砥石・砥石片	Co	Fl・Cp	その他	総点数	層　位	備　考
草刈 C 区 1 文		3												2	19		28	武蔵野ローム～X層	
新井堀 II 1 文		3			20	2	9	8							17		37	X	
有吉城跡 2 第 19 地点					4		3	5						3	41	2	56	X 上～IX 下	
板倉町		1													2		3	X	
大林 VII 文					6		2	4						2	11	1	20	X	
大袋腰巻		1						1						4	11		17	X	
御山 I 文								1							2	3	6	X 下	
御山 II 文	2	21			4	1	9	71						31	254	9	505	X 上	
金沢台 1 ブロック	1	8						2						2	14	1	19	X～IX 下	
草刈 D 区 2 文							9	49						10	119	4	200	X	
草刈六之台 1 文	4				1		4	14				2		5	233		263	X	
椎名崎古墳群 B 支群 1 文							3	8							174	10	195	X～IX 下	
聖人塚 5 文		1												1	10		12	X	
西大野 1	2						12	10						4	125	2	153	X～IX	
一鍬田建兵衛山西								5						2	14	2	22	X	
藤林台		2				1	1		1						7	10	22	X 上～IX 下	
坊山 6 文		16						1						2	212	27	259	X	
松崎 III 1 文		4					2	8		1				2	28		44	X 上	
松崎 IV 1 文								3						2	31	1	47	X	
明代台 C 地点					1									1	1		3	X	
向山谷津								6		1				2	18		27	X	

IX層段階

遺　跡　名	石斧	Kn	Bu	E.Sc	Sc	Dr	Pi	R.Fl・U.Fl	礫器	磨石	AS	HS	砥石・砥石片	Co	Fl・Cp	その他	総点数	層　位	備　考
赤羽根	6	15					257	144		1	18	24		1,170	4,145	9,471	15,273	IX	
荒久 (1)		10			4		9	36				2		10	185	1	257	IX 下	
池尻 1 文		4			6			100	1		1	1		30	581	6	739	IX 上～VII	
池花南 1 文	1	33			4		1	56				3		41	612	4	740	IX 下～IX 中	
石揚		12					2	21						3	307		340	IX～VII	
泉北側 3 1 文		35		1	9		1	268		1	1	6		78	909	13	1,332	X	22～28 ブロック

遺跡名	石斧	Kn	Bu	ESc	Sc	Dr	Pi	R.Fl・UFl	礫器	磨石	AS	HS	砥石・砥石片	Co	Fl・Cp	その他	総点数	層位	備考
一本松 1文		4										2		7	73	1	87	IX〜VII	
井戸向 第4地点		5					14	12				1		5	182	12	231	IX上〜VII	
芋窪		1			10		4	40		2				14	972	11	1,055	IX上〜VII	
馬ノ口 K地点		2			1		3	2								142	150	IX下	
大綱山田台 No.8地点 V文	5	2			5		11	68	1			6		32	187	1	318	IX下	
大林 VI文		3			3		27	44						19	434	7	537	IX上〜VII	
大堀	1	1					5	18				1		3	181	3	213	IX	
大松 1文		20						6				2		18	2,406		2,452	IX上	
大割 2文	1	11					8	14				2		9	760	3	810	IX上	
押沼大六天 1文	2	34	1		2		2	46		1		8		94	2,313		2,501	IX〜VII	
御山 III文		2						4						2	4		10	IX下	
御山 IV文		1	1											2	30		34	IX上	
金沢台 2ブロック	3	11			6		28	8						4	211	41	306	IX下	
鎌取 1文		13					1	12						17	315		258	IX下	
木の根拓美	1	2			2		2	20						9	83		119	IX	
草刈 C区 3文		5			1			4						4	30		44	IX下	
草刈 C区 4文	20	20	1		6		20	46				1		53	1,018	46	1,199	IX上〜VII	
草刈 D区 4文		5						6				1		3	93	1	111	IX上〜VII	
草刈 F区 4文		7					1	14						14	314	18	368	IX上	
草刈 I区 4文		7					5	3				4		15	220		228	IX上〜VII	
草刈 L区 4文		2					2	10						9	175	1	199	IX上〜VII	
草刈 P区 4文		10				1	3	36				1		8	79	10	148	IX上〜VII	
草刈六之台 2文	1	8	1				4	16				1		11	102		145	IX下	
草刈六之台 3文	4	26			1			110				2	4	19	1,600	4	1,770	IX上	
栗焼棒		4			1		79	13						5	279	20	401	IX	
権現後 6文	2	3			1		3	17				2		5	288	3	324	IX下	
権現後 5文		6	1					4						7	126		144	IX上	
小金沢貝塚		5			5					1				3	101		115	IX	
腰巻		3						2	1					8	131	8	153	IX	
五本松 No.3 IIa文	1	13			2		11	71				3		20	1,251	12	1,372	IX上	
五本松 No.3 IIb文		3	1					3				1		7	125		152	IX上	16ブロック
小屋ノ内 1文	1	7			1		1	21				3		66	730	4	835	IX下	
鷲山人 II文		23			18		450	137	1		1	5		28	2,212	87	2,978	IX上	
桜井平 1文		10	1	1	5		26	15	1			3		29	443		535	IX	

326

付表3-1　327

遺跡名										合計	時期	備考
芝山 I 文	1		2				19		1	442	IX	
下鈴野 D 地点		14						401		54	IX〜VII	
聖人塚 4 文	2	6	3				2	36		300	IX〜VII	
白幡前 5 文		8	2				10	276		227	IX中〜IX上	
白幡前 4 文	1	4		12	6	1		216		467	IX上	
新山東				2	1		9	444		193	IX	
関畑 Ib 文		2	2		8		4	174	1	96	IX	
関畑 IIa 文	1	2			12		2	73	7	118	IX上	
関畑 IIb 文		2			8	1	3	75	28	154	IX上	
台山 I 文		13	1	1	24		5	119	3	915	IX上	
武士 I 文		2		11	173	3	15	659	39	80	IX下	
出口・鐘塚 1 文	5	32	3	1	20	3	1	42	10	1,349	IX中	
天神峰奥之台 I 文	1	37	10	12	123	8	59	1,042	53	985	IX下	
天神峰最上 1 文	4	1	1	1	23	1	21	994	7	320	IX〜VII	
取香和田戸 6 文		1	6	5	26	1	13	218	45	150	IX下	
東峰御幸畑西	6	79	1	2	5		3	134	3	2,219	IX	
東峰御幸畑東		39	7	12	184	4	101	1,591	227	1,521	IX下	
十余三稲荷峰	6	4	3	4	146	1	26	1,282	20	414	X〜VII	
十余三稲荷峰西		4	1	8	2	3	11	375		55	IX	
仲ノ台		2		2	9	2	4	36	1	482	IX	
仲ノ台 G2区		3			11		1	463	3	84	IX	
中山新田 I	6	53	2		8		31	70	3	1,447	IX	
二部山		8		1	21	2	1	1,319	6	113	IX下	
農協前 1 文	1	10		1	6	3	1	97		907	IX	
原山 I 文		3			33	3	37	819	3	76	IX下	
原山 IIa 文		2		1	4		3	66	1	456	IX中〜VII下	
原山 IIb 文		16	1		26	1	17	405	4	989	IX中〜VII下	
復山谷		2	2		20		7	945		657	IX	
坊山 5 文	9	25		1	18		11	621	1	812	IX下〜IX中	
坊山 4 文		8	5	2	4	1	3	1,026	2	249	IX上〜VII	
細山(2) 1 文	1	5	3	3	5		4	211	15	353	IX上	
松崎 I 2 文		2		3	20	3	21	271	26	297	IX上〜VII	
松崎 II 1 文	2	1	6	6	12	1	24	250	1	152	IX下	
松崎 V	1	5	3	1	4		6	128	2	81	IX下	
南三里塚宮原 1	20	22		3	28		5	39		438	IX上	
弥朝東台	1	1		7	73	3	21	271	14	171	IX	
				2	14	5	8	116	26			13ブロックのみ離れているため，除いた

遺 跡 名	石斧	Kn	Bu	E.Sc	Sc	Dr	Pi	R.Fl・U.Fl	礫器	磨石	AS	HS	砥石・砥石片	Co	Fl・Cp	その他	総点数	層位	備考
餅ヶ崎	1	2			1		1	3					1		264		283	IX	
ヤジ山 1 文		5						18						15	413		446	IX 下	
ヤジ山 2 文		14			1			12				1		4	216		241	IX 上	
萱山	3	8					12	11					1	10	101		152	IX	
四ツ塚	17	38			3		73	82		1	2	15		251	1,233	98	1,813	IX～VII 下	1～32 ブロック
瀧水寺裏 北側環状ブロック	4	3						4						5	32		48	IX 上	
瀧水寺裏 南側環状ブロック	13	23			1		21	27				2		26	645	2	546	IX 上	
鷲谷津 1 文		1			2		4	5				1		3	17	4	41	IX 下	

VII層段階

遺 跡 名	石斧	Kn	Bu	E.Sc	Sc	Dr	Pi	R.Fl・U.Fl	礫器	磨石	AS	HS	砥石・砥石片	Co	Fl・Cp	その他	総点数	層位	備考
荒久 (4) A 地点		13												5	144		157	VII～VI	
有吉城跡 2 第16地点		3			1		3	10				1		5	225	6	254	VII 下	
池向 2 文		7			1			4						1	148	4	165	VII 上～VI 下	
石揚		49	1					31						10	1,444	8	1,544	VII 上～VI 下	10, 12～15, 20, 21 ブロック
石揚		7						1							66	2	76	VII	16～19 ブロック
一本桜南 2 文	1	2						1							45	1	51	IX～VII 下	
一本桜南 3 文		1						3						8	229	20	259	VII 上	下総型石刃再生技法 VII層段階
一本松 (大網白里町)		4			1		21	15		4		7		10	209	47	319	IX～VII	下総型石刃再生技法 VII層段階
今合		12			3		2	20						1	124	3	165	VII～VI	
岩名 14 1 文		3						3							68		74	VII	
馬洗 第 2 地点		6					1	1							10	1	19	IX～VII	下総型石刃再生法？VII層段階
馬洗 第 5 地点		1					3	2							39	2	47	IX～VII	下総型石刃再生法？VII層段階
大作	2	1					5	4							6		18	VII 下	
大作		8			1		2	4				1		5	103	5	129	VII 上～VI 下	
大網山田台 No.8 地点 IV 文	1	9	2		8		24	69	1					40	169	3	536	VII	下総型石刃再生技法 VII層段階
落山		3			1		1	8						6	103		122	VII	
御山 V 文		1						5							13		19	VII	
鹿島前		2			4			8						7	46		67	VII～VI	

付表3-1

遺跡名											層位	備考
上大城II 2トレンチ	3				1							
木戸台・町原古墳群	2	2										
久保谷	2	3	1	3		2		80	1	84	VII~VI	下総型石刃再生技法？
久保谷	2	2		4		1		8	1	11	IX 上	1ブロック
五斗蒔 2文	8			6	3	13		16	1	30	VII~VI	2・3ブロック 下総型石刃再生技法？
五本松 No.3 III文	16			11		4		102	2	115	VII	
桜井平 2文	3	1	2	5	13	2	2	57	3	85	VII	下総型石刃再生技法
山谷	2			1	1			69		73	VII	
椎名崎古墳群 B支群 3文	10		1	23	2	7		314		358	VII 上~VI 下	
新東京国際空港 No.7	2	13	4	20		2		112	2	99	VII 上~VI	下総型石刃再生技法？
関畑 IVa文	3	1	1	82	1	4	7	268	28	414	VII	下総型石刃再生技法
滝東台	10	6		12		2		120		150	VII	下総型石刃再生技法
武士 2文	1			2		1		3		7	VII	
多田綱原 2ブロック	1		2			2	1	39	1	45	VII 上~VI 下	下総型石刃再生技法？
千田台	54	1	9	78	133	60	6	1,183	130	1,590	VII 上~VI	下総型石刃再生技法？
出口 1文				2,025	1	12	2	1,129	14	3,182	VII	
出口・鏑塚 2文	4		2	2	5	2		34		50	VII	下総型石刃再生技法？
寺方古墳群 第2地点	5		7	18	12	16		219	8	285	IX 上	下総型石刃再生技法？ VII層段階
寺方古墳群 第3地点	3		1	25	22	19	1	321	3	395	VII 下	
天神峰奥之台 II文	4			1	8	5		56		73	VII~VI 下	下総型石刃再生技法？
遠山天ノ作	3		1	1,033		4	7	6	22	1,082	VII	
野見塚	11	4			3		6	148	1	172	VII	
鎌ヶ谷 5地点 I文	3		4	3	95	2	8	140	3	278	VII	
東林跡	47	2	12	13	57	2	7	1,000	201	1,399	VII	下総型石刃再生技法
一鍬田甚兵衛山西	2	4	36	5		1	1	32	3	45	VII 上~VI	
復山谷	6					2		27	3	62	VII	
北海道 3文	29		4	21	14	12	7	1,063		1,150	VII 上	下総型石刃再生技法
松崎 II 2文	1				1	1		2	1	5	VII	
松崎 IV 3文	9	3		3	7			14		37	VII	下総型石刃再生技法
南河原坂3 J地点 III文		1	1			2		2		6	VII	下総型石刃再生技法
宮内	2		4	1		2		112		134	VII	下総型石刃再生技法
向原	2	13	2	27		4	1	217	1	269	VII~VI	下総型石刃再生技法
元割	4					1		53		58	VII	
山田出口	1	8		3				205	4	221	VII~VI	下総型石刃再生技法

遺　跡　名	石斧	Kn	Bu	E.Sc	Sc	Dr	Pi	R.Fl・U.Fl	礫器	磨石	AS	HS	砥石・砥石片	Co	Fl・Cp	その他	総点数	層位	備考
ヲサル山 3 文	4				3		6	10				2		13	476	26	536	VII	

VI層段階

遺　跡　名	石斧	Kn	Bu	E.Sc	Sc	Dr	Pi	R.Fl・U.Fl	礫器	磨石	AS	HS	砥石・砥石片	Co	Fl・Cp	その他	総点数	層位	備考
青山宮脇 2 文	3						1	6						2	52		62	VI下	
飯仲金堀	16		11	2		1	10	28						2	49		119	VI	
池花 1 文	2	1	1	1			2	7						4	43	5	66	VI	
砂田中台 I 文	4			13			29	21			3			5	225	1	300	VI	
石揚	5							12			1			2	139		160	VI~V	8, 11ブロック
一本桜南 4 文	4										1		1	2	6		12	VI	
岩名14 2 文	2			1				3						1	138	98	242	VI	
上葉貫台	4							8							71	1	85	VI	
草刈 C 区 5 文	18							4			1			6	285	9	278	VI	
草刈六之台 5 文	3			5			6	13						5	79		111	VI	
栗野 I・II	10	2	18	15			20	63	1					9	927	22	1,087	VII~V	
小中台(2) III 文	9		1	1			1	20						12	235	2	280	VI	15ブロックのみ
権現後 4 文	39		2				4	8			1			3	2,032		2,087	VI	
芝山 3 文	3							8		1				4	115	8	140	VI	
下野洞	63		20				2	52						27	2,683	3	2,851	VI	
聖人塚 3 文	12																12	VI	
白幡前 3 文	4											3			49		53	VI	
武士 3 文	1	2		2				8						1	75	14	138	VI	
立木南	2							6						2	24		34	VI	
出口・鐘塚 3 文	19						1	12						1	1,057		1,090	VI	
取香和田戸 5 文	20	1		3	1			33						6	123	5	192	VI	
土持台	2			1			7	7						1	53		57	VI	
中越 III 文	4		1	5			3	4			4			2	54	6	90	VII下	D・F
中野台 2 文	3		1				1	8						1	20		32	VI	
野見塚	1														126	1	137	VI	
馬場	5		3	1			13	14			3			3	86	2	130	VI	
原山 III 文	14							2		1					3		20	VI	
ヲサル山 2 文	6		1				5	6			5			5	288	18	334	VI	
若葉台	14													2	34		50	VI上	

付表 3-2　関東地方の石器組成一覧表（武蔵野台地）

X層段階

遺跡名	石斧	Kn	Bu	E.Sc	Sc	Dr	Pi	R.Fl・U.Fl	礫器	磨石	AS	HS	砥石・砥石片	Co	Fl・Cp	その他	総点数	層位	備考
尾崎	2				1			17				3		8	59		90	X	
嘉留多		2													1		3	X上	
鳥屋敷（都埋文）		2										1			12	7	22	X上～IX下	
下高井戸塚山	1	2															3	X上～IX下	
下山	1	3						4		1		1		11	343	1	364	X～IX下	
鈴木 II	1	1										1			5		9	X	
鈴木 IV	3	2			4			11		1	1	1		1	27		51	X上	
瀬田 8丈	8	2						8			9	3		7	432		437	X上	
高井戸東	2	9			10			35	8			3		14	112	11	204	X	
高井戸東 駐車場西地点	1								1						6		8	X	
多摩蘭坂 第5地点	8	11			1		3	4				1	1	25	119	2	175	X下～X中	
多摩蘭坂 第5地点	1	13					1	5		1	1	2		27	275	7	337	X上～IX下	
多摩蘭坂 第8地点	7	13			3		4	9	2			20		68	275	1	402	X中	
堂ヶ谷戸		1													1		1	X	
中山谷	3				4	1		42	4	3		3		19	656		736	X	
西台後藤田	1	1						1						2	3	2	8	X下	
西台後藤田		2							2					2	112		119	X上	
花沢東	1															4	5	X	
東早淵	2	1										1		7	9		23	X	
比丘尼橋 B地点		2						1						1	7		11	X上～IX下	
藤久保東		9			1			2				2			18		32	X	
藤久保東三 第2地点															6	4	11	X上	
もみじ山	2							1				1		1	10		16	X上	
茂呂 B		1						2									4	X	
谷津		5					1								3		8	X	

IX層段階

遺跡名	石斧	Kn	Bu	E.Sc	Sc	Dr	Pi	R.Fl・U.Fl	礫器	磨石	AS	HS	砥石・砥石片	Co	Fl・Cp	その他	総点数	層位	備考
愛宕下		2						21			1	3		3	58		88	IX	
打越 LA地点	1	5			2			2						3	195	3	211	IX	

遺跡名	石斧	Kn	Bu	E.Sc	Sc	Dr	Pi	R.Fl・U.Fl	礫器	磨石	AS	HS	砥石・砥石片	Co	Fl・Cp	その他	総点数	層位	備考
お伊勢山 3文		9			4		12	18	1			2		44	318	11	419	IX上	
尾崎		5			1			15	1		1			2	91		116	IX〜VII	
御殿前		1															1	IX	
高屋敷(部理文)	1	5	1									5		17	196	1	228	IX上〜VII下	
下里本邑	1	11			3			11						7	247		282	IX	
末野	4	4					1					2			36	11	58	IX	
鈴木 II		16			17			25	7		11	18		34	338	53	519	IX	
鈴木 IV		6	1		6			22	3			8		53	872	4	976	IX	
鈴木 V	2	4						2						2	34	1	45	IX下	
清河寺前原		43			11	1		1				2		42	1,368	7	1,474	IX	
瀬田 7文		3			1			8				1		3	70		86	IX上	
多聞寺前	4	1			2	1		39				5		21	517		589	IX	
天祖神社東 3文	1							3							28		32	IX〜VII	
中東 第2地点		11			1			35			4	3		10	1,329		1,393	IX	
西之合 B地点		2			1			2	2			1		3	53		64	IX	
三芳唐沢		2			3			1	5					1	12	2	27	IX	
武蔵合 E地区		2										1		5	215	3	226	IX	
高井戸東		5			5			17	2			10		26	149	14	228	IX下	
高井戸東	2	13			14		1	29	5			11		45	522	32	674	IX中	
高井戸東 駐車場西地点		8			3			9	1			2		14	121	3	162	IX上	
大門 6文		3						6						2	9	1	20	IX下	
大門 6文		4												3	156		164	IX中	
成増との山 4文		12			5		1	30				4		14	777		843	IX上	
根ノ上		3						5						2	69		79	IX上	
野水	25	12					1	36			2	192		483	3,723	1,588	6,062	IX下	
東早期	6	1			2		3	10				10		18	127		177	IX下	
東早期		5			11		1	12				14		43	316		402	IX中	
東早期					1			5			1	1		6	95		110	IX上〜VII	
比丘尼橋 B地点		4						3	1			3		8	27		46	IX中	
武蔵国分寺 V文		3						5						3	166		177	IX中	
武蔵国分寺跡 北方地区7集中		1					3	11				8		45	273	45	386	IX上	
もみじ山		15			6			22				3		17	123		187	IX下	
合津		1			1				1					7	47		56	IX〜VII	

付表3-2　333

VII層段階

遺跡名	石斧	Kn	Bu	ESc	Sc	Dr	Pi	RFl・UFl	礫器	磨石	AS	HS	砥石・砥石片	Co	Fl・Cp	その他	総点数	層位	備考
野水	29				1		2	29	1		1	2		25	460		552	VII下	
もみじ山	5						1	18	4					10	215		253	VII下	
打越 KA地点	7				1				1					1	10		20	VII	
柿ノ木坂 西区2文	7				2					3		3		9	170	1	196	VII	
嘉留多	12				3		2	7	1					13	224		262	VII	
久が原グリーンハイツ内	2											1		5	51	6	65	VII	
下里本邑	4							1						3	24		32	VII	
鈴木 II	26				13		1	6			1	4		24	402	2	479	VII	
鈴木 IV	2				3			7	1			1		9	113	1	137	VII	
大門 4文	11														6		17	VII	
多聞寺前	2				6			20				20		22	279		349	VII	
堂ヶ谷戸 5文	7		1				2	7						9	118		144	VII	
中神明	2														7		9	VII	
中東	2		3				1	2				2		1	38		50	VII	下総型石刃再生技法
西台後藤田	6			1	7		2	12						6	195	2	231	VII	
西之台 B地点	5				3			3	2					6	71		90	VII	
西松原 第1地点	6					1		1						2	51		61	VII	
はけうえ	3							15	2			3		5	64	7	99	VII	
花沢東	2				1										4	22	29	VII	
羽根沢台	31				8		2	97			8	10		76	1,198		1,430	VII	
藤久保東	18				5		3	35						11	339		411	VII	下総型石刃再生技法?

VI層段階

遺跡名	石斧	Kn	Bu	ESc	Sc	Dr	Pi	RFl・UFl	礫器	磨石	AS	HS	砥石・砥石片	Co	Fl・Cp	その他	総点数	層位	備考
柿ノ木坂 東区2文	1														67	1	69	VI	
栗谷ッ 第15地点	4				6			2							36	2	50	VI	
御殿前	6														19		25	VI	
鳥屋敷(三鷹市)	1	1			1			12							84		101	VI	
菅原神社台地上 VII・VI文	18				2			41			1			18	596		676	VI	
鈴木 I	38				4			7						2	433		484	VI	
鈴木 IV	2							1							29		32	VI	

遺跡名	石斧	Kn	Bu	E.Sc	Sc	Dr	Pi	RFl・UFl	礫器	磨石	AS	HS	砥石・砥石片	Co	Fl・Cp	その他	総点数	層位	備考
瀬田 6 文	11					1		20						5	187		223	VI	
堂ヶ谷戸 4 文	19			1			1	33		1				5	485		545	VI	
飛田給北	2							1	1	1		1		1	42		48	VI	
西之台 B 地点	5				4			3	3	2	1			4	62	8	92	VI	
羽根沢台	6		2					7						4	41		62	VI	
武蔵国分寺跡 北方地区7集中	8		1	1			11	7					4	11	287		518	VI	

付表 3-3 関東地方の石器組成一覧表（相模野台地）

X層段階

遺跡名	石斧	Kn	Bu	E.Sc	Sc	Dr	Pi	R.Fl・U.Fl	礫器	磨石	AS	HS	砥石・砥石片	Co	Fl・Cp	その他	総点数	層位
大和配水池内XIV文	7	6	1		1		2	17				2		4	39		79	L5

IX層段階

遺跡名	石斧	Kn	Bu	E.Sc	Sc	Dr	Pi	R.Fl・U.Fl	礫器	磨石	AS	HS	砥石・砥石片	Co	Fl・Cp	その他	総点数	層位
栗原中丸	1				1						1				6		10	L5上部〜B4下底
吉岡D区	1	3			3			2						8	37		54	B4下部
柏ヶ谷長ヲサXIII文		1					1							2	13		17	B4
津久井城跡 馬込地区	16	21	1		13		1	42	2	7	5	20		93	1,158	259	1,638	B4
根下IV文	1	1						1		1		2		5	21		32	B4上部
吉岡A区		4			1						1	2		13	188		210	B4上部

VII層段階

遺跡名	石斧	Kn	Bu	E.Sc	Sc	Dr	Pi	R.Fl・U.Fl	礫器	磨石	AS	HS	砥石・砥石片	Co	Fl・Cp	その他	総点数	層位
栗原中丸		2													5		7	B4〜B3
橋本VI文	7	7		1	8			1		2	1	1		9	200	2	232	B4〜L3
上和田城山III文		8						17		1				8	83	3	120	B4上面〜L3下底
柏ヶ谷長ヲサXII文		4			2			2				3		1	31	1	44	B3最下底

VI層段階

遺跡名	石斧	Kn	Bu	E.Sc	Sc	Dr	Pi	R.Fl・U.Fl	礫器	磨石	AS	HS	砥石・砥石片	Co	Fl・Cp	その他	総点数	層位
古淵B	9	9			1					128				2	116		257	B4中〜L3
寺尾	163	163	1		3	1		45		1,898				16	1,665	4	3,796	B3上部〜L3下半部
SFC VI文	3	3								12				2	12		29	L3
橋本V文	9	9		1	9					173	5			11	128		336	L3〜B2L

付表 3-4 関東地方の石器組成一覧表（北関東）

IX層段階

遺　跡　名	石斧	Kn	Bu	E.Sc	Sc	Dr	Pi	R.Fl・U.Fl	礫器	磨石	AS	HS	砥石・敲石片	Co	Fl・Cp	その他	総点数	備　考
天ヶ堤 III区 3文		2			2		1	19				4		25	379	20	451	
天引狐崎		22			4		2	10			1	7		22	528		597	
岩宿 I 文	2	3			1		1						1	1	10		18	
岩宿 駐車場地点 1文		4			1		1	2			1	1		24		4	38	
上林 2文	3	110		2	15	4	37	324		1	27	34	1	476	2,438	67	3,540	
大上 4文	1	25	1		2		1	2			3	8		21	404	20	488	
折茂 III		20			3	1	13	24				1		21	163	20	266	
北町		3														192	195	
古城 1A地区		3									1		1	3	78		86	
古城 1C地区	1	12			22		18	18			1	3		4	462		523	
三和工業団地 I	1	67	1	1	4			76				6		57	1,074	384	1,724	
下触牛伏	6	22		1				9				24			1,954		2,069	
白倉下原 A区	3	15			2			7	1		1	11		17	345		403	
白倉下原 B区	1	15			12			8				1		6	77		120	
武井 I 文		4			2									7	31		44	
武田西摘	2	80			7	1	1	64	2		1	1		112	1,426	4	1,700	
武田原前 A地区	1	4	1		2		1	3	5		3	1		18	291	1	331	
半田原	1	8						21	4		1	16	3	206	1,576		1,836	
藤岡北山		16			8			34		1	2			6	213	2	360	
分郷八崎		11			2			16				4		26	228		287	
藪塚		3												2	14		19	
山川古墳群		1			1		1					1		2	133		138	
山上城跡 IX	1	5			2		1	11						6	151	50	227	
和田		7			2			2							71	1	87	

VII層段階

遺　跡　名	石斧	Kn	Bu	E.Sc	Sc	Dr	Pi	R.Fl・U.Fl	礫器	磨石	AS	HS	砥石・敲石片	Co	Fl・Cp	その他	総点数	備　考
後田	1	30	6		2		1	139	6	1	9	38		118	3,767	381	4,499	下総型石刃再生技法
大上 3文		77	16	3	15		59	43	1		15	42		102	3,138	225	3,733	下総型石刃再生技法
勝保沢中ノ山 A区		21			4		1	19		2		6		30	1,629	59	1,772	

下郷古墳群	3		27	9		3	179	218 下総型石刃再生技法
善上L地点	2	9		31	3	4	201	255
西ノ原		1	2	2		3	44	54 下総型石刃再生技法
藤岡北山B	18	1		24	4	18	605	672 下総型石刃再生技法

付表 4　東海地方の石器組成一覧表

X層段階

遺　跡　名	石斧	Kn	Bu	E.Sc	Sc	Dr	Pi	R.Fl・U.Fl	礫器	磨石	AS	HS	砥石・砥石片	石皿	Co	Fl・Cp	その他	総点数	層位
井出丸山Ⅰ文		4			1			1							18	1,305	23	1,352	SCIV〜BBVII

IX層段階

遺　跡　名	石斧	Kn	Bu	E.Sc	Sc	Dr	Pi	R.Fl・U.Fl	礫器	磨石	AS	HS	砥石・砥石片	石皿	Co	Fl・Cp	その他	総点数	層位
梅ノ木沢Ⅰ文	1															13	12	26	BBVII
富士石Ⅰ文	3	10						7							13	458		491	BBVII
道平B	1	8			2	1	1	31							11	718	9	773	BBVII〜BBV
初音ヶ原A第2地点V文				1			2	2								13		27	BBVII〜BBV
梅ノ木沢Ⅱ文	13	4			10	2	2	27					1		17	358		581	BBVI
西洞	3	25			5	5	5				1	2			9	380	2	432	BBVI
富士石Ⅱ文		1			1	2	2	1								28		33	BBVI
生茨沢		12			5	4	4	15			1	1			5	160		202	BBVI直上
土手上第Ⅰ地点	4	73						16				2			26	2,078	4	2,203	BBV
土手上第Ⅱ地点	1	23			3		1	1				5			11	951		995	BBV
土手上第Ⅲ地点	5	21			4			6							12	1,123	1	1,171	BBV
中見代第Ⅳ文	4	19			21	5	5	21				1			19	1,766		1,856	BBV
清水柳北	1	2			1		1									395	1	400	BBIV
二ツ洞		4	1		1		1								1	9		17	BBIV

VII層段階

遺　跡　名	石斧	Kn	Bu	E.Sc	Sc	Dr	Pi	R.Fl・U.Fl	礫器	磨石	AS	HS	砥石・砥石片	石皿	Co	Fl・Cp	その他	総点数	層位
富士石V文				1				1								5		7	BBIV〜SCIII-SC5
葛原沢1																			SCIIIb2
富士石Ⅵ文					2			3				1			5	57		68	SCIII〜BB2
中見代ⅠⅣ文		2									3					3		6	SCIII〜S2直上
清水柳北東尾根	1											9			3	93		106	SCIII〜BB1
下原		1			1			1			2	2				14		16	SCIIIb
西洞		1													6	138		150	SCIIIb
中見代ⅠV文		15			1										1	916		933	SCIIIS1

338

付表4

遺　跡　名	石斧	Kn	Bu	E.Sc	Sc	Dr	Pi	R.Fl・U.Fl	礫器	磨石	AS	HS	砥石・砥石片	石皿・石皿片	Co	Fl・Cp	その他	総点数	層　位
中見代II XIII層	9															101		110	SCIIISI直上
清水柳北 東尾根	1															93		106	SCIII
富士石 IX文	9			2		2		6				9			3	198		220	BBIII下部～中部
梅ノ木沢 III文	1	1		1				10		2		1			11	151	106	281	BBIII
柏葉尾	15							13							3	415		446	BBIII
清水柳北 中央尾根	20							9							7	1,326		1,362	BBIII
下原					1				1							23		25	BBIII
初音ヶ原A 第3地点 II文						9		1								107	1	118	BBIII
中見代II XI層	1				1							1				14		17	BBIII
富士石 X文	1				1											7		9	BBIII上部
初音ヶ原A 第2地点 III文	23	2			22			5				3			3	291	354	806	BBIII～BBII
初音ヶ原B III文	1															6	2	9	BBIII～BBII
尾上イラウネ	1															1		2	SCII
初音ヶ原A 第3地点 I文	3						1	2								43	1	60	BBIII最下部
西洞	1			3		1										40	59	85	BBIIL
梅ノ木沢 IV文	4		1	4		1		4				3			2	148	292	460	BBII
清水柳北 東尾根	69			6		2						26			14	2,367		2,489	BBII
富士石 XII文	6			21		2		2		2		1			16	347		398	BBIII
西洞	13	1						1							1	247	6	269	BBIIU

VI層段階

遺　跡　名	石斧	Kn	Bu	E.Sc	Sc	Dr	Pi	R.Fl・U.Fl	礫器	磨石	AS	HS	砥石・砥石片	石皿・石皿片	Co	Fl・Cp	その他	総点数	層　位
富士石 XIII文					2		2	4							6	192		223	NL下部
梅ノ木沢 V文	1						4	1							2	8	2	18	NL
清水柳北 東尾根	8														1	58		67	NL
下原			1													8		10	NL

付表 5　中部地方の石器組成一覧表

IX層段階

遺跡名	石斧	Kn	Bu	E.Sc	Sc	Dr	Pi	R.Fl・U.Fl	礫器	磨石	AS	HS	砥石・砥石片	石皿	Co	F.Fl・Cp	その他	総点数
追分5文		28			6	1	1	24				6			63	485	4	936
大久保南 Ia文	13	23			2		10	4				3	1		46	374	87	
大久保南 Ib文	9	14					2	17							20	487	21	
ジャコッパラ No.12	2	13													?	?	?	?
日向林B	60	61			142		11	958		4		16	4		256	7,485	79	9,075
弓振日向	1	5						10							2	51	2	99

VI層段階

遺跡名	石斧	Kn	Bu	E.Sc	Sc	Dr	Pi	R.Fl・U.Fl	礫器	磨石	AS	HS	砥石・砥石片	石皿	Co	F.Fl・Cp	その他	総点数
追分4文		22			25	4	20	153				5			350	5,400	128	6,107

付表6　近畿・中国地方の石器組成一覧表

IX層段階

遺跡名	石斧	Kn	Bu	E.Sc	Sc	Dr	Pi	R.Fl・U.Fl	礫器	磨石	AS	HS	砥石・砥石片	Co	Fl・Cp	その他	総点数	備考
七日市II文(1次)	5	16			18		25	182						121	1,615		1,982	
七日市II文(3次)	6	36			18		9	239			1	5			3,079	152	3,545	
原田	6	2			16			62				1	3	116	274	9	491	ブロック6～25

VII層段階

遺跡名	石斧	Kn	Bu	E.Sc	Sc	Dr	Pi	R.Fl・U.Fl	礫器	磨石	AS	HS	砥石・砥石片	Co	Fl・Cp	その他	総点数	備考
板井寺ケ谷 下位文化層	2	24		13	61	1	6	252	5	1	1			161	1,793	25	2,353	

VI層段階

遺跡名	石斧	Kn	Bu	E.Sc	Sc	Dr	Pi	R.Fl・U.Fl	礫器	磨石	AS	HS	砥石・砥石片	Co	Fl・Cp	その他	総点数	備考
七日市III文		18			4		2	25						64	2,019		2,132	
七日市IV文	4	12		1	11		2	68				2			1,004	30		
瓜破北		12			2		1					2		9	2,287		2,313	
法華寺南		18			6			50						12	719		805	
恩原1R文		26			3		4	48						55	5,056	63	5,255	
原田		53			4			13			1	1	1	19	119	4	215	ブロック1～5

付表 7 九州地方の石器組成一覧表

X層段階

遺跡名	石斧	Kn	Bu	E.Sc	Sc	Dr	Pi	R.Fl・U.Fl	礫器	磨石	AS	HS	砥石・砥石片	石皿	Co	Fl・Cp	その他	総点数	備考
石の本 8 区	○	5			35	2		170	5			6			113	2,946	38	3,320	磨製石斧破片1点出土
沈目		2			15			17	1	2		2			46	288		373	

IX層段階

遺跡名	石斧	Kn	Bu	E.Sc	Sc	Dr	Pi	R.Fl・U.Fl	礫器	磨石	AS	HS	砥石・砥石片	石皿	Co	Fl・Cp	その他	総点数	備考
血気ヶ峯 2 文	2	3						2							5	53	3	100	
潮山	1				12	1		26							24	○		696	
曲野 I 文		23			2			35	1	1		3			5	454		493	
耳切 A 地点 I 文		2			4		1	9							1	34		42	
耳切 C 地点 I 文	1							3							8	52		77	
耳切 D 地点 I 文		4			5			8	2	1									
牟礼越 I 文	1	7			2			14	2	1		12		1	6	240		286	

VII層段階

遺跡名	石斧	Kn	Bu	E.Sc	Sc	Dr	Pi	R.Fl・U.Fl	礫器	磨石	AS	HS	砥石・砥石片	石皿	Co	Fl・Cp	その他	総点数	備考
クノ原		28	1	1	2			17							9	366		423	
駒方古屋		12			1			11							1	234	4	263	
駒方古屋 2 文(2・3 次)		13			2			27				2			2	191		237	
耳切 A 地点 II 文		9			5			32							8	385		439	
百枝 C 地区 III 文		15	1		3			5							○	○			

VI層段階

遺跡名	石斧	Kn	Bu	E.Sc	Sc	Dr	Pi	R.Fl・U.Fl	礫器	磨石	AS	HS	砥石・砥石片	石皿	Co	Fl・Cp	その他	総点数	備考
狸谷 I 文		105		10	42			140		71				12	56	3,343		3,783	
久保 I 文		20			6			21				1			9	360		417	

引用・参考文献

秋田県教育委員会 1984『此掛沢 II・上の山 II 遺跡発掘調査報告書』

秋田県教育委員会 1985『七曲台遺跡群発掘調査報告書』

秋田県教育委員会 1986『東北横断自動車道秋田線発掘調査報告書 I　石坂台 IV 遺跡・石坂台 VI 遺跡・石坂台 VII 遺跡・石坂台 VIII 遺跡・石坂台 IX 遺跡・松木台 III 遺跡』

秋田県教育委員会 1991『東北横断自動車道秋田線発掘調査報告書 VIII——小出 I 遺跡・小出 II 遺跡・小出 III 遺跡・小出 IV 遺跡——』

秋田県埋蔵文化財センター 1998『家の下遺跡(2)——県営ほ場整備事業(琴丘地区)に係る埋蔵文化財発掘調査報告書 III——』

秋田県埋蔵文化財センター 2006『縄手下遺跡——一般国道 7 号琴丘能代道路建設事業に係る埋蔵文化財発掘調査報告書 VII——』

秋田考古学協会 1977『米ヶ森遺跡発掘調査報告書』

秋田市教育委員会 1983『秋田市　秋田臨空港新都市開発関係埋蔵文化財発掘調査報告書——下堤 G 遺跡・野畑遺跡・湯ノ沢 B 遺跡——』

秋田市教育委員会 1986『地蔵田 B 遺跡——秋田新都市整備事業関係埋蔵文化財調査報告書——』

秋田市教育委員会 2011『地蔵田遺跡——旧石器時代編——』

秋田市教育委員会 2013『下堤 G 遺跡——旧石器時代編——』

麻生敏隆 1992「後田遺跡の再検討——石材と遺物分布からみた人間と物の移動——」『人間・遺跡・遺物——わが考古学論集 2——』，発掘者談話会，pp. 11-18

麻生　優・織笠　昭・犬塚俊雄 1984「千葉県鎌ヶ谷市東林跡遺跡の調査」『日本考古学協会第 50 回総会研究発表要旨』，日本考古学協会，pp. 9-10

阿部　敬 2013「旧石器時代の年代と広域編年対比——中部——」『日本旧石器学会第 11 回講演・研究発表シンポジウム予稿集　旧石器時代の年代と広域編年対比』，日本旧石器学会，pp. 65-68

阿部　敬・篠原　正・小林謙一・今村峯雄・永嶋雄一 2004「千葉県富里市古込 V 遺跡発掘調査概報」『考古学』II，安home正人，pp. 93-122

安斎正人 1988「斜軸尖頭器石器群からナイフ形石器群への移行——前・中期／後期旧石器時代過渡期の研究——」『先史考古学研究』1，阿佐ヶ谷先史学研究会，pp. 1-48

安斎正人 1991a「斜軸尖頭器石器群の進展——日本旧石器時代構造変動論(1)——」『先史考古学論集』1，安斎正人，pp. 1-23

安斎正人 1991b「ナイフ形石器群の発生——日本旧石器時代構造変動論(2)——」『東京大学考古学研究室研究紀要』10，東京大学文学部考古学研究室，pp. 103-127

安斎正人 2003「後期旧石器時代型構造の形成」『旧石器社会の構造変動』，同成社，pp. 83-168

安斎正人 2007「「ナイフ形石器文化」批判——狩猟具の変異と変遷——(前編)」『考古学』V，安斎正人，pp. 1-32

安斎正人 2008「「ナイフ形石器文化」批判——狩猟具の変異と変遷——(後編)」『考古学』VI，安斎正人，pp. 119-135

安中市教育委員会 1988『古城遺跡——安中古城住宅団地造成事業に伴う埋蔵文化財発掘調査報告書——』

安蒜政雄 1979「石器の形態と機能」『日本考古学を学ぶ』2，有斐閣，pp. 17-39

安蒜政雄 1984「日本の細石器文化」『駿台史学』60，駿台史学会，pp. 133-150

安蒜政雄 1985「先土器時代における遺跡の群集的な成り立ちと遺跡群の構造」『論集日本原史』，論集日本原史刊行会・吉川弘文館，pp. 193-216

安蒜政雄 1986「先土器時代の石器と地域」『岩波講座日本考古学』5，岩波書店，pp. 28-60

安蒜政雄 1990「先土器時代人の生活空間——先土器時代のムラ——」『日本村落史講座2　景観1』，雄山閣，pp. 3-22

安蒜政雄 1992「赤土のなかの人類文化」『新版日本の古代』8，角川書店，pp. 23-44

安蒜政雄 1996「旧石器時代の狩猟」『考古学による日本歴史16　産業I』，雄山閣，pp. 15-26

安蒜政雄 2004「日本列島の後期旧石器時代と地域性——関東平野の東と西——」『第9回国際学術会議 SUYANGGAE and Her neighbours』，明治大学博物館，pp. 217-221

安蒜政雄 2005「環日本海の旧石器時代と石器作りの広がり」『日本海学の新世紀5　交流の海』，角川学芸出版，pp. 198-209

安蒜政雄 2009「環日本海旧石器文化回廊とオブシディアン・ロード」『駿台史学』135，駿台史学会，pp. 147-168

安蒜政雄 2010a『旧石器時代の日本列島史』，学生社

安蒜政雄 2010b「岩宿発掘60年の研究と今後の課題」『考古学集刊』6，明治大学文学部考古学研究室，pp. 1-18

安蒜政雄・勅使河原彰 2011『日本列島石器時代史への挑戦』，新日本出版社

池谷信之 2009「旧石器時代における陥穴猟と石材獲得・石器製作行動——愛鷹・箱根山麓BBIII層期を中心として——」『駿台史学』135，駿台史学会，pp. 71-90

Ikeya, N., 2015 Maritime Transport of Obsidian in Japan during the Upper Paleolithic. *Emergence and Diversity of Modern Human Behavior in Paleolithic Asia*, Texas A&M University Press, pp. 362-375

池谷信之・望月明彦 1998「愛鷹山麓における石材組成の変遷」『静岡県考古学研究』30，静岡県考古学会，pp. 21-44

池田晃子・奥野　充・中村俊夫・筒井正明・小林哲夫 1995「南九州，姶良カルデラ起源の大隅降下軽石と入戸火砕流中の炭化樹木の加速器質量分析法による^{14}C年代」『第四紀研究』34，第四紀学会，pp. 377-379

石川恵美子 1991a「まとめ」『東北横断自動車道秋田線発掘調査報告書VIII——小出I遺跡・小出II遺跡・小出III遺跡・小出IV遺跡——』，秋田県埋蔵文化財センター，pp. 206-209

石川恵美子 1991b「まとめ」『東北横断自動車道秋田線発掘調査報告書VIII——小出I遺跡・小出II遺跡・小出III遺跡・小出IV遺跡——』，秋田県埋蔵文化財センター，pp. 447-450

石川恵美子 2005「米ヶ森型台形石器の型式学的検討」『地域と文化の考古学I』，明治大学考古学研究室，pp. 5-21

出穂雅実・赤井文人 2005「北海道の旧石器編年——遺跡形成過程論とジオアーケオロジーの適用——」『旧石器研究』1，日本旧石器学会，pp. 39-55

Izuho, M., Kaifu, Y., 2015 The Appearance and Characteristics of the Early Upper Paleolithic in the Japanese Archipelago. *Emergence and Diversity of Modern Human Behavior in Paleolithic Asia*, Texas A&M University Press, pp. 289-313

板橋区大門遺跡調査会 1990『東京都板橋区大門遺跡発掘調査報告書——一般国道17号（新大宮バイパス大門地区）埋蔵文化財発掘調査報告書——』

板橋区成増との山遺跡調査団 1992『東京都板橋区成増との山遺跡発掘調査報告書II——成増第2住宅建替工事に伴う発掘調査』

伊藤　健 2006「多摩蘭坂・武蔵国分寺跡関連・武蔵台遺跡の石器群」『岩宿時代はどこまで遡るか——立川ローム最下層の石器群——』，岩宿フォーラム実行委員会，pp. 40-50

稲田孝司 2011「列島「最古級の石器」とその調査の問題点——長崎県入口・島根県砂原の調査と出土資料——」『旧石器研究』7，日本旧石器学会，pp. 1-14

犬塚俊雄 1992「東林跡遺跡の調査と成果」『旧石器時代の狩りと暮らし』，野田市郷土博物館，pp. 30-35

茨城県教育財団 1997『一般県道石岡つくば線道路改良工事地内埋蔵文化財調査報告書　半田原遺跡』

茨城県教育委員会 1996『牛久東下根特定土地区画整理事業地内埋蔵文化財調査報告書——中下根遺跡・西ノ原遺跡・隼人山遺跡——』

茨城県教育委員会 2000『一般国道354号道路改築事業地内埋蔵文化財調査報告書——下郷古墳群——』

岩宿博物館・岩宿フォーラム実行委員会 2006『岩宿時代はどこまで遡れるか——立川ローム層最下部の石器群——予稿集』
岩手県文化振興事業団 2009『鵜ノ木遺跡発掘調査報告書——一関遊水地衣川本川築堤工事関連遺跡発掘調査——』
印旛郡市文化財センター 1994a『千葉県印旛郡富里町獅子穴IX遺跡——いなげや富里店店舗造成地内埋蔵文化財調査報告書——』
印旛郡市文化財センター 1994b『公津東遺跡群I——飯田町南向野遺跡・大袋小谷津遺跡・飯仲中台遺跡・飯仲大作遺跡・飯仲馬場作遺跡——』
印旛郡市文化財センター 2004a『南三里塚宮原第1・第2遺跡——南三里塚物流基地建設予定地内埋蔵文化財調査——』
印旛郡市文化財センター 2004b『瀧水寺裏遺跡——本埜村道改良工事に伴う埋蔵文化財調査——』
後牟田遺跡調査団 2002『後牟田遺跡』
梅川知江 1998「米ヶ森型台形石器について」『石器に学ぶ』創刊号，石器に学ぶ会，pp. 19-62
大井晴男 1965「日本の石刃石器群"Blade Industry"について」『物質文化』5，物質文化研究会，pp. 1-13
大井晴男 1968「日本の先土器時代石器群の系統について」『北方文化研究』3，北海道大学，pp. 45-93
大井晴男 1989「日本先土器時代研究のパースペクティヴ——それへの時評的な展望——」『神奈川考古』25，神奈川考古同人会，pp. 1-26
大阪市文化財協会 2009『瓜破北遺跡発掘調査報告V——大阪府営瓜破2丁目第1期住宅（建て替え）建設工事に伴う瓜破北遺跡発掘調査報告書——』
大竹憲昭 2010「「竹佐中原遺跡石器文化」の時代性に関して（予察）」『国道474号（飯喬道路）埋蔵文化財発掘調査報告2——飯田市内その2——長野県竹佐中原遺跡における旧石器時代の石器文化II』，長野県埋蔵文化財センター，pp. 347-353
大塚宜明 2009「「茂呂系」ナイフ形石器の出現をめぐる研究の現状と課題」『石器文化研究』15，石器文化研究会，pp. 7-16
大塚宜明 2011a「東林跡VII層石器群における剥片剥離技術の検討」『鎌ヶ谷市史研究』24，鎌ヶ谷市教育委員会，pp. 22-46
大塚宜明 2011b「立川ローム層下部の縦長剥片・石刃について」『研究集会：ヒトが住みはじめたころの関東地方——南関東最古の旧石器時代遺跡を求めて——』，多摩川流域における後期更新世初頭の人類文化の成立と地形環境を考える研究会，pp. 32-34
大塚宜明 2011c「立川ローム下底部石器群の成り立ち」『考古学ジャーナル』618，ニュー・サイエンス社，pp. 18-22
大塚宜明 2011d「常総台地南部における立川ロームVII層段階石器群の研究——土浦市下郷古墳群・牛久市西ノ原遺跡出土石器群の再検討を中心に——」『石器文化研究』17，石器文化研究会，pp. 3-12
大塚宜明 2012「東北地方におけるナイフ形石器製作技術のはじまりと展開——秋田県域の資料を通して——」『駿台史学』145，駿台史学会，pp. 51-78
大塚宜明 2013「近畿地方西部におけるAT下位石器群のナイフ形石器製作技術の検討——瀬戸内技法の成立基盤——」『旧石器考古学』78，旧石器文化談話会，pp. 63-77
大塚宜明 2014a「ナイフ形石器の出現」『季刊考古学』126，雄山閣，pp. 65-68
大塚宜明 2014b「北海道における旧石器文化のはじまり——「前半期」石器群の古さ——」『日本考古学』37，日本考古学協会，pp. 1-18
大塚宜明 2016「日本列島中央部におけるAT下位石器群の地域化とその背景——ナイフ形石器製作技術および石材利用の分析から——」『国立歴史民俗博物館研究報告』200，国立歴史民俗博物館，pp. 1-35
Otsuka, Y., Ambiru, M., 2010 The beginning of the Upper Paleolithic in the Japanese Archipelago. *The 15th International Symposium: SUYANGGAE and Her Neighbours*, Institute of Korean Prehistory, pp. 71-73
大野憲司 1986「秋田県の旧石器時代における剥片生産技術について」『北陸旧石器シンポジウム1986日本海地域における旧石器時代の東西交流——国府系・立野ヶ原系石器群をめぐる諸問題——』，北陸旧石器文化交流会，pp. 37-40

岡村道雄 1974「前期旧石器」『考古学ジャーナル』100，ニュー・サイエンス社，pp. 13-17
岡村道雄 1976a「北関東前期旧石器時代における二石器群」『野州史学』3，野州史学会，pp. 1-12
岡村道雄 1976b「約二万五千年前とそれを遡る時期の東アジア旧石器文化と日本の関連」『文化』40-1・2，pp. 1-30
岡村道雄 1976c「日本前期旧石器時代の始源と終末」『考古学研究』23-3，考古学研究会，pp. 73-92
岡村道雄 1990「前期旧石器文化から後期旧石器文化への移行について」『伊東信雄先生追悼考古学古代史論攷』，伊東信雄先生追悼論文集刊行会，pp. 1-23
岡村道雄 2010『旧石器遺跡「捏造事件」』，山川出版社
岡山県史編纂委員会 1986『岡山県史　考古資料』
荻　幸二 1987「九州地方のナイフ形石器文化」『旧石器考古学』34，旧石器文化談話会，pp. 47-62
奥村吉信 1986「石刃石器群と立野ヶ原系石器群」『北陸旧石器シンポジウム1986日本海地域における旧石器時代の東西交流——国府系・立野ヶ原系石器群をめぐる諸問題——』，北陸旧石器文化交流会，pp. 41-42
長万部町教育委員会 2002『オバルベツ2遺跡(2)——北海道縦貫自動車道建設事業に伴う埋蔵文化財発掘調査報告書——』
小田静夫 1980「武蔵野台地に於ける先土器文化」『神奈川考古』8，神奈川考古同人会，pp. 11-27
小田静夫 2000『黒潮圏の考古学』，第一書房
小田静夫編 1977『高井戸東遺跡』，高井戸東遺跡調査会
Oda, S., Keally, C. T., 1975 「Japanese Preceramic Age」『Occasional Papers No. 2』，国際基督教大学
Oda, S., Keally, C. T., 1979 『Japanese Paleolithic Cultural Chronology』，国際基督教大学考古学研究センター
小野　昭 1969「ナイフ形石器の地域性とその評価」『考古学研究』16-2，考古学研究会，pp. 21-45
小野　昭 2011「日本における旧石器時代研究の枠組みと現状」『Anthropological Science (Japanese Series)』119(1)，日本人類学会，pp. 1-8
帯広市教育委員会 1987『帯広・上似平遺跡2——畑地均平工事に伴う埋蔵文化財発掘調査報告書——』
帯広市教育委員会 1995『帯広・南町遺跡——土地区画整理事業に伴う南町1・2・3遺跡の埋蔵文化財発掘調査報告書——』
帯広市教育委員会 1998『帯広・川西C遺跡——市道稲田町・南9線甲線道路改良事業に伴う埋蔵文化財発掘調査報告書——』
帯広市教育委員会 2004『帯広・若葉の森遺跡——道々3・3・46弥生新道道路改良工事に伴う埋蔵文化財発掘調査報告書——』
織笠明子 2010「東林跡遺跡」『鎌ヶ谷市史』資料編I(考古)，鎌ヶ谷市教育委員会，pp. 18-93
織笠　昭 1983「細石刃の形態学的一考察」『人間・遺跡・遺物・わが考古学論集』1，文献出版，pp. 77-104
織笠　昭 1985「ナイフ形石器型式論」『論集日本原史』，吉川弘文館，pp. 63-91
織笠　昭 1992「茂呂系ナイフ形石器型式論」『加藤稔先生還暦記念　東北文化論のための先史学歴史学論集』，加藤稔先生還暦記念会，pp. 341-370
織笠　昭 2000「東林跡遺跡」『千葉県の歴史』資料編考古1(考古)，(財)千葉県資料研究財団，pp. 26-27
恩原遺跡発掘調査団 2009『恩原1遺跡』
海部陽介 2012「ホモ・サピエンスの起源とアジアへの拡散」『季刊考古学』118，雄山閣，pp. 36-39
Kaifu, Y., Izuho, M., Goebel, T., 2015 Modern Human Dispersal and Behavior in Paleolithic Asia: Summary and Discussion. *Emergence and Diversity of Modern Human Behavior in Paleolithic Asia*, Texas A&M University Press, pp. 535-566
Kaifu, Y., Izuho, M., Goebel, T., Sato, H., Ono, A., eds., 2015 *Emergence and Diversity of Modern Human Behavior in Paleolithic Asia*, Texas A&M University Press
笠懸村誌刊行委員会 1983『笠懸村誌　別巻一　資料編　自然編・原始古代編』
加藤真二 1997「東アジアの石刃技術成立期に関する予察——中国北部の様相解明を中心として——」『第四紀研究』36-3，日本第四紀学会，pp. 197-206

加藤晋平 1996「南西諸島への旧石器文化の拡散」『地学雑誌』105，東京地学協会，pp. 372-383
加藤晋平・藤本　強 1968『一万年前のたんの』，北海道常呂郡端野町
加藤博文 1993「サハリン・北海道地域における細石刃技術の受容の様相——近年の日口両国の調査成果から——」『古代文化』45-4，古代学協会，pp. 3-12
加藤博文 2000「北アジアにおける最終氷期と人類の適応行動」『専修考古学』8，専修大学考古学会，pp. 3-23
加藤　稔 1965a「東北地方のナイフ形石器文化」『歴史教育』13-3，日本書院，pp. 22-27
加藤　稔 1965b「東北地方の先土器時代」『日本の考古学Ⅰ　先土器時代』，河出書房，pp. 198-221
加藤　稔 1969「東北地方の旧石器文化(前編)」『山形県立山形中央高等学校研究紀要』1，pp. 1-17
加藤　稔 1975「越中山遺跡」『日本の旧石器文化』2，pp. 112-137
神奈川県教育委員会 1980『寺尾遺跡』
かながわ考古学財団 2010『津久井城跡馬込地区』
鹿又喜隆 2005「東北地方後期旧石器時代初頭の石器の製作技術と機能の研究——岩手県胆沢町上萩森遺跡Ⅱb 文化層の分析を通して——」『宮城考古学』7，宮城考古学会，pp. 1-26
加部二生 2002「村道町組藤生沢線(通称不二山農免道路)拡幅に伴う確認調査の概要」『新里村不二山遺跡群発掘調査報告』，群馬県教育委員会・新里村教育委員会，pp. 134-148
加部二生・阿久澤智和 2009「山内出B遺跡(群馬県)」『石器文化研究』15，石器文化研究会，pp. 75-78
鎌ヶ谷市教育委員会 2010『鎌ヶ谷市史』資料編Ⅰ(考古)
鎌木義昌・高橋　護 1965「瀬戸内地方の先土器時代」『日本の考古学Ⅰ　先土器時代』，河出書房新社，pp. 284-302
鎌木義昌・間壁忠彦 1965「九州地方の先土器時代」『日本の考古学Ⅰ　先土器時代』，河出書房新社，pp. 303-322
川道　寛 2000「福井洞穴第15層石器群の再評価」『九州旧石器』4，九州旧石器文化研究会，pp. 33-52
木﨑康弘 1988「九州ナイフ形石器文化の研究——その編年と展開——」『旧石器考古学』37，旧石器文化談話会，pp. 25-43
木﨑康弘 1989「始良Tn火山灰下位の九州ナイフ形石器文化」『九州旧石器』創刊号，九州旧石器文化研究会，pp. 5-22
木﨑康弘 2002a「九州の後期旧石器時代に見る中期旧石器時代文化の残影」『科学』72-6，岩波書店，pp. 622-627
木﨑康弘 2002b「ナイフ形石器文化の変遷と中期旧石器的要素の変容」『九州旧石器』6，九州旧石器文化研究会，pp. 133-152
北橘村教育委員会 1996『北町遺跡　田ノ保遺跡——平成5・6年度主要地方道渋川・大胡線特殊改良工事に伴う埋蔵文化財発掘調査報告書——』
絹川一徳 2011「西日本における瀬戸内技法の展開」『上白井西伊熊遺跡と東日本の瀬戸内技法』，岩宿博物館・岩宿フォーラム実行委員会，pp. 68-75
君津郡市文化財センター 2005『首都圏中央連絡道(木更津～東金)埋蔵文化財調査報告書2』
木村英明 1994「北海道地域」『考古学ジャーナル』370，ニュー・サイエンス社，pp. 2-8
Gamble, C., 1993 *TIMEWALKERS*, Harvard University Press
九州旧石器文化研究会 2000『九州における後期旧石器時代文化の成立』
九州旧石器文化研究会 2002『九州旧石器』5
九州旧石器文化研究会 2009『九州旧石器』13
工藤雄一郎 2012『旧石器・縄文時代の環境文化史：高精度放射性炭素年代測定と考古学』，新泉社
工藤雄一郎 2016「福井洞窟の^{14}C年代測定」『史跡福井洞窟発掘調査報告書』，佐世保市教育委員会，pp. 217-220
国武貞克 2004「石刃生産技術の適応論的考察——房総半島Ⅸ層の石刃生産技術の変遷——」『考古学』Ⅱ，安斎正人，pp. 76-92
国武貞克 2005「後期旧石器時代前半期の居住行動の変遷と技術構造の変容」『物質文化』78，物質文化研究

会，pp. 1-25
国武貞克 2011「石材開発領域からみたナイフ形石器」『石器文化研究』16，石器文化研究会，pp. 83-85
久保弘幸 1994「瀬戸内技法を伴う石器群の変遷」『瀬戸内技法とその時代』，中・四国旧石器文化談話会，pp. 111-123
熊本県教育委員会 1984『曲野遺跡 II――一般国道 3 号松橋バイパスに伴う埋蔵文化財発掘調査報告書（第 III 次調査報告）――』
熊本県教育委員会 1987『狸谷遺跡――九州縦貫自動車道（矢代～人吉）建設に伴う埋蔵文化財――』
熊本県教育委員会 1999a『石の本遺跡群 II――第 54 回国民体育大会秋季主会場整備事業に伴う埋蔵文化財発掘調査――』
熊本県教育委員会 1999b『耳切遺跡――小国地熱発電所計画に伴う埋蔵文化財調査報告――』
熊本県教育委員会 1999c『潮山・クノ原遺跡』
群馬県教育委員会 1986『分郷八崎遺跡　関越自動車道（新潟線）地域埋蔵文化財発掘調査報告書』
群馬県教育委員会 1992『二之宮千足遺跡　一般国道 17 号（上武道路）改築工事に伴う埋蔵文化財発掘調査報告書』
群馬県教育委員会 1997『白川傘松遺跡　北陸新幹線建設工事に伴う埋蔵文化財発掘調査報告書第 4 集』
群馬県教育委員会 1999『三和工業団地 I 遺跡(1)――旧石器時代編――三和工業団地造成事業に伴う三和工業団地 I 遺跡埋蔵文化財発掘調査報告書第 1 集』
群馬県埋蔵文化財調査事業団 1986『下触牛伏遺跡』
群馬県埋蔵文化財調査事業団 1987『後田遺跡（旧石器編）』
群馬県埋蔵文化財調査事業団 1994a『天引狐崎遺跡 I――甘楽パーキングエリア地内遺跡の調査――』
群馬県埋蔵文化財調査事業団 1994b『白倉下原・天引向原遺跡 I――甘楽パーキングエリア地内遺跡の調査――旧石器時代編』
群馬県埋蔵文化財調査事業団 2008a『天ヶ堤遺跡(2)――北関東自動車道（伊勢崎～県境）地域埋蔵文化財調査報告書――』
群馬県埋蔵文化財調査事業団 2008b『大上遺跡 I――旧石器時代編――』
国際基督教大学考古学研究センター 1975『中山谷遺跡』
国分寺市遺跡調査会 2003a『多摩蘭坂遺跡 IV――東京建物株式会社共同住宅建設に伴う事前調査――』
国分寺市遺跡調査会 2003b「16.504・539 次調査」『武蔵国分寺跡発掘調査概報 29――北方地区・平成 11～13 年度　西国分寺地区土地区画整理事業及び泉町公園事業に伴う調査――』
国分寺市遺跡調査会 2006『武蔵国分寺跡発掘調査概報 33――北方地区・西国分寺駅東地区第一種市街地再開発事業に伴う調査――』
小菅将夫 1991「ナイフ形石器の変遷」『石器文化研究』3，石器文化研究会，pp. 75-84
小菅将夫 2004「石器群の移り変わり」『群馬の旧石器』，みやま文庫，pp. 79-99
小菅将夫 2011「環状ブロック群の消長と局部磨製石斧の変遷」『考古学ジャーナル』618，ニュー・サイエンス社，pp. 23-26
小菅将夫・麻生敏隆 2006「関東地方を中心とした岩宿時代 I 期の予察的細分」『岩宿時代はどこまで遡れるか――立川ローム最下層の石器群――』，岩宿博物館・岩宿フォーラム実行委員会，pp. 76-83
小平市遺跡調査会 1980a『鈴木遺跡 II』
小平市教育委員会 1980b『鈴木遺跡 III　小平市立鈴木小学校内』
後藤　明 2004「移民」『現代考古学事典』，同成社，pp. 31-36
小林達雄・小田静夫・羽鳥謙三・鈴木正男 1971「野川先土器時代遺跡の研究」『第四紀研究』10-4，日本第四紀学会，pp. 231-252
埼玉県埋蔵文化財調査事業団 2009『清河寺前原遺跡』
相模原市古淵 B 遺跡調査会 1994『古淵 B 遺跡』
相模原市橋本遺跡調査会 1984『橋本遺跡　先土器時代編』
佐川正敏 2010「東アジアにおける竹佐中原遺跡の位置づけ――大形重量石器の視点から――」『国道 474 号（飯喬道路）埋蔵文化財発掘調査報告 2――飯田市内その 2――長野県竹佐中原遺跡における旧石器時代の

石器文化 II』，長野県埋蔵文化財センター，pp. 354-364
笹原芳郎 1995「第 2 期・第 3 期の石器群」『愛鷹・箱根山麓の旧石器時代編年　予稿集』，静岡県考古学会シンポジウム実行委員会，pp. 22-27
笹原芳郎 2005「愛鷹・箱根旧石器時代編年の現状と課題」『地域と文化の考古学 I』，明治大学考古学研究室，pp. 91-106
佐世保市教育委員会 2013『史跡福井洞窟発掘調査速報』
佐藤達夫 1970「ナイフ形石器の編年的一考察」『東京国立博物館紀要』5，東京国立博物館，pp. 21-76
佐藤宏之 1988「台形様石器研究序論」『考古学雑誌』73-3，日本考古学会，pp. 1-37
佐藤宏之 1989「後期旧石器時代前半期の研究」『考古学ジャーナル』309，ニュー・サイエンス社，pp. 2-7
佐藤宏之 1990「後期旧石器時代前半期石器群の発生と成立」『法政考古学』15，法政考古学会，pp. 1-42
佐藤宏之 1991a「日本列島内の様相と対比――2 極構造論の展開――」『石器文化研究』3，石器文化研究会，pp. 129-140
佐藤宏之 1991b「東北日本の台形様石器」『研究紀要』X，東京都埋蔵文化財センター，pp. 1-49
佐藤宏之 1992『日本旧石器文化の構造と進化』，柏書房
佐藤宏之 1994「日本列島の中期旧石器文化から後期旧石器文化への移行」『中日古人類・自然文化淵源関係国際学術研究討論会　柳州国際シンポジューム　発表要旨』，別府大学，pp. 13-16
佐藤宏之 2000「日本列島後期旧石器文化のフレームと北海道及び九州島」『九州旧石器』4，九州旧石器文化研究会，pp. 71-82
佐藤宏之 2001「日本列島に前期・中期旧石器時代は存在するか」『科学』71-4・5，岩波書店，pp. 298-302
佐藤宏之 2002「日本列島旧石器時代の陥し穴猟」『国立民族学博物館調査報告』33，国立民族学博物館，pp. 83-108
佐藤宏之 2003「北海道の後期旧石器時代前半期の様相――細石刃文化以前の石器群――」『古代文化』55-4，古代学協会，pp. 3-16
佐藤宏之 2005a「北海道旧石器文化を俯瞰する――北海道とその周辺――」『北海道旧石器文化研究』10，北海道旧石器文化研究会，pp. 137-146
佐藤宏之 2005b「日本列島の自然史と人間」『日本の地誌』1，朝倉書店，pp. 80-94
佐藤宏之 2010「日本列島における中期／後期旧石器時代移行期の石器群と竹佐中原遺跡」『国道 474 号（飯喬道路）埋蔵文化財発掘調査報告 2――飯田市内その 2――長野県竹佐中原遺跡における旧石器時代の石器文化 II』，長野県埋蔵文化財センター，pp. 365-372
佐藤宏之 2013「日本列島の成立と狩猟採集の社会」『岩波講座日本歴史』1，岩波書店，pp. 27-62
Sato, H., 2015 Trap-pit Hunting in Late Pleistocene Japan. *Emergence and Diversity of Modern Human Behavior in Paleolithic Asia*, Texas A&M University Press, pp. 389-405
佐藤良二・絹川一徳 2010「近畿地方」『論座日本の考古学 I　旧石器時代』上，青木書店，pp. 505-543
佐野勝宏 2014「東北地方における後期旧石器時代狩猟具の投射方法に関する実験研究」『日本旧石器学会第 12 回講演・研究発表シンポジウム予稿集　石材の獲得・消費と遺跡群の形成』，日本旧石器学会，pp. 26-29
Sano, K., 2016 Evidence for the use of the bow-and-arrow technology by the first modern humans in the Japanese islands. *Journal of Archaeological Science: Reports 10*, pp. 130-141
佐野勝宏・大場正善 2014「狩猟法同定のための投射実験研究(2)――背付き尖頭器――」『旧石器研究』10，日本旧石器学会，pp. 129-149
佐野勝宏・傳田惠隆・大場正善 2012「狩猟法同定のための投射実験研究(1)――台形様石器――」『旧石器研究』8，日本旧石器学会，pp. 45-63
佐野市教育委員会 2004『上林遺跡――佐野新都市開発整備事業に伴う埋蔵文化財発掘調査事業――』
更別村教育委員会 1977『勢雄遺跡――先土器遺跡の発掘報告――』
山武郡市文化財センター 1994『大網山田台遺跡群 I――旧石器時代篇――』
山武郡市文化財センター 1995『油井小塚原遺跡群(本文編)』
志賀智史 2002「AT 下位の石刃技法」『九州旧石器』5，九州旧石器文化研究会，pp. 13-22

静岡県考古学会シンポジウム実行委員会 1995『愛鷹・箱根山麓の旧石器時代編年　予稿集』
静岡県埋蔵文化財調査研究所 1985『下原遺跡Ⅰ』
静岡県埋蔵文化財調査研究所 2009『梅ノ木沢遺跡Ⅱ（旧石器時代編）』
静岡県埋蔵文化財調査研究所 2010『富士石遺跡Ⅰ　第二東名 No.142 地点　旧石器時代（AT 下位）編——第二東名建設事業に伴う埋蔵文化財発掘調査報告書——』
渋谷孝雄 1992「東北地方における石刃技法出現期の石器群について」『加藤 稔先生還暦記念　東北文化論のための先史学歴史学論集』，加藤稔先生還暦記念会，pp. 173-208
渋谷孝雄・石川恵美子 2010「東北地方」『講座日本の考古学 1　旧石器時代』上，青木書店，pp. 309-353
島田和高 2009「黒耀石利用のパイオニア期と日本列島人類文化の起源」『駿台史学』135, 駿台史学会，pp. 51-70
島田和高 2010「40,000 yBP を遡る遺跡は存在するのか？——日本列島における中期旧石器時代研究の現状と課題——」『Journal of the Korean Paleolithic Society』No. 21, The Korean Paleolithic Society, pp. 71-85
島立　桂 2000「草刈遺跡」『千葉県の歴史　資料編　考古Ⅰ（旧石器・縄文時代）』，千葉県史料研究財団，pp. 42-47
島根県教育委員会 2008『原田遺跡(4)——尾原ダム建設に伴う埋蔵文化財発掘調査報告書 12——』
下里本邑遺跡調査会 1982『下里本邑遺跡』
下原裕司 2004「野川流域　武蔵野面の遺跡とその分布」『第 10 回石器文化研究交流会発表要旨』，石器文化研究会，pp. 63-70
下原裕司 2007「野川流域の旧石器時代遺跡の分布と変遷」『野川流域の旧石器時代』，六一書房，pp. 98-116
城南町教育委員会 2002『沈目遺跡——城南地区県営土地改良総合整備事業に伴う発掘調査——』
白石浩之 1973「茂呂系ナイフ形石器の細分と変遷に関する一試論」『物質文化』21, 物質文化研究会，pp. 41-55
白石浩之 1976「東北日本におけるナイフ形石器変遷の素描」『神奈川考古』1, 神奈川考古同人会，pp. 31-45
白石浩之 1978「西南日本におけるナイフ形石器終末期の予察」『神奈川考古』3, 神奈川考古同人会，pp. 1-30
白石浩之 1996「中期旧石器時代終末から後期旧石器時代にかけての石器群に対する新視点」『神奈川考古』32, 神奈川考古同人会，pp. 19-36
杉原重夫・鈴木尚史・藤森靖枝・宇井義典 2005「南三里塚宮原遺跡出土旧石器時代黒耀石遺物の産地推定」『印旛郡市文化財センター年報』21, (財)印旛郡市文化財センター，pp. 43-53
杉原荘介 1950「岩宿の旧石器」『科学朝日』10-7, (杉原荘介 1974「群馬県岩宿の旧石器時代文化」『日本先土器時代の研究』，pp. 246-247, 講談社，所収)
杉原荘介 1953「日本における石器文化の階梯について」『考古学雑誌』39-2, 日本考古学会，pp. 21-25
杉原荘介 1956「縄文文化以前の石器文化」『日本考古学講座』3, 河出書房，pp. 2-36
杉原荘介 1959「縄文文化初頭の夏島貝塚の土器」『科学読売』11-9, 読売新聞社，pp. 17-21
杉原荘介 1974「前説」『日本先土器時代の研究』，講談社，pp. 9-36
杉原荘介 1977『群馬県武井に於ける二つの石器文化』，明治大学
杉原荘介・吉田　格・芹沢長介 1952「東京都板橋区茂呂における関東ローム層中発見の石器について」『日本考古学協会第九回総会研究発表要旨』，日本考古学協会
杉原荘介・吉田　格・芹沢長介 1959「東京都茂呂における関東ローム層中の石器文化」『駿台史学』9, 駿台史学会，pp. 84-104
鈴木遺跡刊行会 1978『鈴木遺跡Ⅰ』
鈴木遺跡刊行会 1981『鈴木遺跡Ⅳ』
須藤隆司 1986「群馬県藪塚遺跡の石器文化——ナイフ形石器の型式学的考察——」『明治大学考古学博物館館報』2, 明治大学考古学博物館，pp. 27-50

須藤隆司 1991a「ナイフ形石器文化の成立」『石器文化研究』3，石器文化研究会，pp. 249-258
須藤隆司 1991b「ナイフ形石器の型式論(1)」『旧石器考古学』42，旧石器文化談話会，pp. 55-66
須藤隆司 2005「基部着柄尖頭具としてのナイフ形石器——東北日本後期旧石器時代前半期におけるナイフ形石器の形態論的考察——」『旧石器研究』1，日本旧石器学会，pp. 57-72
須藤隆司 2006「中部地方の地域編年」『旧石器時代の地域編年的研究』，同成社，pp. 103-140
諏訪間　順 2003「南関東地方における立川ローム層基底部の石器群」『日本旧石器学会第1回シンポジウム予稿集　後期旧石器時代のはじまりを探る』，日本旧石器学会，pp. 42-52
諏訪間　順 2006「旧石器時代の最古を考える——「X層」研究の意義——」『岩宿時代はどこまで遡るか——立川ローム最下層の石器群——』，岩宿フォーラム実行委員会，pp. 2-12
石器文化研究会 1991『石器文化研究』3
石器文化研究会 2011a『石器文化研究』16
石器文化研究会 2011b「「ナイフ形石器・ナイフ形石器文化を問い直す2——新たな地平を目指して——」の記録」『石器文化研究』17，pp. 95-141
世田谷区遺跡調査会 1982a『嘉留多遺跡・砧中学校7号墳』
世田谷区遺跡調査会 1982b『下山遺跡』
世田谷区教育委員会 1997『瀬田遺跡II』
世田谷区教育委員会 2001『堂ヶ谷戸遺跡V——東京都世田谷区岡本3丁目1番の発掘調査記録——』
芹沢長介 1954「関東及中部地方に於ける無土器文化の終末と縄文文化の発生とに関する予察」『駿台史学』4，駿台史学会，pp. 65-106
芹沢長介 1956「日本に於ける無土器文化」『人類学雑誌』64-3，日本人類学会，pp. 117-129
芹沢長介 1957『考古学ノート1　先史時代(I)』，日本評論新社
芹沢長介 1959「ローム層に潜む文化」『世界考古学大系　日本I　先縄文・縄文時代』，平凡社，pp. 17-38
芹沢長介 1960『石器時代の日本』，築地書館
芹沢長介 1961「日本考古学上の問題点(二)無土器文化」『日本歴史』152，吉川弘文館，pp. 73-79
芹沢長介 1962a「日本の旧石器文化と縄文文化」『古代史講座2　原始社会の解体　学生社版』，学生社，pp. 301-332
芹沢長介 1962b「旧石器時代の諸問題」『岩波講座日本歴史』1，岩波書店，pp. 79-107
芹沢長介 1963「無土器時代の地方色」『国文学　解釋と鑑賞』28-5，至文堂，pp. 19-27
芹沢長介 1969「先縄文文化」『考古学講座3　先史文化——無土器・縄文文化——』，雄山閣，pp. 23-46
芹沢長介 1971「旧石器時代の諸問題——1969年度における研究——」『考古学ジャーナル』53，ニュー・サイエンス社，pp. 2-12
芹沢長介 1977『磯山』，東北大学文学部考古学研究会
芹沢長介・麻生　優 1953「北信・野尻湖底発見の無土器文化(予報)」『考古学雑誌』39-2，日本考古学会，pp. 26-33
大工原　豊 2004「不二山遺跡に関する問題——その「史料批判」的検討——」『群馬の旧石器』，みやま文庫，pp. 47-67
高井戸東遺跡調査会 1977『高井戸東遺跡』
高井戸東(駐車場西)遺跡調査会 1977『高井戸東(駐車場西)遺跡』
高尾好之 1995「第1期の石器群」『愛鷹・箱根山麓の旧石器時代編年　予稿集』，静岡県考古学会シンポジウム実行委員会，pp. 19-21
高尾好之 2006「東海地方の地域編年」『旧石器時代の地域編年的研究』，同成社，pp. 61-102
髙倉　純 1999「遺跡間変異と移動・居住形態復元の諸問題」『日本考古学』7，日本考古学協会，pp. 75-94
Takahashi, K., Izuho, M., Aoki, K., Yamada, G., Akamatsu, M., 2004 A New Specimen of Palaeoloxodon naumanni form Hokkaido and its Significance. *Quaternary Research 43*, Japan Association for Quaternary Research, pp. 169-180
Takahara, H., Hayashi, R., 2015 Paleovegetation during Marine Isotope Stage 3 in East Asia. *Emergence and Diversity of Modern Human Behavior in Paleolithic Asia*, Texas A&M University Press, pp. 314-324

高宮広人 2011「ヒトはいつごろ沖縄諸島に適応したのか：『貝塚時代前IV期』説」『先史・原史時代の琉球列島〜ヒトと景観〜』，六一書房，pp. 25-42
滝沢　浩 1963『関東・中部地方におけるナイフ形石器文化とその終末』，p. 24
滝沢　浩 1965「関東・中部のナイフ形石器」『歴史教育』13-3，日本書院，pp. 28-33
橘　昌信 2000「九州における中期旧石器時代と後期旧石器時代成立期前後の石器群」『別府大学博物館研究報告』20，別府大学博物館，pp. 1-33
橘　昌信 2002「後牟田遺跡AT下位石器群と九州における後期旧石器時代前半期の変遷」『後牟田遺跡──宮崎県川南町後牟田遺跡における旧石器時代の研究──』，後牟田遺跡調査団・川南町教育委員会，pp. 409-429
田村　隆 1989「二項的モードの推移と巡回──東北日本におけるナイフ形石器群成立期の様相──」『先史考古学研究』2，阿佐ヶ谷考古学研究会，pp. 1-52
田村　隆 1990「野見塚遺跡の先土器時代──コア・リダクションと狩猟・採集戦略──」『松戸市野見塚遺跡・前原遺跡・根之神遺跡・中内遺跡・中峠遺跡・新橋台I遺跡・串崎新田東里所野馬除土手──北総開発鉄道埋蔵文化財調査報告──』，千葉県文化財センター，pp. 263-280
田村　隆 2001「重層的二項性と交差変換──端部整形石器範疇の検出と東北日本後期旧石器石器群の生成──」『先史考古学論集』10，安斎正人，pp. 1-50
田村　隆 2011『旧石器社会と日本民俗の基層』，同成社
多聞寺前遺跡調査会 1983『多聞寺前遺跡II』
千歳市教育委員会 1974『祝梅三角山地点　北海道千歳市祝梅における旧石器時代遺跡の発掘調査』
千歳市教育委員会 1994『千歳市埋蔵文化財調査報告書XIX　丸子山遺跡における考古学的調査』
千葉県教育振興財団 2006a『千原台ニュータウンXV──市原市押沼大六天遺跡（下層）』
千葉県教育振興財団 2006b『千葉市中野台遺跡・荒久遺跡(4)──独立行政法人都市再生機構千葉寺地区埋蔵文化財発掘調査報告書V──』
千葉県教育振興財団 2006c『千葉東南部ニュータウン35──千葉市椎名崎古墳群B支群』
千葉県教育振興財団 2008『柏北部中央地区埋蔵文化財調査報告書1──柏市大松遺跡──旧石器時代編』
千葉県教育振興財団 2009『柏北部中央地区埋蔵文化財調査報告書2──柏市原山遺跡──旧石器時代編』
千葉県教育振興財団 2011a『千葉ニュータウン埋蔵文化財調査報告書XXIII──印西市泉北側第3遺跡（下層）──』
千葉県教育振興財団 2011b『柏北部中央地区埋蔵文化財調査報告書3──柏市農協前遺跡──旧石器時代編』
千葉県教育振興財団 2011c『流山新市街地地区埋蔵文化財調査報告書──流山市大久保遺跡（下層）・市野谷向山遺跡（下層）・東初石六丁目第I遺跡（下層）・東初石六丁目第II遺跡・十太夫第I遺跡』
千葉県教育振興財団 2012『千葉ニュータウン埋蔵文化財調査報告書XXV──印西市荒野前遺跡（下層）──』
千葉県文化財センター 1982『千葉東南部ニュータウン 10』
千葉県文化財センター 1984『千葉東南部ニュータウン 15』
千葉県文化財センター 1986『常磐自動車道埋蔵文化財調査報告書IV──元割・聖人塚・中山新田I──』
千葉県文化財センター 1989a『佐倉市南志津地区埋蔵文化財調査報告書1──御塚山・大林・大堀・西野・芋窪遺跡──』
千葉県文化財センター 1989b『千葉市荒久遺跡(1)』
千葉県文化財センター 1989c『千葉市小中台(2)遺跡・新堀込・馬場遺跡──千葉市計画道路3・4・43号磯部・茂呂町線建設に伴う埋蔵文化財発掘調査報告書3』
千葉県文化財センター 1990『八千代市仲ノ台遺跡・芝山遺跡』
千葉県文化財センター 1991a『八千代市白幡前遺跡』
千葉県文化財センター 1991b『四街道市内黒田遺跡群──内黒田特定土地区画整理事業地内埋蔵文化財発掘調査報告書』
千葉県文化財センター 1991c『佐倉市栗野I・II遺跡──佐倉第三工業団地造成に伴う埋蔵文化財発掘調査報告書VIII──』
千葉県文化財センター 1992『東関東自動車道埋蔵文化財調査報告書VII』

千葉県文化財センター　1993a　『新東京国際空港埋蔵文化財発掘調査報告書VII』
千葉県文化財センター　1993b　『千葉東南部ニュータウン 18——鎌取遺跡——』
千葉県文化財センター　1993c　『八千代市権現後遺跡・北海道遺跡・井戸向遺跡』
千葉県文化財センター　1993d　『八千代市坊山遺跡——萱田地区埋蔵文化財調査報告VI——』
千葉県文化財センター　1994a　『新東京国際空港埋蔵文化財発掘調査報告書VIII——取香和田戸遺跡(空港 No. 60 遺跡)——』
千葉県文化財センター　1994b　『千原台ニュータウンVI——草刈六ノ台遺跡——』
千葉県文化財センター　1994c　『四街道市御山遺跡(1)——物井地区埋蔵文化財発掘調査報告書 I——』
千葉県文化財センター　1996a　『市原市武士遺跡 1』
千葉県文化財センター　1996b　『多古町千田台遺跡』
千葉県文化財センター　1996c　『一般県道横芝山武線道路改良事業埋蔵文化財調査報告書——横芝町　木戸台・町原古墳群，木戸台遺跡——』
千葉県文化財センター　1997　『新東京国際空港埋蔵文化財調査報告 X——天神峰奥之台遺跡(空港 No. 65 遺跡)』
千葉県文化財センター　1998　『干潟工業団地埋蔵文化財発掘調査報告書』
千葉県文化財センター　1999　『四街道市出口・鐘塚遺跡——物井地区埋蔵文化財発掘調査報告書 II——』
千葉県文化財センター　2000a　『新東京国際空港埋蔵文化財発掘調査報告書 XIII——東峰御幸畑西遺跡(空港 No. 61 遺跡)』
千葉県文化財センター　2000b　『千葉東金道路(二期)埋蔵文化財調査報告書 7——松尾町・横芝町四ツ塚遺跡・松尾町千神塚群——』
千葉県文化財センター　2000c　『東関東自動車道(千葉・富津線)埋蔵文化財報告書 5——市原市中井沢遺跡・百目木遺跡・下椎木遺跡・志保知遺跡・ヤジ山遺跡・細山(1)(2)遺跡——』
千葉県文化財センター　2000d　『千葉東金道路(二期)埋蔵文化財調査報告書 4——山武町久保谷遺跡——』
千葉県文化財センター　2001a　『船橋市新山東遺跡——前原団地建替事業関連埋蔵文化財調査報告——』
千葉県文化財センター　2001b　『新東京国際空港埋蔵文化財発掘調査報告書 XV——天神峰最上遺跡(空港 No. 64 遺跡)』
千葉県文化財センター　2001c　『新東京国際空港埋蔵文化財発掘調査報告書 XIV』
千葉県文化財センター　2002a　『東関東自動車道(千葉・富津線)埋蔵文化財調査報告書 10——袖ヶ浦市台山遺跡——』
千葉県文化財センター　2002b　『東関東自動車道(千葉・富津線)埋蔵文化財調査報告書 11——木更津市中越遺跡——』
千葉県文化財センター　2003a　『新鎌ヶ谷地区埋蔵文化財調査報告書 I——鎌ヶ谷市五本松 No. 3 遺跡——』
千葉県文化財センター　2003b　『千葉東金道路(二期)埋蔵文化財調査報告 12——松尾町赤羽根遺跡——』
千葉県文化財センター　2004a　『新東京国際空港埋蔵文化財発掘調査報告書 XIX——東峰御幸畑東遺跡(空港 No. 62 遺跡)』
千葉県文化財センター　2004b　『千原台ニュータウン X』
千葉県文化財センター　2004c　『東関東自動車道(千葉・富津線)埋蔵文化財調査報告書 13——袖ヶ浦市関畑遺跡——』
千葉県文化財センター　2004d　『松崎地区内陸工業用地造営整備事業埋蔵文化財調査報告書——印西市松崎 I 遺跡——』
千葉県文化財センター　2005a　『新鎌ヶ谷地区埋蔵文化財調査報告書 II——鎌ヶ谷市五本松 No. 3 遺跡 2』
千葉県文化財センター　2005b　『東関東自動車道水戸線酒々井 PA 埋蔵文化財調査報告書 1——酒々井町墨古沢南 I 遺跡——旧石器時代編』
千葉県文化財センター　2005c　『四街道市小屋ノ内遺跡(1)　旧石器時代編——物井地区埋蔵文化財発掘調査報告書 III』
千葉県文化財センター　2005d　『千葉東南部ニュータウン 33——千葉市椎名崎古墳群 C 支群——』
千葉県文化財センター　2006　『松崎地区内陸工業用地造営整備事業埋蔵文化財調査報告書 5——印西市松崎

　　　　　Ⅳ・Ⅴ遺跡――』

千葉市文化財調査協会　1988『千葉市餅ヶ崎遺跡――昭和60年度発掘調査報告書』

千葉市文化財調査協会　1996『土気南遺跡群　Ⅶ』

張　　龍俊　2009「韓半島・九州の舊石器時代石器群と文化の交錯」『日本旧石器学会第7回講演・研究発表シンポジウム予稿集　南九州の旧石器時代石器群――「南」の地域性と文化の交錯――』，日本旧石器学会，pp. 63-66

調布市遺跡調査会　2006『都立武蔵野の森公園埋蔵文化財調査――野水遺跡　第1地点――報告書』

月夜野町教育委員会　1986『善上遺跡・三峰神社裏遺跡・大友館址遺跡』

筑波大学嶋木遺跡調査グループ　1988「北海道河東郡上士幌町嶋木遺跡の石器文化」『歴史人類』16，筑波大学歴史・人類学系，pp. 1-64

辻　　秀子　1969a「上士幌遺跡――第1次報告――」『帯広畜産大学学術研究報告第Ⅱ部』3-4，pp. 70-80

辻　　秀子　1969b「上士幌嶋木遺跡――第2報――」『郷土の科学』64，北海道地学教育連絡会，pp. 8-16

辻　　秀子　1973「北海道上士幌嶋木遺跡の調査報告」『石器時代』10，石器時代文化研究会，pp. 39-66

堤　　　隆　2000「搔器の機能と寒冷適応としての皮革利用システム」『考古学研究』47-2，考古学研究会，pp. 66-84

堤　　　隆　2006「後期旧石器時代初頭の石斧の機能を考える――日向林B遺跡の石器使用痕分析から――」『長野県考古学会誌』118，長野県考古学会，pp. 1-12

鶴丸俊明　1978『むかし　むかし――るべしべを知る――』，留辺蘂町教育委員会

寺崎康史　2006「北海道の地域編年」『旧石器時代の地域編年的研究』，同成社，pp. 276-314

寺崎康史・山原敏朗　1999「北海道地方」『旧石器考古学』58，旧石器文化談話会，pp. 3-10

傳田惠隆　2009「福島県笹山原 No. 16 遺跡出土石器の使用痕分析」『第23回　東北日本の旧石器文化を語る会』，東北日本の旧石器文化を語る会，pp. 38-45

東京外かく環状道路練馬地区遺跡調査会　1995『もみじ山遺跡』Ⅰ

東京都教育委員会　1980『西之台遺跡B地点』

東京都埋蔵文化財センター　1997a『島屋敷遺跡』

東京都埋蔵文化財センター　1997b『菅原神社台地上遺跡』

富樫泰時　1975「米ヶ森遺跡」『日本の旧石器文化』2，雄山閣，pp. 138-156

戸沢充則　1957「切出形石器をめぐる問題」『貝塚』68，貝塚研究會

戸沢充則　1965「先土器時代における石器群研究の方法――考古学的な資料を，歴史学的な認識の素材とするまでの，整理と理解の過程に関する方法論への試みとして。――」『信濃』17-4，信濃史学会，pp. 205-218

戸沢充則　1975「インダストリー論」『日本の旧石器文化』1，雄山閣，pp. 64-73

戸沢充則　1986「総論――考古学における地域性――」『岩波講座日本考古学』5，岩波書店，pp. 1-26

戸田正勝　1988「茂呂系ナイフ形石器文化の成立に関する一試論」『太平臺史窓』7，大塚書店，pp. 19-50

都内第二遺跡調査会　1999『西台後藤田遺跡第1地点発掘調査報告書』

都立府中病院内遺跡調査会　1984『武蔵台遺跡Ⅰ――武蔵国分寺跡西方地区の調査――』

中種子町教育委員会　1999『立切遺跡・京塚遺跡――県営畑地帯農道網整備事業（境地区）に伴う埋蔵文化財発掘調査報告――』

長門町教育委員会　2001『県道男女倉長門線改良工事に伴う発掘調査報告書――鷹山遺跡群第Ⅰ遺跡および追分遺跡群発掘調査――』

長野県埋蔵文化財センター　2000a『上信越自動車道埋蔵文化財発掘調査報告書15――信濃町内　その1――日向林B遺跡・日向林A遺跡・七ツ栗遺跡，大平B遺跡　旧石器時代編』

長野県埋蔵文化財センター　2000b『上信越自動車道埋蔵文化財発掘調査報告書15――信濃町内　その1――裏ノ山遺跡・東裏遺跡・大久保南遺跡・上ノ原遺跡　旧石器時代編』

長野県埋蔵文化財センター　2000c『上信越自動車道埋蔵文化財発掘調査報告書16』

長野県埋蔵文化財センター　2010『国道474号（飯喬道路）埋蔵文化財発掘調査報告2――飯田市内その2――長野県竹佐中原遺跡における旧石器時代の石器文化Ⅱ』

中村真理 2003「第 6 節 小結」『多摩蘭坂遺跡 IV——東京建物株式会社共同住宅建設に伴う事前調査——』，国分寺市遺跡調査会，pp. 187-196
中村雄紀 2011a「静岡県東部地域における後期旧石器時代の石器群と遺跡分布の変遷」『東京大学考古学研究室研究紀要』25，pp. 1-32
中村雄紀 2011b「愛鷹山麓最古の石器群の諸問題：第 VII 黒色帯付近の石器群」『石器文化研究』17，石器文化研究会，pp. 76-94
中村雄紀 2012「愛鷹・箱根山麓の後期旧石器時代前葉の石器群の編年」『旧石器研究』8，日本旧石器学会，pp. 105-122
中村雄紀 2013「旧石器時代の年代と広域編年対比——関東——」『日本旧石器学会第 11 回講演・研究発表シンポジウム予稿集 旧石器時代の年代と広域編年対比』，日本旧石器学会，pp. 61-64
中村雄紀 2014「関東地方における旧石器時代の年代と編年」『旧石器研究』10，日本旧石器学会，pp. 107-127
中村由克 2010「旧石器時代における石斧の石材選択——とくに「蛇紋岩」とされた石材の再検討——」『シンポジウム 日本列島における酸素同位体ステージ 3 の古環境と現代人的行動の起源』，八ヶ岳旧石器研究グループ，pp. 16-19
奈良文化財研究所 2003『平城京左京二条二坊十四坪発掘調査報告 旧石器時代編［法華寺南遺跡］』
新里村教育委員会 2005『2003 年度調査新里村内遺跡発掘調査報告 山上城跡 IX・石山 II 遺跡』
新田浩三 1991「石器組成の変遷」『石器文化研究』3，石器文化研究会，pp. 95-102
新田浩三 1995「下総型石刃再生技法の提唱」『研究紀要』16，（財）千葉県文化財センター，pp. 3-40
西秋良宏編 2013『ホモ・サピエンスと旧人——旧石器考古学からみた交代劇——』，六一書房
日本旧石器学会 2003『日本旧石器学会第 1 回シンポジウム予稿集 後期旧石器時代のはじまりを探る』
日本旧石器学会 2010『日本旧石器学会第 8 回講演・研究発表シンポジウム予稿集 旧石器時代研究の諸問題——列島最古の旧石器を探る——』
日本第四紀学会 1987『日本第四紀地図』，東京大学出版会
沼津市教育委員会 1988『土手上・中見代第 II 遺跡・第 III 遺跡発掘調査報告書』
沼津市教育委員会 1989『中見代第 I 遺跡調査報告書（足鷹尾上 No. 5 遺跡）』
沼津市教育委員会 1990『清水柳北遺跡発掘調査報告書 その 2——東尾根の先土器・縄文・古墳・奈良時代の調査——中央尾根の先土器・縄文・古墳時代の調査——』
沼津市教育委員会 1991『広合遺跡（e 区）・二ツ洞遺跡（a 区）発掘調査報告書』
沼津市教育委員会 1997『土手上遺跡（d・e-1 区）発掘調査報告書』
沼津市教育委員会 1999『西洞遺跡（b 区-1）発掘調査報告書』
沼津市教育委員会 2011『井出丸山遺跡発掘調査報告書』
根ノ上遺跡発掘調査会 1988『根ノ上遺跡発掘調査報告』
練馬区遺跡調査会 1982『尾崎遺跡』
練馬区遺跡調査会 1986『天祖神社東遺跡』
練馬区遺跡調査会 1992『愛宕下遺跡』
練馬区遺跡調査会・練馬区教育委員会 1986『東早淵遺跡』
練馬区比丘尼橋遺跡調査団 1993『練馬区比丘尼橋遺跡 B 地点調査報告書』
野口 淳 2005「立川ローム層下部の石斧——武蔵野台地南部野川流域を中心として——」『明治大学校地内遺跡調査団 年報 2（2004 年度）』，明治大学校地内遺跡調査団，pp. 88-100
野口 淳 2011「「ナイフ形石器」の起源と展開」『石器文化研究』16，石器文化研究会，pp. 3-10
萩原博文 1979「九州における旧石器時代石器群について」『長崎県の考古学[I]』，長崎県考古学会，pp. 1-11
萩原博文 1980「西南日本における旧石器時代石器群の様相」『考古学研究』26-4，考古学研究会，pp. 46-75
萩原博文 2004「日本列島最古の旧石器文化」『平戸市史研究』9，平戸市史編さん委員会，pp. 3-40
橋本勝雄 1989「AT 降灰以前における特殊な遺物分布の様相」『考古学ジャーナル』309，ニュー・サイエ

ンス社，pp. 25-32
橋本勝雄 2005「環状ユニット（環状ブロック群）における石斧の諸相」『日本旧石器学会第3回講演・研究発表シンポジウム予稿集　環状集落――その機能と展開をめぐって』，日本旧石器学会，pp. 41-45
羽鳥謙三 2004『武蔵野扇状地の地形発達――地形・地質と水理・遺跡環境――』，地学団体研究会
羽鳥謙三・加藤定男・向山崇久 2000「多摩川流域と武蔵野台地の地形」『多摩川流域の段丘形成と考古学的遺跡の立地環境』，（財）とうきゅう環境浄化財団，pp. 25-71
羽生淳子 2009「季節的定住と通年定住――民族誌事例の検討から――」『縄文時代の考古学』8，同成社，pp. 25-35
原村教育委員会 1988『弓振日向遺跡（第2次発掘調査）――昭和61年度県営ほ場整備事業弓振地区に伴う緊急発掘調査報告書――』
韓昌均 2002「대전 용호동 구석기유적」『東北亞細亞舊石器研究』，漢陽大學校文化財研究所
比田井民子編 2000『多摩川流域の段丘形成と考古学的遺跡の立地環境』，（財）とうきゅう環境浄化財団
比田井民子・杉原重夫・金成太郎 2012「武蔵野台地における立川ローム層最下層出土の黒曜石資料の原産地推定――武蔵台遺跡・多摩蘭坂遺跡・鎌ケ谷遺跡について――」『明治大学博物館研究報告』17，明治大学博物館，pp. 39-56
ひたちなか市教育委員会 2001『武田西塙遺跡　旧石器・縄文・弥生時代編』
ひたちなか市教育委員会 2006『武田原前遺跡　旧石器～平安時代編』
ひたちなか市教育委員会・茨城県考古学協会 2002『茨城県における旧石器時代研究の到達点――その現状と課題――』
兵庫県教育委員会 1990『七日市遺跡（I）　旧石器時代の調査――近畿自動車道敦賀線関係埋蔵文化財調査報告書――』
兵庫県教育委員会 1991『板井寺ケ谷遺跡――旧石器時代の調査――近畿自動車道舞鶴線関係埋蔵文化財調査報告書 XIV――1』
兵庫県教育委員会 2004『七日市遺跡（III）　旧石器時代の調査――近畿自動車道敦賀線（吉川～福知山）建設事業（春日JCT）に伴う発掘調査報告書――』
平口哲夫 1987「横剝ぎ技法の諸類型（その一）」『太平臺史窓』6，大塚書店，pp. 1-12
廣瀬高文・岩名健太郎・高尾好之 2006「静岡県内の岩宿時代I期初頭の石器群」『岩宿時代はどこまで遡るか――立川ローム最下層の石器群――』，岩宿フォーラム実行委員会，pp. 14-21
深澤幸江 1999「L1Hの細石器文化」『石器に学ぶ』2，石器に学ぶ会，pp. 63-104
福岡県旧石器文化研究会 1997「九州における中期旧石器から後期旧石器時代初頭石器群の様相（1）――熊本県下横田遺跡採集石器の検討1――」『旧石器考古学』55，旧石器文化談話会，pp. 37-49
福岡県旧石器文化研究会 2000「九州における中期旧石器から後期旧石器時代初頭石器群の様相（2）――熊本県下横田遺跡採集石器の検討2――」『旧石器考古学』59，旧石器文化談話会，pp. 53-67
福田アジオ 2014「生活文化にみる地域性」『新体系日本史14　生活文化史』，山川出版社，pp. 38-63
藤岡市教育委員会 1987『国道254号線埋蔵文化財調査報告書　A6 白塩道南遺跡　A2 藤岡北山遺跡』
藤野次史 1989「中国地方・近畿地方西部におけるAT下位の石器群について」『九州旧石器』創刊号，九州旧石器文化研究会，pp. 23-52
藤原妃敏 1979「東北地方における石刃技法を主体とする石器群研究の問題点」『考古学ジャーナル』167，ニュー・サイエンス社，pp. 36-38
藤原妃敏 1983「東北地方における後期旧石器時代石器群の技術基盤――石刃石器群を中心として――」『考古学論叢I』，芹沢長介先生還暦記念論文集刊行会，pp. 63-90
藤原妃敏 1984「米ヶ森技法」『考古学ジャーナル』229，ニュー・サイエンス社，pp. 30-33
藤原妃敏 1988「米ヶ森技法と石刃技法」『考古学ジャーナル』309，ニュー・サイエンス社，pp. 14-18
藤原妃敏 1992「東北地方後期旧石器時代前半期の一様相――福島県会津若松市笹山原No. 7遺跡の石器群を中心として――」『加藤　稔先生還暦記念　東北文化論のための先史学歴史学論集』，加藤稔先生還暦記念会，pp. 157-172
藤原妃敏・柳田俊雄 1991「北海道・東北地方の様相――東北地方を中心として――」『石器文化研究』3，石

器文化研究会，pp. 151-163
藤本　強　2000「植物利用の再評価――世界的枠組みの再構築を見据えて――」『古代文化』52-1，古代学協会，pp. 1-15
富士見市遺跡調査会　1979『三芳唐沢遺跡』
富士見市遺跡調査会　1990『宮脇遺跡・谷津遺跡発掘調査報告書(2)』
富士見市教育委員会　1977『富士見市文化財報告 VIII』
富士見市教育委員会　1978『打越遺跡』
別府大学付属博物館　1985『駒方古屋遺跡発掘調査報告書』
別府大学付属博物館　1987『駒方古屋遺跡――第 2 次・3 次発掘調査報告書――』
北海道十勝支庁　1983『北海道帯広空港南 A 遺跡――道営畑地総合事業大正地区第 10 号農道改良工事区内埋蔵文化財緊急発掘調査報告書――』
北海道埋蔵文化財センター　1988『函館市　桔梗 2 遺跡――一般国道 5 号線函館新道道路改良工事用地内埋蔵文化財発掘調査報告書――』
北海道埋蔵文化財センター　1991『清水町　上清水 2 遺跡・共栄 3 遺跡(2)・東松沢 2 遺跡　芽室町　北明 1 遺跡――北海道横断自動車道埋蔵文化財発掘調査報告書――』
北海道埋蔵文化財センター　1999『千歳市　柏台 1 遺跡――一般国道 337 号線新千歳空港関連工事用地内埋蔵文化財発掘調査報告書――』
北海道埋蔵文化財センター　2004『白滝遺跡群 IV――一般国道 450 号白滝丸瀬布道路工事用地内埋蔵文化財発掘調査報告書――』
北陸旧石器文化交流会　1986『北陸旧石器シンポジウム 1986　日本海地域における旧石器時代の東西交流――国府系・立野ヶ原系石器群をめぐる諸問題――』
麻柄一志　1985「局部磨製石斧を伴う石器群について」『旧石器考古学』31，旧石器文化談話会，pp. 61-75
麻柄一志　2005「後期旧石器時代前半期前葉の剝離技術――米ヶ森技法の出現と展開――」『旧石器考古学』66，旧石器文化談話会，pp. 31-45
幕別町教育委員会　2000『札内 N 遺跡――農地改良に伴う発掘調査報告書――』
町田　洋　2005「日本旧石器時代の編年」『旧石器研究』1，日本旧石器学会，pp. 7-16
町田　洋・新井房夫　1976「広域に分布する火山灰――始良 Tn 火山灰の発見とその意義――」『科学』46-6，岩波書店，pp. 339-347
町田　洋・新井房夫　2003『新編火山灰アトラス』，東京大学出版会
松藤和人　1974「瀬戸内技法の再検討」『ふたがみ――二上山北麓石器時代遺跡群分布調査報告――』，学生社，pp. 138-163
松藤和人　1979「ふたたび〝瀬戸内技法〟について」『二上山・桜ヶ丘遺跡――第 1 地点の発掘調査報告――』，橿原考古学研究所，pp. 203-252
松藤和人　1980「近畿西部・瀬戸内地方におけるナイフ形石器文化の諸様相」『旧石器考古学』21，旧石器文化談話会，pp. 213-259
松藤和人　1985「西日本におけるナイフ形石器文化の諸様相――とくに始良 Tn 火山灰前後の石器群を中心に――」『信濃』37-4，信濃史学会，pp. 293-318
松藤和人　1987「西日本における AT 下位の石器群」『国立歴史民俗博物館研究報告』13，国立歴史民俗博物館，pp. 205-232
松藤和人　1991「大阪府のあけぼの」『大阪府史』別巻，大阪府史編集委員会，pp. 59-113
松藤和人　2009『日本と東アジアの旧石器考古学』，雄山閣
松藤和人　2010『検証「前期旧石器遺跡発掘捏造事件」』，雄山閣
松本忠夫　2003「島における生物」『集団と環境の生物学』，放送大学教育振興会，pp. 172-187
Maringer, J., 1957 Eine Toalien-artige Industrie aus Mitteljapan. *Ethonos*, vol. 17, Statens ethnografisca museum, pp. 3-4
三重町教育委員会　1985『百枝遺跡 C 地区 (昭和 59 年度)――大分県三重町百枝遺跡発掘調査報告書――』
三重町教育委員会　1999『牟礼越遺跡――三重地区遺跡群発掘調査報告書――』

Mignon, M. R., 1993 *Dictionary of concepts in Archaeology*, Greewood Press

三島市教育委員会　1992『三島市埋蔵文化財発掘調査報告 I』

三島市教育委員会　1999『静岡県三島市　初音ヶ原遺跡――都市計画道路谷田幸原線初音ヶ原インターチェンジ建設に伴う埋蔵文化財発掘調査報告書――』

みどり市教育委員会　2010『史跡岩宿遺跡保存整備報告書』

三鷹市教育委員会・三鷹市遺跡調査会　1996『羽根沢台遺跡 II』

宮崎県埋蔵文化財センター　2007『山田遺跡――一般国道218号北方延岡道路建設に伴う埋蔵文化財発掘調査報告書(3)――』

三芳町教育委員会　2009『藤久保遺跡 II――藤久保第一土地区画整理事業に伴う埋蔵文化財発掘調査報告書――』

三芳町教育委員会　2011『中東遺跡第2地点・第3地点――倉庫増築に伴う埋蔵文化財発掘調査報告書――』

村崎孝宏　2002「九州における後期旧石器文化成立期に関する編年的研究」『九州旧石器』5，九州旧石器文化研究会，pp. 13-22

明治大学校地内遺跡調査団　2005a『シンポジウム「立川ローム下部の層序と石器群」予稿集』

明治大学校地内遺跡調査団　2005b『シンポジウム「立川ローム下部の層序と石器群」記録・コメント集』

森先一貴　2005「国府石器群の成立――大阪平野周辺部石器群再考――」『待兼山考古学論集――都出比呂志先生退任記念――』，大阪大学考古学研究室，pp. 111-127

森先一貴　2007「東北地方後期旧石器時代前半期研究の諸問題――特に台形様石器の分類と型式をめぐって――」『秋田考古学』51，秋田考古学協会，pp. 1-13

森先一貴　2009「瀬戸内地方東部後期旧石器文化の特質――台形様石器・ナイフ形石器群の編年研究から――」『第26回中・四国旧石器文化談話会　香川県における旧石器時代の様相　発表要旨・資料集』，中・四国旧石器文化談話会，pp. 27-34

森先一貴　2010『旧石器社会の構造的変化と地域適応』，六一書房

森先一貴　2011「石器群の広域編年からみた地域社会の形成過程――多様な系統の理解と「ナイフ形石器文化」――」『石器文化研究』16，石器文化研究会，pp. 109-115

矢島國雄・鈴木次郎　1976「相模野台地における先土器時代研究の現状」『神奈川考古学』1，神奈川考古同人会，pp. 1-30

矢島國雄・鈴木次郎　1978「先土器時代の石器群とその編年」『日本考古学を学ぶ』1，有斐閣，pp. 144-169

矢島國雄・鈴木次郎　1988「先土器時代の石器群とその編年」『日本考古学を学ぶ』1〈新版〉，有斐閣，pp. 154-182

柳田俊雄　1986「日本の旧石器　九州地方(2)」『考古学ジャーナル』268，ニュー・サイエンス社，pp. 18-22

柳田俊雄　1988「東九州の石刃技法の変遷」『古代文化』40-7，古代学協会，pp. 1-18

柳田俊雄　2004「東北地方中南部地域の「暗色帯」とそれに対応する層から出土する石器群の特徴について」『Bulletin of the Tohoku University Museum』3，Tohoku University Museum，pp. 69-89

柳田俊雄　2006「東北地方の地域編年」『旧石器時代の地域編年的研究』，同成社，pp. 141-172

山岡拓也　2010「「台形様石器」の欠損資料――日本列島の後期旧石器時代前半期における現代人的行動の一事例――」『旧石器研究』6，日本旧石器学会，pp. 17-32

山岡拓也　2012『後期旧石器時代前半期石器群の研究――南関東武蔵野台地からの展望――』，六一書房

山岡磨由子・田村　隆　2009「後期旧石器時代南関東における赤谷層産黒色頁岩の使用状況について」『千葉県立中央博物館研究報告――人文科学――』11-1，千葉県立中央博物館，pp. 29-50

山形秀樹　2000「放射性炭素年代測定」『上信越自動車道埋蔵文化財発掘調査報告書15――信濃町内　その1――日向林B遺跡・日向林A遺跡・七ツ栗遺跡，大平B遺跡　旧石器時代編』，長野県埋蔵文化財センター，p. 225

山川古墳群第二次調査会　2004『山川古墳群（第2次調査）――土浦市総合運動公園建設に伴う埋蔵文化財発掘調査報告書』

山口卓也　1983「所謂瀬戸内系の旧石器と横長剥片剥離技術伝統について」『関西大学考古学研究室開設参拾

周年記念考古学論叢』，関西大学文学部考古学研究室，pp. 919-951

山口卓也 1987「瀬戸内系旧石器の存続期間について」『横田健一先生 古稀記念 文化史論叢』上，横田健一先生古稀記念会，pp. 58-80

山口卓也 1993「西南日本における後期旧石器時代前半期の一様相」『関西大学考古学研究室開設四拾周年記念考古学論叢』，関西大学文学部考古学研究室，pp. 1-23

山口卓也 1994「二上山を中心とした石材の獲得」『瀬戸内技法とその時代』，中・四国旧石器文化談話会，pp. 185-198

山口卓也 1998「板井寺ケ谷遺跡下位文化層の横長剝片剝離技術」『旧石器考古学』56，旧石器文化談話会，pp. 1-10

山口卓也・久保弘幸・藤田 淳 1991「近畿地方の様相——後期旧石器時代初頭から AT 降灰前後までの石器群——」『石器文化研究』3，石器文化研究会，pp. 185-198

山田晃弘 1986「北海道後期旧石器時代における石器製作技術構造の変遷に関する予察」『考古学雑誌』71-4，日本考古学会，pp. 1-29

山田しょう 2007「日本旧石器時代の起源に関する研究の問題点」『有限責任中間法人 日本考古学協会 第 73 回総会研究発表要旨』，有限責任中間法人 日本考古学協会，p. 89

山田しょう 2008「石器の機能から見た旧石器時代の生活」『旧石器研究』4，日本旧石器学会，pp. 49-60

山田しょう 2014「前期旧石器時代存否論争と珪岩製旧石器」『季刊考古学』126，雄山閣，pp. 19-23

山手誠二 1994「辻田遺跡出土の旧石器」『研究紀要』8，北九州教育文化事業団，pp. 1-14

大和市 No. 199 遺跡発掘調査団 2008『上草柳遺跡群大和配水池内遺跡発掘調査報告書 I』

山内清男 1964『日本原始美術』1，講談社

山原敏朗 1993「北海道における台形様石器を伴う石器群について」『考古論集——潮見 浩先生退官記念論文集——』，潮見 浩先生退官記念事業会，pp. 33-44

山原敏朗 1996「北海道における細石刃文化以前の石器群について——十勝地域の恵庭 a 火山灰降下以前の石器群の分析から——」『帯広百年記念館紀要』14，帯広百年記念館，pp. 1-28

山原敏朗 2004「十勝地方の石器変形過程——帯広市川西 C 遺跡の石刃製石器の変形過程について——」『考古学ジャーナル』512，ニュー・サイエンス社，pp. 4-7

山原敏朗・寺崎康史 2010「北海道」『講座日本の考古学 1 旧石器時代』上，青木書店，pp. 265-308

吉井町教育委員会 2005『長根遺跡群発掘調査報告書 IX——県営畑地帯総合土地改良事業長根台地地区発掘調査——』

吉川耕太郎 2006「まとめ」『縄手下遺跡——一般国道 7 号琴丘能代道路建設事業に係る埋蔵文化財発掘調査報告書 XVII——』，秋田県埋蔵文化財センター，pp. 156-162

吉川耕太郎 2007「石器原料の獲得・消費と移動領域の編成——後期旧石器時代前半期における珪質頁岩地帯からの一試論——」『旧石器研究』3，日本旧石器学会，pp. 35-58

吉川耕太郎 2010「東北地方のナイフ形石器——秋田県域後期旧石器時代前半期の事例から——」『考古学研究』57-3，考古学研究会，pp. 61-81

吉崎昌一 1961「白滝遺跡と北海道の無土器文化」『民族学研究』26-1，日本民族学会，pp. 13-23

吉崎昌一 1967「考古学からみた日本人」『遺伝』21-1，裳華房，pp. 14-18

吉崎昌一 1974「総括と考察」『祝梅三角山地点——北海道千歳市祝梅における旧石器時代遺跡の調査——』，千歳市教育委員会，pp. 22-26

米倉伸之 2001「日本列島の大地形と小地形」『日本の地形 1 総説』，東京大学出版会，pp. 1-29

米田 穣 2001「長野県追分遺跡群における放射性炭素年代決定」『県道男女倉長門線改良工事に伴う発掘調査報告書——鷹山遺跡群第 I 遺跡および追分遺跡群発掘調査——』，長門町教育委員会，pp. 455-463

早稲田大学所沢校地文化財調査室 1991『早稲田大学所沢校地内埋蔵文化財調査報告書 お伊勢山遺跡の調査 第 2 部 旧石器時代』

和田好史 2001「人吉市・球磨地方の AT 下位の石器群について——熊本県人吉市鬼木町血気ヶ峯遺跡の石器文化を中心として——」『ひとよし歴史研究』4，人吉市教育委員会，pp. 1-21

図 表 出 典

第 II 章
図 II-1　上：安蒜(1979)を改変，下：大塚(2009)より引用。
図 II-2　Otsuka and Ambiru (2010)を改変。
図 II-3　新規作成。
図 II-4　新規作成。

第 III 章
図 III-1　小菅・麻生(2006)をもとに作成。
図 III-2　大塚(2009)より引用。
図 III-3　大塚(2009)を改変。
図 III-4　織笠(2010)，神奈川県教育委員会(1980)，国分寺市遺跡調査会(2003a)，千葉県文化財センター(1986・1994b)より作成。
図 III-5　佐藤(1988)より引用。
図 III-6　国武(2005)より引用。
図 III-7　国武(2005)より引用。
図 III-8　群馬県教育委員会(1986)，千葉県文化財センター(1986・1993c・1994b・2004d)より作成。
図 III-9　新規作成。
図 III-10　千葉県教育振興財団(2006a)，調布市遺跡調査会(2006)をもとに作成。
図 III-11　群馬県埋蔵文化財調査事業団(2008b)をもとに作成。
図 III-12　織笠(2000)をもとに作成。
図 III-13　織笠(2010)をもとに作成。
図 III-14　織笠(2010)をもとに作成。
図 III-15　織笠(2010)をもとに作成。
図 III-16　織笠(2010)より作成。
図 III-17　織笠(2010)より作成。
図 III-18　織笠(2010)をもとに作成。
図 III-19　織笠(2010)をもとに作成。一部筆者原図。
図 III-20　織笠(2010)をもとに作成。
図 III-21　織笠(2010)をもとに作成。一部筆者原図。
図 III-22　織笠(2010)をもとに作成。一部筆者原図。
図 III-23　織笠(2010)をもとに作成。
図 III-24　織笠(2010)をもとに作成。
図 III-25　大塚(2011a)より引用。
図 III-26　群馬県埋蔵文化財調査事業団(2008b)をもとに作成。
図 III-27　群馬県埋蔵文化財調査事業団(1987)，月夜野町教育委員会(1986)より作成。
図 III-28　大塚(2011a)より引用。
図 III-29　大塚(2011a)より引用。
図 III-30　大塚(2011d)より引用。
図 III-31　大塚(2011d)より引用。
図 III-32　大塚(2011d)より引用。

図Ⅲ-33　大塚(2011d)より引用。
図Ⅲ-34　大塚(2011d)より引用。
図Ⅲ-35　大和市No.199遺跡発掘調査団(2008)をもとに作成。
図Ⅲ-36　富士見市遺跡調査会(1990)，大和市No.199遺跡発掘調査団(2008)より作成。
図Ⅲ-37　千葉県教育振興財団(2006a)，千葉県文化財センター(1986)より作成。
図Ⅲ-38　織笠(2010)，月夜野町教育委員会(1986)より作成。
図Ⅲ-39　鈴木遺跡刊行会(1978)，世田谷区教育委員会(1997)をもとに作成。
図Ⅲ-40　大塚(2011b)に加筆修正。
図Ⅲ-41　大塚(2011b)に加筆修正。

表Ⅲ-1　新規作成。
表Ⅲ-2　各調査報告書をもとに作成。
表Ⅲ-3　各調査報告書をもとに作成。
表Ⅲ-4　各調査報告書をもとに作成。
表Ⅲ-5　新規作成。
表Ⅲ-6　新規作成。
表Ⅲ-7　新規作成。
表Ⅲ-8　新規作成。
表Ⅲ-9　大塚(2011d)より引用。
表Ⅲ-10　新規作成。
表Ⅲ-11　新規作成。
表Ⅲ-12　各調査報告書をもとに作成。

第Ⅳ章
図Ⅳ-1　大塚(2012)より引用。
図Ⅳ-2　秋田県教育委員会(1985)，秋田市教育委員会(1986・2011)をもとに作成。
図Ⅳ-3　秋田県教育委員会(1984・1991)，秋田県埋蔵文化財センター(1998)をもとに作成。一部筆者原図。
図Ⅳ-4　秋田県教育委員会(1986)，秋田県埋蔵文化財センター(2006)をもとに作成。
図Ⅳ-5　秋田県教育委員会(1985)，秋田市教育委員会(1983)をもとに作成。
図Ⅳ-6　大塚(2012)より引用。
図Ⅳ-7　大塚(2012)より引用。
図Ⅳ-8　大塚(2012)より引用。
図Ⅳ-9　大塚(2012)より引用。
図Ⅳ-10　深澤(1999)をもとに作成。
図Ⅳ-11　深澤(1999)をもとに作成。
図Ⅳ-12　秋田県教育委員会(1984・1985)，秋田県埋蔵文化財センター(1998)，秋田市教育委員会(2011)をもとに作成。
図Ⅳ-13　大塚(2012)より引用。
図Ⅳ-14　大塚(2016)より引用。
図Ⅳ-15　高尾(2006)より引用。
図Ⅳ-16　沼津市教育委員会(2011)より作成。
図Ⅳ-17　静岡県考古学会シンポジウム実行委員会(1995)，静岡県埋蔵文化財調査研究所(2010)，沼津市教育委員会(1989・1991・1997)より作成。
図Ⅳ-18　静岡県考古学会シンポジウム実行委員会(1995)，沼津市教育委員会(1988・1990)，三島市教育委員会(1999)より作成。
図Ⅳ-19　静岡県埋蔵文化財調査研究所(2010)，沼津市教育委員会(1990)，三島市教育委員会(1992)より作

成。
図IV-20　静岡県埋蔵文化財調査研究所(2010)，沼津市教育委員会(1990)より作成。
図IV-21　長野県埋蔵文化財センター(2000a・2000b)，原村教育委員会(1988)より作成。
図IV-22　長門町教育委員会(2001)より作成。
図IV-23　織笠(2010)，国分寺市遺跡調査会(2003a)，鈴木遺跡刊行会(1978)，千葉県文化財センター(1986・1994b)より作成。
図IV-24　大塚(2016)より引用。
図IV-25　大塚(2016)より引用。
図IV-26　大塚(2016)より引用。
図IV-27　世田谷区教育委員会(2001)をもとに作成。
図IV-28　大塚(2016)より引用。
図IV-29　大塚(2013)より引用。
図IV-30　兵庫県教育委員会(1990・2004)より作成。
図IV-31　兵庫県教育委員会(1991)をもとに作成。
図IV-32　兵庫県教育委員会(1990・2004)より作成。
図IV-33　大塚(2013)より引用。
図IV-34　兵庫県教育委員会(1990・2004)をもとに作成。
図IV-35　兵庫県教育委員会(1991)をもとに作成。
図IV-36　兵庫県教育委員会(2004)をもとに作成。
図IV-37　大塚(2013)より引用。
図IV-38　大阪市文化財協会(2009)，奈良文化財研究所(2003)をもとに作成。
図IV-39　岡山県史編纂委員会(1986)，恩原遺跡発掘調査団(2009)，島根県教育委員会(2008)より作成。
図IV-40　熊本県教育委員会(1987・1999b)，三重町教育委員会(1985・1999)，和田(2001)より作成。
図IV-41　熊本県教育委員会(1999a)，城南町教育委員会(2002)より作成。
図IV-42　熊本県教育委員会(1999b)，三重町教育委員会(1999)，和田(2001)より作成。
図IV-43　熊本県教育委員会(1999b)，別府大学付属博物館(1985)，三重町教育委員会(1985)より作成。
図IV-44　熊本県教育委員会(1987)より作成。
図IV-45　熊本県教育委員会(1987・1999b)，三重町教育委員会(1985)，和田(2001)をもとに作成。

表IV-1　大塚(2012)より引用。
表IV-2　大塚(2012)より引用。
表IV-3　大塚(2016)より引用。
表IV-4　大塚(2016)より引用。
表IV-5　大塚(2016)より引用。
表IV-6　大塚(2016)より引用。
表IV-7　大塚(2016)より引用。
表IV-8　大塚(2016)より引用。
表IV-9　大塚(2013)より引用。
表IV-10　大塚(2013)より引用。
表IV-11　新規作成。
表IV-12　新規作成。
表IV-13　新規作成。

第Ⅴ章
図Ⅴ-1　北海道埋蔵文化財センター(1988・1991)をもとに作成。
図Ⅴ-2　帯広市教育委員会(2004)，北海道埋蔵文化財センター(2004)をもとに作成。

図 V-3　帯広市教育委員会(2004)，北海道埋蔵文化財センター(1988・1991・2004)をもとに作成。
図 V-4　秋田県教育委員会(1984)，秋田県埋蔵文化財センター(2006)，秋田市教育委員会(1983・1986・2011・2013)をもとに作成。
図 V-5　秋田県教育委員会(1985)，秋田市教育委員会(1986・2011)をもとに作成。
図 V-6　山原(1996)より作成。
図 V-7　北海道埋蔵文化財センター(1999)より作成。
図 V-8　帯広市教育委員会(1998)より作成。
図 V-9　帯広市教育委員会(1998)，北海道埋蔵文化財センター(1999)，山原(1996)をもとに作成。
図 V-10　長万部町教育委員会(2002)，北海道埋蔵文化財センター(1999)を改変。

表 V-1　大塚(2014b)より引用。
表 V-2　大塚(2014b)より引用。
表 V-3　大塚(2014b)より引用。
表 V-4　大塚(2014b)より引用。

第 VI 章
図 VI-1　表 VI-1 をもとに作成。
図 VI-2　表 VI-2 をもとに作成。
図 VI-3　表 VI-3 をもとに作成。
図 VI-4　表 VI-4 をもとに作成。
図 VI-5　表 VI-5 をもとに作成。
図 VI-6　表 VI-6 をもとに作成。
図 VI-7　秋田県教育委員会(1984・1985・1986)，秋田県埋蔵文化財センター(2006)，秋田市教育委員会(2011・2013)，岩手県文化振興事業団(2009)より作成。
図 VI-8　国際基督教大学考古学研究センター(1975)，国分寺市遺跡調査会(2003a)，千葉県文化財センター(1992・1994b・1994c)より作成。
図 VI-9　かながわ考古学財団(2010)，群馬県教育委員会(1999)，群馬県埋蔵文化財調査事業団(2008b)，下里本邑遺跡調査会(1982)，鈴木遺跡刊行会(1981)，千葉県教育振興財団(2006a)，千葉県文化財センター(1986・1993c・1994b・1994c・1998・1999・2002a・2003a)，東京都埋蔵文化財センター(1997a)，ひたちなか市教育委員会(2006)，大和市 No.199 遺跡発掘調査団(2008)より作成。
図 VI-10　群馬県教育委員会(1999)，群馬県埋蔵文化財調査事業団(1986)，埼玉県埋蔵文化財調査事業団(2009)，佐野市教育委員会(2004)，多聞寺前遺跡調査団(1983)，千葉県教育振興財団(2006a)，千葉県文化財センター(1998・2000c・2003b・2004b・2004d)，ひたちなか市教育委員会(2001)，吉井町教育委員会(2005)より作成。
図 VI-11　茨城県教育委員会(1996)，群馬県埋蔵文化財調査事業団(1987)，相模原市橋本遺跡調査会(1984)，世田谷区教育委員会(2001)，千葉県文化財センター(1996b・1998・2000d・2005d)，都内第二遺跡調査会(1999)より作成。
図 VI-12　群馬県埋蔵文化財調査事業団(2008b)，千葉県文化財センター(1993a・1996b・1996c・2001c)，富士見市教育委員会(1977)，三芳町教育委員会(2011)より作成。
図 VI-13　君津郡市文化財センター(2005)，相模原市古淵 B 遺跡調査会(1994)，相模原市橋本遺跡調査会(1984)，千葉県文化財センター(1989c・1991c・1996b・2002b・2006b)，三鷹市教育委員会・三鷹市遺跡調査会(1996)より作成。
図 VI-14　印旛郡市文化財センター(1994b)，神奈川県教育委員会(1980)，世田谷区教育委員会(2001)，千葉県文化財センター(1991b・1991c・1994a・1996b)，東京都埋蔵文化財センター(1997a)より作成。
図 VI-15　静岡県埋蔵文化財調査研究所(1985・2009・2010)，長門町教育委員会(2001)，長野県埋蔵文化財センター(2000a)，沼津市教育委員会(1991・1999)，三島市教育委員会(1999)より作成。

図 VI-16　兵庫県教育委員会(1991・2004)より作成。
図 VI-17　熊本県教育委員会(1987・1999a・1999b・1999c)，三重町教育委員会(1985)より作成。
図 VI-18　中種子町教育委員会(1999)より作成。
図 VI-19　宮崎県埋蔵文化財センター(2007)より作成。
図 VI-20　羽鳥(2004)より引用。
図 VI-21　新規作成。
図 VI-22　羽鳥(2004)をもとに作成。
図 VI-23　羽鳥(2004)をもとに作成。
図 VI-24　羽鳥(2004)をもとに作成。
図 VI-25　羽鳥(2004)をもとに作成。
図 VI-26　新規作成。
図 VI-27　都立府中病院内遺跡調査会(1984)をもとに作成。
図 VI-28　調布市遺跡調査会(2006)をもとに作成。
図 VI-29　三鷹市教育委員会・三鷹市遺跡調査会(1996)をもとに作成。
図 VI-30　世田谷区教育委員会(2001)をもとに作成。
図 VI-31　新規作成。

表 VI-1　巻末付表2より作成。
表 VI-2　巻末付表3より作成。
表 VI-3　巻末付表4より作成。
表 VI-4　巻末付表5より作成。
表 VI-5　巻末付表6より作成。
表 VI-6　巻末付表7より作成。
表 VI-7　新規作成。
表 VI-8　新規作成。
表 VI-9　下原(2004)，比田井編(2000)をもとに加筆修正。
表 VI-10　新規作成。
表 VI-11　下原(2004)，比田井編(2000)をもとに加筆修正。

第 VII 章
図 VII-1　大塚(2014a)より作成。
図 VII-2　新規作成。
図 VII-3　Takahara and Hayashi (2015)を改変。
図 VII-4　新規作成。
図 VII-5　日本第四紀学会(1987)をもとに作成。
図 VII-6　Kaifu et al. (2015)を改変。
図 VII-7　新規作成。

巻末付表
付表1～7　各調査報告書をもとに作成。

あとがき

　本書は，2016年3月に明治大学大学院文学研究科から博士(史学)を授与された学位論文「日本列島におけるナイフ形石器文化の生成」に，加筆修正を行ったものである。明治大学入学以来，14年という長い間ご指導をいただいた安蒜政雄先生，ご多忙にもかかわらず副査をお引き受けいただいた白石浩之先生，藤山龍造先生には深くお礼申し上げる次第である。

　筆者が石器研究に興味をもったきっかけは，黒耀石の原産地遺跡である鷹山遺跡出土の黒耀石製の剝片にある。標本箱にぎっしり詰まった石のカケラは見るからに鋭利で，まさにこれが先人の作った道具なんだと思い感動していたところ，「それは道具を作ったときにできた石のカケラ，つまりゴミだよ」と先輩から言われ驚いた。そのときの自分には，石のカケラが当時の人の道具だったのか，あるいは道具を作ったときのゴミなのか，それすらもわからなかったのである。同時に，それを判断することができるのが考古学であることを実感し，それ以来考古学の楽しさに魅了されつづけている。その後，鷹山遺跡の整理作業に参加しながら，黒耀石製石器の観察・実測に励んだ。ただ学部時代は特に「石器漬け」になることもなく，夏季・春季の長期休暇になるたびにバックパッカーとして海外を旅行するなど慌ただしい生活を送った。

　ところで，本書の題材でもあるナイフ形石器に興味をもったのは，3年次のゼミで型式学をテーマに学んだことがきっかけである。卒業論文のテーマは，漠然と国府型ナイフ形石器を題材にしようと考えていた。ゼミでその旨を発表した際，安蒜先生より卒業論文では茂呂型ナイフ形石器の出現を扱ってみてはとご意見をいただいた。近畿地方がメインとなる国府型ナイフ形石器ではなく，茂呂型という自分の身近にある資料をしっかりと観察することにより，腰を据えて研究に取り組むことができるというのが理由である。このような経緯から，筆者はその後10年以上茂呂型ナイフ形石器(本書の縦長剝片製の二側縁加工尖刃ナイフ形石器)の研究に打ち込むこととなった。

　博士前期課程進学後は，安蒜先生にご紹介いただき，千葉県東林跡遺跡の整理作業に参加した。鷹山遺跡で石器を学んできた筆者にとっては，石器といえば黒耀石であった。しかし，石なし県ともいわれる千葉県に位置する東林跡遺跡で黒耀石を目にすることはごく稀で，代わりに様々な地域から持ち込まれた石材の多様さと，それらの石器にリングやフィッシャーが明確に見えないことに驚いた。そのため，資料整理に不安を感じたことをはっきりと覚えている。東海大学で石器石材について授業をされていた柴田徹先生にご指導いただき，なんとか石材という最初の難関を突破した後も，1点の石器をどう見るかについて，織笠明子さんに厳しく鍛えていただいた。東林跡遺跡での整理作業の経験が，今日の筆者の研究の基礎となっている。

　博士後期課程に進むと筆者の活動域はさらに広がり，北は北海道から南は九州まで資料調査に明け暮れた。それらの成果が博士論文および本書の骨格となっている。その一部として，初期の研究目標であった国府型ナイフ形石器にかかわる論文を執筆できたことを大変うれしく

思っている。

　このように自分の研究の歩みをふり返ると，本書であきらかにした現生人類の移住と定着の様子と，学部時代から現在へと少しずつ定まっていく筆者の道程が重なり，当時の人々に親しみを覚える。とはいえ，やはり安蒜先生の辛抱強いご指導なくしては，研究の成果を一冊の書籍としてまとめることは到底不可能であった。また，明治大学考古学研究室の先生方，先輩・後輩からも多くの励ましをいただき，ここに深く感謝申し上げる次第である。

　明治大学で助手を務めた後，研究機関研究員として国立歴史民俗博物館にて勤務できたことも筆者にとって大きな財産となった。藤尾慎一郎先生をはじめ，研究部考古学研究系の先生方には温かくむかえていただくとともに，総合展示リニューアルに参加させていただくことで最新の研究について幅広くふれる貴重な経験を得ることができた。特に，工藤雄一郎先生には，旧石器時代の生体模型の製作に携わる機会を与えていただいただけでなく，博士論文の執筆や日々の研究活動についても応援いただき大変励みになった。心より感謝申し上げる。

　札幌学院大学に着任してからは，鶴丸俊明先生をはじめ，臼杵勲先生，奥田統己先生，児島恭子先生，中村永友先生には多くのご助力をいただいた。特に，鶴丸先生には教育経験のほとんどない筆者に貴重な機会を与えていただき，感謝に堪えない。また，博物館学関係の授業を一緒に担当していただいている佐々木利和先生には，本書の刊行にあたり北海道大学出版会をご紹介いただくなど，本書の刊行を全面的にご支援いただいた。加えて，北海道大学アイヌ・先住民研究センターの加藤博文先生には，ご多忙にもかかわらず，本書を通読いただき，多くのご教示をいただいた。両先生のご厚誼と，北海道大学出版会の今中智佳子さん，本書の編集を担当していただいた円子幸男さんのご支援がなければ，本書の刊行は不可能であった。感謝申し上げる次第である。

　最後に，自分の興味のおもむくままに動き回る筆者に，自由に我が道を進むことを応援してくれた両親に感謝したい。そして，いつもたくさんの叱咤と激励をくれる妻，史に深く感謝の意を述べたい。

　なお，本書には平成20・21年度大久保忠和考古学振興基金，平成23年度阿部英雄研究奨励金による成果の一部が含まれている。また，本書は札幌学院大学選書出版助成金の交付を受けて刊行したものである。あわせて感謝申し上げる次第である。

　　2017年4月1日

　　　　　　　　　　　　　　　　　　　　　　　　　　　　　　　　　　　大 塚 宜 明

本書に関する既出論文

第Ⅲ章　関東地方のAT下位におけるナイフ形石器製作技術の変遷
　第1節　AT下位石器群の時間軸の設定
　　　大塚宜明　2009「「茂呂系」ナイフ形石器の出現をめぐる研究の現状と課題」『石器文化研究』15，石器文化研究会，pp. 7-16を改稿
　第3節　Ⅶ層段階における石器製作技術の構造
　　　大塚宜明　2011「東林跡Ⅶ層石器群における剥片剥離技術の検討」『鎌ヶ谷市史研究』24，鎌ヶ谷市教育委員会，pp. 22-46を改稿
　第4節　Ⅶ層段階における原料消費の特徴
　　　大塚宜明　2011「常総台地南部における立川ロームⅦ層段階石器群の研究——土浦市下郷古墳群・牛久市西ノ原遺跡出土石器群の再検討を中心に——」『石器文化研究』17，石器文化研究会，pp. 3-12を改稿
　第5節　縦長剥片剥離技術と縦長剥片の利用形態
　　　大塚宜明　2011「立川ローム層下部の縦長剥片・石刃について」『研究集会：ヒトが住みはじめたころの関東地方——南関東最古の旧石器時代遺跡を求めて——』，多摩川流域における後期更新世初頭の人類文化の成立と地形環境を考える研究会，pp. 32-34を改稿
第Ⅳ章　東北地方から九州地方におけるAT下位のナイフ形石器製作技術の変遷
　第1節　東北地方におけるナイフ形石器製作技術の変遷
　　　大塚宜明　2012「東北地方におけるナイフ形石器製作技術のはじまりと展開——秋田県域の資料を通して——」『駿台史学』145，駿台史学会，pp. 51-78を改稿
　第2節　東海・中部地方におけるナイフ形石器製作技術の変遷
　　　大塚宜明　2016「日本列島中央部におけるAT下位石器群の地域化とその背景——ナイフ形石器製作技術および石材利用の分析から——」『国立歴史民俗博物館研究報告』200，国立歴史民俗博物館，pp. 1-35を改稿
　第3節　近畿・中国地方におけるナイフ形石器製作技術の変遷
　　　大塚宜明　2013「近畿地方西部におけるAT下位石器群のナイフ形石器製作技術の検討——瀬戸内技法の成立基盤——」『旧石器考古学』78，旧石器文化談話会，pp. 63-77を改稿
第Ⅴ章　北海道地方における旧石器文化のはじまり
　　　大塚宜明　2014「北海道における旧石器文化のはじまり——「前半期」石器群の古さ——」『日本考古学』37，日本考古学協会，pp. 1-18を改稿
第Ⅶ章　日本列島におけるナイフ形石器文化の生成
　第1節　ナイフ形石器の製作技術
　　　大塚宜明　2014「ナイフ形石器の出現」『季刊考古学』126，雄山閣，pp. 65-68を改稿

371

用 語 索 引

あ 行

姶良 Tn 火山灰(AT)　　2, 13, 14, 22, 42, 54, 61, 82, 102, 155, 163, 165, 167-169, 178-181, 195, 197, 209, 211, 213
アフリカ起源説　　20
移住　　1, 21, 24-27, 33, 46-49, 202, 219, 223, 241, 285, 295, 297, 298, 301, 303, 304
異所的種形成　　46, 48
一側縁加工　　41, 59-61, 68, 72, 83, 118, 119, 166, 179, 182, 184-186, 193-195, 197, 199, 213, 285, 288
移動　　48
インダストリー　　44, 46
インダストリー・カルチャー論　　43
恵庭 a (En-a)テフラ　　42, 224
落とし穴(陥穴，陥し穴)　　21, 31, 152

か 行

拡散　　48, 49, 295, 296, 298, 301, 303
狩場　　281, 299
川西石器群　　233-239
川辺のムラ　　31, 33, 281, 299
環状のムラ　　→環状ブロック
環状ブロック(環状のムラ)　　27, 30-33, 152, 277, 281, 299
完新世　　12, 25, 26, 34, 271
幾何形細石器　　34
季節的移動　　47, 48
基部加工　　14, 29, 36, 41, 53, 59-61, 63, 65, 68, 69, 71, 72, 75, 77, 79-81, 83, 116, 118, 119, 122, 132-134, 139, 146, 148, 153, 157, 162, 163, 166, 181, 182, 185, 195, 211, 213, 216, 222, 223, 285, 287-289, 297, 298
基部裏面調整　　61, 166
器面調整　　61, 77, 121, 139, 193, 216, 229
急斜度調整　　61, 62, 103, 121, 132, 133, 139, 153, 157, 160, 162, 163, 165, 166, 169, 182-186, 193-195, 197, 203, 204, 206-209, 211, 229, 232, 285, 298
IX層段階　　28, 29, 33, 54, 62, 66, 68, 79, 80, 111, 114-117, 119, 121, 122, 139, 152, 166, 168-170, 172, 175, 176, 193, 211, 213, 229, 232, 245, 249, 253, 258, 260, 261, 266-268, 271, 273, 276, 277, 279, 280, 285-289, 291, 293-295, 297-299, 301, 303
狭域石材　　281, 299, 301, 303
供給地　　174-176, 281, 299
曲刃　　41
局部磨製石斧　　10, 11, 27, 28, 149, 179, 197, 261
切出形石器　　6, 7, 9, 11, 15, 23, 34, 36, 220
珪岩製旧石器　　15, 21
珪岩製旧石器群　　15, 16
現生人類の移住と拡散期　　301, 303
現代人的行動　　20, 21, 24
広域石材　　280, 281, 299, 301, 303

国府型　　8, 11, 12, 25, 28, 53, 178, 180
硬質頁岩　　94, 102, 103, 289, 298
更新世　　5, 25, 36, 47, 48, 296
小形ナイフ　　8, 34, 35
小形ナイフ形石器　　11, 23, 36, 55
黒色頁岩　　83, 86, 94, 98-103, 105, 107, 124, 166, 176, 280
黒耀石　　12, 21, 22, 32, 33, 47, 56, 77, 94, 102, 104, 124, 152, 153, 157, 163, 171, 172, 174-177, 215, 279, 280, 296
古本州島　　47, 295, 298, 301, 303, 304

さ 行

細石刃　　9
細石器　　5, 7, 12, 13, 23, 28, 34, 44, 141
相模野台地　　12, 56, 68, 109, 249
相模野編年　　12
削器石器群　　233, 235-237, 239
錯交調整　　61, 182, 185, 186, 204, 208, 215, 285
サヌカイト　　29, 178, 179, 190, 194, 195, 197, 289, 293, 298
支笏第1(Spfa-1)テフラ　　224
示準石器　　6, 7, 9, 13, 54
下総型石刃再生技法　　82, 98, 102, 103, 118, 253, 267, 281
下総台地　　65, 68, 77, 82, 98, 99, 107, 109, 119, 163, 166, 172, 249, 279-281
下末吉面　　271
斜軸尖頭器　　15, 17
斜軸尖頭器石器群　　15-19, 128, 179
斜刃　　41
重層遺跡　　6, 59-61, 131, 163, 186
収斂進化　　49
X層石器群　　55, 56, 62
X層段階　　27, 29, 33, 54, 56, 57, 62, 79, 80, 111, 114-116, 119, 121, 122, 139, 166, 168-170, 172, 176, 211, 213, 229, 245, 249, 258, 260, 261, 265, 267, 268, 271, 273, 276, 279, 280, 285-287, 289, 291, 294, 295, 297-299, 301, 303
小規模遺跡　　276
常総台地　　101, 105, 107, 108
消費地　　100, 174-176, 281, 299
刃角　　141-144, 214
杉久保型　　8, 10, 11, 28, 128
製作地　　99, 107
製品共有の素材利用　　120
石刃　　7-9, 17, 37, 55, 58, 65, 82, 128, 129, 151, 193, 194, 213, 214, 219, 220, 291, 293, 297, 298
石刃技法　　7-11, 14, 16-18, 25-28, 33, 37, 56-58, 64, 65, 109, 119, 122, 123, 127, 128, 149, 163, 179, 185, 200, 213-215, 220, 221, 223, 291, 293, 297, 298, 301
瀬戸内技法　　10-12, 29, 37, 178-180, 187, 194
尖刃　　41, 59, 68, 69, 71-75, 77, 79, 80, 83, 96, 103, 121, 122, 138, 139, 146-148, 153, 157, 160-163, 165, 166, 181-183, 185, 186, 193-195, 197, 199, 203, 204, 206-211,

213, 215, 216, 285-289, 291, 298
「前半期」石器群　42, 219, 223-225, 235, 237-241, 245
搔器石器群　233, 235-239
側縁加工　61, 68, 69, 71, 72, 75, 77, 79, 80, 121, 124, 153, 157, 160, 162, 163, 165, 166, 181-183, 185, 186, 195, 197, 203-208, 285, 287-289
素材形状修正的なナイフ形石器　62, 68, 80, 121, 122, 148, 162, 166, 176, 209, 286, 287, 298, 299
素材形状保持的なナイフ形石器　62, 80, 121, 147, 162, 166, 169, 209, 211, 286, 287, 299
素材重視型のナイフ形石器製作技術方式　291, 298

た 行

大規模遺跡　273, 276, 277, 279, 281, 299
台形様石器　2, 17, 19, 28-30, 36, 41, 64-68, 122, 128, 129, 140, 149, 179, 180, 200, 201, 213, 214, 219, 221-228, 232, 237-239, 242
台形様石器群　162
大雪御鉢平 (Ds-Oh) テフラ　224
多種の調整　61, 62, 121, 157, 162, 163, 165, 166, 169, 176, 182, 183, 186, 187, 193, 194, 199, 204, 208, 209, 211, 285-288
多地域進化説　2, 17
立川面　271, 281, 299
多摩面　271
単一の調整　62, 121, 162, 166, 176, 186, 187, 193, 194, 199, 209, 211, 285, 288
地域　37, 45, 46, 287, 289, 291, 293, 294, 299, 301, 303
地域基盤　288, 289, 291, 293, 298
地域差　7-9, 24, 27-30, 32, 33, 49, 50, 64, 65, 67, 68, 80, 153, 199, 266, 285, 291, 293, 295, 298, 299, 303, 304
地域性　13, 14, 24, 27-30, 32, 33, 37, 42, 46, 48-50, 285, 295, 299, 303
地域分化　288, 289, 291, 293, 298
中央ルート　26, 295, 296
中規模遺跡　273, 276
中継地　100
調整加工重視型のナイフ形石器製作技術方式　291, 298
定着　1, 8, 9, 21, 24, 32, 33, 46-49, 285, 295, 301, 303, 304
トアラ文化　12, 34
島嶼環境　47, 48

な 行

ナイフ形石器　2, 5, 7-9, 11-17, 21-24, 27, 28, 30, 34-36, 41, 44, 49, 54, 68, 119, 121, 132, 146, 153, 177, 178, 181, 193, 194, 199, 200, 203, 209, 211, 213, 220, 229, 231, 232, 241, 277, 279, 281, 285, 294, 297, 299, 301, 303
ナイフ形石器製作技術　2, 27, 28, 30, 33, 36, 44, 62, 68, 72, 79, 80, 120-122, 127, 129, 138, 139, 148, 149, 152, 162, 163, 166, 167, 169, 175-177, 180, 193, 194, 199, 202, 209-211, 216, 229, 231, 232, 245, 285, 287-289, 291, 297, 298, 301, 303
ナイフ形石器専用の利用　119, 120
ナイフ形石器と石核素材併用の利用　119
ナイフ形石器南方起源説　12, 36
ナイフ形石器日本列島内起源説　19, 20, 24, 26, 36
ナイフ形石器文化の生成　2, 24, 44, 285, 295, 299, 301,

303, 304
VII 層段階　28-31, 33, 54, 62, 80-82, 100, 101, 103, 113-116, 118, 119, 122, 139, 166, 168-170, 172, 176, 177, 193, 211, 213, 215, 223, 229, 232, 245, 247, 253, 260, 261, 264, 266, 267, 271, 273, 276, 277, 279, 280, 285, 288, 289, 291, 293, 297-299
南方ルート　26, 36
二極構造　17-19, 28, 29, 64, 128, 179, 180, 221, 223
二極構造論　179
二側縁加工　14, 29, 35, 36, 41, 53, 59-61, 63, 65, 66, 68, 72, 75, 80, 81, 83, 89, 103, 118, 119, 121, 122, 139, 148, 149, 151, 157, 166, 197, 199, 200, 201, 204, 206, 210, 211, 213, 285, 291, 297, 298
日本旧石器文化二系統説　11
野川編年　12, 53, 54

は 行

剝片尖頭器　26
剝離軸　109-111, 113, 114, 116, 297
東山型　8, 28, 127, 128
微細調整　60, 61, 121, 139, 153, 157, 162, 163, 166, 169, 182, 186, 203, 204, 208, 209, 211, 215, 285, 287, 297, 298
非尖刃　41, 59, 69, 71, 72, 74, 75, 77, 79, 80, 83, 90, 96, 121, 138, 139, 146-148, 153, 157, 160-163, 165, 166, 181-183, 185, 186, 193, 194, 197, 199, 203-211, 216, 285-288, 291, 298
氷橋　1, 16
不定形剝片石器群　2, 219, 223-225, 227, 229, 231, 232, 236-240
部分加工　53, 63, 132, 134, 136, 203, 204, 206, 208
平刃　41, 89, 122
平坦打面　190, 192, 193
平坦調整　61, 62, 121, 132-134, 136, 153, 157, 162, 163, 165, 166, 169, 170, 181, 182, 185, 194, 197, 203, 204, 206-209, 211, 285, 287
ペン先形ナイフ形石器　182, 183, 185, 197, 203, 204, 207, 287
北海道半島　295
北方ルート　26, 36

ま 行

武蔵野台地　12, 36, 41, 54, 68, 109, 117, 122, 163, 166, 172, 178, 249, 268, 271, 273, 279-281, 285, 299
武蔵野編年　12, 54
武蔵野面　271
無土器新石器文化　23
茂呂型　7, 8, 11, 28, 35

や 行

山形打面　188, 190, 192, 193
槍先形尖頭器　5, 7, 9, 13, 23, 28, 44, 54
有底横長剝片　182, 184-186, 192-195, 197, 199, 213, 215, 288, 289
有底横長剝片剝離技術　187, 190, 192-194, 199, 289, 293, 298
米ヶ森型台形石器　129, 132-134, 140-144, 146-148, 213-215

米ヶ森技法　　30, 128, 129, 140, 141, 214, 221, 223, 289, 298

ら　行

蘭越石器群　　239-241
陸橋　　1, 13, 16, 21, 25, 27, 295
両極剝離　　84, 89, 94-96, 98, 105, 106, 253
礫塊石器石器群　　268, 294
礫器石器群　　268, 294
VI層段階　　28, 33, 54, 62, 82, 113-116, 118, 119, 121, 122, 139, 166, 168-170, 172, 175-177, 213, 215, 223, 229, 247, 249, 253, 254, 260, 261, 264, 267, 268, 271, 273, 276, 278-280, 285-289, 291, 293, 297, 299, 301, 303

ＡＢＣ

AT　　→始良Tn火山灰
AT下位石器群　　2, 27-31, 53, 55, 56, 58, 62, 81, 121, 128, 131, 139, 141, 149, 151-153, 155, 162, 163, 165, 166, 169, 170, 175-179, 197, 200, 211, 213-215, 219, 221, 224, 225, 229, 231, 232, 241, 245, 264, 267, 294, 295, 298, 299, 301
Backed Blade (Backed blade, backed blade)　　5, 6, 34
culture (文化)　　44
Ds-Ohテフラ　　→大雪御鉢平テフラ
En-aテフラ　　→恵庭aテフラ
En-a下位石器群　　224, 225, 232
Knife blade (knife blade)　　6, 7, 23, 34
Pointed Blade　　5
Spfa-1テフラ　　→支笏第1テフラ

人名索引

あ 行

麻生敏隆　57, 99
麻生優　6
安斎正人　17, 65
安蒜政雄　13, 28, 30, 32, 44, 53, 62, 81, 147
池谷信之　152
石川恵美子　129
伊藤健　56
梅川知江　140
大井晴男　10, 25, 36, 213
大竹憲昭　22
大野憲司　128
岡村道雄　15
奥村吉信　128
小田静夫　36
小野昭　28

か 行

加藤真二　25, 26
加藤晋平　220
加藤博文　46, 223
加藤稔　127
鹿又喜隆　146
鎌木義昌　11, 178
木﨑康弘　201
絹川一徳　179, 215
木村英明　223
国武貞克　65
久保弘幸　179
小菅将夫　54, 57, 81
後藤明　47

さ 行

佐川正敏　22
笹原芳郎　151
佐藤達夫　11, 25, 26, 36, 178
佐藤宏之　17, 18, 22, 28, 30, 56, 64, 128, 140, 179, 201, 215, 221
佐藤良二　179, 215
渋谷孝雄　129
島田和高　32, 152
白石浩之　36
杉原荘介　5, 25
鈴木次郎　55
須藤隆司　54, 81
諏訪間順　56
芹沢長介　6, 15, 25, 28, 32, 220

た 行

大工原豊　20
高尾好之　151
髙倉純　48
高橋護　178
高宮広人　47
滝沢浩　9
田村隆　82, 123, 128, 140
辻秀子　219
鶴丸俊明　220
戸沢充則　7, 43
戸田正勝　14

な 行

中村真理　56
中村雄紀　151, 214
新田浩三　82
野口淳　23

は 行

萩原博文　202
羽鳥謙三　268
羽生純子　48
平口哲夫　215
深澤幸江　143
藤本強　220
藤原妃敏　127

ま 行

麻柄一志　29, 141
松藤和人　25, 29, 178
村崎孝宏　201
森先一貴　28, 179

や 行

矢島國雄　55
柳田俊雄　129
山口卓也　178
山田晃弘　220
山内清男　36
山原敏朗　234
吉川耕太郎　129
吉崎昌一　220

ＡＢＣ

Burkitt　6
Gamble　46, 48
Mignon　47

遺 跡 索 引

あ 行

赤羽根遺跡　253
アホントバ山遺跡　220
荒屋遺跡　241
飯仲金堀遺跡　253
家の下遺跡　131, 134, 141, 142, 144, 214, 246, 281
石子原遺跡　16, 18
石の本遺跡　200, 202, 204, 215, 261
井島遺跡　11, 34
磯山遺跡　8, 77, 122, 220
板井寺ケ谷遺跡　29, 178-181, 183, 186, 187, 190, 199, 215, 261
一杯窪遺跡　56
井出丸山遺跡　155, 157, 168, 214, 258
入口遺跡　202, 215
岩宿遺跡　1, 5, 127, 220
岩戸遺跡　200
潮山遺跡　261
後田遺跡　81, 99, 107, 113, 253
後牟田遺跡　19, 200
鵜ノ木遺跡　216, 245
梅ノ木沢遺跡　258
瓜破北遺跡　195, 197
追分遺跡　163, 165, 168, 169, 174, 215, 260
追平B遺跡　56, 214, 258
大上遺跡　77, 98, 113
大久保南遺跡　163, 165, 215, 260
大松遺跡　77, 117
押沼大六天遺跡　75, 111, 117, 249
打越遺跡　53, 81, 113, 118
オバルベツ2遺跡　221, 223, 239
御山遺跡　249
恩原1遺跡　197

か 行

風無台Ⅰ遺跡　129, 131, 134, 214, 281
風無台Ⅱ遺跡　129, 131, 133, 141, 214
柏台1遺跡　221, 223, 224, 232, 233, 237-240
柏葉尾遺跡　215
金谷原遺跡　129, 223
金取遺跡　19
上似平遺跡　221, 224, 232, 233, 237
神丘2遺跡　221
上下田遺跡　19
上白滝8遺跡　225
上土棚遺跡　122
上萩森遺跡　146
上林遺跡　77, 249, 253
嘉留多遺跡　59

川西C遺跡　221, 224, 232, 234, 237, 238
桔梗2遺跡　221, 224, 225
木戸台遺跡　253
共栄3遺跡　224, 225, 238
桐原遺跡　15, 19, 20
草刈遺跡　59, 122, 249
草刈六之台遺跡　122, 166, 215, 249
葛原沢第Ⅰ遺跡　155, 157, 158, 214
クノ原遺跡　261
栗野Ⅰ・Ⅱ遺跡　253
栗原遺跡　36
小出Ⅰ遺跡　131, 134, 141, 214
荒野前遺跡　215
此掛沢Ⅱ遺跡　129, 131, 134, 141, 144, 214, 229, 247
駒方古屋遺跡　200, 202, 215
米倉山遺跡　6
権現山遺跡　10

さ 行

桜井平遺跡　249
札内N遺跡　221, 224, 232, 233
三和工業団地Ⅰ遺跡　249
沈目遺跡　200, 202, 204, 215
地蔵田遺跡　131, 133, 139, 141, 214, 229
嶋木遺跡　15, 219-221, 223, 224, 232, 233, 238
清水柳北遺跡　155, 157, 158, 160, 214
下郷古墳群　101, 102, 105
下里本邑遺跡　122
下堤G遺跡　131, 134, 141, 214, 229, 247
下野洞遺跡　118, 166, 173, 253
下原遺跡　260
下触牛伏遺跡　77, 249
下山遺跡　116
下横田遺跡　19, 200
シャラオソゴール遺跡　8
祝梅三角山遺跡　220, 221, 224, 225, 238, 242
聖人塚遺跡　111, 116
白滝遺跡　219, 221, 224, 225
新山東遺跡　123
水洞溝遺跡　8
菅原神社台地上遺跡　118
鈴木遺跡　12, 53, 54, 62, 113, 118, 122, 166, 172, 215
砂川遺跡　122
勢雄遺跡　220, 224, 232, 233
瀬田遺跡　253
善上遺跡　99, 107
早水台遺跡　10, 15
石壮里遺跡　16

た 行

大門遺跡　118
高井戸東遺跡　12, 36, 53, 59, 62, 63, 122, 168
武井遺跡　8, 122
竹佐中原遺跡　21, 22
武田西塙遺跡　249
立切遺跡　267, 268
狸谷遺跡　200, 202, 215
多摩蘭坂遺跡　56, 60, 111, 166, 215
血気ヶ峯遺跡　202, 215
千田台遺跡　253
月見野遺跡　12, 122
辻田遺跡　19, 200
寺尾遺跡　61, 122
天神峰奥之台遺跡　79
堂ヶ谷戸遺跡　113, 118, 166, 276, 278, 279
戸谷遺跡　197
土手上遺跡　151, 155, 157, 214
殿ヶ谷戸遺跡　6

な 行

中山谷遺跡　16, 36, 249
仲ノ台遺跡　111, 117, 123
中東遺跡　117, 124, 168
中見代第Ⅰ遺跡　155, 157, 158, 214
中見代第Ⅱ遺跡　155, 157, 158, 214
中山新田Ⅰ遺跡　60, 77, 111, 117, 122, 123, 166, 215
夏島貝塚　36
七日市遺跡　178-182, 184, 186, 187, 190, 197, 215, 261
縄手下遺跡　131, 134, 141, 214, 229, 246, 247
丹生遺跡　10
西之台遺跡　10, 36
西ノ原遺跡　101, 105
西洞遺跡　258
西松原遺跡　253
野川遺跡　12, 54
野水遺跡　77, 276, 277, 279

は 行

橋本遺跡　113
初音ヶ原A遺跡　155, 157, 158, 214, 258, 260
羽根沢台遺跡　276, 277, 279
原田遺跡　197
東林跡遺跡　61, 81, 82, 98, 118, 166, 215
日向林B遺跡　163, 165, 168, 215, 260
百人町三丁目遺跡　168
百花台遺跡　11, 35
平林遺跡　16, 18
広郷8遺跡　221
福井洞窟　19, 36, 200
富士石遺跡　56, 155, 157, 158, 160, 214, 215, 258
藤株台遺跡　249
藤久保東遺跡　111, 116, 118, 168
不二山遺跡　10, 15, 19, 20, 35
二ツ洞遺跡　155, 157, 214, 258
古込Ⅴ遺跡　123
ブレチ遺跡　223
分郷八崎遺跡　122
星野遺跡　15
細山(2)遺跡　249
法華寺南遺跡　195, 197

ま 行

曲野遺跡　200, 202, 215
松尾遺跡　19
松木台Ⅲ遺跡　129, 131, 134, 214, 246
松木台Ⅱ遺跡　129, 131, 133, 141, 214
マリタ遺跡　223
丸子山遺跡　221, 224, 232, 233, 238
南町2遺跡　224, 232, 233
耳切遺跡　200, 202, 209, 215
向山遺跡　15, 220
武蔵国分寺跡遺跡　123
武蔵国分寺遺跡　124
武蔵台遺跡　18, 55, 116, 276, 279
牟礼越遺跡　202, 215
元宿遺跡　8
百枝遺跡　202, 215, 261
茂呂遺跡　5, 122

や 行

谷津遺跡　111, 116
藪塚遺跡　122
山方遺跡　18
山田遺跡　267, 268
大和配水池内遺跡　111
弓振日向遺跡　163, 165, 215
米ヶ森遺跡　128, 140
龍湖洞遺跡　26

ら 行

瀧水寺裏遺跡　61

わ 行

若葉の森遺跡　224, 225, 232, 238

大塚 宜明（おおつか よしあき）

1982年　茨城県に生まれる
2006年　明治大学文学部卒業
2016年　明治大学大学院文学研究科博士課程修了　博士（史学）
現　在　札幌学院大学人文学部特任講師

主要論文
「東林跡VII層石器群における剝片剝離技術の検討」『鎌ヶ谷市史研究』24，鎌ヶ谷市教育委員会，2011年
「東北地方におけるナイフ形石器製作技術のはじまりと展開──秋田県域の資料を通して──」『駿台史学』145，駿台史学会，2012年
「近畿地方西部におけるAT下位石器群のナイフ形石器製作技術の検討──瀬戸内技法の成立基盤──」『旧石器考古学』78，旧石器文化談話会，2013年
「北海道における旧石器文化のはじまり──「前半期」石器群の古さ──」『日本考古学』37，日本考古学協会，2014年
「日本列島中央部におけるAT下位石器群の地域化とその背景──ナイフ形石器製作技術および石材利用の分析から──」『国立歴史民俗博物館研究報告』200，国立歴史民俗博物館，2016年

日本列島におけるナイフ形石器文化の生成
現生人類の移住と定着

2017年9月30日　第1刷発行

著　者　大　塚　宜　明
発行者　櫻　井　義　秀

発行所　北海道大学出版会
札幌市北区北9条西8丁目 北海道大学構内（〒060-0809）
Tel. 011(747)2308・Fax. 011(736)8605・http://www.hup.gr.jp

㈱アイワード／石田製本㈱　　　　　　　　　　Ⓒ2017　大塚宜明

ISBN978-4-8329-6834-9

創刊の辞

札幌学院大学の母体は、敗戦直後、陸続として戦場より、動員先より復帰してきた若人たちが、向学の念断ちがたく、一九四六年六月に法科・経済科・文科の総合学園として発足させた札幌文科専門学院であり、当時、北海道において最初の文科系総合学園であったのである。爾来、札幌短期大学、札幌商科大学、札幌学院大学と四十数年にわたり伝統を受け継ぎ、一昨年には、学園創立四十周年、開学二十周年の記念式典を盛大に挙行するとともに、本学正門横に札幌文科専門学院当時の校舎を模してエキゾチックな白亜の殿堂・建学記念館の建設を果たし、札幌文科専門学院の「建学ノ本旨」をしのび、いよいよ北方文化の新指導者、日本の指導者たるにふさわしい人格の育成に邁進すると同時に、「世界文化ノ興隆」への寄与を果たす覚悟を新たにしたのである。

しかも、本年には、現在の三学部および商学部二部に加え、さらに二学部増設に向けて力強い第一歩を踏みだし、北海道における文科系私学総合大学として一、二の規模を競う飛躍を遂げようとしている。この時にあたり、「札幌学院大学選書」を企画し、次々と、北方文化ひいては世界文化に寄与しうるであろう書物を刊行する運びとなったことは、誠に時宜に適したことといわなければならない。

いうまでもなく、生命を有しない「思想」は、亡びることもなければ、再生することもない。その時々の時流に迎合し、反対する、主体性を喪失した「うたかた」の如き思想、権威に追従し、右顧左眄する無定見な思想、内外の学説をそのまま引き写した無節操な思想、傲岸浅薄な独断的思想。これらの「思想」は、亡びも再生もしない。願わくば、思想に生命の息吹を送り、学問の名に恥ずることのない書物が刊行されんことを。日本の文化ひいては世界の文化に金字塔を樹立する「選書」の刊行を心から期待したい。

一九八九年六月十三日

札幌学院大学学長　荘子邦雄

音 の 考 古 学 ——楽器の源流を探る——	荒山千恵 著	A5・268頁 定価6000円
北東アジアの歴史と文化	菊池俊彦 編	A5・606頁 定価7200円

〈価格は消費税を含まず〉
——北海道大学出版会——